utb 4421

D1629224

Eine Arbeitsgemeinschaft der Verlage

Böhlau Verlag · Wien · Köln · Weimar
Verlag Barbara Budrich · Opladen · Toronto
facultas · Wien
Wilhelm Fink · Paderborn
A. Francke Verlag · Tübingen
Haupt Verlag · Bern
Verlag Julius Klinkhardt · Bad Heilbrunn
Mohr Siebeck · Tübingen
Nomos Verlagsgesellschaft · Baden-Baden
Ernst Reinhardt Verlag · München · Basel
Ferdinand Schöningh · Paderborn
Eugen Ulmer Verlag · Stuttgart
UVK Verlagsgesellschaft · Konstanz, mit UVK/Lucius · München
Vandenhoeck & Ruprecht · Göttingen · Bristol
Waxmann · Münster · New York

Andreas Kagermeier

Tourismusgeographie

Einführung

UVK Verlagsgesellschaft mbH · Konstanz
mit UVK/Lucius · München

Prof. Dr. Andreas Kagermeier lehrt Freizeit- und Tourismusgeographie an der Universität Trier.

Onlineangebote oder elektronische Ausgaben sind erhältlich unter www.utb-shop.de.

Bibliografische Information der Deutschen Bibliothek

Die Deutsche Bibliothek verzeichnet diese Publikation in der Deutschen Nationalbibliografie; detaillierte bibliografische Daten sind im Internet über <http://dnb.ddb.de> abrufbar.

Lektorat: Rainer Berger
Einbandgestaltung: Atelier Reichert, Stuttgart
Cover-Illustration: © iStockphoto – © mashuk
Weitere Bildquellen: © fotolia.com – © photoallery (Abb. 82); © lenka (Abb. 51)
Druck und Bindung: Pustet, Regensburg

UVK Verlagsgesellschaft mbH Schützenstr. 24 · 78462 Konstanz
Tel. 07531-9053-0 · Fax 07531-9053-98
www.uvk.de

UTB-Nr. 4421
ISBN 978-3-8252-4421-7

Vorwort

Tourismus ist nicht nur auf dem Weg, eine der Leitökonomien des 21. Jahrhunderts zu werden, sondern auch ein vielschichtiges Phänomen, das in den letzten Jahrzehnten zum Gegenstand unterschiedlichster Disziplinen geworden ist. Dieses Studienbuch widmet sich dem Tourismus als kultureller Praxis aus dem Blickwinkel der (Human-)Geographie. Damit wird ein Ansatz verfolgt, der einerseits aus sozialwissenschaftlicher Sicht die handelnden Akteure in den Mittelpunkt stellt, und andererseits die Tourismuswirtschaft integriert in den übergeordneten Kontext der gesellschaftlichen und politischen Rahmenbedingungen behandelt. Mit der raumwissenschaftlichen Grundorientierung ist auch verbunden, dass der Blickwinkel stärker auf den Destinationskontext als auf einzelbetriebliche Aspekte gerichtet ist. Die tourismusgeographische Herangehensweise an das Phänomen Tourismus als anwendungsorientierte Disziplin in kompakter und verständlicher Form darzustellen ist das Ziel dieses Studienbuches.

Mit dem Ziel einer kompakten Darstellung verbunden ist, dass eine Vielzahl von Facetten und Detailaspekte nur gestreift und angedeutet werden können. Damit will das Buch auch neugierig machen auf die darüber hinausgehende, vertiefende Einarbeitung in dieses Themenfeld.

Der Fokus liegt weniger auf einer Vielzahl von tagesaktuellen – und damit auch bald wieder überholten – Zahlen; diese sind im Zeitalter des Internets dort besser abrufbar. Vielmehr ist die Intention, die Grundprinzipien und grundlegenden Entwicklungslinien kompakt und so verständlich darzustellen, dass Studierende zu Beginn des Studiums die zentralen Konturen des Faches nachvollziehen können. Die – notgedrungen nur selektive – Erwähnung von Beispielen dient weniger der idiographischen Vorstellung, sondern die Auswahl wurde immer auch vor dem Hintergrund getroffen, allgemeinere, grundsätzlichere Entwicklungen und Zusammenhängen an konkreten Einzelfällen fest zu machen. Die exemplarische Veranschaulichung, nicht die umfassende kompilatorische Darstellung ist damit das zentrale Leitmotiv. Bei einer zu treffenden Auswahl muss unvermeidlich vieles an Themenbereichen und regionalen Spezifika unberücksichtigt bleiben.

Damit handelt es sich mit dem vorliegenden Band explizit nicht um eine „Reiseverkehrsgeographie" mit systematischer länderkundliche Darstellung einzelner Destinationen. Der Band fokussiert auch nicht primär auf reine Standortfragen – wie z. B. derjenigen, wo in einer Stadt ein Hotel sinnvollerweise zu bauen wäre. Vielmehr wird ein geographischer Blickwinkel auf Akteure, Rahmenbedingungen und Strukturen gerichtet. Entsprechend dem humangeographischen Grundverständnis wird versucht, das Handeln der einzelnen Akteure eingebettet in übergeordnete Bezüge darzustellen.

Die Abbildungen sollen dabei nicht nur der simplen Illustration und Veranschaulichung dienen. Sie sind oftmals auch für ergänzende Details und ein vertiefendes Verständnis gedacht, das teilweise über den kompakten Text hinaus führt.

Die Inhalte des Bandes stellen eine Erweiterung der Erstsemestervorlesung für Bachelor „Einführung in die Tourismusgeographie" an der Universität Trier dar. Dementsprechend wendet sich der Band vor allem an Geographiestudierende in der ersten Hälfte des Bachelorstudiums. Dabei besteht eine gewisse Zweiteilung.

Der erste Teil ist mehr auf die Darstellung der Grundlagen des Tourismus aus tourismusgeographischer Perspektive gewidmet. Das Ziel ist es, die grundlegenden Begriffe und Elemente des Systems Tourismus sowie die zentralen Konzepte und Herangehensweisen der Tourismuswissenschaften für Geographiestudierende aus geographischem Blickwinkel aufzubereiten. Damit kann dieser erste Teil auch anderen, an den Grundprinzipien des Tourismus Interessierten einen kompakten Überblick bieten.

Der zweite Teil ist dann stärker auf spezifische tourismusgeographische Herangehensweisen bei der Destinationsanalyse ausgerichtet. Dort finden vor allem auch diejenigen, die einen Einblick in die destinations- und akteursorientierten Ansätze und Herangehensweisen der Tourismusgeographie gewinnen möchten, eine kompakte Darstellung mit exemplarischen Fallbeispielen.

Beim Verfassen eines solchen Studienbuches besteht die Herausforderung in der Kunst des Weglassens ohne dadurch die zentralen Argumentationsrichtungen und Inhalte zu sehr zu verkürzen. Bei der Lektüre besteht demgegenüber die Herausforderung an die Leserinnen und Leser auch darin, trotz der kompakten, scheinbar runden Darstellung zu erkennen, dass es sich lediglich um einen ersten Einstieg in viele Themen handelt, die hier angerissen werden und sich dementsprechend auf die über eine Einführung hinausgehende Vertiefung der Themen mit ihren vielschichtigen Facetten einzulassen. Um das Einlassen auf eine vertiefende und differenziertere Auseinandersetzung mit den Themen zu erleichtern, sind am Ende der einzelnen Kapitel jeweils weiterführende Literaturhinweise aufgeführt. Dabei wurde insbesondere auch versucht, auf leicht im Internet zugängliche Quellen abzuheben, um die eigenständige weitergehende Auseinandersetzung mit den Einzelthemen zu ermöglichen.

Trier und Freising, im Sommer 2015   Andreas Kagermeier

Inhalt

Abbildungsverzeichnis

Tabellenverzeichnis

1 Freizeit und Tourismus als transdisziplinäres Arbeits- und Forschungsfeld

▶ Lernziele

In diesem Kapitel werden folgende Fragen beantwortet:

▪ Welche wechselseitigen Bezüge bestehen zwischen dem Freizeit- und Tourismusmarkt und anderen Feldern bzw. Wissenschaftsdisziplinen?

▪ Was zeichnet die spezifische Herangehensweise der Tourismusgeographie aus?

▪ Wie kann der Begriff Tourist und der Freizeitbegriffs definitorisch gefasst werden?

▪ Welche prinzipielle Herangehensweise zeichnet die Anwendung grundlegender angebotsseitiger und nachfrageseitiger theoretischer Konzepte aus?

Die Tourismuswirtschaft ist auf dem Weg, zu einer der Leitökonomien des 21. Jahrhunderts zu werden. Sowohl hinsichtlich der Wertschöpfung, d. h. dem Beitrag zum Bruttoinlandsprodukt als auch der Beschäftigungswirkung hängt sowohl weltweit als auch in Deutschland größenordnungsmäßig etwa jeder zehnte Arbeitsplatz direkt oder indirekt vom Tourismus ab. Die touristischen Aktivitäten tragen in etwa gleichem Umfang auch zur Wertschöpfung bei.

Gleichzeitig ist die wissenschaftliche Auseinandersetzung mit dem Phänomen Tourismus und Freizeit relativ jung und beginnt im Wesentlichen im letzten Viertel des 20. Jahrhunderts. Tourismuswissenschaft ist damit keine seit Jahrhunderten etablierte akademische Disziplin wie die Theologie, die Philosophie, die Medizin oder die Rechtswissenschaften. Die wissenschaftliche Auseinandersetzung mit Tourismus und Freizeit wird aktuell gespeist aus unterschiedlichen Disziplinen, die jeweils spezifische Blickwinkel zu Analyse, Deutung und Gestaltung einbringen.

Die im ausgehenden 20. Jahrhundert stattgefundene intensivere wissenschaftliche Beschäftigung mit dem Phänomen Tourismus und Freizeit resultiert wohl aus der zunehmenden Verbreitung dieses Phänomens und dessen Bedeutung in unterschiedlichen Feldern. Gleichzeitig steht dahinter sicherlich auch die zunehmende Ausdifferenzierung der Nachfrage sowie die Tatsache, dass Tourismus Ende des 20. Jahrhunderts vom Anbietermarkt (die Nachfrage ist größer als das Angebot) zum Nachfragemarkt (das Angebot ist größer als die Nachfrage) geworden ist. Immer anspruchsvollere Kunden mit sich kontinuierlich ausdifferenzierenden Interessenslagen werden von einem zunehmenden Angebot umworben. Damit genügt es eben nicht mehr, dass Übernachtungsbetriebe „fließend kaltes und warmes Wasser" anbieten, wie dies Mitte des 20. Jahrhunderts als Qualitäts- und Alleinstellungsmerkmal oftmals an Übernachtungsbetrieben angepriesen worden ist, um Kunden anzusprechen. Das Wissen um die Bedürfnisse der potentiellen Kunden sowie die Fähigkeit zur Erarbeitung von Angeboten, die diese adressieren, sind inzwischen entscheidende Wettbewerbsmerkmale für den erfolgreichen Markteintritt bzw. die Positionierung in einem sich akzentuierenden Wettbewerb geworden. Damit werden eben auch zunehmend gut ausgebildete Beschäftigte im Tourismusgewerbe benötigt, die sich den wechselnden Herausforderungen erfolgreich stellen können.

Mit der Entwicklung des Tourismus zum „Massen"-Phänomen verbunden sind aber auch negative Konsequenzen, wenn die Tragfähigkeit von Destinationen erreicht oder überschritten wird. Die „Grenzen des Wachstums" betreffen dabei sowohl ökologische Aspekte als auch soziale Gegebenheiten. Vor dem Hintergrund der Nachhaltigkeitsdiskussion besteht die Herausforderung darin, dass die (erwünschten) positiven ökonomischen Effekte nicht nur breit in den Destinationen streuen, sondern auch (unerwünschte) ökologische und soziale Effekte möglichst gering gehalten werden.

1.1 Einordnung, Definitionen und Ansatzpunkte der geographischen Freizeit- und Tourismusforschung

1.1.1 Tourismus als multidimensionales Phänomen

Die Vielzahl der Aspekte, die vom Tourismus berührt werden und von denen die touristische Entwicklung beeinflusst wird, hat Freyer in sechs Dimensionen zusammengefasst (vgl. Abb. 1).

An vorderster Stelle sind dabei sicherlich die **wirtschaftlichen Gegebenheiten** zu nennen. Das wirtschaftliche Niveau einer Gesellschaft (und auch die Art der Verteilung der ökonomischen Potentiale) ist eine zentrale Stellgröße für den Umfang und die Ausgabevolumina der touristischen Nachfrage. Aber auch das Niveau der Angebotsqualität und die Möglichkeiten zur Ausdifferenzierung des Angebotes werden von den ökonomischen Möglichkeiten in den Destinationen mit beeinflusst. In den hochindustrialisierten Ländern sind die Möglichkeiten der Aufbereitung von touristischen Potentialen im Allgemeinen deutlich größer als in den sog. Entwicklungsländern (vgl. Kap. 7). Gleichzeitig wird eine touristische Inwertsetzung – insbesondere in peripheren Räumen – oftmals als Möglichkeit gesehen, volkswirtschaftliche Impulse zu setzen und mangels anderer wirtschaftlicher Aktivitäten durch den Tourismus positive Einkommenseffekte zu generieren.

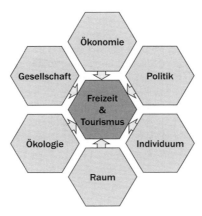

Abb. 1: Freizeit und Tourismus als interdependente Phänomene
(Quelle: eigene Darstellung nach FREYER 2011a, S. 46)

Die Rahmenbedingungen für Reisemöglichkeiten werden durch das Feld der **Politik** mit beeinflusst. Dies betrifft nicht nur die Frage von Reisebeschränkungen (z. B. durch eine entsprechende Visapolitik), sondern auch die Möglichkeiten zu grenzüberschreitenden Investitionen in Form von ausländischen Direktinvestitionen oder die Vergabe von Fördermitteln (wie z. B. die europäischen Interreg-Fördermittel) bzw. steuerliche Rahmenbedingungen (Mehrwertsteuersatz für touristische Leistungen, Kerosinsteuer) und Abgaben (Luftverkehrsabgabe). Neben den übergeordneten politischen Zielen (z. B. Sicherheitsbedürfnis, Terrorismusabwehr) einer politischen Einheit sind die direkt auf den Tourismus bezogenen Zielsetzungen im Grundsatz einerseits darauf gerichtet, die Rolle des Tourismus als Wirtschaftsfaktor positiv zu begleiten und andererseits negative Auswirkungen des Tourismus zu vermeiden. Tourismuspolitik ist damit oftmals als ambivalent anzusehen.

Der Blick auf das **Individuum** bedeutet, dass dessen soziale und psychologische Disponiertheit als relevant für Nachfragepräferenzen angesehen wird. Gleichzeitig spielen die subjektiven Aspekte aber auch auf der Angebotsseite eine relevante Rolle, wie etwa die Einstellungen gegenüber übergeordneten Nachhaltigkeitsaspekten oder der Grad der Risikobereitschaft bzw. die Innovationsbereitschaft oder Kreativität bei der Produktentwicklung.

Mit der Dimension **Raum** wird einerseits der evidente Aspekte berührt, dass Tourismus immer auch mit Bewegungen im Raum verbunden ist, wenn sich Touristen aus den Quellmärkten in die Zielgebiete begeben. Die Frage nach Einzugsbereichen und der Bewältigung der Verkehrsströme sind damit offensichtlich relevant bei der Beschäftigung mit touristischen Phänomenen. Da touristische

Angebote aber im Allgemeinen nicht abgelöst von den Destinationen als „Foot Loose Industry" geschaffen werden, sondern an ganz konkrete räumliche verortete Potentiale gebunden sind, können aus der (intendierten oder realisierten) touristischen Inwertsetzung oder Nutzung auch Raumnutzungskonflikte mit anderen Nutzungsansprüchen (z. B. Landwirtschaft oder Wohnen) resultieren. Die kann die Ressource „Raum" als Flächeninanspruchnahme genauso betreffen wie z. B. die Konkurrenz um die Ressource „Wasser" (insbesondere in Gebieten mit prekären hydrologischen Regimen). Im positiven Sinne kann touristische Erschließung aber auch als Faktor der Regionalentwicklung gewünscht sein oder fungieren.

Der Bezug zwischen der **ökologischen Dimension** und dem Tourismus besteht offensichtlich darin, dass die touristische Nutzung immer auch mit der Inanspruchnahme von Ressourcen bis hin zu deren Übernutzung verbunden ist. Die sog. Tragfähigkeitsgrenze (Carrying Capacity) kann damit auch einen limitierenden Faktor für die touristische Inwertsetzung darstellen. Dies betrifft nicht dabei nicht nur z. B. Trittschäden in sensiblen Ökosystemen oder die negativen Auswirkungen der Erschließung von alpinen Regionen für den Skitourismus. In einem weiteren sozial-ökologischen Sinn kann hierunter auch eine von den Einwohnern als negativ empfundene Konzentration von Touristen im städtischen Raum subsummiert werden (Crowding). Die Vermeidung von Übernutzungsphänomenen bzw. eine möglichst verträgliche Nutzung von natürlichen Ressourcen ist – im Wechselspiel mit der politischen Dimension – eines der Zielsetzungen von nachhaltigen Tourismuskonzepten.

Gleichzeitig kann eine touristische Nutzung aber auch zum Schutz von Ökosystemen beitragen. Dies ist z. B. dann der Fall, wenn in den sog. Entwicklungsländern die touristische Nachfrage nach (Foto-)Safaris dazu führt, dass die lokale Bevölkerung den Wert des Schutzes von Wildtieren indirekt dadurch erkennt, dass diese eine Erwerbsgrundlage darstellen, weil Besuche internationaler Touristen Einkommen generieren. Aber auch die Kulturlandschaft mit traditionellen ökologisch angepassten landwirtschaftlichen Praktiken (Streuobstwiesen, Wacholderheiden oder bestimmte andere Sukzessionsstadien) wird teilweise aufgrund der touristischen Nachfrage geschützt, da diese einen Attraktivitätsfaktor z. B. für den Wandertouristen darstellt.

Dass die Normen einer **Gesellschaft** die Wertigkeit von Freizeit im Verhältnis zur Arbeitsethik mit beeinflussen, ist ebenfalls offensichtlich. Die Bezeichnung Deutschland als „kollektiver Freizeitpark" durch den früheren Bundeskanzler Helmut Kohl bei seiner Regierungserklärung am 21. Oktober 1993 ist zum geflügelten Wort dafür geworden, dass aus seiner Sicht der Stellenwert der Freizeit in der Gesellschaft zu hoch sei und der Stellenwert der Erwerbsarbeit wieder gesteigert werden sollte. Fragen der Work-Life-Balance und der Stellenwert von freier Zeit schlagen sich nicht nur in konkreten Tarifvereinbarungen nieder, sondern beeinflussen auch den Umfang und die Art der Freizeitgestaltung.

Gleichzeitig ist die gesellschaftspolitische Diskussion, welchen Stellenwert wir dem Schutz der natürlichen Umwelt oder Recht auf die freie Entfaltung der Persönlichkeit zumessen, auch eine relevante Größe. Aber auch die Frage, wie eine Gesellschaft mit dem (materiellen und immateriellen) kulturellen Erbe umgeht, kann durch die touristische Nutzung beeinflusst werden, sei es dadurch, dass materielles kulturelles Erbe (auch) aufgrund der touristischen Nachfrage erhalten oder restauriert wird, oder dass bestimmte Praktiken und Riten wegen ihrer Anziehungskraft auf Touristen gepflegt werden. Umgekehrt kann die touristische Nachfrage durch die Kommerzialisierung und Folklorisierung von gesellschaftlichen Praktiken aber auch zu deren Degradierung und Kommodifizierung beitragen. Gleiches gilt auch für soziale Normen und Verhaltensweisen. Insbesondere im Kontext des sog. „Entwicklungsländertourismus" wird die Frage nach den negativen Auswirkungen der touristischen Erschließung auf traditionelle Normensysteme intensiv diskutiert.

Insgesamt gesehen handelt es sich beim Phänomen Tourismus um eine gesellschaftliche Praxis, die eine Vielzahl von Wechselbeziehungen mit unterschiedlichsten Feldern aufweist (die untereinander ebenfalls in Bezug stehen). Dementsprechend verwundert es nicht, dass sich eine Vielzahl unterschiedlicher Wissenschaftsdisziplinen mit diesem Phänomen auseinandersetzen. Das Spektrum reicht dabei von Wirtschaftswissenschaften (mit dem betriebswirtschaftlichen und dem volkswirtschaftlichen Blickwinkel), der Soziologie und den Politikwissenschaften über die Pädagogik und Psychologie, die Ethnologie bzw. Kulturanthropologie bis hin zu Jura, Kunstgeschichte, Umweltwissenschaften und der Mobilitätsforschung. Dabei bringt jede (Mutter-)Disziplin ihre spezifischen Blickwinkel und Ansätze in die jeweilige Freizeitpädagogik oder Tourismussoziologie mit ein. Gleichzeitig stehen die unterschiedlichen Teildisziplinen in einem intensiven Wechselspiel und Austausch. Tourismus wird von einem Tourismussoziologen eben nicht nur aus rein soziologischer Sicht betrachtet und analysiert, sondern der tourismussoziologische Blickwinkel steht im Wechselspiel mit den spezifischen Analyseansätzen von Freizeitpädagogen, Tourismuspsychologen oder eben auch Tourismusgeographen. In der Tourismusforschung verschwimmen die traditionellen Disziplingrenzen, sodass von einem transdisziplinären Feld gesprochen werden kann. Ob sich aus diesem Konglomerat unterschiedlicher disziplinärer Ansätze der „Mutter-Disziplinen", der aktuell mit dem Terminus „Tourismuswissenschaften" beschrieben wird, mittelfristig eine eigenständige Disziplin, die Tourismuswissenschaft entwickeln oder ob das Phänomen Tourismus auch längerfristig als Gegenstand aus den „Mutter-Disziplinen" heraus behandelt wird, ist eine offene Frage.

1.1.3   Einordnung der tourismusgeographischen Herangehensweise

Die geographische Herangehensweise ist geprägt von der Orientierung auf das Wechselspiel von menschlichem Handeln und der räumlichen Umwelt. Je nachdem welche der beiden geographischen Hauptrichtungen, die Humangeographie oder die Physischen Geographie im Mittelpunkt stehen, ist der Fokus mehr auf die Analyse der naturräumlichen Gegebenheiten oder Prozesse (Physische Geographie) oder das Handeln des Menschen im Raum (Humangeographie) ausgerichtet. Auch wenn tourismusgeographische Aspekte mit einem physisch-geographischen Analyseansatz behandelt werden (insbesondere die Umweltwirkungen von touristischen Phänomenen wie z. B. die Erosion von Skipisten oder die Analyse der klimarelevanten tourismusbedingten Emissionen), liegen die Wurzeln der tourismusgeographischen Beschäftigung stärker im Bereich der Humangeographie (bzw. der Wirtschafts- und Sozialgeographie). Das Handeln des Menschen im Raum steht damit im Mittelpunkt. Motive und Hintergründe für menschliches Handeln, deren Differenzierung aber auch Beeinflussung sind damit genauso Gegenstand der Tourismusgeographie wie die Analyse der räumlichen Effekte dieses Handeln und eine dem Nachhaltigkeitsparadigma verpflichtete Gestaltung.

Charakteristikum der tourismusgeographischen Herangehensweise ist es damit, touristische Phänomene nur isoliert aus dem Blickwinkel z. B. einer betriebswirtschaftlichen Optimierung oder einer sozialpsychologischen Deutung zu sehen. Vielmehr wird eine stärker integrative, übergreifende Perspektive angestrebt, die – auch in intensivem Austausch und mit Bezug auf die anderen „Tourismuswissenschaften" – das Phänomen Tourismus stärker holistisch versteht. Gleichzeitig versteht sich Tourismusgeographie in weiten Teilen als anwendungsorientiert und gestaltungsbezogen. Nicht nur die in theoretisch-konzeptionellen Ansätzen wissenschaftlich fundierte Analyse, sondern auch der Anspruch, zur Lösung von Herausforderungen und der Optimierung von Gestaltungsansätzen zeichnet tourismusgeographisches Arbeiten vielfach aus.

▶ Von der Fremdenverkehrsgeographie zur Tourismusgeographie

Die Tourismusgeographie ist keine statische wissenschaftliche Teildisziplin. Wie alle Wissenschaften hat sie im 20. Jahrhundert eine Reihe von Paradigmenwechseln erfahren, die einerseits den übergeordneten wissenschaftlichen und politischen Kontext spiegeln und andererseits von den Wandlungen in der (Human-)Geographie beeinflusst sind. Auch wenn es bereits frühere Ansätze zur Beschreibung des „Fremdenverkehrs" – wie das heute als Tourismus beschriebene Phänomen bis in die 1980er Jahre im deutschsprachigen Raum oftmals genannt worden ist – gegeben hat, gilt die Arbeit von POSER aus dem Jahr 1939 als für die weitere Entwicklung der konzeptionellen Ansätze prägend. In seinem Werk „Geographische Studie über den Fremdenverkehr im Riesengebirge" stehen – in der Tradition der damaligen Geographie – die physiognomisch wahrnehmbaren Veränderungen und Überprägungen in der Kulturlandschaft im Mittelpunkt. Die Fremdenverkehrsgeographie zielte auf die Beschreibung der als Fremdenverkehrslandschaften bezeichneten Zielgebiete ab und fokussierte damit vor allem auf die räumlichen Auswirkungen.

Die Weiterentwicklung zur „Geographie der Freizeit und des Fremdenverkehrs" wurde in den 1960er und 1970er Jahren geprägt von der „Münchner Schule der Sozialgeographie" (vgl. RUPPERT 1962, MAIER 1970 oder RUPPERT & MAIER 1970). Deren Zielsetzung wird von KULINAT & STEINECKE rückblickend beschrieben als: „Analyse und Erklärung von Raumstrukturen …, die im Bereich des Freizeit- und Fremdenverkehrs durch sozialräumliche Verhaltensweisen und Umweltbewertungen, durch Standortbildung und (natur-)geographische Standortfaktoren, durch Wirkungen der Freizeit- und Standortbildung sowie durch planerische Steuerung entstanden sind" (1984, S. 4). Damit rückt das Individuum als aktiver Faktor im Wechselspiel mit der Umwelt stärker in den Mittelpunkt und gleichzeitig wird die zielorientierte planerische Gestaltung des Raumes explizit thematisiert.

In den späten 1980er Jahren setzt sich die Bezeichnung als „Geographie der Freizeit und des Tourismus" oder „Freizeit- und Tourismusgeographie" durch. Die Ersetzung des Begriffes „Fremdenverkehr" durch den des „Tourismus" signalisiert dabei nicht nur einen simplen Begriffswechsel zu dem international gebräuchlichen Terminus, der auch in anderen Kontexten vollzogen worden ist (so hat sich der ehemalige Deutsche Fremdenverkehrsverband als Bundesverband der regionalen Tourismusorganisationen 1999 in Deutscher Tourismusverband umbenannt). Vielmehr ist damit – wie auch in anderen Bereichen der Humangeographie – der Wandel von einer stärker deskriptiven Herangehensweise an räumliche Phänomene zu einer analytisch-erklärenden Zielsetzung, bei der die handelnden Individuen und Systeme in ihrem Wechselspiel mit der Umwelt im Mittelpunkt stehen, verbunden.

In diesem Band werden, dem weiten Verständnis von Tourismus (nicht nur auf mit Übernachtungen verbundene Aktivitäten) folgend (vgl. 1.1.3), die beiden Begriffe „Freizeit- und Tourismusgeographie" sowie „Tourismusgeographie" synonym verwendet.

1.1.4   Einige Begriffsklärungen

An dieser Stelle soll kein ein umfassendes definitorisches Kompendium ersetzt werden. Diese sind in unterschiedlichen Lexika tourismuswissenschaftlicher Begriffe verfügbar (vgl. z. B. KIEFL, BACHLEITNER & KAGELMANN 2005; FUCHS, MUNDT & ZOLLONDZ 2008 oder die tourismusgeographischen Stichwörter in BRUNOTTE et al. 2001). Gleichwohl erscheint es wichtig, einige grundlegende Begrifflichkeiten, die im Zusammenhang mit dem Tourismus oftmals eine lebensweltliche Verwendung finden, für den Kontext dieser Einführung aber auch für den fachwissenschaftlichen Gebrauch in der gebotenen Kürze zu fassen.

Was ist ein Tourist?

Scheinbar trivial scheint die Frage, wer oder was ein Tourist ist, wird dieser Begriff doch im alltagssprachlichen Gebrauch von fast jedem verwendet, wobei allerdings auch unterschiedliche begriffliche Fassungen existieren. Eine der klassischen Annahmen ist, dass ein Tourist auch in seinem Zielgebiet übernachtet, d. h. nur der Übernachtungsreiseverkehr als Tourismus verstanden wird. In früheren Zeiten wurde auch versucht, über die zurückgelegte Distanz zwischen Touristen und Naherholungssuchenden zu unterscheiden, wobei manchmal – in Analogie zum Verkehrswesen die Grenze bei 50 km gezogen wurde. In manchen Ländern der sog. Entwicklungsländer werden als Touristen nur Besucher aus dem Ausland verstanden.

Die United Nations World Tourism Organisation (UNWTO) ist eine internationale Organisation, die sich im Auftrag der UN neben der Bereitstellung von internationalen Tourismusstatistiken auch mit international relevanten Aspekten des Tourismus (z. B. Krisenmanagement, Biodiversität) beschäftigt. Diese hat 1993 – vor allem für die Angleichung der internationalen Tourismusstatistiken einen Katalog von Begriffen unter dem Namen „Standard International Classification of Tourism Activities" (SICTA) beschlossen. Dort findet sich auch die inzwischen weltweit weitgehend akzeptierte Definition des Begriffes „Tourist".

▶ UNWTO-Definition des Begriffes „Tourist"

„A visitor is a traveller taking a trip to a main destination outside his/her usual environment, for less than a year, for any main purpose (business, leisure or other personal purpose) other than to be employed by a resident entity in the country or place visited. These trips taken by visitors qualify as tourism trips. Tourism refers to the activity of visitors" (UNWTO 2008, S. 10).

In dieser Definition sind im Wesentlichen drei Aspekte enthalten:

[1] **Ortsveränderung**: Ein Tourist ist eine Person, die sich im Raum von einem Ausgangspunkt zu einem Zielpunkt bewegt. Allerdings gibt es keine Mindestentfernung oder das Überschreiten von (seien es kommunale oder nationale) Grenzen als Voraussetzung.

[2] **Zeitliche Befristung**: Die Bewegung im Raum ist zeitlich befristet, dauerhafte Migrationen (sei es durch einen freiwilligen Umzug oder eine Zwangsmigration durch Flucht oder Vertreibung) zählen damit nicht als touristische Aktivität. Gleichzeitig wird keine Mindestaufenthaltsdauer sondern nur ein Maximum von einem Jahr angegeben.

[3] **Zweck**: Die Motive für die Raumveränderung können unterschiedlicher Art sein, wobei die UNWTO neben den Hauptzwecken von freizeitmotivierten und Geschäftsreisen, die möglichen anderen Motive nicht weiter eingrenzt. Eine religiös motivierte Pilgerfahrt (egal ob zur nahegelegenen Marienkapelle oder nach Mekka) zählt damit ebenso als touristische Aktivität wie der Aufenthalt zu einem Sprachkurs im Ausland. Ausgeschlossen sind lediglich Fahrten von Berufspendlern zum Hauptort der Berufsausübung (auch wenn diese über eine nationale Grenze hinweg erfolgt).

Für die statistische Erfassung werden darüber hinaus noch ausgeklammert die Raumveränderung von Diplomaten und Angehörigen von Streitkräften, aber auch von Nomaden, Flüchtlingen und Transitreisenden.

Die Differenzierung von Touristen primär für statistische Zwecke (vgl. Abb. 2) folgt weitgehend diesen Grundvorgaben des UNWTO. So wird einerseits oftmals unterschieden zwischen freizeitorientierten Touristen und anderen Motiven (wobei hier dann vor allem der Geschäftsreiseverkehr erfasst wird, während andere Motive nur sehr begrenzt statistisch fassbar sind). Von Freizeitaktivitäten werden aus touristischer Sicht nur diejenigen erfasst, die außerhalb der eigenen Wohnung stattfinden, während häusliche Freizeitbeschäftigungen nicht berücksichtigt sind. Sowohl beim freizeitorientierten als auch beim Geschäftsreisetourismus werden die Besucher oftmals unterschieden in Tagestouristen und Übernachtungstouristen. Da bei einer der wichtigsten sekundärstatistischen Quellen der Tourismusforschung, der sog. „Reiseanalyse" (vgl. FUR div. Jg.) nur Reisen mit mindestens 4 Übernachtungen erfasst werden, wird oftmals auch noch zwischen Kurzurlauben (1 bis 4 Tage) und Urlauben unterschieden.

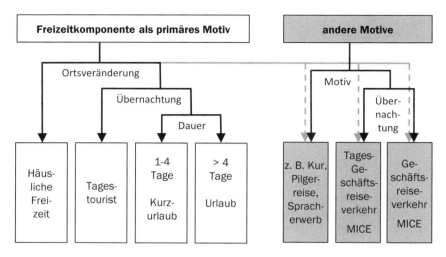

Abb. 2:   Differenzierung von Tourismus für statistische Zwecke
(Quelle: eigener Entwurf)

Gleichzeitig ist in Abbildung 2 mit den grauen Pfeilen angedeutet, dass die vermeintlich klare statistische Erfassung der Motive der Realität oftmals nicht gerecht wird. Die grauen Pfeile im rechten Teil der Graphik sollen darauf hinweisen, dass auch Geschäftsreisen oder primär aus anderen, nicht freizeitbezogenen Motiven unternommene Reisen (wie z. B. Kuren, Pilgerreisen oder Sprachkursaufenthalte) zu gewissen Teilen auch freizeitorientierte Komponenten aufweisen können (genauso wie umgekehrt auch primär freizeittouristische Aufenthalte natürlich auch partiell berufliche Aspekte inkludieren können).

Für die weitere Differenzierung von Ausprägungen des Tourismus kann nach STEINGRUBE (2001) zwischen unterschiedlichen Tourismusformen unterschieden werden. Die Festlegung von Tourismusformen „greift auf sichtbare, äußere Erscheinungen oder auf nur zum Teil sichtbare Verhaltensweisen sowie auf die nicht sichtbare Reisemotivation zurück, um die Vielfalt der touristischen Nachfrage zu gliedern" (2001, Band 3, S. 358f.). Wie anhand der Beispiele in Tabelle 1 sichtbar wird, erweist sich die Vielfalt von unterschiedlichen Tourismusformen als offenes Konzept, bei dem je nach Betrachtungswinkel und Interessenslage Teilbereiche der konkreten touristischen Praxis ausgegliedert werden können. Dabei sind die verwendeten Kriterien „frei wählbar, nicht immer überschneidungsfrei, sie müssen nicht die Gesamtheit aller Touristen erfassen und sie müssen einander nicht ausschließen, sondern können auch miteinander kombiniert werden" (STEINGRUBE 2001, Band 3, S. 359).

Abgrenzungskriterien	Beispiele möglicher Tourismusformen
Motivation	Urlaubs-, Geschäfts-, Bildungs-, Gesundheitstourismus
Jahreszeit	Sommer-, Wintertourismus
regionale Herkunft	Binnen-, Ausländer-, Incoming-Tourismus
soziale Gruppe	Frauen-, Jugend-, Seniorentourismus
Einkommen	Sozial-, Luxustourismus
Beherbergung	Hotel-, Campingtourismus
Verkehrsmittel	Fahrrad-, Auto-, Flugtourismus
Landschaftsform	maritimer, alpiner Tourismus
Distanz	Naherholung, Ferntourismus
Dauer	Ausflug, Kurzurlaub, Langzeittourismus
Aktivität	Ski-, Rad-, Golftourismus

Tab. 1: Unterschiedliche Tourismusformen
(Quelle: STEINGRUBE 2001, Band 3, S. 358)

Bereits bei diesen ersten Schritten der Annäherung an touristische Begrifflichkeiten wird deutlich, dass es sich um eine offene Disziplin handelt, bei der die Phänomene oftmals nicht einfach zu fassen sind. Gleichzeitig wird sichtbar, dass es ein dynamisches Feld ist, das nicht – wie z. B. das Set der chemischen Elemente – ein abgeschlossenes Konstrukt darstellt, sondern sich kontinuierlich weiter entwickelt. So werden unter dem Begriff des *Dark Tourism* in jüngerer Zeit entstehende Angebotsformen zusammengefasst, bei denen die „Faszination des Schreckens" als Attraktor fungiert (QUACK & STEINECKE 2012). In den letzten Jahren sind unter dem Stichwort der „Entschleunigung" neue Formen des sog. *Slow Tourism* entstanden (vgl. ANTZ, EILZER & EISENSTEIN 2011). Auch die Entdeckung von kulinarischen Angeboten als Element der Positionierung von Destinationen (vgl. KAGERMEIER 2011b) steht für den permanenten Innovationsprozess im Tourismusmarkt, in dem die definitorische Fassung für die wissenschaftliche Analyse oftmals der konkreten Praxis hinterher hinkt. Die Entstehung neuer Formen wird ja nicht wie z. B. in der Pharmazie von Wissenschaftlern in Labors entwickelt, sondern entsteht im Wechselspiel zwischen Anbietern und Nachfragern in der konkreten touristischen Realität. Die Rolle der Tourismuswissenschaften beschränkt sich nicht auf das analytische Nachvollziehen der konkreten touristischen Praxis. Es werden auch Grundlagen für Produktinnovationen über die Analyse von übergeordneten Trends, auf der Basis von Produkt-Lebenszyklen oder Markt- und Wettbewerbsanalysen vorbereitet und begleitet – oftmals vom konkreten Handeln von Innovatoren auf der Angebots- und Nachfrageseite stimuliert.

Freizeit – was ist das?

Bei der Festlegung von Tourismusformen wurde bereits auf den Begriff der Freizeit als zentrales Motiv für viele Tourismusformen Bezug genommen. Dies geschah im Bewusstsein, dass es sich auch bei diesem Begriff um einen alltagssprachlich verwendeten Ausdruck handelt, dessen genauere inhaltliche Fassung für die wissenschaftliche Verwendung ebenfalls nicht einfach ist. Alltagssprachlich wird „Freizeit" als zumeist positiv besetzter Begriff verwendet. Als Realdefinition kann Freizeit umschrieben werden als „Zeit für Etwas (zum Faulenzen, Spielen, Basteln, Bummeln, Kochen, Beschäftigung mit Kindern, Ausschlafen). Dabei kann dieser subjektiv ganz unterschiedlich gefasst werden. Für den Einen kann Kochen eine gerne und freiwillig ausgeübte Freizeitbeschäftigung sein, während für jemand anderen Kochen eine unangenehme Pflicht darstellt.

FASTENMEIER, GSTALTER und LEHNIG (2001) haben bei einer bundesweiten Befragung zum subjektiven Freizeitbegriff unter anderem geschlechtsspezifische Unterschiede in der Wahrnehmung dessen, was als Freizeitbeschäftigung angesehen wird, festgestellt. Zu mehreren Tätigkeiten sollten die Probanden auf einer Skala von 0 (= kein Freizeitcharakter) bis 10 (= hoher Freizeitcharakter) angeben, welchen Grad des Freizeitbezugs die entsprechenden Tätigkeiten besitzen. Die sich dabei ergebenden Mediane sind in Tabelle 2 dargestellt.

Tätigkeiten	Median weiblich	Median männlich
Töpfern	8	5
Friseurbesuch	6	3
Einkauf im Baumarkt	1	3
Fahrzeug reparieren	1	4
Schaufensterbummel	8	6
Textilien kaufen	5	3

Skala: 0 = kein Freizeitcharakter bis 10 = hoher Freizeitcharakter

Tab. 2: Geschlechtsspezifische Unterschiede in der Einschätzung des Freizeitbezugs von Tätigkeiten (Quelle: FASTENMEIER, GSTALTER & LEHNIG 2001, S. 27)

Plausibel und nachvollziehbar – und sicherlich auch manche klischeehaften Vorstellungen und Stereotype bedienend – ergab sich bei dieser Untersuchung, dass z. B. ein Friseurbesuch oder ein Schaufensterbummel für weibliche Befragte einen höheren Freizeitbezug aufweist, während männliche Befragte einer Fahrzeugreparatur oder dem Baumarktbesuch einen höheren Freizeitbezug zusprechen.

In der wissenschaftlichen Fassung des Begriffes wurde lange Zeit ein sog. „negativer Freizeitbegriff" verwendet. Dies bedeutet, dass Freizeit als „Restgröße" angesehen wurde, die sich ergibt, wenn von den 168 Stunden einer Woche die Arbeitszeit und täglich etwa 11 Stunden für die physiologische Regeneration (Schlafen, Körperhygiene) und hauswirtschaftliche Tätigkeiten (Kochen, Putzen und alltägliche Einkäufe) abgezogen werden. Hintergrund dieser Herangehensweise war, dass die Zunahme der „freien Zeit" als Folge der Reduzierung von tariflich festgelegten Wochenarbeitszeiten quantitativ gefasst werden konnte.

Inzwischen wird in der Freizeit- und Tourismuswissenschaft weitgehend ein „positiver Freizeitbegriff" verwendet, der versucht, die Freizeit entsprechend dem lebensweltlichen Verständnis als frei verfügbare Zeit zu verstehen. Dieses Verständnis geht zurück auf OPASCHOWSKI (1990). Es vermeidet einerseits die allein auf die Arbeitszeit bezogene Sichtweise als „Restkategorie". Andererseits wird darauf verzichtet, Freizeit intersubjektiv einheitlich festlegen zu wollen. Es wird anerkannt, dass das Freizeitverständnis von jedem Individuum subjektiv unterschiedlich verstanden werden kann.

OPASCHOWSKI differenziert die Lebenszeit in drei Bereiche, die sich durch den Grad an Wahl-, Entscheidungs- und Handlungsfreiheit unterscheiden (vgl. Abb. 3):

[1] „der frei verfügbaren, einteilbaren und selbstbestimmbaren **Dispositionszeit** (= ‚freie Zeit' – Hauptkennzeichen: Selbstbestimmung);

[2] der verpflichtenden, bindenden und verbindlichen **Obligationszeit** (= ‚gebundene Zeit' – Hauptkennzeichen: Zweckbestimmung);

[3] der festgelegten, fremdbestimmten und abhängigen **Determinationszeit** (= ‚abhängige Zeit' – Hauptkennzeichen: Fremdbestimmung)" (OPASCHOWSKI 1990; S. 86).

Abb. 3: Unterschiedliche Freiheitsgrade bei Dispositions-, Obligations- und Determinationszeit
(Quelle: eigener Entwurf in Anlehnung an OPASCHOWSKI 1990, S. 86)

Ähnlich wie bei den touristischen Motiven ist es damit das Individuum mit seiner subjektiven Perzeption, das für sich entscheidet, welchen Grad an freier Entscheidung es wahrnimmt. Damit wird auch hier in der Tourismuswissenschaft ein intersubjektiv nicht eindeutig festlegbares Begriffsverständnis akzeptiert.

1.2 Historische Entwicklungslinien und theoretische Konzepte

Nicht nur die konkreten Ausprägungen des Phänomens Tourismus haben sich vor allem im 20. Jahrhundert grundlegend verändert, sondern auch die wissenschaftliche Auseinandersetzung mit diesem Phänomen. Dementsprechend werden im Folgenden ausgewählte Entwicklungslinien und Konzepte vorgestellt.

1.2.1 Historische Entwicklungslinien

Ziel dieses Abschnitts kann es nicht sein, eine Geschichte des Tourismus zu ersetzen. Hierzu sei der Leser z. B. auf das Grundlagenwerk von SPODE aus dem Jahr 1987 verwiesen. Anhand einiger weniger ausgewählter Blitzlichter sollen einerseits Grundprinzipien der Entwicklung dieses Phänomens beleuchtet und andererseits gleichzeitig ein Verständnis für das Nachwirken von historischen Grundlagen in heutigen Entwicklungen geweckt werden.

Freie, selbstbestimmte Dispositionszeit setzt voraus, dass das Individuum nicht nur mit der eigenen Subsistenz, d. h. der Sicherung des Lebensunterhaltes beschäftigt ist. Damit ist die Verfügbarkeit von freier Zeit auch mit der Entwicklung einer arbeitsteiligen, ausdifferenzierten Gesellschaft verbunden, bei der nicht wie auf der Entwicklungsstufe der Jäger und Sammler oder einer reinen Agrargesellschaft durch ein wirtschaftliches Produktionssystem Überschüsse erwirtschaftet werden, die es einem Teil der Gesellschaft ermöglichen, anderen Tätigkeiten nachzugehen. Damit wird der Beginn des Tourismus oftmals auf die (städtischen) Hochkulturen der griechischen und römischen Antike datiert, bei denen Reisen aus religiösen oder spirituellen Gründen und Motiven (z. B. Orakel von Delphi), aber auch zur Erhaltung oder Wiederherstellung der Gesundheit (z. B. Bäderkuren) dokumentiert sind. Bereits hier zeigt sich das enge Wechselspiel zwischen gesellschaftlicher und wirtschaftlicher Entwicklung mit dem Phänomen Tourismus.

Im Mittelalter sind es wiederum gesellschaftliche Rahmenbedingungen und auch bereits biographische Gegebenheiten, bei der die sog. **Vaganten** das Bild des Tourismus prägten. Zwischen dem 12. und dem 15. Jahrhundert führte die Überproduktion von Theologen dazu, dass diese nicht alle sofort in Pfarrstellen unterkommen konnten. Demensprechend wurde das Studium – oder wie wir heute sagen würden, eine verlängerte Postadoleszenz – dazu genutzt, Studium und Wanderleben im mittelalterlichen Hochschulwesen zu verbinden. Bereits damals entstand der Nexus von Bildung und Reisen, aber auch die auf den persönlichen Genuss ausgerichtete – und bis heute wirksame – Konnotation von Tourismus.

▶ **Zeit der fahrenden Schüler**

„Das subjektive Reiseerlebnis wird zu einem Kennzeichen der beginnenden Neuzeit. Auf Reisen erlebt das eigene Ich seine Befreiung. Sesshaftigkeit und Stillstand werden verachtet, die Reiselust wird Teil einer neu erwachenden Lebenslust, die die sozialen und geistigen Fesseln des Mittelalters für immer sprengt" (OPASCHOWSKI 2002, S. 31).

In der beginnenden Zeit der Renaissance, die nicht nur von der Wiederentdeckung antiker Vorbilder, sondern auch von humanistischen und auf das Individuum ausgerichteten Denkhaltungen geprägt ist, bestieg der italienische Dichter Francesco PETRARCA im April 1336 einer der westlichen Ausläufer der französischen Alpen, den über dem Rhonetal aufsteigenden Mont Ventoux: „Den höchsten Berg dieser Gegend, den man nicht zu Unrecht Ventosus, ‚den Windigen', nennt, habe ich am heutigen Tag bestiegen, allein vom Drang beseelt, diesen außergewöhnlich hohen Ort zu sehen" (PETRARCA 2014, S. 6). Damit wird Reisen dokumentiert, das keinen außerhalb des Individuums liegenden Zweck oder Sachzwang (wie z. B. die Geschäftsreisen der Kaufleute) kennt, sondern allein dem individuellen Erlebnis verpflichtet ist. Gleichzeitig gilt Petrarca mit der auf das Naturerlebnis ausgerichteten Besteigung des Mont Ventoux als Vorläufer des modernen Alpinismus.

Ebenfalls bis heute Nachwirkungen hat die sog. „**Grand Tour**", als die Reisen von jungen Adeligen im 16. und 17. Jahrhundert bezeichnet wurden. Als Teil des adeligen Erziehungsprogramms, in Begleitung eines Mentors (quasi eine Art Vorläufer von modernen Reiseleitern) durchgeführt, war es das Ziel, vor der Übernahme der Positionen des Erwachsenenlebens auf diese vorzubereiten, dabei auch gesellschaftliche Kontakte zu pflegen, durch das Kennenlernen von Praktiken an anderen Adelshöfen den Horizont zu erweitern und sich weiter zu bilden. In den heutigen Kultur- und Bildungsreisen lassen sich viele dieser Motive noch immer identifizieren. Dabei wurde aber auch – wie bereits bei den Vaganten und bis heute nachwirkend – das Recht auf Lebensgenuss mit verbunden. Dabei bildeten sich für die Grand Tour (mit den wichtigen europäischen Residenzen als Ankerpunkten) klare Hauptreiserouten heraus, die – auf der Suche nach den materiellen kulturellen Relikten der Antike – vor allem in die mittelitalienischen Städte führte (genauer bei FREYER 2011a, S. 11f.).

Anhand des Weiterwirkens der Grand Tour wird ein Grundprinzip des modernen Tourismus deutlich: Die Ausbreitung einer kulturellen Praxis von Innovatoren und deren Adaption durch breitere Gruppen. Das Zeitalter der Aufklärung ist vom Streben nach Selbständigkeit, dem Aufstiegswillen des Bürgertums einem Fortschrittsoptimismus gekennzeichnet, bei dem Bildung als Auseinandersetzung mit der Umwelt verstanden wurde. Gleichzeitig markiert die Französische Revolution (1789) den Beginn des Sturzes des bis dahin dominierenden Feudalsystems und das Erstarken des Bürgertums. Die „Italienische Reise" oder der Entwicklungsroman Wilhelm Meisters Lehr- und Wanderjahre von Goethe stehen stellvertretend für die Adaption der Reiseziele der adeligen Grand Tour durch das gehobene Bürgertum. Bis heute wird – verkürzt ausgedrückt durch den Slogan „Reisen bildet" – Reisen als Mittel der Erziehung und Charakterbildung angesehen. Und bis heute begeben sich alljährlich Millionen bewusst oder unbewusst „auf die Spuren Goethes", wenn Sie die materiellen Relikte der Antike im Mittelmeer – sei es auf einer organisierten oder individuellen „Studienreise", als Ergänzung zu einem Badeurlaub, im Rahmen eines Wochenend-Städtereisen-Trip oder am Rande einer Konferenzreise – aufsuchen.

Gleichzeitig wird mit der Innovationsdiffusion bei den Kulturreisen deutlich, dass im 19. Jahrhundert das lange Zeit auf Adelige beschränkte Privileg, Reisen zu können, auf breitere Bevölkerungsgruppen ausgedehnt worden ist. Mit dem Erstarken der Arbeiterbewegung seit dem Ende des 19. Jahrhunderts wird auch das „Recht auf Urlaub" nicht mehr nur als Privileg von kleineren Teilen der Gesellschaft, sondern als Recht für Jedermann angesehen und wurde im 20. Jahrhundert auch in den Tarifauseinandersetzungen über tägliche Arbeitszeit und Urlaubstage entsprechend vertreten bzw. durchgesetzt.

Das Recht auf Urlaub: Chemnitzer Handelskammer 1906

„Es geht viel zu weit, einen Erholungsurlaub für Leute einzuführen, die nur körperlich tätig sind und unter die Gesundheit nicht schädigenden Verhältnissen arbeiten.

Für Beamte, die geistig tätig sind (und häufig Überstunden arbeiten müssen; die auch keine körperliche Ausarbeitung bei ihrer Tätigkeit haben) erscheint die Erteilung von Erholungsurlaub gerechtfertigt.

Für Arbeiter ist ein solcher Urlaub in der Regel nicht erforderlich. Die Beschäftigung dieser Person ist eine gesunde" (aus: SPODE 1987, S. 21).

Die mit der verstärkten Nachfrage nach einzelnen Tourismusformen oder auch Destinationen verbundene Banalisierung führt als Push-Faktor oftmals dazu, dass privilegierte Gruppen oder Innovatoren (ähnlich wie beim Verschieben der Pioniergrenze im Zuge der europäischen Besiedelung in Nordamerika) auf neue Produkte oder Reiseziele ausweichen. Parallel zur Aneignung der Kulturreisen im 19. Jahrhundert durch das gehobene Bürgertum erfolgte die Entdeckung von Badereisen durch den Adel. Um exklusiv und „unter Seinesgleichen" zu sein, wurden einerseits im Binnenland Kurorte entwickelt und frequentiert. Andererseits entstanden an den Küsten (von der englischen Südküste bis zur Ostseeküste) Badeorte (wie z. B. die sog. „Kaiserbäder" auf Usedom). Auch hier waren die zentralen Motive sowohl gesundheitliche Aspekte (als Vorläufer des heutigen Wellness-Tourismus; vgl. Kap. 6.5) und Geselligkeit sowie des repräsentativen Konsums (soziale Motive, die ebenfalls bis heute nachwirken). Die Kurorte fungierten als Bühnen des Adels und in der Nachfolge des (gehobenen) Bürgertums, bis sie in der zweiten Hälfte des 20. Jahrhunderts zu von den Sozialkassen finanzierten Kurorten für „Jedermann" wurden.

Die Erweiterung der Reisemöglichkeiten für breitere Bevölkerungsgruppen in der zweiten Hälfte des 19. und dem 20. Jahrhundert wurde neben den gesellschaftlichen Entwicklungen auch von der technischen Entwicklung mit erleichtert. Mit der Erfindung der Eisenbahn, des Pkws und des Flugzeugs wurde Reisen nicht nur leichter und weniger zeitaufwändig, sondern auch erschwinglicher. Der durch den technischen Fortschritt im Zuge der industriellen Revolution mögliche Ausbau der Kapazitäten ging einher mit einer Verteilung des Wohlstands auf breitere Bevölkerungsgruppen. Das Wechselspiel von technischer Entwicklung und wirtschaftspolitischen Veränderungen führte dazu, dass Urlaub in der zweiten Hälfte des 20. Jahrhunderts sich vom Privileg kleinerer Gruppen zu einer sozialen Praxis des größten Teils der Bevölkerung in den hochindustrialisierten Ländern gewandelt hat.

Mit der Ausweitung des Volumens einher ging auch ein Wandel der Organisationsformen. Als Begründer der modernen Pauschalreise gilt – auch wenn MUNDT (2014) aufgezeigt hat, dass dessen Rolle ggf. etwas überinterpretiert wird – bis heute oftmals Thomas Cook. Ursprünglich ein britischer Baptistenprediger organisierte er 1841 eine Eisenbahnreise von Leicester nach Loughborough, bei der auch Verpflegung enthalten war. Ziel der Reise war die Teilnahme an einer Abstinenzlerveranstaltung. Auch wenn es sich bei dieser ersten Fahrt also um kein klassisches touristisches Motiv handelt und das Ziel des Veranstalters auch nicht im Gewinnerzielen lag, wird bis heute in den Tourismuswissenschaften als eine Art Mythos diese Fahrt als der Beginn der Pauschalreise angesehen. Diese Interpretation ist sicherlich davon geprägt, dass von Thomas Cook in der Folge ein Reiseunternehmen gegründet wurde, das als Innovator im Bereich der Pauschalreisen gilt. Es bot Reisen aufs europäische Festland, in die USA oder nach Ägypten bis hin zu einer Weltreise als Komplettpaket für relativ günstige Preise an – ein Image das der den Namen bis heute weiterführende Reisekonzern immer noch pflegt (vgl. Kap. 3.1.1).

Als ein Beispiel für den Ansatz, das Privileg von Urlaubsreisen – zumindest in der offiziellen Propaganda – auch für weitere Kreise der Arbeiterschaft zu öffnen, soll die NS-Organisation „Kraft durch Freude" (KdF) genannt werden.

Mit dem Ziel der Bindung der „Volksgemeinschaft" an das NS-Regime wurde nicht nur der KdF-Wagen als Pkw für breite Schichten der Bevölkerung proklamiert (der dann während des 2. Weltkrieges als Kübelwagen an unterschiedlichsten Kriegsschauplätzen eingesetzt wurde und nach dem Weltkrieg als VW Käfer seinen Beitrag zu einer breiten Motorisierung der Bevölkerung leistete), sondern von KdF auch Ferienreisen organisiert. Neben dem Bau von Kreuzfahrtschiffen (unter anderem der „Wilhelm Gustloff", die dann während des 2. Weltkriegs als Lazarettschiff eingesetzt und 1945 während der Evakuierung Ostpreußens versenkt wurde) wurde auf Rügen zwischen Binz und Sassnitz mit dem Bau des Seebades Prora begonnen. Mit der geplanten Kapazität von 20.000 Betten und der kompakten Bauweise entlang der Strandlinie kann das Tourismus-Resort Prora bis zu einem gewissen Grad als Vorläufer der späteren Erschließung der italienischen und spanischen Mittelmeerküste angesehen werden. Gleichzeitig ist KdF ein extremes Beispiel für die ideologische Instrumentalisierung des Tourismus.

Kraft durch Freude (KdF) als Wegbereiter des Massentourismus und die politische Instrumentalisierung des Tourismus

Ideologische Zielsetzung der NS-Organisation

„Alles das, was wir tun, dieses Kraft durch Freude, alles, alles, alles dient nur dem einen, unser Volk stark zu machen, damit wir diese brennendste Frage, dass wir zu wenig Land haben, lösen können. Wir fahren nicht in die Welt hinaus zum Spaße, ich habe nicht einen Reiseverein gegründet, das lehne ich ab (…) nein, damit sie Nerven bekommen, damit sie Kraft haben, dass, wenn der Führer einmal diese letzte Frage lösen wird, dann 80 Millionen in höchster Kraft hintreten vor ihn" (Robert Ley, der Leiter der NS-Organisation „Deutsche Arbeitsfront" (DAF) auf einem KdF-Schiff im Sommer 1938).

Seebad Prora auch als verdeckte Kriegsvorbereitung

„Die Idee des Seebades ist vom Führer selbst. Er sagte mir eines Tages, dass man nach seiner Meinung ein Riesenseebad bauen müsse, das Gewaltigste und Größte von allem bisher Dagewesenen … Es ist der Wunsch des Führers, dass in der Mitte ein großes Festhaus entsteht … Der Führer gab gleichzeitig an, dass das Bad 20.000 Betten haben müsse. Alles soll so eingerichtet sein, dass man das Ganze im Falle eines Krieges auch als Lazarett verwenden kann" (Robert Ley 1935).

Textquelle: Dokumentationszentrum Prora (2010, Mappe C, Q68)

Während dem sog. „Kalten Kriegs" in der zweiten Hälfte des 20. Jahrhunderts, der vom Wettstreit zwischen dem kapitalistischen und dem sozialistischen System geprägt war, wurden Reisen auch als Erfolgsindikator für die Überlegenheit der jeweiligen Systeme mit angesehen und insbesondere in den sozialistischen Ländern bewusst auch als Instrument zur Belohnung systemtreuer Personen eingesetzt.

1.2.2 Theoretische Konzepte

Die Tourismuswissenschaften als relativ junge Disziplinen, die sich aus ihren „Mutter"-Disziplinen heraus entwickelt haben und entwickeln, sind hinsichtlich der analytischen Konzepte einerseits noch stark von den „Mutter"-Disziplinen geprägt und andererseits in einem intensiven Austausch und Wechselspiel untereinander. Dementsprechend werden in der Tourismusforschung auch methodische und konzeptionelle Ansätze aus unterschiedlichen anderen Disziplinen adaptiert und umgesetzt. Vollkommen eigenständige theoretische Konzepte sind bislang in den Tourismuswissenschaften erst begrenzt entwickelt worden.

Im Folgenden werden exemplarisch einige theoretische Konzepte vorgestellt, die die Grundprinzipien in der tourismusgeographischen Herangehensweise veranschaulichen.

Der britische Geograph Peter HAGGETT (1983) beginnt seine Einführung in die Geographie mit dem bekannten Kapitel „On the beach". Am Beispiel eines Strandabschnitts werden ausgehend von den naturräumlichen Grundlagen (feiner Sand, sumpfige Areale) und den Zugangsmöglichkeiten die Verteilung der Menschen in diesem Raumabschnitt und die dafür wirksamen Aspekte entwickelt. Mit der zeitlichen Perspektive auf den Tagesverlauf wird deutlich, dass zunächst günstig gelegene Strandabschnitte belegt werden und erst wenn diese weitgehend gefüllt sind, auch weniger günstig gelegene Abschnitte von den Badegästen aufgesucht werden.

Die Überlegungen von HAGGETT können ergänzt werden um weitere subjektive Aspekte. So wird ein Liebespaar, das möglichst ungestört sein möchte, sicherlich andere Bereiche des Strandes aufsuchen, als z. B. eine Familie mit Kindern, für die die Nähe zum nächsten Eisstand ein mögliches Entscheidungskriterium sein könnte. Aber auch die Frage wo eine zweite Strandbar – möglichst nahe an der ersten, um Agglomerationsvorteile zu nutzen oder möglichst exzentrisch zu dieser – angesiedelt wird, lassen sich anhand dieses simplen Beispiels entwickeln und so die zentralen Paradigmen der (Tourismus-)Geographie aufzeigen: die Analyse der durch das Handeln der Menschen im Raum entstehenden räumlichen Muster, die Beeinflussung des Handelns durch Rahmenbedingungen, und die Gestaltung der Rahmenbedingungen. Gleichzeitig wird deutlich, dass der Blickwinkel auf das Wechselspiel zwischen Angebot und Nachfrage ausgerichtet ist.

1.2.2.1 Standort-/Destinationsbezogene Konzepte

Stellvertretend für auf die Standorte bzw. die Destinationen bezogene Konzepte werden in diesem Abschnitt drei Ansätze vorgestellt:

[1] Die **Theorie der Zentralen Orte** von CHRISTALLER als Beispiel für die Verteilung von Angebotsstandorten.

[2] Das **Polarization Reversal**-Konzept als Beispiel für die geplante Intervention in Raumstrukturen.

[3] Der **Destinationslebenszyklus** von BUTLER als Beispiel für die Adaption grundlegender ökonomischer Ansätze in der Tourismusgeographie.

Theorie der Zentralen Orte von CHRISTALLER

Die ursprüngliche Zielsetzung der Arbeit von Walter CHRISTALLER (1933/1968) war, eine systematische Erklärung für die unterschiedlichen Größen von Städten zu finden. Als zentrale Schlüsselgröße identifizierte er die Verteilung von Dienstleistungen. Für die Nachfrage nach Dienstleistungen sah er den Raumüberwindungsaufwand (aufgefasst als Zeit-Kosten-Mühe-Relation) als zentrale Größe an. Je weiter entfernt ein Angebot von den potentiellen Nachfragern ist, desto weniger häufig wird dieses nachgefragt (vgl. Abb. 4).

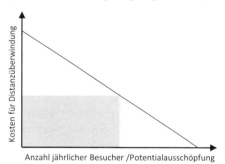

Abb. 4: Idealschema einer Nachfragekurve (Quelle: eigener Entwurf)

Die Bereitschaft zur Raumüberwindung hängt dabei auch von der Wertigkeit der nachgefragten Dienstleistungen ab. Für eine des Öfteren nachgefragte Leistung, wie z. B. den Besuch eines Freibades oder eine Wanderung am Wochenende ist die Distanzüberwindungsbereitschaft geringer als z. B. für den Besuch einer Wellness-Therme oder eine mehrwöchige Trekking-Tour. Gleichzeitig gibt es Dienstleitungen, die von breiten Teilen einer Bevölkerung nachgefragt werden (z. B. Kinovorführung), und solche, die nur von Wenigen nachgefragt werden (z. B. Ballettaufführung). Grundprämisse von CHRISTALLER ist, dass sich

Angebote so im Raum verteilen, dass möglichst wenig Konkurrenz besteht. Aus der Nachfragekurve (vgl. Abb. 4) ergeben sich kreisförmige Einzugsbereiche. Damit keine unterversorgten Gebiete von nebeneinander liegenden kreisförmigen Einzugsbereichen zurück bleiben, wird von CHRISTALLER ein hexagonales Wabenschema als sowohl Anbieter als auch Nachfrager zufrieden stellendes Verteilungsmuster von Einzugsbereichen entwickelt (vgl. Abb. 5).

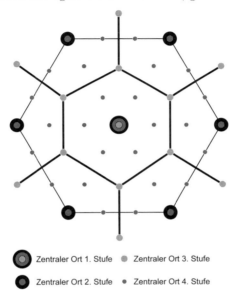

Zentraler Ort 1. Stufe   ● Zentraler Ort 3. Stufe

Zentraler Ort 2. Stufe   • Zentraler Ort 4. Stufe

Abb. 5:   Idealschema des Systems der Zentralen Orte
(Quelle: eigener Entwurf nach CHRISTALLER 1968)

Unmittelbar einsichtig ist bei diesem Konzept auch, dass die technische Entwicklung von Verkehrsmitteln und deren Verfügbarkeit einen direkten Einfluss auf die Nachfrageorientierung besitzt. Jede technische Innovation, von der Eisenbahn über den privaten Pkw bis hin zum Flugzeug hat die Reichweite für Freizeitaktivitäten erhöht. Mit der weiten Verbreitung von privaten Pkws wurden die Aktionsradien genauso erweitert wie durch die Preisreduzierungen im Luftverkehr durch die sog. Low Cost Carrier (vgl. Kap. 3.1.3) in den 1990er Jahren. Der Einzugsbereich eines (freizeit-)touristischen Angebots ist damit keine feste kilometrische Größe sondern hängt auch von der für die Raumüberwindung zurückzulegenden Zeit, der damit verbundenen Mühe und den aufzubringenden Kosten ab. Als Faustformel wird z. B. bei Angeboten für Tagesausflüge davon ausgegangen, dass das Einzugsgebiet sich auf den Quellraum erstreckt, von dem aus das Angebot (z. B. ein Freizeitpark) innerhalb von zwei Stunden zu erreichen ist.

Während vor der Verfügbarkeit von motorisierten Verkehrsmitteln für einen Tagesausflug nur wenige Kilometer zurückgelegt worden sind, ist es mit den Low Cost Carriern prinzipiell möglich für einen Tagesausflug auch nach Mallorca oder in eine der europäischen Metropolen zu fliegen.

Das ursprünglich als reines Analysekonzept entwickelte Zentrale Orte-Schema wurde seit den 1970er Jahren dann auch normativ gewendet und intensiv in der räumlichen Planung eingesetzt. Insbesondere im Bereich der Freizeitstättenplanung wurde von der öffentlichen Hand das Prinzip der Daseinsvorsorge auf den Grundlagen von Christaller umgesetzt. Aber auch bei privatwirtschaftlichen Investitionen (z. B. in Musical-Theater) wird auf die Überlegungen zu den Einzugsbereichen und der Mitbewerberanalyse zurückgegriffen.

Polarization Reversal Ansatz von RICHARDSON

Das Konzept des Polarization Reversal von RICHARDSON (1980) versucht regionale Wachstumstheorien und Polarisationstheoretische Ansätze zu verknüpfen. Ursprünglich am Beispiel der sog. Entwicklungsländer formuliert, geht die grundsätzliche Beobachtung davon aus, dass zu Beginn eines Entwicklungszyklus zunächst Konzentrationsprozesse stattfinden mit der räumlichen Konzentration auf wenige Standorte. Erst wenn Agglomerationsnachteile (z. B. durch eine zu große Nachfrage in Destinationen) auftreten, werden zentrifugale Kräfte wirksam und bislang periphere Standorte von der Entwicklungsdynamik erfasst, bis sich am Ende ein ausgeglichenes Raumgefüge einstellt (vgl. Abb. 129 in Kap. 7.3).

Die Zielsetzung von RICHARDSON war, aufzuzeigen, dass dieser Prozess des Ausgleichs von Polaritäten durch gezieltes staatliches Handeln beeinflusst werden kann. Damit wurde er zu einem der wichtigen Ansätze für den staatlichen Anspruch des Ausgleichs von Disparitäten und der Entwicklung von peripheren Räumen. Mangels anderer ökonomischer Potentiale wird für periphere ländliche Räume oftmals die touristische Inwertsetzung als Option zur Stimulierung der Regionalökonomie angesehen.

Das Grundprinzip der Entwicklung peripherer Regionen durch touristische Investitionen wurde vom VORLAUFER 1996 veranschaulicht (vgl. Abb. 6). In der Anfangsphase (gedacht als erste Hotelinvestition) kommt der Großteil der benötigten Ressourcen für den Bau und Betrieb (von den Lebensmitteln bis hin zur Klimaanlage deren Wartung) von außerhalb der Destination (je nach nationalem Entwicklungsstand auch von außerhalb des Landes). Die zunehmende Nachfrage (gedacht als Ausbau der Hotelkapazitäten) führt dazu, dass sich nach und nach Zulieferbetriebe – zunächst für einfachere Leistungen, wie z. B. Lebensmittel und sukzessive auch für höherwertige Bedarfe – in der Destination ansiedeln. In der Folge entsteht eine eigenständige, sich selbst tragende wirtschaftliche Entwicklung von ehemaligen Peripherregionen.

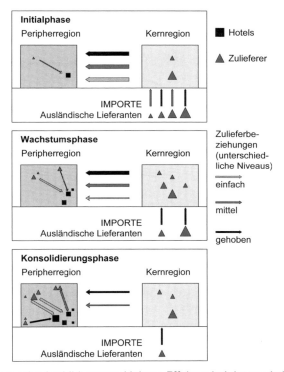

Abb. 6: Schema der Ausbildung von Linkage-Effekten bei der touristischen Erschließung von Peripherregionen
(Quelle: eigene Darstellung nach VORLAUFER 1996, S. 166)

Auch wenn es sich hier um ein idealtypisches Schema für den Entwicklungsländertourismus (genauer in Kap. 7.3) das in der Realität auch von weiteren Rahmenbedingungen abhängt, folgen dieser Grundüberlegungen auch viele Ansätze zur Förderung des Tourismus im ländlichen Raum der Industriestaaten (vgl. z. B. REIN & SCHULER 2012).

Destinationslebenszyklusmodell von BUTLER

Der britische Tourismusgeograph Richard BUTLER übertrug 1980 ein vorher im Bereich der Industriegüter verwendetes Modell zum Produkt-Lebenszyklus auf die Entwicklung von Destinationen. Ausgangshypothese ist hierbei, dass touristische Regionen – ähnlich wie Industrieprodukte auch – einem regelhaft verlaufenden Innovations-Reife-Niedergang-Zyklus unterliegen. Dabei werden folgende Stufen unterschieden (vgl. auch Abb. 7).

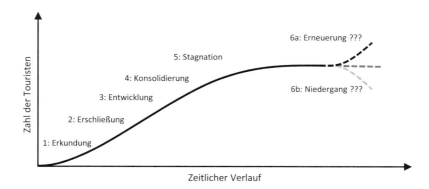

Abb. 7: Grundprinzip des Destinationslebenszyklus
(Quelle: eigene Darstellung nach BUTLER 1980)

[1] **Erkundung**: In einer ersten Phase wird eine Region nur von einer geringen Zahl von Touristen besucht, die eine Art Pionierfunktion übernehmen und das Gebiet wegen bestimmter Anziehungspunkte aufsuchen. In dieser ersten Phase verfügt das Zielgebiet nur über eine unzureichende, lediglich gering ausgebildete touristische Infrastruktur.

[2] **Erschließung**: In einer zweiten Phase werden (oftmals motiviert durch die bereits vorhandene Nachfrage) mit der systematischen Schaffung touristischer Infrastruktur die Rahmenbedingungen für die weitere Entwicklung verbessert.

[3] **Entwicklung**: Vergleichbar einer Phase des Take Off, setzt nun eine boomartige Entwicklung ein, die auch von einem verstärkten Engagement externer Investoren gekennzeichnet sein kann. Dabei machen sich gelegentlich auch Anzeichen einer Übernutzung der Ressourcen bemerkbar.

[4] **Konsolidierung**: Geringer werdende Zuwachsraten, d. h. eine rückläufige Entwicklungsdynamik und wenig neue Impulse, kennzeichnen die Konsolidierung.

[5] **Stagnation**: Sind trotz kleinerer Oszillationen der Nachfrage keine generellen Zuwächse mehr zu verzeichnen, ist die Tourismusregion in die Phase der Stagnation eingetreten. Häufig treten ökologische und soziale Probleme der touristischen Inwertsetzung jetzt stärker in den Vordergrund.

[6] **Erneuerung** oder **Niedergang**: Während die Phasen 1 bis 5 empirisch an einer Reihe von Fallbeispielen nachvollzogen werden können, ist bislang noch relativ unklar, welche weitere Entwicklung touristisch intensiv erschlossene Regionen nunmehr nehmen können. Abgesehen von der prinzipiell denkbaren Stagnation auf hohem Niveau, ist eine weitere mögliche

Option die Annahme eines Niedergangs und damit des Endes eines Entwicklungszyklus. Als weiteres Szenario sind aber auch die Antizipation des
Niedergangs und ein aktives Gegensteuern hin zu einer Erneuerung (Rejuvenation), d. h. dem Einstieg in einen neuen Produkt-Lebenszyklus ohne
vorherigen Niedergang, denkbar.

Der wirtschaftliche Ertrag nimmt idealtypisch von Phase 1 bis 4 kontinuierlich
zu und bleibt auch in der Phase der Stagnation und sogar des Niedergangs noch
auf hohem Niveau. Angesichts einer zufriedenstellenden Ertragslage werden
Diversifizierungsanstrengungen zur Einleitung einer Produkterneuerung oftmals
erst sehr spät (möglicherweise zu spät) eingeleitet.

Das Destinationslebenszyklusmodell von BUTLER hat gleichzeitig auch die
Überlegungen zur Tragfähigkeit von Destinationen befördert. Wenn die (natürlichen) Grundlagen bzw. die Tragfähigkeit einer Destination als Y-Achse gedacht werden, kann anhand dieser Überlegungen – um zu vermeiden, dass
durch ein Überschreiten der Tragfähigkeitsgrenze bzw. eine Übernutzung der
Ressourcen eine Degradation (= Niedergang) ausgelöst wird – auch die Entwicklung entsprechend gesteuert werden.

Gleichzeitig wird die Position eines Produkts oder einer Destination im Lebenszyklus auch als relevante Basis für die Stimulierung von Innovationen zum Antizipieren von Stagnation oder dem Relaunch als Analysemodell eingesetzt (vgl.
hierzu auch das Portfoliomodell in Kap 3.2.2).

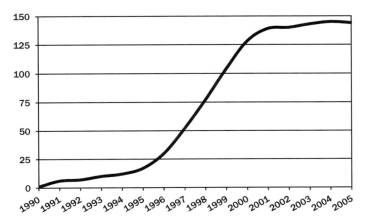

Abb. 8: Entwicklung der Zahl der Multiplexkinos in Deutschland von 1990 bis
2005 (Quelle: eigene Darstellung nach FFA div. Jg.)

Fast idealtypisch dem Lebenszyklusmodell folgt die Entwicklung der Multiplex-kinos in den 1990er Jahren (vgl. Abb. 8). Nachdem 1990 vom amerikanischen Kinokonzern UCI in Hürth bei Köln das erste Multiplexkino Deutschlands eröffnet worden war, ist die zweite Hälfte der 1990er Jahre von einem regelrech-ten Boom gekennzeichnet, bei dem knapp 150 Multiplexkinos eröffnet worden sind. Bereits nach fünf Boomjahren ist allerdings seit 2000 eine deutliche Markt-sättigung zu erkennen, sodass die Zahl der Multiplexe bis heute auf diesem Niveau stagniert (genauer bei FREITAG & KAGERMEIER 2002).

Grenzen des Modells des Destinationslebenszyklus liegen – wie am Beispiel der Multiplexkinos deutlich wird – darin, dass sich in der Anfangsphase weder die Höhe der sich in der Reifephase einstellenden Nachfrage noch die Zeitspanne ableiten lassen. Ob ein Produkt in einer Destination nur einen kurzen touristi-schen Hype erfährt und dann nach kurzer Zeit wieder verschwindet lässt sich mit diesem simplen Modell nicht prognostizieren. Hierzu sind differenzierte Ansätze, auch unter Einbeziehung von nachfrageseitigen Aspekten notwendig, wie sie im nächsten Abschnitt behandelt werden.

1.2.2.2   Nachfragebezogene Konzepte

Entsprechend dem Blickwinkel der Tourismusgeographie sowohl auf die Ange-botsseite und deren räumliche Aspekte als auch die, mit den Angeboten im Wechselspiel stehende Nachfrageseite ist dieser Abschnitt einigen ausgewählten Konzepten und Ansätzen zur Analyse der Nachfrageseite gewidmet. Dabei werden behandelt:

[1]   die Bedürfnispyramide nach MASLOW

[2]   das Konzept der Lebensstile

[3]   die Ansätze zur Erlebnisorientierung.

Die Bedürfnispyramide nach MASLOW

Ausgangspunkt des sozialpsychologischen Konzepts der Bedürfnispyramide von MASLOW (1943) ist, dass Bedürfnisse der Ausgangspunkt menschlichen Han-delns sind. Dabei gibt es eine klare hierarchische Abfolge von (physiologischen) Grundbedürfnissen, Sicherheitsbedürfnissen, sozialen Bedürfnissen, Wertschät-zungsbedürfnissen und Selbstverwirklichungsbedürfnisse (vgl. Abb. 9). Priorität haben die grundlegenden Bedürfnisse. Erst wenn die Subsistenz gesichert ist, wird versucht, höhere Bedürfnisse zu befriedigen.

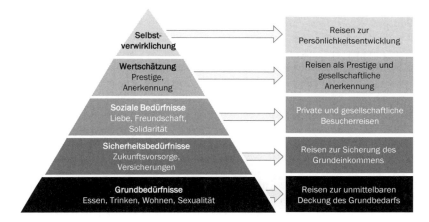

Abb. 9:   Bedürfnispyramide nach MASLOW und Entsprechungen im Tourismus (Quelle: eigene Darstellung nach MASLOW 1943 & FREYER 2011a, S. 72)

Bei der Übertragung des Konzepts der Bedürfnispyramide auf den Tourismus ist es zwar prinzipiell möglich, auch Reisen zur Befriedigung von Grundbedürfnissen (z. B. Handelsreisen) oder zur Sicherstellung der Sicherheitsbedürfnisse (z. B. Kuraufenthalte zur Wiederherstellung bzw. Erhaltung der Arbeitskraft) anzusprechen. Größere Bedeutung erhält das Konzept aber bei den drei oberen Bedürfnisebenen. Grundprinzip von freizeittouristischen Aktivitäten ist, dass diese erst dann – sei es mit Blick auf die (ökonomische) Entwicklung der Gesellschaft oder die Situation eines Individuums – als Bedürfnisse realisiert werden, wenn die Grund- und Sicherheitsbedürfnisse befriedigt sind. Dabei können die drei oberen Stufen einerseits als Entwicklungspfad von gesellschaftlich verankerten Werten aber auch als individuelle Stufen verstanden werden. Das Reisen zum Pflegen von sozialen Kontakten (sei es zusammen mit anderen oder zum Besuch von Bezugspersonen) ist offensichtlich ein relevantes Reisemotiv. Da Reisen lange Zeit als Privileg von kleineren Gruppen galt und nur für einen – wenn auch im Zeitverlauf zunehmenden – Teil der Bevölkerung erschwinglich war, spielte in der zweiten Hälfte des 20. Jahrhunderts das über Reisen vermittelte Renommee oftmals eine Rolle bei der Auswahl von Reisezielen. Reisen in Destinationen mit einem hochwertigen Image als eine Form des demonstrativen Konsums, der dann in der Folge – sei es über den Versand von Postkarten oder das Zeigen von Urlaubsdias im Bekanntenkreis – auch entsprechend kommuniziert wurde, kann als Handeln zum Erlangen von Prestige oder Anerkennung interpretiert werden. Solche Verhaltensmuster spielen wohl auch heute noch eine Rolle beim Posten von Fotos auf Social Media Plattformen oder entsprechenden digitalen Reiseberichten.

Ende des 20. Jahrhunderts rückt dann das (aktuell) höchste Bedürfnis stärker auch in den Fokus von (freizeit-)touristischen Aktivitäten. Reisen, das nicht mehr primär außenorientierte Motive und Zwecke aufweist, sondern stark auf die Selbstverwirklichung des Individuums orientiert ist, gewinnt in den letzten Jahren mehr und mehr an Bedeutung. Die Angebote von inszenierten Freizeit-welten in den 1990er Jahren können als Antwort auf die Bedürfnisse der als „Spaßgesellschaft" apostrophierten Phase von touristischen Trends angesehen werden (vgl. ROMEIß-STRACKE 2003). Seit der Jahrtausendwende ist zu be-obachten, dass mehr und mehr auf die Persönlichkeit des Reisenden ausgerich-tete Angebote an Bedeutung gewinnen (vgl. LEDER 2007). Dieser Trend bedeu-tet gleichzeitig, dass nicht nur andere Tourismusformen, in denen das persönli-che Erlebnis eine neue Bedeutung bekommt (von Wellness- und Wandertou-rismus bis hin zum Klosterurlaub) an Bedeutung gewinnen. Mit dem Slogan „Destination Ich" wird ausgedrückt, dass sich auch der Stellenwert der Destina-tionen verändert. Das früher wichtigere Renommee und Image eines Urlaubsor-tes oder einer Urlaubsregion zur Vermittlung von Prestige tritt gegenüber den auf die Persönlichkeit des Touristen ausgerichteten Urlaubserlebnissen in den Hintergrund. Damit ergeben sich unter dem Blickwinkel des Destinationsmana-gements (vgl. Kap. 4) auch neue Perspektiven für Regionen, die bislang eher als nachrangig eingestuft wurden, wenn es ihnen gelingt, die auf die persönliche Selbstverwirklichung ausgerichteten Bedürfnisse anzusprechen.

Lebensstilansatz zur Zielgruppensegmentierung

Im Zuge der Ausdifferenzierung und Weiterentwicklung der (touristischen) Bedürfnisse kommt auch der Zielgruppensegmentierung zur adäquaten ziel-gruppenspezifischen Adressierung eine zunehmende Bedeutung zu. So lange touristische Orientierungen Teil eines relativ fest gefügten sozialen Kontext waren, bzw. das durch die Reisen vermittelte Prestige eine große Rolle spielte, konnten die Orientierungen relativ leicht aus der sozialen Stellung der potentiel-len Reisenden abgeleitet werden. Der Besuch von bestimmten Destinationen hat sich stark danach ausgerichtet, ob sich jemand „etwas leisten konnte" bzw. welche Destinationen innerhalb der Peer-Group als „In" und „Chic" galten. Mit der zunehmenden Individualisierung der Gesellschaft und dem Zunehmen von auf die Selbstverwirklichung ausgerichteten Reisemotiven hat die Unterschei-dungskraft des bis in das letzte Viertel des 20. Jahrhunderts in den Sozialwissen-schaften verwendeten sog. Schichtenmodells (mit der Haupteinteilung in Grund-, Mittel- und Oberschicht) abgenommen.

Während der fordistischen Moderne galt die Zugehörigkeit zu sozialen Klassen oder Schichten als prägendes Moment für die Orientierung von Verhaltenswei-sen. Mit der zunehmenden Inhomogenität und Auflösung traditioneller Klassen im Übergang zur Postmoderne verlieren diese Konstrukte ihre prägende Funktion für das (Freizeit- und Tourismus-)Verhalten. Analytisch wird versucht, die Heterogenisierung und Individualisierung der Lebens- und Konsummuster mittels sog. Lebensstilgruppen abzubilden.

Der Soziologe HRADIL definiert: „Ein Lebensstil ist [...] der regelmäßig wiederkehrende Gesamtzusammenhang der Verhaltensweisen, Interaktionen, Meinungen, Wissensbestände und bewertenden Einstellungen eines Menschen" (HRADIL 2005, S. 46). Nach BOURDIEU sind Lebensstile Ausdruck einer strukturellen Vielfalt (BOURDIEU 1987), wobei sozio-ökonomische und sozio-kulturelle Aspekte teilweise entkoppelt sind. Dabei wird zwischen ökonomischem, kulturellem (z. B. Bildung, Wissenskompetenz) und sozialem (z. B. Kommunikationsfähigkeit, Zugehörigkeit) Kapital (BOURDIEU 1983) unterschieden. Allerdings sind Lebensstile nicht ganz unabhängig von der materiellen Basis sondern mit dieser in der Weise rückgekoppelt, dass sie bestimmte Verhaltensdispositionen begünstigt.

Lebensstile können als Grundhaltungen aufgefasst werden, die sich in bestimmten Präferenzen (z. B. konsum- oder freizeitbezogen) niederschlagen. Lebensstile können von anderen abgrenzen oder mit diesen verbinden. Dabei kann ein Lebensstil Ausdruck einer politischweltanschaulichen Einstellung sein oder starke Bezüge zu bestimmten Konsummustern aufweisen. Der starke symbolische Gehalt von Lebensstilen hat Rückwirkungen auf die Art der Konsumentenansprache im Rahmen des Marketings, das zielgruppenspezifisch Elemente der Lebensstile aufgreift.

Auch im Urlaub wird nicht mehr quasi automatisch das nachgefragt und konsumiert, was man sich leisten kann. Vielmehr treten individuelle Grundhaltungen als Hintergrundmotive für Konsumpraktiken in den Vordergrund. Dementsprechend gewinnt die Identifizierung von sog. Lebensstilen für die Konsumforschung und auch die Tourismuswissenschaften an Relevanz, um entsprechend konditionierte Angebote entwickeln zu können.

Eine der im deutschsprachigen Raum am bekanntesten Einteilungen in Lebensstilgruppen ist die vom Markt- und Sozialforschungsinstitut Sinus entwickelte Einteilung in die sog. „Sinus-Milieus". Auch wenn die traditionelle Schichtendifferenzierung (und damit auch die Kaufkraftunterschiede) in das Lebensstilmodel mit einfließen werden drei Grundorientierungen zur Ausdifferenzierung von sog. „Milieus" unterschieden:

[1] Tradition (mit den Milieus der „Traditionellen" und der „Konservativ-Etablierten")

[2] Modernisierung/Individualisierung (mit den Milieus der „Prekären", der „Bürgerlichen Mitte", dem „Sozial-ökologischen" und dem „Liberal-Intellektuellen" Milieu sowie

[3] Neuorientierung (mit den „Hedonisten", den „Adaptiv-Pragmatischen", den „Expeditiven" und den „Performern"; Reihenfolge der Milieus jeweils in der Reihenfolge zunehmender Kaufkraft; vgl. Sinus 2014, siehe auch Abb. 131 in Kap. 7.3.1).

Grundprinzip der von Sinus nicht genau offen gelegten Vorgehensweise ist bei allen Einteilungen in Lebensstilgruppen auch eine Berücksichtigung von sog. „Stated Preferences", d. h. Aussagen der Individuen über Präferenzen hinsichtlich von Werthaltungen oder Verhaltensmustern. Die Erfassung erfolgt meist mit sog. Likert-Skalen, bei denen zu einzelnen Items positiv oder negative formulierte Aussagen zu Konsum- und Freizeitverhaltensmustern bzw. -präferenzen abgefragt werden. Dabei können die Probanden ihre Zustimmung oder Ablehnung in mehreren, vorgegebenen Abstufungen – z. B. von „stimme voll zu" bis „stimme überhaupt nicht zu" – angeben. Auf der Basis der Einzelaussagen werden dann mit einer Clusteranalyse Teilstichproben relativ ähnlicher Merkmalsausprägungen zu einstellungs- und verhaltensähnlichen Gruppen abgegrenzt. Die Bezeichnung der Cluster erfolgt anschließend anhand der typischen Merkmalsausprägungen innerhalb der Cluster.

Diese Verfahrensweise erklärt auch, warum die Festlegung von Lebensstilgruppen je nach einbezogenen Variablen und den Parametern der Clusteranalyse so gut wie nie zu identischen Gruppierungen führt. Es zirkuliert daher eine Vielzahl von – oftmals zwar ähnlichen, aber im Detail dann doch etwas unterschiedlichen – Zuordnungen (und auch die von Sinus festgelegten Milieus haben sich im Laufe der Jahre verändert).

Die Relevanz der Einteilung in Milieus oder Lebensstile soll anhand des nachfolgenden Beispiels kurz veranschaulicht werden. Bei einer Befragung zur Freizeitmobilität wurden Freizeitstilgruppen über ein breites Spektrum von Aussagen zu Präferenzmustern der Freizeitgestaltung gebildet (genauer bei GRONAU & KAGERMEIER 2007). Bei einer Gegenüberstellung der unterschiedlichen Freizeitstilgruppen mit der diese bei der Wahl des Verkehrsmittels auf funktionale Aspekte (Sicherheit, Zuverlässigkeit, Preiswürdigkeit) oder spaß-orientierte Aspekte (Freude am Fahren, Autofahren als Selbstzweck) Wert legen, zeigt sich deutlich, dass unterschiedliche Freizeitstilgruppen den funktionalen und den spaß-orientierten Aspekten verschieden großes Gewicht beimessen (vgl. Abb. 10).

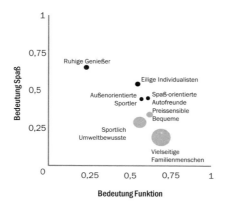

Abb. 10: Spaß- und Funktionsorientierung bei Verkehrsmittelwahl in der Freizeit für unterschiedliche Freizeitstilgruppen (Quelle: eigene Darstellung nach Gronau & Kagermeier 2007, S. 129)

Dementsprechend weisen sie auch eine unterschiedliche Affinität zur Inanspruchnahme von relativ umweltverträglichen Verkehrsmittelalternativen auf. Eine solche Analyse im Vorfeld der Einführung von z. B. ÖPNV-Angeboten zur Erschließung einer Freizeiteinrichtung kann mit dazu beitragen, das konkrete Potential genauer einzugrenzen. Vereinfacht ausgedrückt ist es schwieriger, spaß-orientierte Autofreunde" für den Besuch einer Motorsportveranstaltung durch ein entsprechendes Zubringerbusangebot anzusprechen als z. B. familienorientierte Besucher eines Freizeitparks.

Die Segmentierung der Lebens- und Konsumstile weis dabei eine gewisse Beliebigkeit auf. Je nachdem, welche Ausgangsparameter in die Clusteranalysen eingespeist und mit welchen Vorgaben diese durchgeführt werden, entstehen teilweise voneinander abweichende Gruppen ähnlicher Ausprägungen, die dann anhand ihrer Gemeinsamkeiten mit schlagkräftigen Bezeichnungen versehen werden. Teilweise entsteht dabei der Eindruck, dass manchmal mehr Kreativität und Energie in die Generierung von Begriffen verwendet wird als in die methodisch sauberere Ermittlung. Ähnlich ist es auch bei der stark umworbenen Gruppe der sog. 50+-Generation, die als mit so schillernden Metaphern wie Silver Consumer, Best Ager, Generation Gold, Golden Ager oder Master Consumer bezeichnet wird, ohne dass dahinter eine große analytische Substanz steht.

Erlebnisorientierung

Im Zusammenhang mit der nachfrageorientierten Gestaltung von touristischen Angeboten wird in den letzten Jahren dem Besuchererlebnis ein wachsendes Augenmerk gewidmet. Auch wenn retrospektiv seit der Zeit der Vaganten (vgl. Kap. 1.2.1) das persönliche Erlebnis als relevantes Motiv angesehen wird, ist dessen Operationalisierung, Erfassung und genauere Analyse erst gegen Ende des 20. Jahrhunderts in den Fokus der sozialwissenschaftlichen Analyse gerückt. Dies hängt damit zusammen, dass in den letzten Jahrzehnten (vgl. auch die Ausführungen zu MASLOWS Bedürfnispyramide in diesem Kapitel) die individuelle Selbstverwirklichung und damit auch das individuelle Erlebnis an Bedeutung für die Individuen zugenommen haben.

Die zunehmende Bedeutung des individuellen Erlebnisses wurde von SCHULZE (1992) in seinem Buch über die Erlebnisgesellschaft auf einen Wandel der Lebensauffassungen zurückgeführt. Lange Zeit galt für den Großteil der Gesellschaft eine sog. außenorientierten Lebensauffassung, die in einer klar sozial strukturierten und geschichteten Gesellschaft externe Vorgabe von Zielen und Normen für das Individuum (z. B. Reproduktion der Arbeitskraft, Beschaffung von lebensnotwendigen Ressourcen, Aneignung von Qualifikationen, Altersvorsorge) bedeutete. Diese ist abgelöst worden von einer stärker innenorientierten Lebensauffassung, bei der die Gestaltungsidee eines „schönen, interessanten, subjektiv als lohnend empfundenen Lebens" (SCHULZE 2005, S. 37) in den Vordergrund trat. Die damit verbundene Betonung des subjektiven Erlebnisses in weiten Teilen der Gesellschaft führt zu einer Ästhetisierung des Alltagslebens und einer Höherbewertung der Selbstverwirklichung.

Die Freizeit- und Erlebniswelten des ausgehenden 20. Jahrhunderts (vgl. z. B. STEINECKE 2000) haben genau diese subjektive Erlebnisorientierung angesprochen, indem Sie dem Individuum ein positives Erlebnis versprachen. Damit war dieses Versprechen von unverwechselbaren, einmaligen Erlebnissen als der zentrale Erfolgsfaktor für den im letzten Kapitel thematisierten Boom der Freizeit- und Erlebniswelten in den 1990er Jahren anzusehen.

KAGELMANN hat die Erfolgsfaktoren der Freizeit- und Erlebniswelten der 1990er Jahre wie folgt zusammengefasst:

[1] die Tatsache, dass die Besucher in eine Kontrastwelt zur Alltagswelt eintauchen können,

[2] eine größere Zahl von Erlebnissen auf hohem und verlässlichem Niveau vermittelt werden,

[3] immer wieder neue Angebote mit wechselnde Attraktionen und Events geboten werden,

[4] die professionelle Organisation auf einen perfekten ungestörten (Konsum-) Genuss ausgerichtet ist,

[5] multifunktionale Angebote den multioptionalen Ansprüchen der Nachfrager entsprechen,

[6] ein thematisches Leitmotiv, das idealerweise dem Grundprinzip des Storytelling folgt, und ein unverwechselbares Erlebnis verspricht (nach KAGELMANN 1998, S. 79ff.).

Dabei zeigte sich aber, dass der Erfolg von auf oberflächliches Erlebnis ausgerichteten Angeboten oftmals nur kurzfristig war. Ein einmal gemachtes Erlebnis kann bei der Wiederholung als nur noch begrenzt attraktiv empfunden werden. Diesem Abnutzungseffekt wurde lange Zeit über eine Intensivierung bzw. Erneuerung der gebotenen Effekte entgegen gewirkt. OPASCHOWSKI (2000) prägte dabei den Begriff der „Erlebnisspirale", bei der immer ausgefeiltere Angebote nachgefragt werden. Das kontinuierliche „Nachrüsten" in den Freizeitparks und Konsumwelten der 1990er Jahre kann als Anzeichen dafür angesehen werden, dass in Teilen des Marktes auch heute noch dem Leitbild des „schneller, höher, weiter" gefolgt wird.

Auch wenn die 1990er Jahre von einer intensiven Beschäftigung mit den sog. Erlebniswelten geprägt waren, sind bis heute unsere Kenntnisse über die Erlebnisse induzierende und auslösende Aspekte sowie die unterschiedlichen Arten von Erlebnissen relativ überschaubar. Viele Ansätze beziehen sich auf die von PINE & GILMORE identifizierten Dimensionen der Besucheransprache.

PINE & GILMORE (1999) versuchen, bei der von ihnen ausgerufenen sog. „Erlebnisökonomie" neue Wege zur Ansprache der Kunden zu finden. Bei diesem in sich recht stimmigen und auch intensiv rezipierten Definitionsversuch wird die soziale Dimension der Interaktion nicht aufgeführt. PINE & GILMORE unterscheiden dabei zwei Dimensionen des Erlebnisses, die durch die beiden Achsen Passive-Aktive Teilnahme (Passive-Active Participation) und Aufnahme-Eintauchen (Absorption-Immersion) gekennzeichnet sind (vgl. Abb. 11). Traditionelle touristische Angebote sind stark auf die Aufnahme/Rezeption ausgerichtet. Im Bereich der klassischen Kultur- und Bildungsreise erfolgt diese durch eine aktive Beteiligung, während im Bereich der Freizeitparks eher passive Beteiligung dominiert. Als Zwischenform kann der Edutainment-Ansatz angesehen werden (teils aktiv, teils passiv).

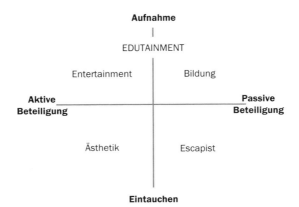

Abb. 11: Dimensionen der erlebnisorientierten Besucheransprache nach PINE & GILMORE (Quelle: eigene Darstellung nach PINE & GILMORE 1999, S. 32)

Mit den sich abzeichnenden Abnutzungs- und Ermüdungserscheinungen bei den klassischen Angeboten rückt der vierte von PINE & GILMORE formulierte Quadrant zur Generierung von Erlebnissen in den Fokus, der „Escapist". Dieser zielt auf die aktive Einbeziehung und das Eintauchen in das Erlebnissetting ab. Neben den sportlichen Angeboten, bei denen dieser Aspekt schon immer eine wichtige Rolle spielte, wird nun versucht, die Aufbereitung von kulturellen Angeboten nicht nur durch eine aktive Einbeziehung der Besucher attraktiver zu gestalten, sondern auch auf das Eintauchen in das spezifische Setting ausgerichtete Inszenierungansätze zu verfolgen (genauer z. B. bei ARLETH & KAGERMEIER 2009). Auch GÜNTHER (2006, S. 57) betont die aktive Rolle des Besuchers bei der Aneignung von angebotenen Erlebnis-Settings und propagiert den Rollenwechsel vom Erlebnis-Konsumenten zum Erlebnis-Produzenten.

Eine theoretische Basis für die Rolle der Aktivierung im Zuge von Erlebnis-Settings bietet das Flow-Konzept von CSIKSZENTMIHALYI (1990 & 1991). Als Flow wird ein mentaler Zustand verstanden, in dem die Person vollständig in die Aktivität eintaucht und in einer Tätigkeit aufgeht, die klare Ziele aufweist und dem Individuum eine unmittelbare Rückmeldung vermittelt. Zielsetzung touristischer Erlebnisinszenierungen ist daher oftmals die Erzeugung eines Flow-Gefühls bei den Gästen. Das als positiv empfundene Flow-Erlebnis stellt sich dann ein, wenn die gestellten Anforderungen in Einklang mit den Möglichkeiten des Individuums stehen, d. h. weder Über- noch Unterforderung besteht (vgl. Abb. 12). Traditionelle Urlaubsangebote zielten lange Zeit auf reine Entspannung (= Relaxation) ab. Demgegenüber war Kennzeichen der für das ausgehende 20. Jahrhunderts charakteristischen Freizeit- und Erlebniswelten die Generierung von Erlebnissen, die vor Allem einen kurzzeitigen „Nervenkitzel" oder „Kick" (= Arousal) erzeugten.

Unter dem Blickwinkel des Flow-Konzepts (vgl. Abb. 12) bedeutet dies, dass beim typischen Entspannungsurlaub, wie dem Badeurlaub, nur relativ geringe Anforderungen an die Urlauber gestellt werden. Für viele Angebote der „Erlebnis 1.0-Phase" ist typisch, dass auf den Arousal-Effekt, d. h. Stimuli gesetzt wurde, die das Individuum stark fordern (egal ob mit dem sog. Roller-Coaster-Effekt, überwältigenden Sinneseindrücken in thematisierten Erlebniswelten bis hin zu den großen physischen oder psychischen Herausforderungen bei Extremsportarten). Grundprinzip des Flow-Ansatzes ist eine Ausgewogenheit zwischen den Fähigkeiten des Individuums und den durch die externen Stimuli gegebenen Heraus- und Anforderungen. Nicht Über- und nicht Unterforderung ist damit das Ziel. Weder Langeweile noch extreme Adrenalinkicks scheinen die Erlebnisangebote der 2. Generation zu Beginn des 21. Jahrhundert zu markieren (genauer bei KAGERMEIER 2013).

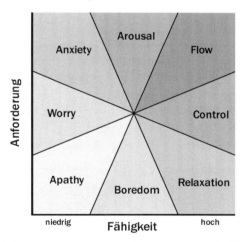

Abb. 12: Flow als Ausgewogenheit von Anforderungen und Fähigkeiten
(Quelle: eigene Darstellung in Anlehnung an CSIKSZENTMIHALYI 1997, S. 31)

Allerdings können Erlebnisse aufgrund ihrer Individualität nicht wirklich produziert werden. Anbieter von touristischen Angeboten können lediglich versuchen, in Form eines spezifischen Settings günstige äußere Rahmenbedingungen zu schaffen. Letztendlich beschränken sich die von der Angebotsseite konzipierten Settings auf eine Kontextsteuerung, welche das Entstehen von Erlebnissen begünstigt und damit „Mood Management" betreibt. In diesem Sinne stellt die Entsprechung von angebotsseitigen Rahmenbedingungen und den individuellen

Erwartungen der Besucher eine Herausforderung dar, welche für den Erfolg von Erlebnisangeboten ausschlaggebend ist.

Zur Konstruktion touristischer Erlebnisse sind bislang kaum empirisch validierte Konzepte vorhanden. Ein – bislang noch nicht vollständig empirisch umgesetzter – umfassender Ansatz zur Erfassung der unterschiedlichen Erlebnisdimensionen im Sinne einer Synthese der vorliegenden konzeptionellen Komponenten zur Entstehung von Vorstellungsbildern über touristische Erlebnisse, der insbesondere der Wirkung erlebnisvermittelnder Settings nachspürt, müsste die in Abbildung 13 dargestellten Dimensionen beinhalten:

[1] **Kognitionskomponente**: mit aktiver (Bildungsaspekt) und passiver Rezeption (Entertainmentaspekt)

[2] **Emotionskomponente**: sensorisch oder ästhetisierend induziert

[3] **Explorative Komponente**: kognitiv oder konativ ausgerichtet

[4] **Soziale Interaktion** zwischen Anbietern und Nachfragern bzw. soziales Miteinander unter den Nachfragern.

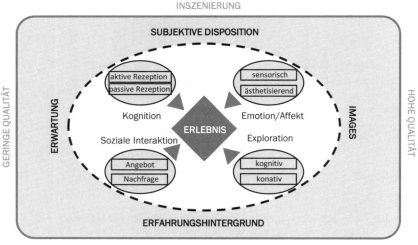

Abb. 13: Synopse der zentralen Dimensionen von Erlebnisgenerierung im touristischen Kontext (Quelle: eigener Entwurf)

Die Qualität des Angebotes sowie der Grad der Nichtinszenierung (= Authentizität) bzw. Inszenierung (wobei das oberste Ziel der Inszenierung letztendlich die Generierung einer „Staged Authenticity" darstellt) beeinflussen als Rahmenbedingungen des Settings die Art und die Ausprägung der jeweiligen Erlebniskomponenten. Diese werden bei der Perzeption durch die subjektive (situative) Disponiertheit und den Erfahrungshintergrund der Nachfrager, ebenso wie die daraus resultierenden Erwartungen und Images quasi „gefiltert", sodass identische Stimuli und Settings zu individuell unterschiedlichen Erlebnissen führen (vgl. auch Kap. 2.3.2).

Insgesamt gesehen stehen die unterschiedlichen sozialwissenschaftlichen Ansätze zu Annäherung an das Konstrukt „Erlebnis" aber trotz langjähriger Auseinandersetzung mit dem Phänomen immer noch in einem Stadium des nur sehr partiellen Verständnisses von Erlebnisgenerierung, auch im touristischen Kontext. Hier bestehen noch deutliche Forschungsdefizite.

▶ Zusammenfassung

▪ In diesem Kapitel wurde Tourismus als Phänomen eingeführt, das unterschiedliche Dimensionen berührt und daher von unterschiedlichen Disziplinen, die aktuell unter dem Überbegriff „Tourismuswissenschaften" zusammengefasst werden, aus einer Vielzahl von Blickwinkeln analysiert wird. Die disziplinübergreifende, transdisziplinäre Herangehensweise ist eines der zentralen Charakteristika in diesem Arbeits- und Forschungsfeld.

▪ Grundparadigma der tourismusgeographischen Herangehensweise ist eine integrative, übergeordnete Perspektive auf das Handeln der Menschen im Raum. Damit stellen die sozialwissenschaftlichen Ansätze zur Analyse und Deutung von menschlichem Handeln sowie das Wechselspiel desselben mit der räumlichen Umwelt die beiden Säulen der Tourismusgeographie dar.

▪ Der Begriff Tourismus beschreibt ein Phänomen, zu dessen Grundcharakteristika Ortsveränderung, zeitliche Befristung und ein breites Spektrum an Zwecken/Motiven gehört. Die Motive für Reisen sind stark subjektiv geprägt und einem steten Wandel unterworfen.

▪ Auch der Freizeitbegriff, verstanden als freie Dispositionszeit ist nicht vollständig intersubjektiv fassbar, sondern ebenfalls stark von subjektiven Perzeptionen der Individuen geprägt.

▪ Die touristische Nachfrage kann als Resultat von gesellschaftlichen und wirtschaftlichen Entwicklungen angesehen werden. Dementsprechend handelt es sich um kein statisches Phänomen. Vielmehr ist die touristische Nachfrage in einem steten Wandel begriffen, sodass die Angebotsgestaltung einem permanenten Adaptions- und Innovationsdruck ausgesetzt ist, um die Nachfrage adäquat zu adressieren.

- Für die Analyse der nachfrageseitigen Dispositionen wird auf eine Reihe von sozialwissenschaftlichen Ansätzen, wie der Bedürfnispyramide von Maslow, dem Lebensstilkonzept zur Zielgruppensegmentierung oder den unterschiedlichen Ansätzen zur Deutung der Erlebnisorientierung zurück gegriffen.

▶ Weiterführende Lesetipps

STEINECKE, Albrecht (2010): Populäre Irrtümer über Reisen und Tourismus. München

Einführung in den Tourismus der etwas anderen Art. Anhand von Stereotypen und Klischees über den Tourismusmarkt und deren Dekonstruktion wird scheinbar nebenbei und mehr indirekt eine Vielzahl an Grundlagen vermittelt. Gleichzeitig steht das Lesevergnügen im Mittelpunkt.

MUNDT, Jörn W. (2014): Thomas Cook – Pionier des Tourismus. Konstanz & München

Nicht nur eine Biographie eines der Pioniere des modernen Tourismus, sondern auch eine kritische Auseinandersetzung mit einer Legende.

2 Grundlagen Nachfrageseite

▶ Lernziele

In diesem Kapitel werden folgende Fragen beantwortet:

- Welche Faktoren beeinflussten den Reiseboom in der zweiten Hälfte des 20. Jahrhunderts?
- Wie haben sich die quantitativen Kenngrößen der touristischen Nachfrage entwickelt?
- Welche Motive beeinflussen die Nachfrage nach touristischen Angaben?
- Welche Tendenzen auf der Nachfrageseite lassen sich für die künftige Entwicklung erkennen?
- Wie können subjektive Dispositionen auf der Nachfrageseite erfasst werden?

2.1 Quantitative Entwicklung des Volumens und der Orientierungen auf der Nachfrageseite

Angesichts der volkswirtschaftlichen Bedeutung des Tourismus erscheint es auf den ersten Blick etwas verwunderlich, dass insgesamt gesehen über touristische Aktivitäten nur relativ wenig flächendeckende und längere Zeitspannen abdeckende offizielle Zahlengrundlagen vorliegen. Von der amtlichen Statistik werden im Wesentlichen auf der Angebotsseite Daten erhoben, insbesondere die Übernachtungszahlen in gewerblichen Unterkünften (vgl. Kap. 3). Zur Nachfrageseite finden sich in der amtlichen Statistik vor allem Zahlen zu den Grenzübertritten, sprich den Einreisen von Ausländern. Diese werden von der UNWTO weltweit nach ähnlichen Kriterien zusammengestellt. Allerdings basieren auch diese Zahlen – vor allem bei Grenzübertritten ohne Visumspflicht und damit keiner zentralen Registrierung von grenzüberschreitenden Reisen, wie dies z. B. innerhalb der Europäischen Union der Fall ist – oftmals auf Schätzungen. Damit ist insgesamt gesehen, die statistische Erfassung im Bereich der Tourismuswirtschaft deutlich ungenauer als in anderen Wirtschaftsbereichen.

2.1.1 Boomfaktoren des Reisen

Die zentralen Driving Forces für die dynamische Entwicklung des Reisens in der zweiten Hälfte des 20. Jahrhunderts sind übergeordnete gesamtgesellschaftliche Entwicklungstendenzen. An erster Stelle sind die ökonomische Entwicklung und die Wohlstandvermehrung in breiten Teilen der Bevölkerung sowie die technische Entwicklung – insbesondere im Transportwesen zu nennen.

Die bundesrepublikanische Gesellschaft war – wie auch diejenige der meisten sog. Industrieländer in der zweiten Hälfte des 20. Jahrhunderts von einer Zunahme der verfügbaren Einkommen in allen Teilen der Bevölkerung gekennzeichnet (vgl. Abb. 14). Der Soziologe BECK (1986, S. 122) bezeichnete dieses Phänomen der Wohlstandszunahme der gesamten Gesellschaft als „Fahrstuhleffekt" sprich allen Teilen der Bevölkerung geht es besser, auch wenn die Unterschiede bestehen bleiben.

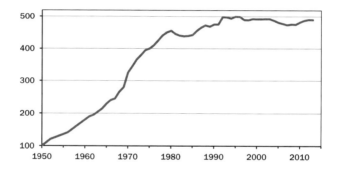

Abb. 14: Reallohnentwicklung in der Bundesrepublik Deutschland seit 1950 (Quelle: eigene Darstellung nach Daten Statistisches Bundesamt div. Jg.)

In den letzten Jahren zeichnet sich allerdings ein Einpendeln bzw. eine Stagnation auf einem hohen Wohlstandsniveau ab. Gleichzeitig lassen sich Anzeichen für eine zunehmende innergesellschaftliche Polarisierung und teilweise Marginalisierung von Bevölkerungsteilen in prekären Lebenssituationen finden. Allerdings gilt nach wie vor, dass insgesamt gesehen, ein großer Teil der Bevölkerung in Deutschland und den übrigen Industrieländern über Einkommen verfügt, die deutlich über dem Subsistenzniveau liegen und damit Ausgaben für nicht lebensnotwendige Güter und Dienstleistungen ermöglicht.

Im Zusammenhang mit dem steigenden Wohlstandsniveau der Bevölkerung, aber auch der technischen Entwicklung steht die Verfügbarkeit von Transportmitteln. Neben der Eisenbahn als wichtigstes Transportmittel in der zweiten

Hälfte des 19. und der ersten Hälfte des 20. Jahrhunderts erfuhr in der zweiten Hälfte des 20. Jahrhunderts das private Automobil ein weite Verbreitung, sodass heute in etwa auf 2 Einwohner rechnerisch 1 Pkw kommt (vgl. Abb. 15).

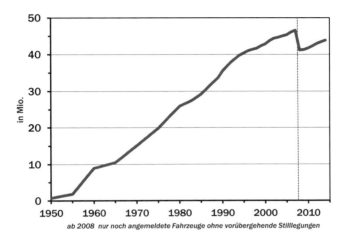

Abb. 15: Entwicklung der Zahl der zugelassenen PKW in der Bundesrepublik Deutschland seit 1950
(Quelle: eigene Darstellung nach Daten Statistisches Bundesamt div. Jg.)

In den letzten Jahren hat dann die technische Entwicklung im Flugzeugbau sowie seit den 1990er Jahren das Aufkommen von Low Cost Carriern (vgl. Kap. 3.1.3) dazu geführt, dass dieser Verkehrsträger zunehmend an Bedeutung für Reisen gewonnen hat und sich damit auch die Reisereichweiten auf inzwischen 1.600 km pro Urlaubsreise signifikant erhöht haben (vgl. FUR 2014, S. 64).

In den letzten Jahren hat auch die Verbreitung des Internets zu einer Erleichterung der Reisebuchung geführt und kann damit als weiterer Facilitator für die touristische Nachfrageentwicklung angesehen werden (vgl. Kap. 3.1.4).

2.1.2 Nationale Nachfragekenngrößen

In der Bundesrepublik Deutschland stellt – mangels vergleichbarer, offizieller statistischer Informationen – die inzwischen von der Forschungsgemeinschaft Urlaub und Reisen (FUR) jährlich durchgeführte Reiseanalyse (RA) eine der wichtigsten Quellen für die Fassung des Reiseverhaltens der Bundesbürger dar.

▶ Die Reiseanalyse (RA) der Forschungsgemeinschaft Urlaub und Reisen (FUR)

Die Reiseanalyse der FUR stellt aktuell sicherlich eine der wichtigsten Quellen für die Fassung von nachfrageseitigen Informationen zum Reisen der Bundesbürger dar.

Der zentrale Vorteil dieser ursprünglich vom Studienkreis für Tourismus in Starnberg durchgeführten Erhebung liegt darin, dass für manche Parameter Zeitreihen bereits seit 1954 vorhanden sind, und seit 1970 die Erhebung weitgehend nach dem gleichen Design durchgeführt werden, sodass viele Zeitreihen zumindest bis zu diesem Datum zurück reichen. Zusätzlich werden immer wieder ergänzende Aspekte (wie z. B. seit 2000 hinsichtlich der reisebezogenen Internetnutzung) in die Erhebung aufgenommen.

Die RA basiert seit 1970 auf Face-to-Face-Befragungen (inzwischen auch ergänzt durch Online-Befragungen) an einer für die Wohnbevölkerung in Deutschland repräsentativen Zufallsstichprobe von 7.000 bis 8.000 Personen (ab 14 Jahre, deutschsprachig). Unabhängig von manchen methodischen Fragen, wie z. B. der Abgrenzung von „deutschsprachiger" Wohnbevölkerung bietet sie, da Fragenthemen und -formulierungen weitgehend stabil geblieben sind, umfassende Analysemöglichkeiten.

Die Erfassung der Reisetätigkeit des zurückliegenden Jahres wird jeweils im Januar/Februar des Folgejahres erhoben. Dabei wurden ursprünglich nur Urlaubsreisen mit mindestens 4 Übernachtungen (= 5 Reisetage) erfasst. Seit einigen Jahren werden darüber hinaus auch Kurzreisen unter 5 Tagen sowie Geschäftsreisen mit erfasst.

Auch wenn sich bei dieser retrospektiven Erfassung für ein ganzes Jahr möglicherweise – z. B. im Vergleich zu einer monatlichen oder quartalsweisen Erhebung – systematische Unterschätzungen der erinnerten und dann bei der Befragung genannten (Kurz-)Reisen vermuten lassen, stellt die RA zwar eine sicherlich nicht 100-prozentig genaue, aber eben die beste vorhandene Quelle für die Analyse der Nachfrageseite dar.

Reiseintensität

Anhand der Ergebnisse der Reiseanalyse lässt sich die Zunahme der Reiseintensität (bezogen auf Urlaubsreisen von mindestens 5 Tagen) für die letzten 5 Jahrzehnte auf einer relativ einheitlichen Datenbasis nachzeichnen (vgl. Abb. 16). Hatten Mitte der 1950er Jahre erst ein Viertel der bundesrepublikanischen Bevölkerung eine Urlaubsreise unternommen, ist der Anteil inzwischen auf knapp 80 % angestiegen. Die positive Entwicklung der Reiseintensität war dabei bis Ende des 20. Jahrhunderts weitgehend kontinuierlich, auch wenn sich ökonomische Krisen bzw. wirtschaftlich weniger dynamische Phasen (wie z. B. Rezession des Jahres 1967, 1. Ölkrise 1974 als Folge des Jom-Kippur-Krieges in Israel, 2. Ölkrise 1979/1980 als Folge des ersten Golfkriegs zwischen dem Iran und dem Irak) in einem kurzfristigen Rückgang der Reiseintensität durchpausen.

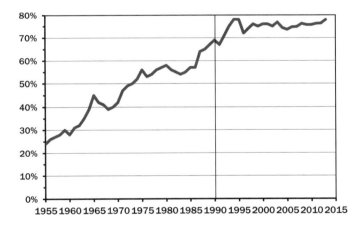

Abb. 16: Entwicklung der Reiseintensität in der Bundesrepublik Deutschland seit 1955 (Quelle: eigene Darstellung nach FUR div. Jahrgänge)

Seit Beginn des 21. Jahrhunderts zeichnet sich ein Einpendeln der Urlaubsreiseintensität ab. Die These einer Sättigung und nicht einer extern bedingten Stagnation wird dadurch gestützt, dass auch in Volkswirtschaften mit einem höheren Wohlstandsniveau als in Deutschland (Skandinavien, Luxemburg, Schweiz) die Reiseintensität nicht merklich höher liegt. Auch wenn ein Teil der Bevölkerung aus ökonomischen Gründen keine Reisen unternimmt, gibt es immer einen Teil der Bevölkerung, der – sei es aus gesundheitlichen oder Altersgründen, sei es aus biographischen Motiven (Familiengründungsphase, Prüfungen, berufliches Engagement) bis hin zu Strafvollzugsmaßnahmen – in ei-

nem Jahr keine (längeren) Urlaubsreisen unternimmt. Die nach wie vor zunehmende Nachfrage nach Reisen resultiert damit in Deutschland nicht mehr aus
einer Zunahme der Reiseintensität (sprich der reisenden Personen), sondern
einer Zunahme von zweiten oder weiteren Urlaubsreisen, bzw. vor allem auch
aus der Zunahme von Kurzurlaubsreisen.

Anteil Binnenreisen

Nicht nur das Volumen der Reisen hat in den letzten Jahrzehnten deutlich zugenommen, sondern auch die Reiseziele haben sich merklich verändert. In Abbildung 17 ist als ein Indikator für dieses Phänomen der Anteil der (längeren)
Urlaubsreisen im Inland und ins Ausland dargestellt.

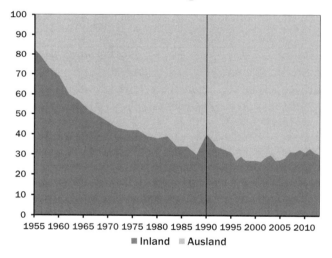

Abb. 17: Entwicklung der Anteile von Reisen im Inland und ins Ausland in der
Bundesrepublik Deutschland seit 1955
(Quelle: eigene Darstellung nach FUR div. Jahrgänge)

Während – sowohl beeinflusst von den ökonomischen Möglichkeiten als auch
dem technischen Stand und der Verbreitung von Verkehrsträgern – Mitte der
1950er Jahre noch vier von fünf Urlaubsreisen im Inland stattfanden, ist dieser
Anteil bis zur Jahrtausendwende auf etwa ein Drittel gesunken. Auch hier zeichnet sich inzwischen eine Stabilisierung ab. Allerdings ist dies wohl weniger als
bei der Reiseintensität durch nachfrageinterne Faktoren (Präferenz von
Deutschland als Reiseziel bei manchen Zielgruppen) bedingt. Vielmehr kann
dieses Einpendeln einerseits als Hinweis darauf angesehen werden, dass spätes-

tens seit den 1990er Jahren deutsche Destinationen mehr und mehr versuchen, sich professioneller und offensiver zu positionieren. Einnahmen aus dem Tourismus werden – insbesondere in ländlichen Gebieten mit wenigen anderen wirtschaftlichen Optionen – oftmals als Möglichkeit der Regionalentwicklung angesehen und dementsprechend auch ein aktives Destinationsmanagement betrieben. Gleichzeitig ermöglicht auch die Orientierung der Nachfrage auf andere Tourismusformen als den (stark auf ausländische Destinationen ausgerichteten) Badetourismus, wie z. B. die in den letzten Jahren zunehmende Nachfrage nach Wander-, Fahrrad- oder Wellness-Tourismus, aber auch Tendenzen hin zu entschleunigten Formen des Slow Tourismus, dass sich inländische Destinationen hier erfolgreich gegenüber den ausländischen Destinationen positionieren können. Allerdings sind diese Marktanteile daran gebunden, dass sich deutsche Destinationen gegenüber den Mitbewerbern durch attraktive Produkte, hohe Qualität und ein angemessenes Preis-Leistungs-Verhältnis behaupten. Angesichts preisgünstiger und weit verbreiteter Flugverbindungen in den Mittelmeerraum ist eine Reise dorthin nicht automatisch teurer als eine Reise innerhalb von Deutschland. Wander-, Fahrrad- oder Wellness-Touristen finden eben auf Mallorca ebenso Möglichkeiten für ihren Urlaub wie in Deutschland.

Gleichzeitig lässt sich der Parameter „Anteil von Binnenreisen" international nicht so einfach vergleichen wie z. B. die Reiseintensität. Der Binnentourismusanteil wird nicht nur vom Wohlstandsniveau stark beeinflusst, sondern auch von der Größe des Landes (z. B. sehr groß bei kleinen Ländern wie Luxemburg). Auch wird dieser von der Vielfalt der touristischen Destinationen im jeweiligen Land mit geprägt. So weist z. B. Frankreich von mediterranen Badedestinationen über hochalpine Reisegebiete bis hin zu attraktiven Metropolen eine Vielfalt von Destinationstypen für unterschiedlichste Tourismusformen auf. Dementsprechend ist der Binnentourismusanteil in Frankreich traditionell deutlich höher als in den deutschsprachigen Ländern.

Verkehrsmittelnutzung

In Abbildung 18 ist die in der RA dokumentierte Benutzung von Verkehrsmitteln für die Urlaubsreisen (ab 5 Tagen) dargestellt. Während in den 1950er Jahren noch die Benutzung der Bahn (sowie des Reisebusses) dominierte, hat der private Pkw bis Ende der 1980er Jahre diese als Haupturlaubsreisemittel abgelöst. Damit verbunden ist auch eine verstärkte Orientierung auf ausländische Urlaubsgebiete – insbesondere das nördliche Mittelmeer. Seit den 1990er Jahren ist das Flugzeug deutlich auf dem Vormarsch und wird inzwischen bereits bei knapp 40 % der Urlaubsreisen benutzt. Damit verbunden ist auch eine intensivere Nachfrage nach Destinationen im südlichen Mittelmeerraum sowie interkontinentalen Urlaubszielen.

Die weitere Entwicklung der Verkehrsmittelnutzung ist dabei, wie bereits die Entwicklung in der Vergangenheit nicht unabhängig von gesamtgesellschaftlichen Rahmenbedingungen. Eine Verknappung von fossilen Energieträgern oder eine politisch gewollte Verteuerung durch fiskalische Maßnahmen als Folge des Klimawandels können die künftige Rolle des Flugzeuges für Urlaubsreisen genauso beeinflussen wie die politische Entwicklung in außereuropäischen Zielgebieten.

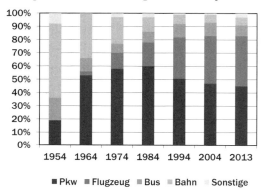

Abb. 18: Entwicklung der Verkehrsmittel bei Urlaubsreisen seit 1954 (Quelle: eigene Darstellung nach FUR div. Jahrgänge)

2.1.3 Internationale Nachfragekenngrößen

Die zentrale Quelle für den internationalen Reiseverkehr stellen die Publikationen der United Nations World Tourism Organisation (UNWTO) dar. Von dieser werden seit 1950 weltweit die internationalen Touristenankünfte erfasst. Die Entwicklung der von der UNWTO veröffentlichten Daten ist in Abbildung 19 dargestellt.

Auch mit diesen Daten, die ja nur einen Teil der touristischen Nachfrage, nämlich den grenzüberschreitenden Tourismus spiegeln, wird eindrucksvoll das Wachstum der touristischen Nachfrage in der zweiten Hälfte des 20. Jahrhunderts nachgezeichnet. Internationale Touristenankünfte sind seit Anfang der 1950er Jahre weltweit von 25 Millionen auf inzwischen über 1 Milliarde angestiegen. Auch bei diesem Indikator pausen sich – wie bereits bei der bundesrepublikanischen Nachfrage – politische oder wirtschaftliche Ereignisse (wie z. B. der Anschlag auf das World Trade Center am 11. September 2001 oder die Bankenkrise 2007/2008) als kurzfristige Rückgänge der Nachfrage durch, ohne dass bislang Anzeichen für eine strukturell bedingte Nachfragesättigung erkennbar sind. Von der UNWTO wird dementsprechend für das Jahr 2030 eine Zunahme auf 1,8 Milliarden internationale Touristenankünfte prognostiziert (UNWTO 2014, S. 14).

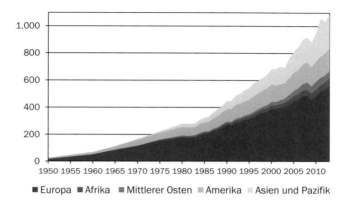

Europa ■ Afrika ■ Mittlerer Osten ■ Amerika ▪ Asien und Pazifik

Abb. 19: Entwicklung der internationalen Ankünfte seit 1950 nach UNWTO-Reisegebieten (Quelle: eigene Darstellung nach UNWTO div. Jahrgänge)

Dabei entfällt auf den innereuropäischen Reiseverkehr (der Binnentourismus in den USA wird bei diesen Daten ja nicht erfasst) der Hauptanteil der internationalen Reisen. Zwar ist der relative Anteil der Ankünfte in europäischen Ländern seit 1950 von etwa zwei Dritteln auf inzwischen gut die Hälfte der weltweiten internationalen Ankünfte zurückgegangen. Gleichzeitig stellen europäische Reisende aber auch heute noch mehr als die Hälfte der internationalen Touristen (vgl. Abb. 20). Dabei finden nach wie vor mehr als drei Viertel der internationalen Reisen innerhalb der von der UNWTO ausgewiesenen Reisegebiete statt, sind also innerkontinental (UNWTO 2014, S. 13).

Die wirtschaftliche Entwicklung in den asiatischen Ländern paust sich auch in deren Zunahme der relativen Anteile an den internationalen Touristenankünften auf inzwischen mehr als ein Fünftel der internationalen Ankünfte durch, wobei der asiatische Quellmarkt in etwa gleicher Höhe auch zur touristischen Nachfrage beiträgt. Der Anteil Afrikas an den internationalen Touristenankünften liegt – trotz der Ausweitung von Fernreisen – nur bei etwa 5 %. Und auch die spektakulären touristischen Entwicklungsprojekte der letzten beiden Jahrzehnte in den Golfstaaten machen sich im weltweiten Maßstab nur begrenzt bemerkbar. Gleichzeitig kann – in Analogie zu den Entwicklungen in Deutschland und Europa in der zweiten Hälfte des 20. Jahrhunderts – für die erste Hälfte des 21. Jahrhunderts unterstellt werden, dass die Wachstumsdynamik im Tourismus in den kommenden Jahrzehnten – sofern sich die politischen und ökonomischen Grundkonstellationen nicht grundlegend ändern – stark vom asiatischen Markt (sowohl als Quell- als auch als Zielmarkt) geprägt wird.

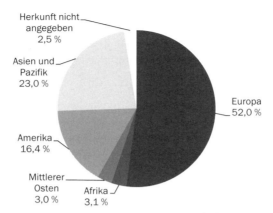

Abb. 20: Quellmärkte im internationalen Tourismus 2013
(Quelle: eigene Darstellung nach UNWTO 2014, S. 13)

Diese Entwicklung kann an einem Indikator veranschaulicht werden. Lange Zeit galten die Deutschen als „Reiseweltmeister". Dieser Slogan bezog sich nicht auf die Reiseintensität, die Länge von Urlaubsreisen oder die Ausgaben pro Kopf der Bevölkerung, sondern auf die Summe der bei internationalen Reise getätigten Ausgaben. Eine hohe Auslandsreiseintensität (höher als z. B. in Frankreich oder den USA) verbunden mit der – im Vergleich z. B. zu kleineren Ländern wie Dänemark oder Luxemburg – hohen Bevölkerungszahl resultierte in der Tatsache, dass die Deutschen die lange Zeit die höchsten absoluten Ausgaben im internationalen Reiseverkehr tätigten. Seit 2012 hat China diese Position des Landes mit der höchsten Ausgabesumme im internationalen Tourismus inne. Auch wenn dies bei zwar noch deutlich niedrigerer Auslandsreiseintensität und Ausgaben pro Kopf der Bevölkerung stark durch die reine Bevölkerungszahl mit beeinflusst wird, stellt es doch einen Hinweis auf die hohe Wachstumsdynamik und eine sich mittelfristig verändernde Konstellation der internationalen Quellmärkte dar.

Eine der Kenngrößen, die von der UNWTO mit publiziert wird, sind die Reisezwecke im internationalen Tourismus (vgl. Abb. 21). Da nicht von jedem Reisenden, der eine Grenze überschreitet auch wirklich der Reisezweck erfasst wird, handelt es sich dabei selbstverständlich um eine grobe Abschätzung, die aber mangels anderer zuverlässigerer Angaben ungeachtet möglicher methodischer Unzulänglichkeiten zumindest einen groben Eindruck des touristischen Nachfragemarkts vermittelt.

Nach diesen Angaben entfällt nur gut die Hälfte der internationalen Ankünfte auf Reisen, die gemeinhin im lebensweltlichen Verständnis als genuin „touristisch" angesehen werden, nämlich diejenigen mit dem expliziten Reisezweck

„Freizeit und Erholung". Etwa jede siebte internationale Reise wird dem Geschäftsreisetourismus zugeordnet werden. Als weiterer – in sich allerdings nicht
mehr ausdifferenzierter Reisezweck wird das VFR-Segment (Visit Friends and
Relatives, d. h. der Besuch von Bekannten und Verwandten), Gesundheit und
Religion ausgewiesen. Wird unterstellt das religiöse motivierte Reisen, wie z. B.
die Pilgerreise von Mohammedanern nach Mekka (Haddsch) oder von Christen
nach Lourdes maximal 1 % der internationalen Ankünfte ausmacht und der
Tatsache, dass z. B. in Deutschland der primäre Reisezweck „Gesundheit" nur
2 % der Reisen ausmacht (FUR 2014, S. 48), entfällt etwa ein Viertel der internationalen Reisen auf den Reisezweck des Besuchs von Freunden und Bekannten.

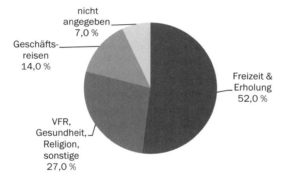

Abb. 21: Reisezwecke im internationalen Tourismus 2013
(Quelle: eigene Darstellung nach UNWTO 2014, S. 5)

Für deutsche Großstädte gehen Schätzungen sogar davon aus, dass die Zahl der
Übernachtungen von VFR-Reisenden mindestens genauso groß ist wie die Zahl
der Übernachtungen im gewerblichen Übernachtungswesen. So wird für München angegeben, dass den 5,9 Mio. Gästen in gewerblichen Betrieben etwa
5 Mio. Besucher bei Freunden und Verwandten gegenüber stehen (Landeshauptstadt München 2012, S. 9). Dies soll als weiterer Hinweis darauf verstanden werden, dass selbst die wenigen (und methodisch nicht immer voll belastba-
ren) statistischen Basiszahlen im Tourismus nur einen Teil der touristischen
Aktivitäten darstellen. Neben dem privaten VFR-Tourismus ist insbesondere
auch der Tagestourismus ein Bereich, der sich nur begrenzt statistisch genau
fassen lässt, sodass unterschiedliche Abschätzungen an die Stelle von konkret
gemessenen Daten treten.

2.2   Zunehmende Ausdifferenzierung der Nachfrageseite

Reisen als gesellschaftliche Praxis ist immer auch ein Spiegelbild der gesellschaftlichen Entwicklung. Lange Zeit wurde die gesellschaftliche Struktur über ein sog. Schichtenmodell (Unter-, Mittel-, Oberschicht) angemessen beschrieben und die Zugehörigkeit zu einer Schicht hatte starken Einfluss auf das konkrete Reiseverhalten (hinsichtlich der präferierten Ziele und der Tourismusformen; vgl. Kap. 1.2.1). Operationalisiert wurde die Schichtenzugehörigkeit oft über die Parameter Bildungsniveau und Einkommensniveau. Diese Parameter haben gegen Ende des 20. Jahrhunderts an diskriminatorischer Bedeutung verloren. Gleiches gilt z. B. auch für den Indikator Alter, dessen Relevanz für die Reiseintensität abgenommen hat (vgl. ZAHL, LOHMANN & MEINKEN 2006).

2.2.1   Reisemotive

Parallel zum Verlust an Erklärungskraft einfacher Deutungsansätze zum Reiseverhaltens, ist die Motivstruktur von Reisen deutlich ausdifferenzierter geworden. Während früher eine grobe Unterscheidung zwischen Push- oder den sog. „Weg-von"-Motiven (weg aus der Alltagswelt) und Pull- oder den sog. „Hin-zu"-Motiven (hin zu den Aspekten des Urlaubs) als Erklärungsansatz für die Nachfrage nach Urlaub erfolgte (FREYER 2011a, S. 73f.), sind in den letzten Jahren die Anstrengungen zur Aufdeckung der Motivstrukturen deutlich intensiviert worden.

In der Reiseanalyse werden aktuell 29 Items mit möglichen Motiven für Reisen abgefragt, die über eine Faktorenanalyse zu sieben Gruppen von Motiven (mit absteigender Bedeutung) zusammengefasst werden (FUR 2014, S. 82f.):

[1] **Entspannen, erholen, frei sein** (keinen Stress haben, Abstand zum Alltag gewinnen, frische Kraft sammeln, ausruhen)

[2] **Sonne, Spaß, Menschen, Genuss** (sich verwöhnen lassen, sich was gönnen, genießen, Flirt/Erotik)

[3] **Neues erleben** (neue Eindrücke gewinnen, viel Abwechslung haben, andere Länder erleben, etwas für Kultur und Bildung tun)

[4] **Natur und Gesundheit** (Natur erleben, etwas für die Gesundheit tun, aus der verschmutzten Umwelt heraus kommen)

[5] **Familie** (Zeit füreinander haben [Partner, Familie, Kinder, Freunde], mit den Kindern spielen/zusammen sein)

[6] **Begegnen** (Wiedersehen, Kontakt zu Einheimischen)

[7] **Risiko-Aktiv** (aktiv Sport treiben, auf Entdeckung gehen, ein Risiko auf sich nehmen, Außergewöhnlichem begegnen).

Unabhängig von den möglichen methodischen Bedenken beim standardisierten Abfragen einer so langen Item-Batterie dominieren bei den Motiven das Entspannen und der Genuss. Die im Zusammenhang von Tourismustrends oftmals betonten Aspekte „Gesundheit", „Kulturerlebnis", „Sport" oder „Risiko erleben" erreichen demgegenüber deutlich niedrigeren Bedeutungsgewichte.

Auch wird bei den Kategorien deutlich, dass vor allem selbstbezogene Urlaubsmotive wichtig sind. Die auf die konkreten Eigenschaften von Destinationen bezogenen Motive rangieren auf weiter hinter liegenden Plätzen. Während früher die Destinationen oftmals durch soziale Konventionen, das von den Destinationen vermittelte Prestige oder ganz einfach durch Aspekte der Erreichbarkeit mit bestimmt worden sind, ist inzwischen eine gewisse Beliebigkeit und Austauschbarkeit von Destinationen zu konstatieren. Da auch die Motive nur partiell auf konkrete Destinationen abzielen, gleichzeitig sich aber das Spektrum möglicher Destinationen deutlich erweitert hat, resultiert daraus auch eine klare Akzentuierung der Wettbewerbskonstellation.

Damit reicht es heute nicht mehr aus, nur ein prestigeträchtiges Image aufzubauen, um die Nachfrage auf sich zu ziehen. Vielmehr deutet vieles darauf hin, dass das konkrete Angebot für Urlaubsaktivitäten und Urlaubserlebnisse stärker in den Vordergrund rückt.

Gleichzeitig wird bei den Motiven auch deutlich, dass von den Akteuren der Tourismuswirtschaft letztendlich nur ein Rahmen für das Urlaubserlebnis geschaffen werden kann. Insbesondere die in der Reiseanalyse ausgegliederte Motivkategorie „Familie", aber auch alle anderen auf soziale Kontakte abzielenden Motive lassen sich ja nicht direkt von den touristischen Leistungsträgern generieren. Die touristischen Leistungsträger entlang der gesamten touristischen Servicekette (vgl. Kap. 3.1) können damit letztendlich nur den Rahmen schaffen, innerhalb dessen dann das konkrete Urlaubserlebnis in Interaktion zwischen den Angeboten und den Reisenden entsteht (vgl. auch Merkmale touristischer Dienstleistungen in Kap. 3.2.1).

2.2.2 Wertewandel in der Phase der Postmoderne

Nachdem die lange Zeit relevanten sozio-demographischen Aspekte zur Analyse und Prognose der Reisemuster an Relevanz verloren haben und auch der Blick auf standardisiert erfasste Motive von Reisenden allein keinen ausreichenden Deutungsgehalt für die konkrete Gestaltung von Urlaubsangeboten besitzt, wird in den Tourismuswissenschaften in jüngerer Zeit verstärkt auf soziologische und sozialpsychologische Ansätze zurückgegriffen, die versuchen, den gesellschaftlichen und sozialen Wandel zu fassen.

Reisen als kulturelle Praxis verstehen bedeutet gleichzeitig auch, dass die gesell-schaftlichen und kulturellen Rahmenbedingungen in Wechselbeziehungen mit dem konkreten touristischen Handeln stehen. Dementsprechend manifestiert sich der Ende des 20. Jahrhunderts identifizierte Wechsel von der fordistisch geprägten Moderne hin zur Postmoderne auch im Bereich der Freizeit und des Tourismus. Die Postmoderne zeichnet sich durch eine verstärkte Betonung des Diskurses kultureller Praktiken aus (vgl. LANZ 1999, S. 74), wobei Pluralisierung, Fragmentierung und Relationalität zentrale Motive darstellen. Während die Moderne von Metaerzählungen geprägt war, die gesellschaftliche Institutionen, politische Praktiken, Denkweisen und Ideologien legitimierten, geht in der Postmoderne dieser Konsens verloren. Es gibt damit keinen einheitlichen, in sich geschlossenen postmodernen Ansatz, sondern gerade die von Eklektizis-mus und Individualismus gekennzeichnete Postmoderne zeichnet sich durch eine Montage unterschiedlichster parallel existierender Ansätze aus (genauer bei HARVEY 1989, S 340f. und HELBRECHT 1994, S. 32). Die von HABERMAS (1985) vor dem Hintergrund der Krise des Sozialstaates und der Erschütterung der Sozialutopien des 19. und 20. Jahrhunderts formulierte „Neue Unübersicht-lichkeit" kann als Leitmotiv der Postmoderne angesehen werden. Frühere An-sätze und Leitideen werden teilweise ironisierend als Hommage in Form einer Pastiche aufgenommen und als sich kontinuierlich verändernde Heterotopien (FOUCAULT 2005) verstanden.

Diese gesellschaftliche Fragmentierung und Aufsplitterung als Folge eines Verlus-tes an gesamtgesellschaftlichen Konsens und dem Bedeutungsverlust von weltan-schaulichen Ideologien (bzw. Sozialutopien) gegen Ende des 20. Jahrhunderts spiegelt sich auch in der Heterogenität und Vielfalt von unterschiedlichen Lebens-entwürfen. Mit dem Verlust an klaren Orientierungsrastern und Normen verbun-den ist die Herausforderung an das Individuum, seine eigene Identität „Jenseits von Stand und Klasse" (BECK 1994) zu definieren und den gewagten, risikobehaf-teten Versuch zu unternehmen, im eigenen Erleben glücklich zu werden.

Die „protestantische Arbeitsethik" (WEBER 2004), die in der Phase des Fordis-mus mit dem Primat der Orientierung auf das Arbeitsleben als zentralem Le-bensinhalt einen wichtigen Leitwert darstellt, hat gegen Ende des 20. Jahrhun-derts an Prägekraft verloren. Neue, nichtmaterielle Leitwerte prägen die Gesell-schaft im letzten Viertel des 20. Jahrhunderts. Von den verschiedenen Ansätzen der Kategorisierung der gesellschaftlichen Entwicklung und den daraus resultie-renden Phasen der touristischen Nachfrageausdifferenzierung ist in Abbildung 22 ein an QUACK (2011) angelehnte dargestellt.

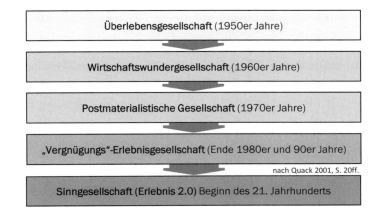

Abb. 22: Entwicklung der gesellschaftlichen Leitwerte (Quelle: eigener Entwurf, Phase 1 bis 4 nach QUACK 2011)

2.2.3 Flexible und hybride Nachfragemuster

Mit der Ausdifferenzierung von Nachfragemustern verbunden ist die Tatsache, dass klassische Ansätze des Massenmarketings, die lange Zeit auf den sog. „Otto Normalverbraucher" setzten, sich mit individualisierten und multioptionalen Konsumenten konfrontiert sehen, dem sog. „Markus Möglich". Damit kommt der Identifizierung von zumindest partiell die Konsummuster auf einer Aggregatsebene deutenden und für ein differenziertes zielgruppenspezifisches Marketing zugänglich machenden Clustern ein hoher Stellenwert zu. Die Heterogenität der Lebensentwürfe wird dabei in den Wirtschafts- und Sozialwissenschaften in den letzten Jahren oftmals mit dem Konzept der Lebensstile (vgl. Kap. 1.2.2.2) zu fassen versucht.

Viele Ansätze zur Charakterisierung des heutigen Touristen (vgl. z. B. FREYER 2011b, S. 195) gehen auf die fünf, von POON (1993, S. 115) identifizierten folgenden Kategorien zurück:

- **Größere Kompetenz:** größere Reiseerfahrung, höheres Qualitätsbewusstsein, höhere Lernfähigkeit, Vielfalt von Interessen
- **Neue Wertvorstellungen und Lebensstile:** Vom Besitz zum Genießen, Erlebnisorientierung, hohe Emotionalität, Wunsch nach Authentizität, Gesundheits- und Umweltbewusstsein
- **Veränderte sozio-demographische Voraussetzungen:** flexible Arbeitszeiten, mehr Freizeit, demographischer Wandel, kleinere Haushalte, mehr Singles oder Paare ohne Kinder, neue Konsumentengruppen

▪ **Verändertes Konsumverhalten**: hybrider, multioptionaler Konsument, offen für neue Technologien und Vertriebskanäle

▪ **Suche nach Individualität**: Risikoorientierung, Wunsch nach Individualisierung, Bedürfnis nach Wahl- und Handlungsfreiheit, fehlende Markentreue.

Aus dem Blickwinkel der Postmoderne ist dabei darauf hinzuweisen, dass die Gleichzeitigkeit von unterschiedlichen Lebenskonzeptionen inzwischen möglicherweise ein konstituierendes Element der postmodernen Gesellschaften darstellt. Damit bleiben eben auch in postmodern geprägten Gesellschaften Elemente traditioneller Gesellschaften erhalten (wenn auch oft in räumlichen oder gesellschaftlichen Rückzugsräumen). Für den Tourismus bedeutet dies, dass zwar einerseits neue Produkte, wie z. B. Wander- oder Fahrradtourismus nachgefragt werden, die auf eine Aktivierung der Besucher und die Generierung von Flow-Erlebnissen (vgl. Kap. 1.2.2.2) abzielen. Gleichzeitig ist nicht davon auszugehen, dass passivere Urlaubsformen, wie z. B. der klassische Badetourismus verschwinden würden. Abgesehen davon, dass Teile der Bevölkerung nach wie vor klassische fordistische Angebotsformen nachfragen, ist auch zu beobachten, dass gerade auch der Wechsel zwischen unterschiedlichen Tourismusangeboten auf der Individualebene ein konstituierendes Element der aktuellen touristischen Nachfrage darstellt. Dies bedeutet, dass jemand, der beim letzten Urlaub z. B. einen Wanderurlaub mit einfachen Übernachtungsoptionen unternommen hat, beim nächsten Urlaub eine städtetouristische Destination aufsucht, um dort das Kulturangebot nachzufragen und sich dabei im Hochpreissegment bewegt. Der übernächste Urlaub kann dann einer Trendsportart wie dem Kite-Surfen gewidmet sein, das in einer außereuropäischen Destination praktiziert wird.

In sehr viel geringerem Maße als früher sind Touristen damit als auf bestimmte Destinationstypen oder bestimmte Urlaubsaktivitäten fixiert anzusprechen. Die Tatsache, dass ein und derselbe Reisende unterschiedliche Urlaubsformen in unterschiedlichen Destinationstypen nachfrägt, wird aktuell oftmals versucht mit dem Begriff „Hybrider Tourist" zu fassen.

Für die Anbieter in den Destinationen bedeuten diese veränderten Nachfragemuster, dass in sehr viel geringerem Maß als in früheren Zeiten treue Wiederholungsbesucher oder Stammkunden die Nachfrage charakterisieren. Dementsprechend hat die Notwendigkeit, durch Marktkommunikationsmaßnahmen auf sich aufmerksam zu machen und sich durch Produktinnovationen im Markt zu positionieren, bzw. von den Mitbewerbern abzuheben, deutlich an Bedeutung gewonnen.

Im Kontext sich verändernder Nachfragemuster ist auch zu berücksichtigen, dass sich im Zuge des sog. Demographischen Wandels auch die Altersstruktur der Bevölkerung verändert (vgl. Abb. 23).

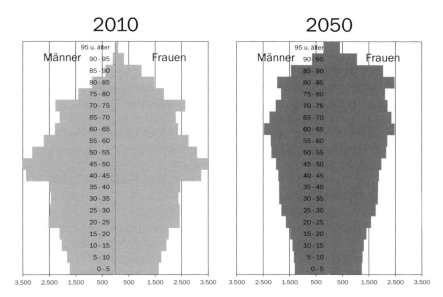

Abb. 23: Bevölkerungspyramide Deutschland 2010 und 2050
(Quelle: eigene Darstellung auf der Basis der 12. koordinierte Bevölke-
rungsvorausberechnung des Statistischen Bundesamtes; destatis.de)

Während aktuell die Nachfrage von mittleren Altersgruppen dominiert wird, werden in den nächsten Jahrzehnten zunehmend Reisende im Rentenalter auf dem
Markt präsent sein. Volumen und Art der Nachfrage von älteren Reisenden wer-
den künftig einerseits von den gesamtgesellschaftlichen Rahmenbedingungen, wie
Renteneintrittsalter, Höhe der Altersbezüge oder gesundheitliche Situation abhän-
gen. Aktuell wird die Generation 60+, die teilweise bereits vor der gesetzlichen
Altersgrenze mit oftmals soliden Altersbezügen in den Ruhestand geht und damit
in der aktiven Phase zwischen 60 und 75 Jahren als potente Nachfrager auf dem
Reisemarkt auftreten, von vielen Anbietern und Destinationen als gern gesehene
Zielgruppe umworben. Wenn sich absehbar die Zeitpunkte des Eintritts in den
Ruhestand nach hinten verschieben und auch Alterskohorten in den Ruhestand
eintreten, die nicht mehr mehrheitlich kontinuierliche Arbeitsbiographien mit
guten Altersbezügen aufweisen, ist teilweise offen, welche Nachfragemuster realisiert werden. Einerseits ist denkbar, dass ältere Nachfrager zwar aufgrund des
späteren Eintritts in den Ruhestand nicht mehr in dem Maß als aktive (Früh-)
Ruheständler adressiert werden können, wie die aktuell der Fall ist. Gleichzeitig ist
aber auch zu erwarten, dass angesichts späterer Ruhestandseintrittsalter die Nachfrage nach die Arbeitskraft erhaltenden bzw. wieder herstellenden gesundheitstou-

ristischen Angeboten zunehmen wird. Eine bislang noch nicht gemeisterte Herausforderung wird in den kommenden Jahrzehnten sicherlich auch die Schaffung von angemessenen Angeboten für Hochbetagte (über 75 Jahre) darstellen, deren Anteil an der Bevölkerung sich deutlich erhöhen wird.

Insgesamt gesehen ist unter Berücksichtigung der nachfrageseitigen Rahmenbedingungen und Tendenzen auch für die nächsten Jahrzehnte davon auszugehen, dass die touristische Angebotsgestaltung weiterhin vor wachsenden Herausforderungen steht, der touristischen Nachfrage angemessen zu begegnen.

2.3   Subjektive Rahmenbedingungen der Nachfrageseite und deren Messung

Vor dem Hintergrund der sich ausdifferenzierenden und zunehmend auch volatiler werdenden Nachfrage kommt der Identifizierung der nachfrageseitigen Erwartungshaltungen und Dispositionen als Voraussetzung für eine marktadäquate und damit auch ökonomisch erfolgreiche Angebotsgestaltung eine zunehmende Bedeutung zu. Dementsprechend ist der folgende Abschnitt den Ansätzen zur Erfassung der subjektiven Rahmenbedingungen auf der Nachfrageseite gewidmet.

Ausgangspunkt der Analyse von nachfrageseitigen Dispositionen ist immer die Einbeziehung der gesellschaftlichen Gesamtkonstellation. Damit stellen Wertediskussionen genauso wie Einkommensniveaus oder Wohnverhältnisse, aber auch persönliche Lebensumstände oder die mediale Kommunikation relevante Aspekte dar, die als Rahmenbedingungen und Voraussetzungen für die Analyse der individuellen Bedürfnisse und Erwartungen mit zu berücksichtigen sind.

2.3.1   Der Reiseentscheidungsprozess

Eine der Grundvoraussetzungen für die Analyse der subjektiven Dispositionen ist ein Grundverständnis von den Abläufen im Reiseentscheidungsprozess. In der Sozialpsychologie werden unterschiedliche Phasen von Entscheidungsprozessen unterschieden, die übertragen auf den Reiseentscheidungsprozess in Abbildung 24 dargestellt sind.

Die einzelnen Phasen zeichnen sich durch eine zunehmende Konkretheit aus. Während ein Reisewunsch noch relativ diffus sein kann, werden in der Präferenzphase unter Einbeziehung zusätzlicher Informationen (aber auch der früher gemachten Erfahrungen) Urlaubsformen und mögliche Zielgebiete ins Auge gefasst. Diese werden idealtypisch vergleichend bewertet, bevor eine Entscheidung getroffen wird.

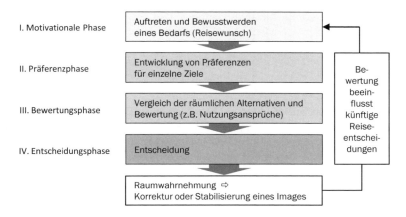

Abb. 24: Phasen des Reiseentscheidungsprozesses
(Quelle: eigener Entwurf in Anlehnung an HECKHAUSEN & GOLLWITZER 1987)

Übersetzt in die Marktkommunikation wird diese Unterteilung meist als AIDA-Model bezeichnet (vgl. z. B. FREYER 2011b, S. 207f.). Unter dem Akronym werden die vier Begriffe:

- **A**: Attention
- **I**: Interest
- **D**: Decision
- **A**: Action

verstanden, die ebenfalls an die sozialpsychologischen Entscheidungsphasen angelehnt sind, aber den Marketingblickwinkel auf die Art und Inhalte der Ansprache potentieller Reisender richten.

Während der Phase der Aufmerksamkeitsgenerierung (= Attention) sind es meist Informationen, die passiv von den potentiellen Reisenden aufgenommen werden. Abgesehen von Relevanz der Mund-zu-Mund-Propaganda durch Bekannte und Freunde (= Word of Mouth), die in Zeiten von Social Media auch über entsprechende Internetplattformen erfolgt, auf denen Reiseerfahrungen geteilt werden (= Word of Mouse), bedeutet dies für die Anbieter, dass die Information aktiv an die potentiellen Kunden herangetragen werden müssen (= Push-Marketing). Gleichzeitig liegt der Schwerpunkt der Marktkommunikation auf relativ allgemeinen Darstellungen, die insbesondere auch emotionale Komponenten enthalten und auf das Image einer Destination abzielen.

In der Phase des Interesses (= Interest) und der Entscheidung (= Decision) werden demgegenüber vom potentiellen Reisenden verstärkt aktiv Informationen über in Frage kommende Destinationen und die dortigen Angebote für Übernachtungen und Aktivitäten gesucht (= Pull-Marketing). Diese sollen auch einen höheren Grad an Konkretisierung aufweisen, um konkrete Vergleiche zu ermöglichen. Aber auch in diesen Phasen spielt die (in den Tourismuswissenschaften bislang nur sehr partiell analysierte) „Word of Mouth"- oder „Word of Mouse"-Information eine wichtige Rolle.

Die Herausforderung für die touristischen Leistungsträger besteht darin, einerseits intensiv und zielgruppenadäquat ein Interesse an einem touristischen Angebot durch – auch emotional geprägte – allgemeine Darstellungen zu wecken und andererseits leicht zugänglich auch konkrete Detailinformationen abrufbar zu halten. Gleichzeitig ist evident, dass es für kleinere und weniger bekannte Destinationen oftmals schwierig ist, die Wahrnehmungsschwelle zu überschreiten. Dementsprechend kommt dem Zusammenschluss und der Kooperation in größeren Einheiten, die leichter ein bestimmtes Maß an Bekanntheit erreichen können, im Tourismus eine entscheidende Rolle zu (vgl. Kap. 4).

2.3.2   Das Einstellungsmodell

Die Erfassung des Images einer Destination bzw. der Zufriedenheit mit einem touristischen Angebot folgt meist den psychologischen Ansätzen der neobehavioristischen Schule. Dort wird ganz grundsätzlich das menschliche Handeln als **R**eaktion des **O**rganismus auf externe **S**timuli verstanden, weshalb dieser Ansatz oftmals auch als S-O-R-Modell bezeichnet wird. Grundüberlegung ist, dass das Individuum externe Stimuli intern verarbeitet und dementsprechend dann darauf reagiert. Während in der Frühphase dieses Ansatzes der Informationsverarbeitungsprozess im Individuum oftmals als Black Box angesehen wurde, richten sich in den letzten Jahrzehnten die Anstrengungen vor allem darauf, eben genau diese Prozesse nachvollziehbar zu machen, um sie nicht nur zu verstehen, sondern ggf. auch beeinflussen zu können.

Dabei kommt dem Einstellungsmodell eine zentrale Rolle zu. Die im Wesentlichen auf FISHBEIN & AJZEN (1975) zurückgehende Einstellungsforschung teilt das Konstrukt Einstellung in zwei bzw. drei Teilkomponenten auf und wird oftmals auch als Adequacy-Importance-Ansatz bezeichnet. Als erste Komponente der Einstellung wird das Maß, in dem Merkmale eines bestimmten Angebots die individuellen Bedürfnissen erfüllen (= Adequacy), angesehen. Die subjektive Beurteilung der Wahrscheinlichkeit, dass ein Einstellungsgegenstand eine bestimmte Eigenschaft aufweist, wird auch als **kognitive** Komponente bezeichnet. Die zweite **emotionale** oder motivationale Komponente besteht in der Wichtigkeit, die einem Merkmal zugemessen wird (= Importance). Das Produkt aus beiden Komponenten wird als Einstellung im engeren Sinn verstanden (vgl. Abb. 25). Da meist mehrere Attribute/Eigenschaften von Angeboten berücksichtigt werden, wird als Einstellung die Summe der Produkte aus den einzelnen Teilattributen verstanden. Dementsprechend wird auch von mehrdimensionalen oder multiattributiven Einstellungskonzepten gesprochen.

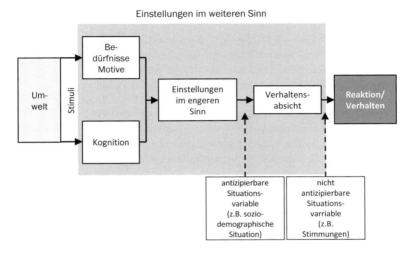

Abb. 25: Das neobehavoristische Konstrukt Einstellung
(Quelle: eigener Entwurf in Anlehnung an FISHBEIN & AJZEN 1975)

Neben der kognitiven und der emotionalen Komponente wird für die Einstellung im weiteren Sinn als dritte Komponente noch eine Verhaltensintention (konative Komponente) mit aufgenommen. Eine Reaktion auf Stimuli bzw. ein konkretes Verhalten (z. B. Reiseentscheidung) wird neben der Einstellung auch noch von weiteren antizipierbaren und nicht antizipierbaren Einflussgrößen mit beeinflusst. Bei der Analyse von Reiseentscheidungen sind damit neben der Einstellung auch weitere Einflussgrößen mit zu berücksichtigen.

Der Begriff Einstellung wird meist synonym mit den Begriffen Image oder (Kunden-)Zufriedenheit verwendet.

BAMBERG & SCHMIDT (1993) haben das Einstellungsmodell noch um die Komponente „normative Überzeugung" und „Kontrollüberzeugung", mit denen Werte und Normen des Individuums sowie die in der Peer-Gruppe relevanten Normen und Wertvorstellungen bezeichnet werden, erweitert. Normative und Kontrollüberzeugung werden (wie antizipierbare Situationsvariablen) als ebenfalls verhaltensrelevant angesehen. Insbesondere unter dem Blickwinkel auf dem Nachhaltigkeitsparadigma verpflichteten Reiseaktivitäten kommt den Wertvorstellungen des Individuums bzw. den unterstellten Reaktionen des Umfeldes auf ein konkretes Reiseverhalten des Individuums (z. B. interkontinentale Flugreise; vgl. Kap. 5.2) eine analytische Relevanz zu. Das Gesamtkonstrukt wird als „Theory of Planned Behavior" (Theorie des geplanten Verhaltens) bezeichnet.

2.3.3   Das GAP-Modell

Mit dem Einstellungsmodell lässt sich die Kundenzufriedenheit als Verhältnis zwischen erwartetem und erlebtem Service abbilden. Daran anknüpfend versucht das auf PARASURAMAN, ZEITHAMEL & BERRY (1985) zurückgehende GAP-Modell zu identifizieren, an welchen Stellen im Erstellungsprozess einer Dienstleistung (Reise) Zufriedenheit bzw. Unzufriedenheit (als Gap zwischen erwartetem und erlebtem Service) entstehen kann (vgl. Abb. 26, „GAP" = Lücke, Diskrepanz). Mit diesem Modell werden, aufbauend auf dem Einstellungsmodell, Grundlagen für eine Problemanalyse bzw. Optimierungsansätze geschaffen mit dem Ziel, die Kundenzufriedenheit zu optimieren.

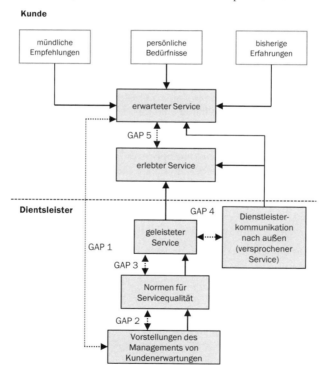

Abb. 26: Das GAP-Modell
(Quelle: eigener Entwurf nach PARASURAMAN, ZEITHAMEL & BERRY 1985)

Ausgangspunkt ist

- **GAP 5**: Der Unterschied zwischen dem erwarteten Service und dem erlebten Service auf der Kundenseite. Eine solche Differenz kann (unabhängig davon, ob die Kundenerwartungen überhaupt angemessen sind) angebotsseitig entstehen durch

- **GAP 1**: wenn das Management keine adäquaten Vorstellungen von den Kundenbedürfnissen besitzt;

- **GAP 2**: die Vorstellungen von den Kundenerwartungen nicht entsprechend innerhalb des Unternehmens (oder der touristischen Servicekette) an das Personal im Kundenkontakt kommuniziert werden;

- **GAP 3**: die unternehmensseitig formulierten Normen für die Servicequalität nicht entsprechend umgesetzt werden;

- **GAP 4**: in der Marktkommunikation der versprochene Service nicht dem realiter dann auch geleisteten Service entspricht.

Von PARASURAMAN, ZEITHAMEL & BERRY (1988) wurden die einzelnen Aspekte der Servicequalität (in Anlehnung an das multiattributive Einstellungsmodell) weiter unterschieden.

Sie formulierten fünf Hauptdimensionen, die noch heute in vielen Analysen Verwendung finden und die als SERVQUAL-Ansatz bezeichnet werden, der die relevanten Dimensionen der Servicequalität zu erfassen sucht:

- **Reliability**: zuverlässige und korrekte Erbringung der Dienstleistung (Zuverlässigkeit)

- **Assurance**: höfliches, kompetentes und sicheres Auftreten (Leistungs- und Fachkompetenz)

- **Tangibles**: äußeres Erscheinungsbild (materielles Umfeld)

- **Empathy**: Einfühlungsvermögen der Mitarbeiter

- **Responsiveness**: schnelle, aktive und kompetente Reaktion dem Kunden gegenüber (Entgegenkommen).

2.3.4 Basis-, Leistungs- und Begeisterungsfaktoren

Das GAP-Modell und der SERVQUAL-Ansatz wurden aufbauend auf dem Einstellungsmodell entwickelt, um die Aspekte zu identifizieren, die zu Kundenzufriedenheit führen können. Dabei stellt sich allerdings die Frage, wie relevant die einzelnen Aspekte sind. Für die Kunden können (Stichwort Anspruchsinflation) letztendlich sehr viele Elemente der Servicequalität wünschenswert sein. Aus Unternehmenssicht gilt es, unter dem Blickwinkel einer möglichst effizienten Generierung von Kundenzufriedenheit, diejenigen Aspekte zu identifizieren, die in besonderem Maß hierzu beitragen.

Von KANO (1995) wurde mit dieser Zielsetzung das sog. Kano-Modell entwickelt, das (ähnlich wie bei der MASLOW'schen Bedürfnispyramide; vgl. Kap. 1.2.2.2) zwischen Basis-, Leistungs- und Begeisterungsfaktoren unterscheidet (vgl. Abb. 27).

- **Basisfaktoren** stellen dabei einen implizit vorausgesetzten Basisnutzen voraus. Dies kann z. B. die Tatsache sein, dass ein reserviertes Hotelzimmer bei Anreise dann auch wirklich verfügbar ist. Basisfaktoren stellen eine Art Markteintrittschwelle dar. Ihr Vorhandensein bzw. ihre Erfüllung führt nicht zu Kundenzufriedenheit, da die Erfüllung eben vorausgesetzt wird. Umgekehrt resultiert die Nichterfüllung bzw. das Fehlen von solchen Basisfaktoren in Unzufriedenheit.

- **Leistungsfaktoren** sind erwartete oder erwünschte Nutzen oder Leistungen. In einem Hotel kann dies z. B. eine gute Erreichbarkeit oder ein umfangreiches Frühstücksbuffet sein. Eine gute Servicequalität führt hier auch zu einer Zunahme der Kundenzufriedenheit, genauso wie das Fehlen wiederum zu Unzufriedenheit führt.

- **Begeisterungsfaktoren** werden vom Kunden normalerweise nicht erwartet. Zu unerwarteten Leistungen kann z. B. zählen, wenn auf dem Hotelzimmer ein Früchtekorb oder ein Bademantel zur Benutzung durch den Hotelgast offeriert wird. Fehlt eine solche Leistung, führt dies – da sie ja nicht erwartet wird – nicht zu Unzufriedenheit. Umgekehrt wird das Vorhandensein mit Zufriedenheit honoriert (vgl. Abb. 27).

Hinzuweisen ist in diesem Zusammenhang auch darauf, dass sich das Konstrukt Kundenzufriedenheit durch zeitliche Dynamik und individuelle Nutzenerwartung der Kunden auszeichnet. Hier spielen neben gesellschaftlichen Wandlungsprozessen vor allem der Erfahrungszuwachs und die dadurch veränderten individuellen Erwartungshaltungen eine Rolle (vgl. Kap. 2.2). So können im Laufe der Zeit Begeisterungsfaktoren zu Leistungs- und später auch zu Basisfaktoren „degradieren". Illustriert sei dies nochmals am Beispiel eines umfassenden Frühstücksbuffets. Wurde dieses vor einigen Jahrzehnten noch nicht erwartet und stellte somit bei Vorhandensein einen Begeisterungsfaktor dar, gehört es inzwischen zum Standard, und Kundenzufriedenheit kann nur durch ein möglichst umfassendes und differenziertes Buffet mit hochwertigen Produkten generiert werden. Denkbar ist, dass es künftig irgendwann dann zum Basisfaktor wird, mit dem keine zusätzliche Kundenzufriedenheit mehr geschaffen werden kann.

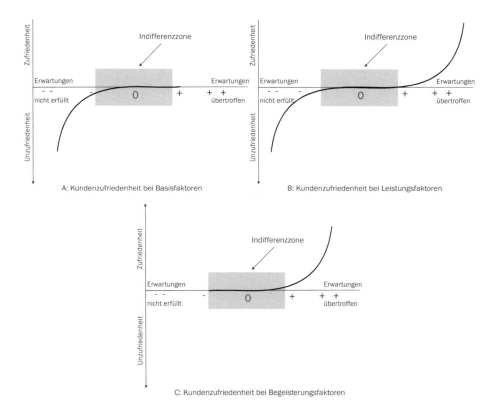

Abb. 27: Basis- Leistungs- und Begeisterungsfaktoren und deren Einfluss auf die Kundenzufriedenheit
(Quelle: eigener Entwurf nach PECHLANER, SMERAL & MATZLER 2002, S. 19)

Operationalisiert wird die Zugehörigkeit zu Basis-, Leistungs- und Begeisterungsfaktoren zumeist durch den Vergleich der explizit abgefragten Wichtigkeit (= emotionale Komponente der Einstellung) mit der impliziten Wichtigkeit. Implizite Wichtigkeit wird als Beitrag des entsprechenden Items zur Gesamtzufriedenheit verstanden, die üblicherweise mittels einer Regressionsanalyse berechnet wird (genau z. B. bei KAGERMEIER 2006).

Für die Darstellung wird häufig das sog. **Importance Grid** gewählt. Bei diesem werden die Bezüge zwischen expliziter und impliziter Wichtigkeit für die einzelnen Items in vier Quadranten dargestellt (vgl. Abb. 28). Für die Analyse werden die Ergebnisse für die einzelnen Items in die Quadranten eingetragen. Dabei bilden die beiden Mittelwerte aller Itemmittelwerte meist die Achsenschnittpunkte.

Abb. 28: Importance Grid (Quelle: eigener Entwurf nach MATZLER 2000, S. 301)

Eine beispielhafte Darstellung findet sich in Abbildung 29. Die dargestellten Werte stammen aus einer Erhebung in einer industriekulturtouristischen Einrichtung (Zeche Zollern in Dortmund). Festzuhalten ist an diesem Fallbeispiel, dass zum einen keine klaren Begeisterungsfaktoren identifiziert werden konnten. Die Leistungsfaktoren werden stark von der Art der museumsdidaktischen Aufbereitung („Architektur", „übersichtliche Anordnung der Objekte", „stimmige Atmosphäre" und „in Vergangenheit zurückversetzen") geprägt.

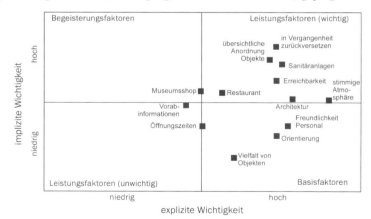

Abb. 29: Beispiel für das Ergebnis eines Importance Grid
(Quelle: KAGERMEIER 2006, S. 301)

Nicht weiter eingegangen werden soll an dieser Stelle auf den nächsten Analyse-schritt, der in einer ähnlichen Darstellungsweise wie das Importance Grid die beiden Wertebereiche für die Zufriedenheit und die explizite Wichtigkeit dar-stellt und als „Handlungsrelevanzmatrix" bezeichnet wird. Niedrige Zufrieden-heiten und hohe Wichtigkeiten signalisieren bei dieser Darstellungsform die Aspekte mit hohem Handlungsbedarf (vgl. Abb. 107 in Kap. 6.4).

Neben den ausführlicher dargestellten multiattributiven Verfahren zur Messung von Kundenzufriedenheit existieren eine Reihe weiterer Verfahren. Diese sind überblicksartig in Abbildung 30 wiedergegeben. Dabei wird grundsätzlich unter-schieden zwischen den sog. **„objektiven Messansätzen"**, bei denen aus „Exper-tensicht" – und damit vermeintlich objektiv – versucht wird, die Servicequalität zu erfassen. Neben strukturierten Beobachtungen kommt dabei oftmals auch das „Silent Shopping" oder „Mystery Guest" genannte Verfahren zum Einsatz. Bei diesem durchläuft ein Testbesucher den gesamten Kundenpfad und dokumentiert strukturiert Stärken und Schwächen an den einzelnen Kundenkontaktpunkten. Dieses Verfahren kommt auch bei Qualitätsmanagementansätzen zu Einsatz. So wird es (ab Stufe II) bei der Initiative „ServiceQualität Deutschland" des Deut-schen Tourismusverband (DTV 2015) eingesetzt, bei der im Zuge der Zertifizie-rung von touristischen Angeboten die dortige Servicequalität gemessen wird (vgl. Abb. 91 in Kap 6.2). Das in Deutschland eingesetzte Verfahren lehnt sich stark an das früher entwickelte „Qualitätsgütesiegel für den Schweizer Tourismus", das vom „Schweizer Tourismusverband" (STV/FST 2015) getragen wird.

Hinsichtlich der Zahl der unterschiedlichen Verfahren und auch der Verbreitung bei der Analyse von Kundenzufriedenheit dominieren eindeutig die sog. **„subjek-tiven Messansätze"**. Diese setzen beim Kunden und dessen subjektiver Sicht-weise an. Der hier ausführlicher behandelte und bei weitem am weitesten verbrei-tete Ansatz entspricht in der Systematik den **„multiattributiven Modellen"** in der Rubrik „merkmalsorientierte Verfahren" der „subjektiven Messansätze". Wei-tere subjektive Messansätze sind insbesondere die **„ereignisorientierten Verfah-ren"**, bei denen der Fokus nicht auf einzelnen Eigenschaften (Items) der Ser-vicequalität liegt, sondern im Wesentlichen dem Kundenpfad, d. h. den einzelnen Kontaktpunkten folgt. Dabei werden neben quantitativen Verfahren wie der (stark an den multiattributiven Modellen angelehnte, aber eben am Kundenpfad orien-tierten) „sequentiellen Ereignismethode" oftmals qualitative Verfahren wie „Story Telling" oder auch die „Critical Incident Technique" eingesetzt. Bei diesen werden entweder frei die Erfahrungen sequentiell berichtet oder es wird gezielt auch nach Problemen und Schwachstellen gefragt. Ähnlich gehen die **„problemorientierten Verfahren"** vor, bei denen meist die Beschwerdeanalyse (sei es eingegangene Beschwerden oder auch aktiv abgerufene potentielle Beschwerdeanlässe) ein-gesetzt wird (genauer bei KAGERMEIER 2006).

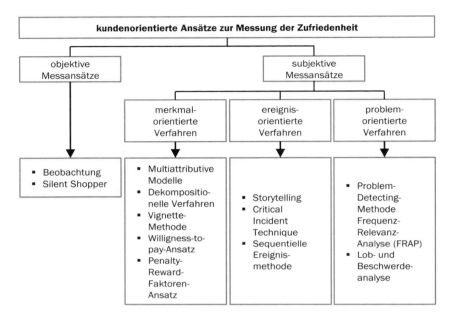

Abb. 30: Kundenorientierte Ansätze zur Messung von Zufriedenheit
(Quelle: eigener Entwurf nach KAISER 2002, S. 106)

Die Ansätze zur Erfassung der Kundenzufriedenheit sind insgesamt dadurch gekennzeichnet, dass diese nicht einfach oder direkt zu messen ist. Daher versuchen alle Ansätze, sich dem Konstrukt „Kundenzufriedenheit" indirekt zu nähern. Insgesamt gesehen hat die Kundenzufriedenheitsforschung im Tourismus in den letzten Jahren deutlich an Bedeutung gewonnen, da sie eine zentrale Grundvoraussetzung für darauf aufbauende Qualitätsmanagementansätze darstellt. Vor dem Hintergrund der steigenden und sich permanent verändernden Bedürfnisse der Reisenden sowie angesichts sich akzentuierender Wettbewerbskonstellationen wird deren Bedeutung sicherlich auch künftig noch zunehmen. Bis Ende des 20. Jahrhunderts kamen dabei vor allem multiattributive Modelle zum Einsatz. Da diese aber bezüglich der Möglichkeiten zur Erfassung der Detailliertheit und Differenziertheit von Kundenerfahrungen klare Grenzen aufweisen und oftmals nur stark generalisierte Befunde liefern, zeichnet sich inzwischen ab, dass künftig neben den sog. objektiven Messansätzen auch stärker ereignisorientierte und problemorientierte Verfahren zum Einsatz kommen werden, auch wenn diese oftmals zu keinen so klar standardisierten und quantifizierbaren Befunde führen.

▶ **Zusammenfassung**

▪ In diesem Kapitel wurde zunächst die quantitative Entwicklung der touristischen Nachfrage vorgestellt und die dafür relevanten Hintergrunddimensionen angesprochen.

▪ Gleichzeitig sollte ein Verständnis dafür geweckt werden, dass sich die touristische Nachfrage kontinuierlich ausdifferenziert und komplexer wird. Damit besteht für die Anbieterseite die Herausforderung darin, die Kundenwünsche nicht nur zu erfassen, sondern auch entsprechende Trends frühzeitig zu antizipieren.

▪ Entsprechend der Relevanz der Erfassung von Kundenzufriedenheit wurde im dritten Abschnitt des Kapitels auf Ansätze zur Messung von Kundenzufriedenheit eingegangen. Diese wurde als sozialpsychologisches Konstrukt eingeführt und exemplarisch die multiattributiven Ansätze zur Messung von Kundenzufriedenheit beim Subjekt des Kunden genauer besprochen.

▶ **Weiterführende Lesetipps**

KAISER, Marc-Oliver (2002): Erfolgsfaktor Kundenzufriedenheit. Dimensionen und Messmöglichkeiten. Berlin

Eine umfassende Einführung in die unterschiedlichen Konzepte und Ansätze zur Erfassung und Messung der Kundenzufriedenheit.

Wichtige Datenquellen für grundlegende quantitative Angaben zur touristischen Nachfrage:

FUR (= Forschungsgemeinschaft Urlaub und Reisen): Reiseanalyse. Kiel

Jährlich erscheinende Publikation mit Basisinformationen zur Struktur und Entwicklung des deutschen Urlaubsreisemarktes auf der Basis einer als repräsentativ geltenden Befragung bei der deutschen Wohnbevölkerung. Wichtigste Quelle für länger zurückreichende Zeitreihen zur touristischen Nachfrage. Erhebung zu Jahresbeginn retrospektiv für das zurückliegende Jahr. Erscheint im Herbst mit den Daten für das zurückliegende Jahr. Vorstellung erster Ergebnisse im März auf der Internationalen Tourismusbörse in Berlin (ITB) bzw. auf anderen Tourismusbörsen. ⚲ www.fur.de

UNWTO (United Nations World Tourism Organization): Yearbook of Tourism Statistics. Madrid

Jahrbuch mit Angaben zu Einreisen und Übernachtungen weltweit und differenziert nach jedem Land. ⚲ www.unwto.org

Statistisches Bundesamt: Tourismus. Wiesbaden

Angaben zu Ankünften und Übernachtungen im gewerblichen Beherbergungswesen der Bundesrepublik Deutschland differenziert nach unterschiedlichen Parametern.
🖰 *www.destatis.de*

Europäische Kommission, Eurostat: Tourismus. Luxembourg

Neben Angaben zu Ankünften und Übernachtungen im gewerblichen Beherbergungswesen der EU-Länder (auch weiter regional differenziert) werden auch Angaben über die Reiseteilnahme von EU-Bürgern veröffentlicht. Dabei auch eine Vielzahl von kartographischen Darstellungen auf unterschiedlichen räumlichen Ebenen verfügbar.
🖰 *ec.europa.eu/eurostat/de*

3 Grundlagen Angebotsseite

Auch wenn die Schwerpunkte tourismusgeographischer Ansätze nicht so sehr im Bereich der touristischen Unternehmen (= Touristik) liegen, sondern stärker auf die sozialwissenschaftlichen Aspekte der Nachfrageseite und die Perspektive auf das Destinationsmanagement ausgerichtet sind, soll im Rahmen dieser Einführung in die Tourismusgeographie doch auch in kompakter Form auf ausgewählte Aspekte der privaten touristischen Leistungsträger entlang der touristischen Leistungskette eingegangen werden. Detailliertere Ausführungen zu diesem Aspekt finden sich in stärker betriebswirtschaftlich ausgerichteten Einführungen in den Tourismus, wie z. B. FREYER 2011a.

▶ Lernziele

In diesem Kapitel werden folgende Fragen beantwortet:

▪ Welche Entwicklungstendenzen kennzeichnen die zentralen Glieder der touristischen Leistungskette?

▪ Welche Rolle kommt den spezifischen Eigenschaften von touristischen Produkten im Hinblick auf das Marketing zu?

▪ Welche Grundprinzipien des Marketings sind im Tourismus relevant?

▪ Welche Funktion haben Marken im Tourismus?

▪ Welche Herausforderungen stellen sich durch die Entwicklungen im Social Web?

3.1 Die touristische Leistungskette

Ein zentrales Grundprinzip von touristischen Dienstleistungen (vgl. auch Merkmale von Dienstleistungen in Kap. 3.2.1) ist, dass es sich um vergleichsweise komplexe Dienstleistungen handelt. Von der Potentialphase, d. h. der Vorbereitung der eigentlichen Dienstleistungsinanspruchnahme mit der Information und der Buchung (vgl. Abb. 31), über die konkrete Reise mit Transport, Aufenthalt vor Ort bis hin zur Nachbetreuung zerfällt eine touristische Dienstleistung üblicherweise in mehr Einzelschritte als z. B. ein Friseurbesuch oder auch eine medizinische Behandlung beim Hausarzt. Die Komplexität wird insbesondere dadurch gesteigert, dass die Dienstleistung an einem anderen Standort als dem Wohnstandort (bzw. auch an wechselnden Standorten) nachgefragt wird.

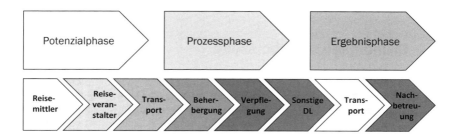

Abb. 31: Die touristische Leistungskette
(Quelle: eigener Entwurf nach Freyer 2011b, S. 83)

Damit sind sowohl im Quellgebiet (z. B. Reisebüro oder Reiseveranstalter) als auch im Zielgebiet (Beherbergungseinrichtungen oder Anbieter von touristischen Aktivitäten) touristische Leistungsträger involviert. Darüber hinaus werden auch beim Transport zwischen Quell- und Zielgebiet zusätzliche Leistungen nachgefragt. Zwar versuchen integrierte Tourismuskonzerne wie z. B. die TUI oder auch Thomas Cook/Neckermann teilweise, eine Vielzahl von Teilleistungen – vom Vertrieb in eigenen Reisebüros über den Transport mit eigenen Airlines und die Unterbringung in eigenen Hotels bis hin zur Betreuung durch eigene Incoming-Agenturen –, das Produkt „Reise" möglichst aus einer Hand anzubieten. Üblicherweise sind es aber mehrere touristische Leistungsträger, die am Produkt „Reise" beteiligt sind. Insbesondere in den Destinationen handelt es sich dabei oftmals auch um kleinere Unternehmen, sodass die Tourismusbranche insgesamt von einer Vielzahl klein- und mittelständischer Unternehmen (KMU) geprägt ist.

3.1.1   Reiseveranstalter

Innerhalb der touristischen Leistungs- bzw. Servicekette übernehmen die Reiseveranstalter eine zentrale Rolle. Von ihnen wird üblicherweise das „Paket" Reise aus den Angeboten mehrerer anderer Dienstleister – insbesondere in den Zielgebieten – geschnürt dem Endkunden angeboten.

Der Reiseveranstaltermarkt zeigt damit ein im Tourismus auch in anderen Bereichen typisches Merkmal: einerseits ein hohes Maß an Konzentration und andererseits eine Vielzahl von sehr kleinteiligen Veranstaltern. Etwas vereinfachend kann gesagt werden, dass das standardisierte Volumengeschäft von wenigen großen Veranstaltern abgewickelt wird, während eine Vielzahl von kleineren Anbietern insbesondere Spezial- und Nischenangebote anbietet.

Als die drei traditionellen großen deutschen Reiseveranstalter sind anzusprechen:

[1] Die **TUI** (Touristik Union International), die 1968 aus einem Zusammen-
schluss von mehreren unabhängigen Veranstaltern (Touropa, Scharnow-
Reisen, Hummel-Reisen und Dr. Tigges-Fahrten) gegründet worden ist. Das
Unternehmen mit Sitz in Hannover ist damit der klassische Vertreter des
Konzentrationsprozesses in der 2. Hälfte des 20. Jahrhunderts und war lange
auch eindeutig die Nummer 1 im deutschen Markt mit einer klaren Ein-
Marken-Strategie. Die TUI kann als hochgradig vertikal integrierter Reisekonzern angesprochen werden, der über eigene Reisebüros, eine eigene Fluglinie,
eigene Hotels und Incoming-Agenturen sowie sogar eine eigene Kreuzfahrt-
tochter verfügt. Gleichzeitig ist die TUI mit einer Reihe von Tochterfirmen in
unterschiedlichsten Ländern nicht nur in Europa, sondern global tätig.

[2] Der Reiseveranstalter **Neckermann** übernahm nach mehreren anderen
Unternehmen 2001 auch den traditionellen englischen Reiseveranstalter
Thomas Cook (vgl. Kap. 1.2.1). Seit der Fusionierung werden beide Na-
men (als klassische Zwei-Marken-Strategie) geführt (neben den Marken an-
derer kleinerer ebenfalls übernommener Unternehmen wie z. B. Öger
Tours). Auch Thomas Cook/Neckermann kann als weitgehend integrierter
Reiseveranstalter angesprochen werden.

[3] Die REWE als eigentlich klassisches Einzelhandelsunternehmen hat sich
durch Aufkäufe – zuletzt im Jahr 2015 durch Kauf des Schweizer Reiseveranstalters Kuoni – zum drittgrößten Reiseveranstalter Deutschlands entwickelt.
Dass die Tourismusunternehmen zum Konzernumsatz etwa 10 % beitragen
ist deshalb oftmals nicht bewusst, da die ursprünglichen Reiseveranstalter
(u. a. IST, Jahn Reisen, Tjaereborg, DERTOUR, Meiers Weltreisen, ADAC
Reisen) lange Zeit in einer Mehrmarkenstrategie separat geführt wurden. 2013
wurde allerdings damit begonnen, die einzelnen Veranstalter unter der Dachmarke bzw. Gruppenmarke der „**DER Touristik**" zusammenzufassen. Auch
die **REWE-Gruppe** verfügt über eigene Hotelmarken und teilweise eigene
Incoming-Agenturen in den ausländischen Destinationen.

Bezogen auf den Umsatz (vgl. Abb. 32) vereinigen diese drei Reiseveranstalter
zusammen mit dem vierten Unternehmen, der FTI Group etwa die Hälfte des
Umsatzes der deutschen Reiseveranstalter in Höhe von etwa 26 Mrd. € im Jahr
2014 (fvw 2014, S. 6). Damit dokumentieren sie den hohen Grad an Konzentration in der Branche. Gleichzeitig ist der relative Anteil (bei insgesamt steigenden
Umsätzen) in den letzten Jahren – trotz mehreren Zukäufen – gesunken. 2005
konnten die beiden Veranstalter TUI und Neckermann noch fast die Hälfte des
Veranstalterumsatzes auf sich vereinigen. Dies bedeutet, dass die kleineren –
oftmals stärker spezialisierten Veranstalter – insgesamt gesehen eine höhere
Wachstumsdynamik aufwiesen als die großen Pauschalreiseveranstalter. Und

dies trotz deren Bemühen, neben den klassischen Pauschalreisen (mit einem Schwerpunkt beim Badetourismus) eine Diversifizierungsstrategie zu verfolgen und auch verstärkt mit Spezialangeboten (Wellness, Studienreisen etc.) und bei sog. Bausteinreisen tätig zu werden. Letztendlich spiegelt sich damit auch im Reiseveranstaltermarkt die Parallelität von fordistisch geprägten, den sog. „Economies of Scale" (= Skalenvorteile) folgenden Produktionsweisen und den tendenziell eher post-fordistischen „Economies of Scope" (= Verbundvorteile), d. h. einer Produktionsweise, bei der die zentralen Wettbewerbsvorteile in den Interaktionen zwischen kleinen flexiblen Unternehmen gesehen werden.

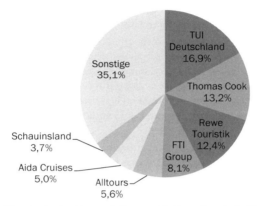

Abb. 32: Der deutsche Veranstaltermarkt: Umsatzanteile 2014
(Quelle: eigene Darstellung nach Daten fvw 2014)

Entsprechend dem klassischen Lebenszyklusansatz (vgl. Kap. 1.2.2.1) erlauben innovative, spezialisierte Produkte höhere Erträge als in der Reifephase befindliche – und damit stärker standardisierte Produkte. Auch wenn die Erträge der Unternehmen pro Pax (Reisegast) nicht verfügbar sind, erlauben zumindest die Umsätze je verkaufter Reise einen Hinweis auf unterschiedlich hohe Deckungsbeiträge. Während eine durchschnittliche Reise bei hochpreisigen Spezialreiseveranstaltern zwischen 2.000 und 5.000 € betragen (fvw 2014, S. 8), liegen klassische Pauschalreiseveranstalter eher im Bereich 400 bis 800 € pro verkaufter Reise.

Über Reiseveranstalter wurden im Jahr 2014 etwa 44 Mio. Reisen gebucht (fvw 2014, S. 6). Entsprechend der Reiseanalyse werden von Deutschen ca. 100 Mio. Reisen pro Jahr unternommen (FUR 2014, S. V). Dabei werden nach den Ergebnissen der Reiseanalyse aktuell gut 40 % der Reisen als Pauschal- oder Bausteinreise gebucht (FUR 2014, S 38).

Die Entwicklung des Verhältnisses von Pauschalreisen (erst ab 2005 werden auch Bausteinreisen bei einem Anbieter mit erfasst) und individuell organisierten Reisen wird in der Reiseanalyse seit 1970 (allerdings nur für längere Urlaubsreisen und nicht für Kurzurlaubsreisen) erfasst (vgl. Abb. 33). Während früher die selbst organisierte Reise (oftmals mit Pkw-Anreise und direkter Buchung eines Quartiers in der Destination) dominierte, hat Ende des 20. Jahrhunderts der Anteil von bei Reiseveranstalter gebuchten Reisen deutlich zugenommen. Verbunden ist dies auch mit der Zunahme von Flugreisen in weiter entfernt liegende Destinationen (vgl. Kap. 2.1.2). Seit der Jahrtausendwende stagniert der (relative) Anteil von Pauschalreisen bzw. ist leicht rückläufig (auch wenn die absolute Zahl der bei Reiseveranstalter gebuchten Reisen nach wie vor ansteigt, wobei dies wohl auch auf die zunehmende Zahl der über Reiseveranstalter gebuchten Kurzreisen zurückzuführen ist). Damit zeigen sich auch hier die im Tourismusmarkt immer wieder auftretenden Veränderungen und Herausforderungen für die Anbieter. Einer der zentralen Hintergründe für die (relative) Abnahme von Veranstalterreisen ist die Tatsache, dass in den letzten Jahren der direkte Vertrieb über das Internet deutlich an Bedeutung gewonnen hat (vgl. Kap. 3.1.4)

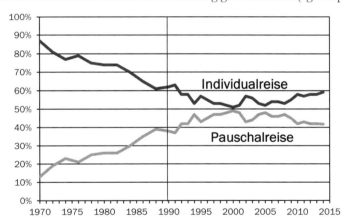

Abb. 33: Entwicklung des Anteils organisierter Urlaubsreisen und von Individualreisen seit 1970
(Quelle: eigene Darstellung nach Daten FUR div. Jahrgänge)

Über das Internet werden zwar auch nach wie vor Veranstalterreisen gebucht. Gleichzeitig ist aber der direkte Zugriff auf Flüge oder Übernachtungsmöglichkeiten über die entsprechenden Plattformen für den Endkunden deutlich einfacher geworden. Damit wird die Einschaltung von zwischengeschalteten Reiseveranstaltern (und auch Reisemittlern), die dem Kunden entsprechende Pauschalpakete schnüren weniger notwendig. Eine weitere Rolle mag auch die Flexibilisierung und Individualisierung der Nachfrageseite spielen (vgl. Kap. 2.2.3). Das Gefühl, sich individuell einen Urlaub (im Internet) zusammenzustellen, statt eine vorgefertigtes standardisiertes Reiseprodukt „von der Stange" zu konsumieren, ist für einen Teil der Reisenden ebenfalls ein relevantes Motiv.

Die Reiseveranstalter stehen damit nicht nur im Spannungsfeld zwischen dem Trend zur Konzentration und der Spezialisierung auf klar identifizierte spezifische Teilsegmente. Gleichzeitig stellen neben dem Multi-Channel-Vertrieb auch eine klare Kundenorientierung (vgl. Kap. 2.3) und eine Konzentration auf spezielle unverwechselbare Angebotsbündel eine der zentralen Herausforderungen für die Branche dar.

3.1.2 Übernachtungsbetriebe

Auch die Entwicklung bei den Übernachtungsbetrieben weist eine Entwicklungsdynamik auf, die vom Wechselspiel zwischen Konzentrationstendenzen und Spezialisierung geprägt ist. Damit verbunden sind auch das Spannungsverhältnis von Convenience und Standardisierung versus Individualisierung und Erlebnisorientierung.

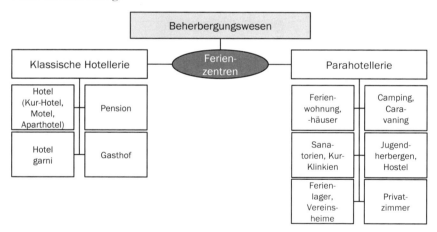

Abb. 34: Betriebsarten im Beherbergungswesen
(Quelle: eigener Entwurf in Anlehnung an FREYER 2011a, S. 145)

Das gewerbliche Beherbergungswesen kann grob unterteilt werden in den Bereich der klassischen Hotellerie und die sog. Parahotellerie (vgl. Abb. 34). Ferienzentren stehen als eine Art Zwischenkategorie zwischen den beiden Hauptformen. Innerhalb der Hotellerie wird zwischen den Betriebsformen Hotel, Hotel garni (ohne Restaurant), Pension und Gasthof unterschieden. Auch wenn es keine definitorischen Größenordnungen für die einzelnen Betriebsformen gibt, sind Pensionen, Gasthöfe und Hotel garnis eher von kleineren Betriebsgrößen geprägt, während Hotels im Durchschnitt über mehr Betten verfügen. Die Vielfalt der touristisch relevanten Übernachtungsangebote zeigt sich insbesondere im Bereich der Parahotellerie, bei der unterschiedlichste Größenklassen (von der einzelnen Ferienwohnungen und Privatzimmern bis zu großen Kurkliniken), ein breites Spektrum an Preisklassen und auch die Ausrichtung an unterschiedlichsten Zielgruppen und Tourismusformen deutlich wird.

Insgesamt werden in der Bundesrepublik (2013) von gut 50.000 Betrieben etwa 3,5 Mio. Betten angeboten (vgl. Tab. 3; ein Stellplatz auf einem Campingplatz zählt dabei wie 4 Betten). Auf die klassische Hotellerie entfallen dabei nur 57 % der Betten und auf die Hotels i. e. S. nur gut ein Drittel. Damit wird deutlich, dass die Vielfalt der Übernachtungsangebote auch stark von den der Parahotellerie zugerechneten Betriebsformen mit geprägt werden, die oftmals in der Diskussion nur begrenzt wahrgenommen werden.

	Betriebe	Betten	Auslastung
Insgesamt	53.456	3.563.788	*34,8 %*
Klassische Hotellerie	34.696	1.758.230	*40,6 %*
Hotels (ohne Hotels garnis)	13.565	1.086.346	*42,9 %*
Hotels garnis	7.718	353.262	*44,1 %*
Gasthöfe	8.051	191.512	*26,9 %*
Pensionen	5.362	127.110	*32,0 %*
Parahotellerie (inkl. Ferienzentren, ohne Camping)	14.109	685.809	*31,9 %*
Ferienzentren	115	68.830	*41,5 %*
Erholungs- und Ferienheime	1.812	131.775	*32,4 %*
Ferienhäuser und Ferienwohnungen	10.223	320.915	*28,3 %*
Jugendherbergen und Hütten	1.959	164.289	*34,7 %*
Campingplätze	2.855	882.996	*10,9 %*
Sonst. tourismusrelevante Unterkünfte	1.796	236.753	*67,1 %*
Vorsorge- und Rehabilitationskliniken	914	156.937	*81,7 %*
Schulungsheime	882	79.816	*37,5 %*

Tab. 3: Beherbergungsbetriebe, Betten und Auslastung in Deutschland 2013 (Quelle: Statistisches Bundesamt 2014, B-2.6)

Ein Blick auf die Auslastungsquoten dokumentiert eine breite Streuung, wobei insbesondere auch die kleineren Betriebe (Gasthöfe, Pensionen, Ferienwohnungen, Privatzimmervermietung unter 9 Betten wird in der amtlichen Statistik nicht erfasst) mit den – offiziell gemeldeten – Auslastungsquoten von weniger als einem Drittel unterhalb des Bereichs liegen der als Faustformel für den Break Even, d. h. das Erreichen der Gewinnschwelle notwendig ist.

Dementsprechend ist bei diesen Betriebsformen in den letzten Jahren auch eine deutliche Abnahme der Anbieter bei diesen Betriebsformen zu verzeichnen, während gleichzeitig das Bettenangebot insgesamt steigt. Der Konzentrationsprozess im Beherbergungswesen weist damit ähnliche Merkmale auf, wie z. B. der Strukturwandel im Einzelhandel. Bei traditionellen Betriebsformen, die nur noch partiell die Rentabilitätsschwelle überschreiten, werden – oftmals im Zuge des Generationenübergangs – Betriebe aufgegeben, während andere Angebotstypen an Bedeutung zunehmen. Im Beherbergungswesen sind dabei – wie auch bei anderen Gliedern der touristischen Leistungskette – wiederum zwei teilweise gegenläufige Entwicklungen zu konstatieren.

[1] Eine Zunahme im Bereich der standardisierten Kettenhotellerie. Hier werden Wettbewerbsvorteile entsprechend der fordistischen Produktionsweise über Standardisierung, relativ große Betriebe und eine hohe Marktpräsenz generiert. Die überproportionale Größe von Kettenhotels dokumentiert sich darin, dass diese etwa 12 % der Hotelbetriebe aber etwa 40 % der Hotelbetten stellen. Die von den Kettenhotels realisierte überdurchschnittliche Auslastung kann daraus abgeleitet werden, dass auf diese geschätzte 50 % des Umsatzes im Hotelgewerbe entfallen (Quelle: IHA 2015, S. 226). In eine ähnliche Richtung, d. h. Realisierung von Kostenvorteilen und Synergieeffekten beim Einkauf und der Vermarktung zielen auch Hotelkooperationen (wie z. B. Best Western) ab.

[2] Den Weg der Spezialisierung und des Abhebens vom Massenmarkt schlagen demgegenüber (zumeist inhabergeführte) Hotels ein, die mit Thematisierung oder der Ausrichtung als Designhotels versuchen, sich eine entsprechende Nachfragenische zu schaffen. Darüber hinaus zeichnet sich ab, dass insbesondere die individuelle Kundenansprache und die nichtstandardisierte Atmosphäre ein Positionierungsmerkmal von inhabergeführten Hotels sein kann. In eine ähnliche Richtung zielen z. B. auch die Angebote im ruralen Tourismus (wie die Fincas auf Mallorca) oder auch sog. „Hôtel de charme" bzw. „Gîtes" in Nordafrika ab (vgl. KAGERMEIER 2015, siehe auch Kap. 7.2.2 und 7.2.4).

▶ **Die Hotelkette Accor als Beispiel für eine klar differenzierte Markenstrategie**

Als exemplarisch für eine klare Markenpositionierung im Bereich der Kettenhotellerie kann die Unternehmensgruppe Accor genannt werden. Diese deckt mit ihren insgesamt 15 Marken systematisch vom hochpreisigen Luxussegment (Sofitel, MGallery, Pullman), über das mittlere (Novotel & Mercure, Mercure Suite) bis hin zum Economy-Segment ab. Das Economy-Segment wurde früher von den Marken Ibis, Etap, Formule 1 und All Seasons, gebildet, die inzwischen unter der Ibis-Dachmarke (mit Ibis, Ibis *budget* und Ibis *styles*) zusammengefasst worden sind.

Mit der Adressierung unterschiedlicher Zielgruppen und einer systematischen Positionierung in unterschiedlichen Destinationen zählt der Konzern 2015, der weltweit über 3.700 Hotels mit 480.000 Zimmern verfügt, zu den führenden Hotelunternehmen weltweit. In Deutschland verfügt Accor 2015 über knapp 350 Hotels mit gut 45.000 Zimmern (⌂ *www.accor.com*).

Als jüngste Herausforderung für das Übernachtungsgewerbe werden aktuell die in den letzten Jahren boomenden Angebote im Bereich der Share Economy angesehen. Mit Internetplattformen wie Couchsurfing oder Airbnb ist das traditionelle VFR-Segment (Visit Friends and Relatives; vgl. 2.1.3) um eine neue Dimension erweitert worden. Der Match-Making-Prozess über die Internetplattformen erlaubt es nicht mehr, nur im direkten Bekanntenkreis zu übernachten, sondern ermöglicht das Zueinanderfinden von Personen, die über ungenutzte Übernachtungsmöglichkeiten verfügen und Gästen, die Unterkünfte – insbesondere in Städten – suchen.

Insbesondere in Berlin werden die Auswirkungen dieser Share Economy-Angebote intensiv diskutiert (vgl. auch Kap. 6.3.3). Allerdings erscheint die Diskussion mehr als ein Sturm im Wasserglas, wenn die aktuellen Verhältnisse genauer betrachtet werden. Da Sharing ja kein neues Phänomen ist, sondern lediglich über die Internetplattformen eine zusätzliche Dynamik erfahren haben, nehmen sich die ca. 10.000 bei Airbnb 2014 registrierten Anbieter mit insgesamt ca. 250.000 Gästen (vgl. KAGERMEIER, KÖLLER & STORS 2015) aber eher gering aus im Vergleich zu den 26,2 Mio. Übernachtungen im traditionellen VFR-Segment (Tourismus & Kongress GmbH, 2012, S. 6) und den im Jahr 2013 in gewerblichen Übernachtungseinrichtungen registrierten knapp 27 Mio. Nächtigungen (Statistisches Bundesamt 2014, A-1.1). Auch wenn sicherlich in manchen Vierteln das Phänomen konzentrierter ist, erscheint die Diskussion symptomatisch für viele Diskussionen im Tourismus. Statt sich der Herausforderung von Marktinnovationen offensiv zu stellen und insbesondere die Motive der Airbnb-Gäste nach indi-

viduellen und auf ihre spezifischen Bedürfnisse ausgerichteten Übernachtungsmöglichkeiten (genauer bei KAGERMEIER, KÖLLER & STORS 2015) proaktiv zu
reagieren, werden – ähnlich wie bei der Bettensteuer (vgl. Kap. 4.4.2) – fast re-
flexartig abwehrende Schutzmechanismen aktiviert, die auf eine Erhaltung des
Status quo abzielen. Teilweise erinnert die protektionistische Grundhaltung an die
Konkurrenz reduzierende Ständeordnung früherer Jahrhunderte. Den Herausforderungen und der Dynamik im Tourismusmarkt wird nach wie vor von vielen
Akteuren oftmals noch nicht positiv und proaktiv begegnet.

3.1.3   Verkehrsträger am Beispiel des Luftverkehrsmarktes

Auch im Bereich der Verkehrsträger spiegelt sich die für den gesamten Tourismusmarkt charakteristische Dynamik, die einerseits von den individuellen Bedürfnissen der Nachfrageseite und andererseits von den gesamtgesellschaftlichen Rahmenbedingungen geprägt ist. Ohne an dieser Stelle spezielle Einführungen in den Verkehrsträgermarkt (siehe hierfür z. B. GROSS 2011) ersetzen zu
wollen, sollen aus tourismusgeographischer Perspektive, d. h. mit dem Blickwinkel auf die angebotsseitigen Triebkräfte und die relevanten Rahmenbedingungen ausgewählte Tendenzen charakterisiert werden.

Die Benutzung von Verkehrsträgern im Kontext von Freizeit- und Tourismus
als Teil der Reisekette zeichnet sich überwiegend durch eine relativ klare funktionale Motivstruktur der Nutzer aus. Lediglich bei Sonderformen, wie dem
Kreuzfahrttourismus, der erlebnisorientierten Pkw-Nutzung bei Ausflugsfahrten
oder z. B. dem Fahrradtourismus sowie dem erstmaligen Fliegen ist das „Unterwegs-sein" als solches zentraler Teil des Reiseerlebnisses.

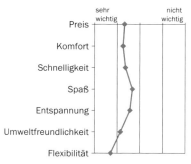

Abb. 35: Wichtigkeit von Aspekten bei der Verkehrsmittelwahl in der Freizeit
(Quelle: eigene Berechnungen und eigener Entwurf auf der Basis von Erhebung durch GRONAU & KAGERMEIER; N = 2.175)

Aus einer Untersuchung zur Freizeitmobilität (genauer vgl. GRONAU 2005 und
GRONAU & KAGERMEIER 2007), d. h. nicht explizit auf längere Urlaubsreisen,

sondern auf alle Fahrten im Freizeitkontext bezogen, liegen Angaben zu den Motiven der Verkehrsmittelwahl vor (vgl. Abb. 35). Zentrale Rollen spielen dabei neben dem Preis und dem Komfort auch die Flexibilität des Verkehrsmittels – ein Aspekt der in besonderem Maße vom privaten Pkw als Freizeitverkehrsmittel erfüllt wird. Spaß – sprich ein besonderes Fahrerlebnis – oder Entspannung sind demgegenüber bei der Wahl nicht ganz so relevant. Hingewiesen sei auch darauf, dass nach den Aussagen der Probanden die Umweltfreundlichkeit ebenfalls ein wichtiges Kriterium für die Wahl des Verkehrsmittels sei (vgl. hierzu auch Kap. 5.2). Dementsprechend sind die Entwicklungen im Verkehrsträgermarkt abgesehen von den technischen Entwicklungen und der Verfügbarkeit einzelner Verkehrsträger (vgl. Kap. 2.1.2) stark vom Preisniveau und dem Komfort der Verkehrsmittel geprägt.

Grundprinzipien des Luftverkehrsmarktes

Am Beispiel der sog. Low Cost Carrier (LCC) soll exemplarisch auf dynamische Entwicklungen bei den Verkehrsträgern eingegangen werden. Das Entstehen von Low Cost Carriern ist ein idealtypisches Beispiel, wie die Marktgegebenheiten auch durch von der Politik gesetzte gesetzliche Rahmenbedingungen beeinflusst werden. Seit dem Beginn der Verkehrsluftfahrt zu Beginn des 20. Jahrhunderts war der Luftverkehrsmarkt von zumeist (halb-)staatlichen Fluggesellschaften geprägt. Beinahe jedes Land der Welt verfügte über einen sog. „Flagship Carrier". Diese hatten (je nach Größe des Landes) die Aufgabe der internen verkehrlichen Erschließung des Landes sowie der Verbindung mit anderen Ländern. Dabei wurde oftmals nach dem sog. „Hub and Spoke"-Prinzip vorgegangen, d. h. ein Flughafen des Landes (wie z. B. Frankfurt) wurde als zentraler Hub konzipiert, zu dem entsprechende (nationale) Zubringerflüge von den sekundären Flughäfen des Landes (Spokes) die Fluggäste für den Weiterflug zu internationalen (und insbesondere transkontinentalen) Zielen zuführten, um diese entsprechend zu bündeln (vgl. Abb. 36).

Die möglichst umfassende Abdeckung der nationalen und internationalen Verbindungen drückt sich auch in der Bezeichnung „**Network Carrier**" oder „Full Service Carrier" (FSC) aus. Mit der Zunahme der Fluggäste wurden zwar auch von Sekundärflughäfen mehr und mehr internationale Direktflüge angeboten. Gleichwohl charakterisierten die – natürlich auch mit Kosten und teilweise Reibungsverlusten verbundenen – Umsteigebeziehungen über den zentralen nationalen Flughafen (sei es London-Heathrow oder Paris-Charles de Gaulle) das Basisnetz der Network Carrier. Neben diesen wurde die Luftverkehrsnachfrage im Tourismus vor allen von **Charterfluggesellschaften** bedient, die nicht nach festen Flugplänen das ganze Jahr, sondern nur zu ausgewählten Terminen während der Saison ausgewählte Reiseziele anflogen. Für den Geschäftsreiseverkehr gab es darüber hinaus auch eine Reihe von privaten (oftmals **regionalen**) **Fluglinien**. Insgesamt lag – vor allem bei den Network Carriern und den regionalen Fluglinien – das Preisniveau relativ hoch.

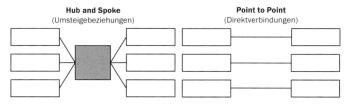

Abb. 36: Grundprinzip von „Hub and Spoke" sowie „Point to Point" Verbindungen (Quelle: eigener Entwurf)

Entsprechend der Typologie der Geschäftsmodelle von Airlines bestand damit eine gewisse Angebotslücke für preissensitive Privat- und Geschäftsreisende insbesondere auf der Kurz- und Mittelstrecke (vgl. Abb. 37). Gleichzeitig beschränkten die gesetzlichen Rahmenbedingungen das Anbieten von Flügen auf im Land registrierte Airlines. Grenzüberschreitende Flüge konnten wechselseitig von in den jeweiligen Ländern registrierten Airlines in das jeweils andere Land angeboten werden (z. B. Lufthansa von Deutschland nach Frankreich und Air France von Frankreich nach Deutschland).

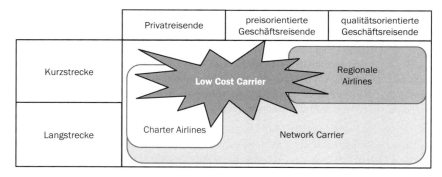

Abb. 37: Typologie der Zielgruppen von Airlines (Quelle: eigener Entwurf in Anlehnung an GROSS 2011, S. 201)

Diese limitierenden Marktrahmenbedingungen wurden zwischen 1987 und 1992 innerhalb der Europäischen Union sukzessive gelockert. Damit wurde es auch für ausländische Airlines möglich, in beliebigen europäischen Ländern zu operieren (zu den sog. „Freiheiten der Lüfte" und dem Prozess der Liberalisierung des europäischen Luftverkehrsmarktes genauer z. B. bei GROSS 2011, S. 170ff.).

Mit einigen der EU benachbarten Ländern (wie z. B. Marokko; vgl. Kap. 7.2.4) wurden in der Folge ebenfalls entsprechende Verträge geschlossen.

Damit bestand die Möglichkeit, dass sich – neben den National Carriern – auch andere Fluggesellschaften im europäischen Luftverkehrsmarkt bestätigten. Kennzeichen dieser neuen Fluggesellschaften ist, dass sie kein umfassendes, möglichst flächendeckendes Netz an Linien anboten, da es für sie ja keinen staatlichen Auftrag der Versorgung eines Landes gab. Dementsprechend operieren Sie auch (idealtypisch) nicht nach dem Hub-and-Spoke-Prinzip mit den aufwändigen Umsteigebeziehungen, sondern beschränken sich auf lukrativ erscheinende Punkt-zu-Punkt-Verbindungen (vgl. Abb. 36).

Das Geschäftsmodell der Low Cost Carrier

Grundprinzip der meisten seit den 1990er Jahren in Europa operierenden neuen Airlines ist, dass sie versuchen – im Vergleich zu den Network Carriern – möglichst günstig zu produzieren und Kostenvorteile zu realisieren. Dementsprechend werden sie auch meist als „Low Cost Carrier" bezeichnet. Da sie auf eine Vielzahl von Leistungen klassischer Airlines verzichten und sich auf die Kernleistung des Transport von A nach B konzentrieren, werden sie auch oftmals als „No Frills Airlines" (wörtlich: schnörkellos, ohne Schnickschnack) bezeichnet.

Anders als dieser Name suggeriert, ist es bezogen auf die Kosten nicht primär der Verzicht auf Nebenleistungen – wie z. B. die Bordverpflegung – mit denen die Kostenvorteile geschaffen werden. Der Verzicht auf diese ist für den Endkunden jedoch direkt sichtbar und prägt dementsprechend das Bild der LCC. Die Realisierung von Kostenvorteilen betrifft das gesamte Geschäftsmodell und wurde von GROSS & SCHRÖDER (2005, vgl. Abb. 38) in die drei Bereiche Beschaffung, Prozessmanagement und Marketing aufgegliedert.

Im Bereich der **Beschaffung** wird versucht, mit einer möglichst einheitlichen Flotte zu operieren (möglich, da ja weder kleinere Zubringerflugzeuge benötigt noch transkontinentale Linien bedient werden). Damit können Rabatte bei der Beschaffung realisiert, aber auch die Vorhaltekosten für die Wartung und das Training des Personals niedrig gehalten werden. Darüber hinaus ist ein Charakteristikum von LCC, dass sie sich auf kleinere Flughäfen (z. B. Frankfurt-Hahn, Düsseldorf-Weeze) konzentrieren, an denen die Start- und Landegebühren niedrig liegen.

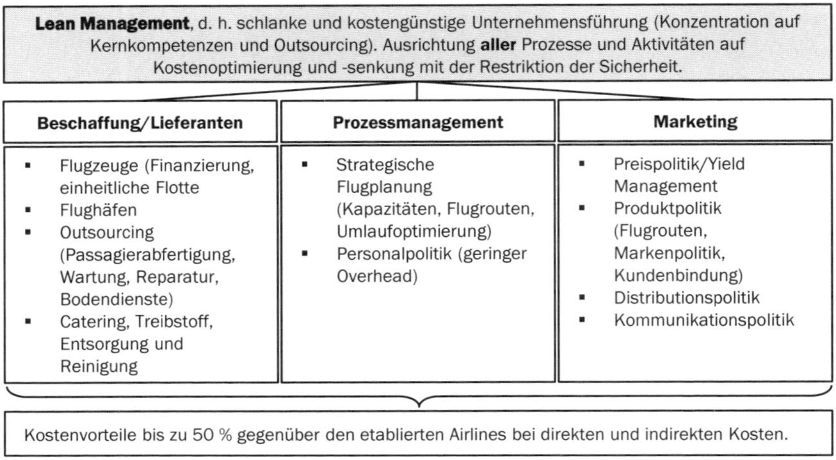

Lean Management, d. h. schlanke und kostengünstige Unternehmensführung (Konzentration auf Kernkompetenzen und Outsourcing). Ausrichtung **aller** Prozesse und Aktivitäten auf Kostenoptimierung und -senkung mit der Restriktion der Sicherheit.		
Beschaffung/Lieferanten	**Prozessmanagement**	**Marketing**
▪ Flugzeuge (Finanzierung, einheitliche Flotte ▪ Flughäfen ▪ Outsourcing (Passagierabfertigung, Wartung, Reparatur, Bodendienste) ▪ Catering, Treibstoff, Entsorgung und Reinigung	▪ Strategische Flugplanung (Kapazitäten, Flugrouten, Umlaufoptimierung) ▪ Personalpolitik (geringer Overhead)	▪ Preispolitik/Yield Management ▪ Produktpolitik (Flugrouten, Markenpolitik, Kundenbindung) ▪ Distributionspolitik ▪ Kommunikationspolitik

Kostenvorteile bis zu 50 % gegenüber den etablierten Airlines bei direkten und indirekten Kosten.

Abb. 38: Das Geschäftsmodell der Low Cost Airlines
(Quelle: eigener Entwurf nach GROSS & SCHRÖDER 2005, S. 46)

Im Bereich des **Prozessmanagements** ist es einerseits die Konzentration auf möglichst nachfragestarke Direktverbindungen, die Kostenvorteile generiert. Darüber hinaus werden die Umlaufzeiten so optimiert, dass möglichst wenig Stillstandszeiten entstehen und die Maschinen abends meist zum Heimatflughafen zurückkehren (möglich, da im Wesentlichen europäische Flugziele und diese frei kombinierbar, sodass z. B. nachts auf Flugziele ohne Nachtflugverbot ausgewichen werden kann). Aber auch geringere Sitzplatzabstände oder möglichst niedrige Tariflöhne sind hier zu nennen.

Während FSC klassischerweise über unterschiedlichste Reisemittler und Plattformen zu buchen sind, zeichnet sich die Distributionspolitik im Bereich **Marketing** bei den LCC durch eine Fokussierung auf den Direktvertrieb aus, sodass keine Provisionen für Mittler anfallen. Das Yield (Ertrags-)Management setzt auf eine intensive Koppelung der aktuellen Preise an die konkrete Nachfrage auf dem jeweiligen Flug (üblicherweise mit stark steigenden Preisen je näher der Abflugstermin rückt wenn die Maschine bereits gut gebucht ist). Auch im Bereich der Marktkommunikation wird meist auf aufwändige Werbekampagnen verzichtet und stark auf internetgestütztes Direktmarketing bei früheren Kunden gesetzt.

Insgesamt gelingt es den LCC damit etwa um die Hälfte günstiger zu produzieren als klassische Network Carrier. Mit dem zentralen Fokus auf den Preis sind die LCC seit Ende der 1990er Jahre zu einem relevanten Faktor im Luftverkehrsmarkt geworden und haben eine äußerst dynamische Entwicklung zu verzeichnen So nahmen die LCC-Verbindungen von/nach deutschen Flughäfen zwischen 2003 auf 2014 von etwa 100 auf über 700 zu (DLR 2014, S. 12).

Folgen der LCCs auf dem Luftverkehrsmarkt

Von den gut 200 Mio. Passagieren auf den 26 internationalen und regionalen Verkehrsflughäfen in Deutschland im Jahr 2014 (ADV 2015, S. 9) konnte etwa ein Drittel dem Angebotssegment der LCC zugerechnet werden (DLR 2014, S. 6). Dabei variiert der LCC-Anteil stark zwischen den Flughäfen. Er ist mit rund 3 % am geringsten am Hubflughafen Frankfurt (knapp 60 Mio. Passagiere). Auch am zweitgrößten Flughafen in Deutschland, in München (ca. 40 Mio. Passagiere) liegt er nur etwas über 10 % (beides Flughäfen mit hohen Start- und Landegebühren). Manche Sekundär- und Tertiärflughäfen, von denen einige erst nach 1990 als Konversion aus ehemaligen Militärflughäfen entstanden sind, werden demgegenüber fast ausschließlich von LLC bedient (Hahn, Weeze, Memmingen, Karlsruhe/Baden-Baden, Lübeck, Dortmund). Auch die Flughäfen von Köln/Bonn und Berlin-Schönefeld sind zu einem hohen Anteil durch Low Cost Angebote geprägt (vgl. Abb. 39).

Aus Passagiersicht ist mit der Ausbreitung von LCC eine deutliche Verdichtung des Flugnetzes verbunden. Von dem Angebot an relativ preisgünstigen Verbindungen zwischen (vor allem) europäischen Städten hat insbesondere der Kurzreise- und Städtetourismus (vgl. Kap 6.3) profitiert. Deutsche Städte im Umfeld von LCC-geprägten Flughäfen konnten in den letzten Jahren klar eine steigende Zahl vom ausländischen Incoming-Touristen aus anderen europäischen Ländern verbuchen (neben den Metropolen wie z. B. Berlin auch kleinere städtetouristische Destinationen wie z. B. Trier, das ca. 70 km vom Flughafen Hahn entfernt liegt). Aber auch z. B. in Marokko, in dem 2007 das sog. Open Sky-Abkommen mit der EU in Kraft getreten ist, hat seither der Städtetourismus entsprechende positive Impulse in den von europäischen LCC bedienten Städtedestinationen ausgelöst (insbesondere in Marrakesch, vgl. KAGERMEIER 2015, S. 151, siehe auch Kap. 7.2.4)

Die Herausforderung durch die LCC löste eine Reihe von **Reaktionen der FSC** aus. Abgesehen von Kundenbindungsprogrammen (Vielfliegerprogramme wie Miles & More) sind es vor allem Ansätze, die versuchen, die Kosten zu reduzieren. Neben – dem Vorbild der LCC folgenden – direkten Einsparungen im operativen Betrieb ist ein Element hierbei z. B. auch sog. Code-Share-Abkommen zwischen Fluggesellschaft (insbesondere innerhalb von Allianzen).

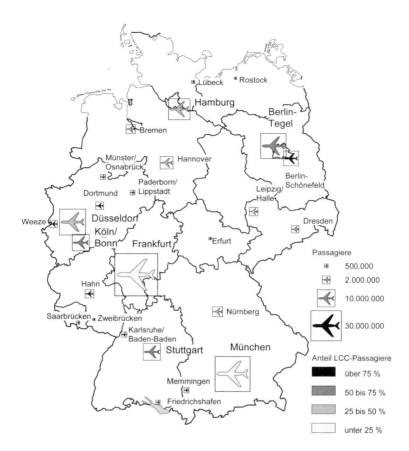

Abb. 39: Passagiere auf deutschen Flughäfen 2014 und LCC-Anteil
(Quelle: eigener Entwurf nach Daten DLR 2015, S. 13 und ADV 2015, S. 9)

So werden z. B. von der Lufthansa (als Mitglied der Fluggesellschaftsallianz „Star Alliance") Flüge nicht nur unter der eigenen LH-Flugnummer angeboten, sondern auch unter der von anderen Mitgliedern der Star Alliance. Damit sind diese als Anschlussflüge von den Passagieren der anderen Airlines unproblematisch buchbar, d. h. das Angebot an verfügbaren Verbindungen für den Passagier einer Airline wird dadurch erweitert. Gleichzeitig werden teilweise Parallelbedienungen von Relationen vermieden, um Kosten zu sparen, bzw. den Sitzladefaktor (= Auslastungsquote) der einzelnen Flüge zu erhöhen. So werden z. B. die Verbindungen von Luxembourg nach Berlin, München und Frankfurt (auch als Zubringerflüge zum Hub Frankfurt) ausschließlich im Code-Sharing zwischen Lufthansa und Luxair angeboten und operativ nur von Luxair durchgeführt. Lufthansa spart damit ein eigenes konkurrierendes Verbindungsangebot. Auch die Stärkung des Eigenvertriebs (über das Internet) zählt zu den Maßnahmen, die auf eine Reduzierung von Kosten bzw. eine Verbesserung der Ertragssituation abzielen. Mit der stärkeren Differenzierung von Preisen und Sondertarifen wird im Rahmen des Yield-Managements inzwischen von den FSC inzwischen auch darauf abgezielt, einerseits preisbewusste Passagiere mit Sondertarifen anzusprechen und andererseits die Zahlungsbereitschaft von Passagieren abzuschöpfen, die kurzfristig bzw. mit flexiblen Umbuchungsmöglichkeiten reisen möchten/müssen.

Als weitere Reaktion kann auch die Übernahme bzw. Gründung von eigenen LCC-Töchtern, z. B Germanwings/Eurowings durch die Lufthansa angesehen werden. Aber es gibt auch umgekehrte Ansätze, wie z. B. die Versuche der irischen LCC-Fluggesellschaft Ryanair den irischen FSC Air Lingus zu übernehmen. Insgesamt ist der Luftverkehrsmarkt durch das Auftreten der LCC in den Jahren nach der Marktliberalisierung innerhalb der EU damit stark in Bewegung geraten. Aus Sicht der Passagiere hat sich das Angebot an Verbindungen zu insgesamt gesehen günstigen Preisen deutlich erhöht, sodass die Nachfrage in den letzten zehn Jahren um mehr als ein Drittel zugenommen hat. Gleichzeitig ist die Zunahme des Luftverkehrs in der gesamtgesellschaftlichen Diskussion – insbesondere im Kontext der Diskussion über den Klimawandel – nicht unumstritten (vgl. Kap. 5.2).

Die Entwicklung im Zuge der „Innovation" Low Cost Carrier ist gleichzeitig wiederum ein fast idealtypisches Beispiel für eine klassische Lebenszyklusentwicklung (vgl. Kap. 1.2.2.2). Nach einer Boomphase ist diese inzwischen in eine Reifephase mit geringeren Zuwachsquoten bzw. ersten Anzeichen für eine Stagnation eingetreten. Die Reifephase ist dabei auch davon gekennzeichnet, dass Übernahmen und Zusammenschlüsse von Fluggesellschaften zunehmen, erste Marktaustritte erfolgen und sich der Wettbewerb in dem zeitweiligen boomenden Marktsegment verschärft. Der Wettbewerb wird dabei in der Reifephase idealtypisch nicht nur zwischen den inzwischen zahlreichen LCC stärker. Nachdem die ursprünglichen komparativen Vorteile der Innovatoren LCC durch entsprechende Adaptionen der etablierten Mitbewerber FSC geringer geworden sind, wird auch der Wettbewerb zwischen den etablierten Network Carriern und den „Newcomern" wieder stärker.

Dementsprechend versuchen sich aktuell die Airlines entsprechend zu positionieren. Im Spannungsfeld zwischen dem Premiumsegment und dem reinen „No Frills"-Segment haben sich auch die etablierten Airlines teilweise Richtung Budgetsegment hin entwickelt (vgl. Abb. 40).

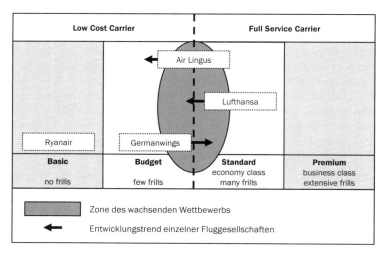

Abb. 40: Wettbewerbsstrukturen im europäischen Luftverkehrsmarkt
(Quelle: eigener Entwurf nach FREYTAG 2009, S. 22)

Ehemalige idealtypische LCC weichen teilweise inzwischen demgegenüber von der reinen „No Frills"-Strategie ab und führen unterschiedliche Beförderungs-klassen mit teilweise inkludierten Zusatzleistungen (Frills) ein, machen ihre Angebote über externe globalen Buchungsplattformen buchbar und weichen damit vom reinen Direktvertrieb ab, und führen (insbesondere für Geschäftsreisende) mehr und mehr auch flexible Umbuchungsmöglichkeiten ein. Damit ist aktuell insbesondere im mittleren Bereich zwischen Budget und Standard (vgl. Abb. 40) ein wachsender Wettbewerb zwischen den etablierten und den New-comer-Airlines zu beobachten. Die Frage nach der künftigen Positionierung der einzelnen Gesellschaften – möglicherweise auch mit einer künftig wieder stärkeren Orientierung auf das Premiumsegment von einzelnen Network Carriern – ist aktuell offen. Unter dem Blickwinkel der Markenstrategie (vgl. Kap. 3.2.3) könnte es demgegenüber sinnvoll sein, eine klare Position außerhalb der Zone des starken Wettbewerbs anzustreben.

Ähnliche Entwicklungen wie im Bereich des Flugverkehrs finden – auch hier im Wesentlichen durch das Fallen von Monopolen und eine Marktliberalisierung aufgrund geänderter gesetzlicher Rahmenbedingungen – bei andern Verkehrs-trägern statt, wenn auch in geringerem Maß bzw. in früheren Phasen. Prinzipiell besteht auch im Bahnverkehr seit Mitte der 1990er Jahre die Option, dass im Fernverkehr andere Marktteilnehmer als das bisherige staatliche Monopolunter-nehmen Verbindungen anbieten. Hier sind allerdings bislang in den meisten europäischen Ländern nur wenige Ansätze vorhanden.

Mit Beginn des Jahres 2013 wurde in der Bundesrepublik Deutschland auch der – vorher zugunsten des staatlichen Bahnmonopolunternehmens stark restriktive – Fernbusmarkt liberalisiert. Analog zu den Entwicklungen im LCC-Bereich läuft seither hier eine Entwicklung nach ähnlichem Muster ab. Nach einer Anfangsphase mit einer Vielzahl unterschiedlicher Anbieter erfolgten nicht nur Reaktionen des konkurrenzierten Bahnunternehmens, sondern auch die zu erwartenden Konzentrations-, Marktbereinigungs- und Konsolidierungsprozesse.

Wie in diesem Abschnitt aufgezeigt werden sollte, werden die Rahmenbedingungen für den Markt der einzelnen Verkehrsträger im Tourismus – für den Raumüberwindung ein konstituierendes Grundmerkmal darstellt – stark von gesamtgesellschaftlichen Entwicklungen beeinflusst. Denkbar ist, dass die Nachhaltigkeitskeitsdiskussion hier künftig an Relevanz für die Gestaltung der Rahmenbedingungen gewinnt (vgl. Kap. 5).

3.1.4 Reisevertrieb

Als letztes Glied der touristischen Dienstleistungskette soll der Reisevertrieb behandelt werden. Auch in diesem Bereich sind in den letzten Jahren dynamische Veränderungen zu beobachten, die im Wesentlichen von der technischen Innovation des Internets geprägt sind.

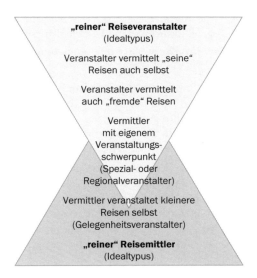

Abb. 41: Mischformen zwischen Reiseveranstaltern und Reisemittlern (Quelle: eigener Entwurf nach Freyer 2011, S. 244)

Wie in vielen anderen Bereichen des Tourismus ist auch die definitorische Fassung im Reisevertrieb nicht ganz einfach und nicht immer eindeutig. Insbesondere die Abgrenzung von Reiseveranstaltern und Reisemittlern ist davon geprägt, dass es neben den „reinen" Idealtypen eine Vielzahl von Übergangs- und Mischformen gibt (vgl. Abb. 41). Dabei sind es insbesondere die großen Reiseveranstalter, die auch entsprechende eigene Reisebüros betreiben, bzw. mit Reisebüros Franchise-Verträge abschließen. Aber auch viele kleinere Reisebüros werden gelegentlich als Veranstalter tätig.

Struktur und Volumen des Reisevermittlermarktes

Bei der Abgrenzung der Reisebüros spielt der Begriff der IATA-Lizenz eine Rolle. Die IATA (= International Air Transport Association) als globaler Dachverband der Fluggesellschaften regelt nicht nur die Vergabe der Codes für Flughäfen und Airlines. Über ihn läuft auch die globale Buchung von Flügen durch Reisebüros, die über eine entsprechende Lizenz verfügen. Vom Dachverband der Reiseveranstalter und Reisemittler in Deutschland, dem Deutschen Reiseverband (DRV; siehe auch Kap. 6.2) werden z. B. drei Typen von Reisebüros unterschieden (DRV 2015, S. 19):

[1] **klassisches Reisebüro**: Reisebüro mit mindestens einer Veranstalter- und mindestens einer Verkehrsträgerlizenz (DB- oder IATA-Lizenz)

[2] **Business Travel**: Reisebüro/Dienstleister/Betriebsstelle eines Firmenreisedienstes, die überwiegend Dienstreise- und Geschäftsreisekunden bedienen

[3] **touristisches Reisebüro**: Reisebüro mit mindestens zwei Veranstalterlizenzen, ohne DB- oder IATA-Lizenz.

2014 gab es in Deutschland knapp 10.000 stationäre Reisebüros, davon etwa ein Viertel „Klassische Reisebüros" und knapp 10 % „Business Travel" (von denen der überwiegende Teil sowohl DB-Agenturen als auch IATA-Agenturen waren). Etwa zwei Drittel der stationären Reisebüros werden zur Kategorie „Touristische Reisebüros" gezählt (DRV 2015, S. 19).

Die Entwicklung der Zahl der Reisebüros war in der 2. Hälfte des 20. Jahrhunderts geprägt von der Zunahme nach touristischen Angeboten. So stieg die Zahl der Reisebüros zwischen 1970 und 2000 von etwa 3.000 auf knapp 20.000 (FREYER 2011, S. 249). Gleichzeitig markiert die Jahrtausendwende auch den Hochpunkt der Reisebüros, deren Zahlen seither auf etwa die Hälfte zurückgegangen ist. Da der Umsatz pro Reisebüro relativ kontinuierlich angestiegen ist, haben insbesondere kleinere Reisebüros aufgegeben.

Insgesamt wurden in den Reisevertriebsstellen 2014 23 Mrd. € Umsatz generiert, davon knapp drei Viertel im Privatkundengeschäft und ein Viertel im Geschäftsreisebereich (DRV 2015, S. 19). Auch wenn der Umsatz mit ca. 25. Mrd. € ebenfalls einen Höhepunkt im Jahr 2000 aufwies, ging dieser bis 2009 auf knapp 20 Mrd. € weniger stark zurück als die Zahl der Reisebüros. In den letzten Jahren haben die Reisebüros ihre Umsätze wieder sukzessive steigern können (DRV 2015, S. 20).

Parallel dazu hat bei den Reisebüros in den letzten Jahrzehnten ein erheblicher Strukturwandel stattgefunden, der in viel stärkerem Maß als bei den Reiseveranstaltern und den Beherbergungsbetrieben zu einer extremen Konzentration geführt hat. Waren 1990 noch etwa 80 % der Reisebüros als Einzelunternehmen noch sog. „ungebundene Reisebüros" ist deren Anteil inzwischen auf wenige Prozent zurückgegangen (FREYER 2011, S. 251). Neben den veranstaltereigenen und den über Franchise-Verträge an diese gebundenen Reisebüros, die aktuell ein gutes Drittel des Marktes ausmachen, sind es vor allem Kooperationen, zu denen sich die Reisebüros angeschlossen haben. Dabei dominieren neben den drei großen Reiseveranstaltern mit ihren Vertriebssystemen wenige große Kooperationen wie RTK (= Raiffeisen-Tours RT-Reisen) oder TSS (= Touristik Service System GmbH) den Markt.

Internet als konkurrierender Vertriebsweg

Der Strukturwandel beim stationären Reisevertrieb ist im Wesentlichen darauf zurückzuführen, dass seit 2000 das Internet mehr und mehr als Distributionsweg an Bedeutung gewinnt. Grundvoraussetzung hier war der – inzwischen fast durchgängige – Onlinezugang der Bevölkerung (vgl. Abb. 42).

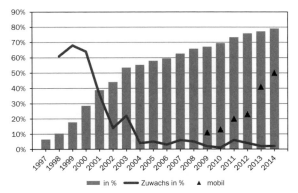

Basis: Deutsche ab 14 Jahre, ab 2010 deutsch sprechende Bevölkerung ab 14 Jahren

Abb. 42: Entwicklung der Onlinenutzung in Deutschland 1997 bis 2014 (Quelle: eigene Darstellung nach Daten ARD/ZDF-Medienkommission div. Jg.)

Während in der Anfangsphase der Internetnutzung dieses noch selektiv überproportional von jüngeren und männlichen Teilen der Bevölkerung genutzt
wurde, haben sich inzwischen die geschlechts- und altersspezifischen Unterschiede weitgehend nivelliert. Lediglich bei den Hochbetagten sind aktuell noch
unterdurchschnittliche Partizipationsraten zu konstatieren. Durch den Altersko-
horteneffekt (ein in jüngeren Jahren sozialisiertes Verhalten wird auch beim
Altern beibehalten) dürfte in einigen Jahren auch bei den Hochbetagten die
Onlinenutzung weitgehend verbreitet sein.

In Abbildung 42 ist auch die rasante Verbreitung der mobilen Internetnutzung
in den letzten Jahren mit dargestellt. Die Verfügbarkeit von entsprechenden
mobilen Endgeräten wird sicherlich in den nächsten Jahren noch weitere Konsequenzen – wohl weniger auf das Buchungsverhalten, aber auf das konkrete
Verhalten am Reiseziel – nach sich ziehen (vgl. hierzu auch Kap. 3.2.4).

Das Internet wird dabei nicht nur in zunehmendem Maße für die Vorabinformation vor (und mit den mobilen Endgeräten inzwischen auch zunehmend
während) der Reise sowie mehr und mehr auch für Buchungen genutzt (vgl.
Abb. 43). Inzwischen informieren sich knapp zwei Drittel der Reisenden im
Internet über die Reise (bezogen auf die bei der Reiseanalyse erfassten Urlaubsreisen). Da ein Teil der Reisen in bereits bekannte Destinationen geht, bzw.
teilweise auch spontan Last-Minute gebucht wird, kann unterstellt werden, dass
gar nicht für alle Reisen Informationen eingeholt werden, sodass der faktische
Anteil an den Reisen mit Vorinformation im Internet wohl noch höher liegt.

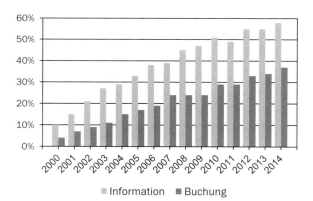

Abb. 43: Entwicklung der Internetnutzung für Information über und Buchung von
Reisen (Quelle: eigene Darstellung nach Daten FUR 2014, S. 43f.)

Gleichzeitig ist zu konstatieren, dass der Anteil der Buchungen im Internet ansteigt. Damit nimmt auch das Verhältnis zwischen Informationssuche und Buchung zu. Waren es 2000 erst 40 % derer, die sich im Internet informieren, die
dort auch konkret buchen, so ist dieser Anteil inzwischen auf zwei Drittel angestiegen. Zwar gibt es sicherlich einen Teil der Reisen, bei denen z. B. die Anreise
mit einem Individualverkehrsmittel (Pkw, Fahrrad oder beim Wanderurlaub zu
Fuß) erfolgt und vor Ort spontan Unterkunft gebucht wird. Auch können sich bei
der gemeinsamen Reise von mehreren Personen mehrere informieren, während
die Buchung von einem für die übrigen Personen übernommen wird. Dementsprechend wird der Anteil der Buchungen im Internet strukturell immer niedriger
liegen als derjenige der Information. Ein Teil der Diskrepanz zwischen den Anteilen von Information und Buchung wird aber auf das sog. ROPO-Phänomen
zurückgeführt. Mit dem Ausdruck „Research Online, Purchase Offline" wird
verbalisiert, dass ein Teil der Kunden sich zwar im Internet informiert, dann aber
letztendlich Offline bucht (z. B. Information über Optionen für Hotels im Internet und Buchung per Telefon oder Fax, bzw. auch spontan vor Ort).

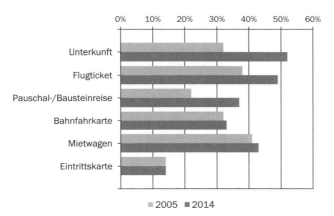

Abb. 44: Conversion Rate bei unterschiedlichen Buchungsbereichen im Internet
(Quelle: eigene Darstellung nach Daten VIR 2015, S. 33)

Die Conversion Rate, d. h. der Anteil von Internetbuchungen an denjenigen, die
sich über eine touristische Leistung im Internet informiert haben, ist dabei insbesondere bei standardisierten Angeboten überproportional hoch (vgl. Abb. 44).
Flugticket und Unterkunft zählen mit zu den Elementen der touristischen Leistungskette, die von etwa der Hälfte, die sich vorab im Internet informieren, auch
dort gebucht werden. Demgegenüber sind die Anteile bei Pauschalreisen noch
deutlich niedriger, auch wenn sich die Abstände in den letzten Jahren hier ebenfalls verringert haben, und liegen bei etwa einem Drittel. Am geringsten sind die

Conversion Raten bei Eintrittskarten für Besuche vor Ort. Nur etwas jeder Siebte, der sich darüber online informiert, bucht diese Leistungen auch Online. Dies kann aber auch damit zusammen hängen, dass nach der Vorabinformation teilweise dann vor Ort spontan entschieden wird, welche Veranstaltungen oder Ausstellungen besucht werden, bzw. gar nicht alle Angebote vorab auch buchbar sind (z. B. Museen, Kunstausstellungen).

Ein Hinweis darauf, dass die Internetbuchungseignung umso höher ist, je standardisierter ein touristisches Produkt ist und je geringer dessen Komplexität und Erklärungsbedürftigkeit, findet sich bei einer Differenzierung nach unterschiedlichen Urlaubsarten (vgl. Abb. 45). Städte- und Veranstaltungsreisen werden am meisten im Internet gebucht, während der Anteil bei Studien-, Sprach- oder Pilgerreisen nur etwa halb so hoch ist. Relativ niedrige Internetbuchungsraten weisen auch Wellness- oder Rundreisen auf, während (relativ standardisierte) Badeurlaube und Kreuzfahrten ebenfalls Buchungsanteile im oberen Bereich verzeichnen.

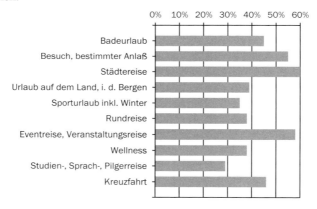

Abb. 45: Onlinebuchungsanteil nach Urlaubsart
(Quelle: eigene Darstellung nach Daten VIR 2015, S. 42)

Nicht ganz eindeutig sind die Zahlen zu den Umsätzen im Onlinemarkt. Diese werden einerseits nicht über die amtliche Statistik erfasst, und andererseits generieren nicht nur ausschließlich über das Internet vertreibende Unternehmen (wie z. B. Internetvermittlungsportale oder manche Low Cost Carrier) Onlineumsätze. Auch über im stationären Vertrieb tätige Reisemittler bzw. im Direktvertrieb über Leistungsträger, die sowohl On- als auch Offline-Distribution praktizieren (z. B. Hotels mit mehreren Buchungsmöglichkeiten) werden Onlineumsätze erzeugt. Aus unterschiedlichen Interpolationen verschiedener Institutionen (wobei es von keiner Institution durchgängige längere Zeitreihen gibt) lässt sich grob abschätzen, dass der Anteil des Onlineumsatzes von unter 10 % vor 10 Jahren auf inzwischen über 40 % angestiegen ist (vgl. VIR div. Jg.). Da auch die Angaben zum Gesamtumsatz im (Übernachtungs-)Tourismus je nach Quelle unterschiedlich sind, kann nur größenordnungsmäßig abgeschätzt werden, dass der im Internet realisierte tourismusbezogene Umsatz in Deutschland sich inzwischen zwischen 20 und 30 Mrd. € bewegt.

Der Großteil der im Internet gebuchten touristischen Leistungen bezieht sich auf standardisierte Elemente der Reisekette. Insbesondere Flüge und Hotelbuchungen machen einen Großteil der Buchungen aus. Auch wenn ein erheblicher Teil direkt bei den Leistungsträgern gebucht wird, ist bei den Onlinereisemittlern ebenfalls eine sehr starke Konzentration auf wenige Reiseportale (wie Expedia oder Opodo) zu beobachten.

2007 hatte der VIR als Exklusivfrage bei der Reiseanalyse der FUR die Gründe für und gegen die Buchung im Internet ermitteln lassen. Damals wurde neben der Schnelligkeit insbesondere die (sofortige) Übersicht über das Angebot und die Bequemlichkeit angeführt (vgl. Abb. 46). Auf einen mehr subjektiven Aspekt zielt wohl die Nennung der Antwortkategorie „Reise selbst zusammen stellen" ab. Teilweise kann dies so interpretiert werden, dass im Reisebüro möglicherweise ein gewisser Druck empfunden wird, die von den dortigen Mitarbeiterinnen und Mitarbeitern vorgeschlagenen Angebote dann auch direkt zu buchen.

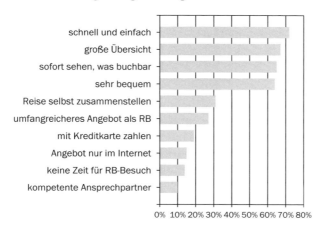

Abb. 46: Gründe für Onlinebuchung im Internet im Internet
(Quelle: eigene Darstellung nach Daten VIR 2007, S. 14)

Bei den angeführten Gründen gegen das Buchen im Internet steht an erster Stelle die Unpersönlichkeit des Prozesses (vgl. Abb. 47). Datenschutz und möglicher Datenmissbrauch, auch im Zusammenhang mit dem Bezahlvorgang stehen ebenfalls relativ weit vorne bei den Hinderungsgründen.

Die Innovation „Internet" hat grundlegende Veränderungen im Distributions-markt ausgelöst und zu einem deutlichen Strukturwandel im stationären Reise-vertrieb geführt. Die bereits abgelaufenen Umstrukturierungsprozesse waren gekennzeichnet von der Orientierung auf leistungsfähige Reiseveranstalter oder Reisebürokooperation als Partner für eine Professionalisierung im Reisevertrieb.

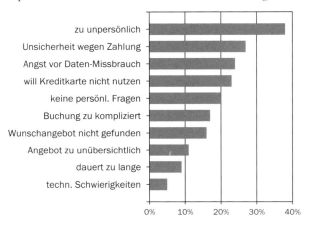

Abb. 47: Gründe gegen Onlinebuchung im Internet im Internet
(Quelle: eigene Darstellung nach Daten VIR 2007, S. 14)

Ähnlich wie bei den Network Carriern (vgl. Kap. 3.1.3) reicht es allerdings nicht aus, nur die strukturellen Merkmale der Produktionsweise durch Beteiligung an Kooperationen und die Integration von Internetvertriebsoptionen zu optimie-ren. Die Herausforderung für die stationären Reisebüros besteht künftig insbe-sondere auch darin, die Schwächen und Nachteile des Internets durch eine verstärkte Orientierung auf kompetente Beratung und das Eingehen auf indivi-duelle Wünsche für sich in Vorteile umzuwandeln. Dazu gehört, dass für kom-plexe beratungsintensive Reisewünsche durch eine bedürfnisgerechte und kom-petente Beratung ein Vertrauensverhältnis zu den Kunden aufgebaut wird, ohne einen, die Verkaufsatmosphäre negativ beeinflussenden Buchungs- und Ent-scheidungsdruck entstehen zu lassen.

Aber auch bei einem Ansatz, der darauf abzielt, im stationären Reisebüro das zu bieten, was das Internet nicht bietet/bieten kann, ist abzusehen, dass der klassi-sche Reisebüromarkt auch künftig mehr und mehr spezifische Nischen der Nachfrage bedienen wird und das standardisierte Volumengeschäft mehr und mehr über das Internet gebucht werden wird. Eine Renaissance des klassischen Reisebüros des 20. Jahrhunderts ist jedoch keinesfalls in Sicht.

3.2   Marketing im Tourismus

Marketing wird alltagssprachlich oftmals gleichgesetzt mit Werbung. Fachwissen-schaftlich gesehen werden darunter aber alle Prozesse verstanden, die von der Konzeption und Erstellung eines Produktes bis hin zu Distribution reichen. Als Grundprinzip des Marketings kann die stringente Orientierung des gesamten Unternehmens an die Bedürfnisse des Marktes angesehen werden (eine fundierte Einführung zum Marketing allgemein findet sich z. B. bei KOTLER et al. 2007).

3.2.1   Grundlagen des Marketings im Tourismus

Der touristische Markt konnte lange Zeit als sog. „Anbietermarkt" angesehen werden, d. h. das Angebot war kleiner als die Nachfrage, sodass es für die Anbie-ter relativ unproblematisch gewesen ist, ihre Leistungen abzusetzen. Heute ist der touristische Markt als sog. „Nachfragermarkt" zu charakterisieren. Dies bedeutet, dass das Angebot größer ist als die Nachfrage. Die Produktion insbesondere von hochwertigen Industriegütern ist global an eine begrenzte Anzahl von Standorten, die entsprechende Standortfaktoren aufweisen, gebunden. Hochwertige medizini-sche, biotechnologische oder Informations- und Kommunikationsdienstleistungen stellen hohe Anforderungen an den Standort und insbesondere die Humanres-sourcen, sodass sie global ebenfalls konzentriert lokalisiert sind. Demgegenüber ist es das Charakteristikum von touristischen Dienstleistungen, dass quasi jeder Ort auf der Welt als Destination fungieren kann. Darüber hinaus sind die Einstiegs-schwellen für die Teilnahme am touristischen Markt als operativer Leistungsträger am Kundenkontaktpunkt relativ gering. Mit oftmals nur minimalen Vorausetzun-gen kann auch in einem wirtschaftlich wenig entwickelten Land der globalen Peri-pherie eine einfache Übernachtungsmöglichkeit, Verpflegung oder eine touristi-sche Aktivität angeboten werden (vgl. Kap. 7.3). Folglich gilt der Tourismus auch als wettbewerbsintensiver Wirtschaftssektor, bei der weltweit prinzipiell jede Des-tination mit der anderen im Wettbewerb steht.

Um sich in diesem Umfeld erfolgreich zu beteiligen, zu positionieren und zu behaupten, müssen in wettbewerbsintensiven Nachfragermärkten die Bedürfnis-se der Nachfrager ins Zentrum der Unternehmensführung gestellt werden. Damit kann Marketing auch als unternehmerische Aufgabe und Denkhaltung gesehen werden, bei der die zentrale Herausforderung darin besteht, Marktver-änderungen zu erkennen und Tendenzen der Bedürfnisentwicklung der Nach-fragen zu berücksichtigen, um sich entsprechende Vorteile gegenüber den Mit-bewerbern zu sichern. Dementsprechend war in Kapitel 2.3 auch ein Augen-merk auf die subjektiven Aspekte der Nachfrageseite gerichtet worden.

Der klassische Marketingmix

Marketing ist ein Bündel von auf den Markt ausgerichteten Maßnahmen, mit denen absatzpolitischen Ziele eines Unternehmens erreicht werden sollen. Für die Kategorisierung der einzelnen Maßnahmen und deren Integration in das Handeln der Unternehmer wird zumeist auf den sog. Marketingmix zurückgegriffen. Traditionellerweise zählen zum Marketingmix vier Bereiche, die wegen der Anfangsbuchstaben in der englischen Sprache als die 4 Ps bezeichnet werden:

[1] **Product** (Produkt- oder Leistungspolitik): Hierzu zählen alle Entscheidungen, von denen die Gestaltung des Leistungsprogramms eines Unternehmens berührt wird. Damit fallen in den Bereich nicht nur die auf Produktgestaltung und Serviceleistungen ausgerichtete vorbereitende Analyse, detaillierte Planung und konkrete Umsetzung. Auch die Markenpolitik kann als Teil der Produktpolitik verstanden werden.

[2] **Price** (Preispolitik): Darunter wird die Festlegung der Konditionen verstanden, zu denen Produkte und Leistungen angeboten werden.

[3] **Promotion** (Kommunikationspolitik): Dieser Aspekt des Marketingmix wird in der alltagssprachlichen Verwendung oftmals als Marketing bezeichnet, beinhaltet aber nur die Marktkommunikation, nachdem das Produkt gestaltet und die Preisfestlegung erfolgt ist. Zur Marktkommunikationspolitik zählen alle Maßnahmen der Kommunikation zwischen Unternehmen und den bereits gewonnenen sowie den potenziellen, noch zu adressierenden Kunden. Als Kommunikationsinstrumente wird ein Mix aus klassischer Werbung über unterschiedliche Medien, aber auch Direktmarketing, Sponsoring, Public Relations (PR) sowie die Beteiligung an Messen oder die Veranstaltung von Events eingesetzt.

[4] **Place** (Vertriebs- oder Distributionspolitik): Dies beinhaltet die Gestaltung des Absatzkanalsystems, mit dem die räumliche und zeitliche Distanz zwischen dem Unternehmen und den Kunden überwunden wird. Dies kann im Direktvertrieb oder durch die Einschaltung von Absatzmittlern erfolgen (indirekter Vertrieb; vgl. Kap. 3.1.4).

Neben diesen klassischen 4 Ps des Marketingmix werden im Zuge einer Weiterentwicklung der strategischen Unternehmensführung in der wirtschaftswissenschaftlichen Literatur von unterschiedlichen Autoren auch weitere, dem Schema folgend mit dem Buchstaben P beginnende Aspekte, wie z. B. Participants (Personalpolitik), Physical Evidence (Ausstattungspolitik) oder Process (Prozessorientierung) eingeführt, die hier allerdings nicht weiter behandelt werden (genauer z. B. bei FREYER 2011b, S. 425ff.). Der Fokus liegt aufgrund der Relevanz im Tourismus auf der Produktgestaltung als Teil des strategischen Marketings und einem ausgewählten Aspekt der Kommunikationspolitik (Social Media Marketing).

Merkmale von touristischen Dienstleistungen als Grundlage der Marketingorientierung

Nicht nur die Wettbewerbsrahmenbedingungen und die klare Ausprägung als Nachfragermarkt bedingen, dass die Anforderungen an das Marketing im Tourismus hoch sind. Auch die Tatsache, dass es sich um Dienstleistungen handelt, erhöht die Relevanz der Marketingorientierung.

Für Freizeit- und Tourismusangebote gelten einerseits die drei klassischen Merkmale von Dienstleistungen:

[1] **Immaterialität der Dienstleistung**: Angebote im Freizeit und Tourismus sind normalerweise nicht lagerbar und nur selten übertragbar. Die Angebote (Hotelbett, Platz in einem Flugzeug, Kinoplatz) stellen ein Leistungspotenzial des Anbieters dar, für das bei der Buchung ein Dienstleistungsversprechen erworben wird. Bei Nichtinanspruchnahme des Leistungspotenzials verfällt dieses.

[2] **Uno-Actu Prinzip**: Bereitstellung und Nutzung des Dienstleistungsangebotes fallen zeitlich zusammen.

[3] **Integration des externen Faktors**: Die Erbringung einer Dienstleistung findet in Interaktion zwischen dem Dienstleistungserbringer und dem Kunden statt. Ohne Beteiligung des Reisenden (externer Faktor) kann die Dienstleistung nicht erbracht werden.

Darüber hinaus gilt für Dienstleistungen in Freizeit und Tourismus, dass sie – anders als z. B. die Dienstleistung eines Friseurs – zumeist nicht nur von einem Anbieter erbracht wird. Damit ist ein weiteres Charakteristikum von touristischen Dienstleistungen, dass sie

[4] ein **(Dienst-)Leistungsbündel** darstellen. An einer Reisekette sind zumeist mehrere unterschiedliche Dienstleister beteiligt (vgl. Kap. 3.1). Erst in deren Zusammenwirken entsteht eine komplette Leistungserstellung. Anders als bei der Bereitstellung einfacher Dienstleistungen stellt das notwendige Zusammenwirken unterschiedlicher Leistungsträger außerhalb und innerhalb des Reisegebietes spezifische Anforderung an deren Kooperation und Interaktion.

Dadurch dass Reisen und Freizeit emotional hoch besetzte Lebensbereiche des als „externen Faktor" verstandenen Kunde/Reisender darstellen, steht das (a priori aus rein unternehmerischem Kalkül) geschaffene Dienstleistungsangebot immer auch in besonderem Maß im Wechselspiel mit den Erwartungen der Nachfrager. Der hohe Grad an Involvement bei den Nachfragern bedingt – über die Eigenschaft als „normales" Konsumgut hinaus –, dass sich das Leistungsversprechen auch immer an den Erlebniserwartungen der Reisenden (vgl. Kap. 1.2.2.2 und 2.3) mit ihrer „Sehnsucht nach dem Paradies" messen muss. Das Renditekalkül der „Produzenten" bei der Produktentwicklung orientiert sich damit einerseits an den Erwartungshaltungen und Deutungsmustern der Nachfrage, antizipiert und stimuliert aber auch dessen Weiterentwicklung.

Aus dem vierten Merkmal von touristischen Dienstleistungen, der Tatsache, dass es sich um ein Dienstleistungsbündel unterschiedlicher Anbieter handelt, das nur in der Kooperation und Interaktion zwischen diesen realisiert werden kann, resultieren spezifische Organisationsstrukturen. Die Anforderungen an die Leistungsträger innerhalb des Reisegebietes werden dabei durch die spezifischen Strukturen des Destinationsmanagements (vgl. Kap. 4) als übergeordnete Steuerungsebene mit bestimmt, das damit ebenfalls Regeln für die Marktbeteiligung einzelner Akteure (Hotels, Verkehrsunternehmen, sonst. Dienstleistungsanbieter) kooperativ mit diesen entwickelt und implementiert.

3.2.2 Grundsätzliche Herangehensweisen des (strategischen) Marketings

Die strategische Herangehensweise im Marketing hat drei zentrale Hauptkomponenten zu berücksichtigen, den Kunden, das eigene Unternehmen und die Mitbewerber (vgl. Abb. 48). An erster Stelle steht der Kunde (bereits gewonnen oder potentiell), dessen Bedürfnisse es prioritär zu erkennen gilt. Wie in Kap. 2.3.4 am Beispiel der Basis-, Leistungs- und Begeisterungsfaktoren deutlich gemacht wurde (vgl. auch Kap. 2.2), sind Bedürfnisse der Kunden quasi permanent in Bewegung und im Wandel. An zweiter Stelle ist immer auch zu berücksichtigen, welche Kundenbedürfnisse wie von den Mitbewerbern abgedeckt werden, und zu versuchen, sich von den Mitbewerbern positiv abzuheben. Am Beispiel der Entwicklungen im Reisebürobereich (Kap. 3.1.4) konnte aufgezeigt werden, dass Veränderungen bei den Mitbewerbern zu gravierenden Folgen führen können, wenn diesen nicht entsprechend proaktiv begegnet wird. Zusätzliche Erfolgspotentiale können dadurch realisiert werden, dass Potentiale, die bislang weder von den Mitbewerbern noch vom eigenen Unternehmen angesprochen werden, in die Produktentwicklung mit einbezogen werden.

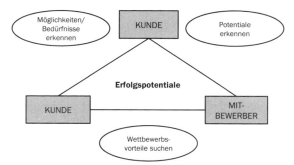

Abb. 48: Ausgangssituation strategisches Marketing (Quelle: eigener Entwurf)

Ideal aller strategischer Marketingansätze ist die Erreichung einer sog. USP (= Unique Selling Proposition), d. h. der Bereithaltung eines Angebotes bzw. eines Services, das/der von keinem Mitbewerber angeboten wird. Auch wenn dieses Ideal im Tourismus prinzipiell auch als Leitmotiv dient, ist eine echte USP kaum zu realisieren. Anders als bei Industriegütern oder informationstechnischen Angeboten erfolgt im Tourismus die Erstellung des Services zumeist im Moment der Konsumtion und damit vor den Augen des Kunden, bzw. sind die Produktionsprinzipien oder die Gestaltung des Produkts zumeist nicht geheim zu halten. Damit sind z. B. höchstens einmal in einem Freizeitpark bestimmte technische Animationsangebote als echte USP anzusehen, die nicht ohne weiteres kopiert werden können. Umgekehrt beinhaltet dies auch den Vorteil, dass Innovationen relativ schnell diffundieren könnten.

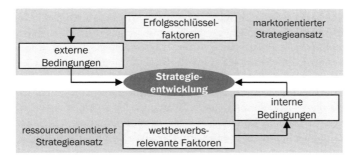

Abb. 49: Grundsätzliche Ansätze zur Strategieentwicklung im strategischen Marketing (Quelle: eigener Entwurf)

Die Entwicklung von Produkten im strategischen Marketing erfolgt damit nicht intuitiv, sondern ist von einer Reihe von Grundprinzipien geprägt. An erster Stelle steht damit eine Reihe von analytischen Komponenten. Als Basis kann die Orientierung an den eigenen Ressourcen und den Marktbedingungen angesehen werden. Idealtypisch wird demensprechend zwischen dem ressourcenorientierten Ansatz und dem marktorientierten Ansatz unterschieden (vgl. Abb. 49). Beim **ressourcenorientierten Ansatz** wird der Blick nach innen gerichtet und die marktrelevanten Voraussetzungen des Unternehmens bzw. der Destination betrachtet. Der Fokus liegt damit primär auf den eigenen Stärken und Möglichkeiten, an denen für die Produktentwicklung angesetzt wird. Die gegensätzliche Herangehensweise stellt der **marktorientierte Ansatz** dar, der stärker an den externen Bedingungen bei den Nachfragern und den Mitbewerbern ausgerichtet ist. Ziel ist es, solche Angebote zu entwickeln, für die eine entsprechende Nachfrage zu unterstellen ist, bzw. diese von den Mitbewerbern nicht adäquat befriedigt wird.

In der Realität werden meist Mischformen aus ressourcen- und marktorientierten Ansätzen verfolgt. Die Entwicklung von Produkten, die zwar den eigenen Stärken entsprechen, aber entweder keine ausreichende Nachfrage generieren, bzw. vollständig im Wettbewerb zu Mitbewerbern steht, die möglicherweise deutlich bessere Voraussetzungen aufweisen, kann ebenso scheitern wie der umgekehrte Fall einer reinen Marktorientierung ohne Berücksichtigung der eigenen Grenzen. Auch mit dem feinsten Sandstrand (als eigene Stärke) ist es für eine Destination am Polarkreis normalerweise nicht ratsam, auf Badetourismus zu setzen, da sich kaum Kunden finden werden, die sich bei niedrigen Temperaturen voll bekleidet am Strand aufhalten bzw. im Neoprenanzug baden. Hier gibt es andere Destinationen, die deutlich günstigere Klimabedingungen als wettbewerbsrelevante Ressourcen aufweisen. Gleichzeitig kann an diesem Beispiel verdeutlicht werden, dass es z. B. durchaus eine Nischenstrategie sein kann, in einer solchen Destination mit für normale Angebote ungünstige Voraussetzung, entsprechende Nischen zu suchen. Im angesprochenen Beispiel eines Küstenstandortes im Polarbereich wären z. B. prinzipiell Angebote für Extremsportler denkbar, die gerade die normalerweise als ungünstig angesehenen Rahmenbedingungen als Herausforderung ansehen. Ähnliches gilt z. B. für Destinationen mit starkem Relief, die den Standard-Genuss-Radfahrer nicht ansprechen können, da dieser Routen mit starken Steigungen als zu anstrengend empfindet. Die starken Steigungen können aber für extreme Mountainbikefahrer gerade den gesuchten Kick und die gewünschte Herausforderung darstellen.

Die Mischung aus dem Blick nach innen auf die internen Bedingungen und nach außen auf die externen Bedingungen wird häufig in Form einer sog. SWOT-Analyse dargestellt. Das Akronym SWOT steht dabei für Strongness-Weakness-Options-Threats (Stärken-Schwächen-Chancen-Risiken). Die Analyse von Stärken und Schwächen ist auf die internen Faktoren ausgerichtet. Mit Chancen und Risiken werden die externen Aspekte einbezogen. Die Darstellung erfolgt neben einer textlichen Aufbereitung zusammenfassend meist in Form einer 4-Felder-Tabelle. Eine solche ist exemplarisch – wobei fiktiv eine fahrradtouristische Destination unterstellt wurde – in Abbildung 50 dargestellt.

Stärken	Schwäche
▪ Landschaftliche Vielfalt ▪ Kulturhistorische Highlights ▪ Einzigartige Naturdenkmale	▪ Starke Konkurrenzsituation ▪ Defizite Informationsangebot ▪ Wenig Events
Chancen	**Risiken**
▪ Wachsende Nachfrage nach Radreisen ▪ Trend zu Kurzreisen ▪ 50+ Generation	▪ Zunehmender Wettbewerbsdruck ▪ Preissensibilität ▪ Aktivitäten von Konkurrenzre

Abb. 50: Muster einer SWOT-Darstellung (Quelle: eigener Entwurf)

Nach der SWOT-Abschätzung für einzelne möglicherweise neu oder weiter- zu entwickelnde Angebote kann ein Vergleich der unterschiedlichen, in Frage kommenden Produkte über die ursprünglich von Boston Consulting entwickelte sog. Portfoliomethode erfolgen (vgl. Abb. 51). Die Portfoliodarstellung entspricht der Vorstellung des Lebenszyklus (vgl. Kap. 1.2.2.1). Wie der Name Portfolio ausdrückt, werden die Produkte eines Unternehmens oder die Tourismusangebote einer Destination entsprechend der Stellung im Lebenszyklus eingeordnet. Ziel ist es, dabei ursprünglich für ein Spektrum von verschiedenen Angeboten eines Unternehmens (oder auch einer Destination) zu überprüfen, ob alle Phasen angemessen abgedeckt sind (genauer z. B. bei FREYER 2011b, S. 334ff.).

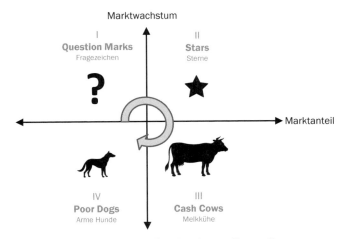

Abb. 51: Klassische Portfoliomatrix (Quelle: eigener Entwurf)

Die Darstellung erfolgt in vier Quadranten, die den vier Phasen eines Lebenszyklus entsprechen. Zur Zuordnung eines Produktes werden die beiden Parameter Marktanteil und Marktwachstum verwendet, die X- und Y-Achse bilden. Der Schnittpunkt der beiden Achsen entspricht dem Mittelwert der beiden Größen. Überdurchschnittliche Marktanteile werden auf der X-Achse rechts vom Achsenschnittpunkt aufgetragen, unterdurchschnittliche (aber gleichzeitig nicht notwendigerweise negative) Wachstumsraten werden unterhalb des Schnittpunkts aufgetragen.

Produkte im ersten Quadranten am Anfang des Lebenszyklus zeichnen dementsprechend durch (noch) unterdurchschnittliche Marktanteile und Marktwachstum aus. Sie werden als „**Question Marks**" bezeichnet. Damit wird ausgedrückt, dass nicht jede Innovation am Markt dann auch erfolgreich positioniert werden kann und sich ein neu auf den Markt gebrachtes Angebot nicht automatisch idealtypisch weiter entwickeln und die anderen drei Quadranten durchlaufen muss. Als Beispiel kann hier z. B. das Inlineskaten angeführten werden, das um 2000 als mögliche künftige Trendsportart angesehen wurde. Manche Destinationen wie z. B. der Fläming südwestlich von Berlin haben stark auf dieses sporttouristische Angebot gesetzt, erhebliche Investitionen in die Infrastruktur getätigt und das Produkt „Fläming-Skate" entwickelt (⌣ *www.flaeming-skate.de*). Nach einem kurzen Hype ist aber Inlineskaten wieder weitgehend vom Markt verschwunden und hat sich – anders als z. B. Wandern oder Radfahren – nicht zu einem stark nachgefragten touristischen Produkt entwickelt.

Wandern und Radfahren konnten in den letzten 10 Jahren auch als „**Stars**" bei der Portfolioanalyse eingestuft werden. Sie verfügten über überdurchschnittliche Wachstumsraten und auch bereits Marktanteile. Für den in der Portfoliodarstellung nicht berücksichtigten Parameter „Erträge" gilt, dass – während in der Entwicklungs- und Markteinführungsphase von Question Marks die Anfangsinvestitionen hoch sind und nicht von den Erträgen gedeckt werden. In der Phase eines Stars nehmen üblicherweise die Investitionskosten deutlich ab und die erzielbaren Preise und Erträge pro Kunden erreichen ihren Höhepunkt.

Produkte in der dritten Phase des Lebenszyklus werden als „**Cash Cows**" bezeichnet. Dies bezeichnet eine Situation in der ein Angebot immer noch überdurchschnittliche Marktanteile, aber bereits – im Vergleich zu allen anderen Angeboten – unterdurchschnittliche (teilweise aber noch positive) Wachstumsraten aufweist. In dieser Phase wird üblicherweise nicht mehr intensiv in ein Produkt investiert, die Produktionskosten pro Kunden erreichen oftmals durch die Ausnutzung von Skaleneffekten ein Minimum. Auch wenn die Erträge pro Kunden üblicherweise in dieser Phase sinken, handelt es sich um Produkte, die aufgrund des Volumens der Nachfrage erhebliche Gewinne ermöglichen.

Am Ende des Lebenszyklus befindliche Produkte sind typisch für den als „**Poor Dogs**" bezeichneten vierten Quadranten. Sie erreichen nur noch unterdurchschnittliche (oftmals bereits negative) Wachstumsraten. Auch die Marktanteile liegen unter dem Durchschnitt und sinken oftmals weiter. Dementsprechend sind auch die aus diesen Angeboten erzielbaren Gewinne rückläufig. Anders als das Destinationslebenszyklusmodell, das bewusst auch die Option einer Erneuerung vorsieht (vgl. Kap. 1.2.2.1), wird beim Portfoliomodell implizit ein Marktaustritt unterstellt. Gleichwohl ist prinzipiell denkbar, dass durch erneute Investitionen, sei es eine Verlängerung des Lebenszyklus, sei es aber ggf. durch eine Anpassung des Produktes eine Positionsveränderung im Quadrantensystem und damit das Zurückwechseln in eine andere Kategorie möglich ist.

Wie das Destinationslebenszyklusmodell erlaubt auch das Portfoliomodell keine verlässliche Prognose über die künftige Entwicklung von Produkten. Diese müssen nicht dem idealtypischen Kreisverlauf zwischen den 4 Quadranten folgen, bzw. auch die Zeitspannen des Verbleibs in den einzelnen Quadranten können höchst unterschiedlich verlaufen. Das Portfoliomodell findet aber als Darstellungsweise zur Förderung des strategieorientierten Blicks und das Verständnis für die Struktur des Angebotes, aber auch wegen der eingängigen Visualisierung der Situation nach wie vor eine weite Verbreitung.

Dabei stellt es insbesondere für Unternehmen oder Destinationen, die einen hohen Anteil an Cash Cows im Portfolio aufweisen einen wichtigen Hinweis dar. Trotz aktuell guter Ertragslage und hoher Marktdurchdringung besteht bei dieser Konstellation mittelfristig die Gefahr der Degradierung der aktuellen Cash Cows, sodass das Modell oftmals auch als Appell zum verstärkten Engagement in (wenn auch risikoreichere) Innovationen eingesetzt wird. Auch innerhalb von Destinationen wird das Modell des Öfteren in der Kommunikation mit den Leistungsträgern und den politischen Akteuren eingesetzt. Damit kann ein Verständnis für die strategische Positionierung der Gesamtdestination gefördert werden, das über die partikulare Sichtweise der Leistungsträger auf ihr Glied der touristischen Servicekette hinausgeht. Bei politisch Verantwortlichen kann damit prinzipiell ein Verständnis für die mit Innovationen verbundenen – oftmals von der öffentlichen Hand zu tragenden – Anfangsinvestitionen in die Angebotsinfrastruktur gefördert werden.

Eine weiteres Model für die Marktanalyse wurde von PORTER (1980) eingeführt, die „Five Forces Analyse" (Branchenstrukturanalyse nach PORTER). Grundannahme ist, dass die Attraktivität einer Branche im Wesentlichen von fünf Wettbewerbskräften beeinflusst wird:

[1] Competitive Rivalry within an Industry: brancheninternen Wettbewerb zwischen den vorhandenen Wettbewerbern

[2] Threat of New Entrants: Bedrohung durch neu auf dem Markt auftretende Anbieter

[3] Bargaining Power of Suppliers: Verhandlungsstärke der Lieferanten

[4] Bargaining Power of Customers: Verhandlungsstärke der Kunden

[5] Threat of Substitute Products: Bedrohung durch neue Ersatzprodukte

Ziel ist es, diejenigen Branchen (z. B. Tourismusformen) zu identifizieren, bei denen die Wettbewerbskräfte möglichst gering sind. Durch das Engagement in Bereiche mit relativ günstigen Wettbewerbskonstellationen soll versucht werden, Wettbewerbsvorteile zu erziehen. Die Branchenstrukturanalyse kann auch im Destinationsvergleich eingesetzt werden.

Angesichts der im Tourismus, der so gut wie keine echten und dauerhaften USPs kennt, nie zu vermeidenden Konkurrenz, sind die ebenfalls von PORTER (1985) formulierten grundsätzlichen Optionen für Wettbewerbsvorteile hier besonders relevant (vgl. Abb. 52).

	Leistungs-vorteile	Kostenvorteile
Gesamtmarkt	Qualitäts-führerschaft	Kosten-führerschaft
Teilmarkt	Nischen-strategie	Niedrigpreis-strategie

Abb. 52: Wettbewerbsbezogene Grundstrategien nach PORTER (Quelle: eigener Entwurf in Anlehnung an FREYER 2011b, S. 398)

Grundüberlegung ist hier, dass der Fokus bei der Entwicklung von Angeboten einerseits entweder auf den Gesamtmarkt oder einen Teilmarkt abzielen kann und andererseits entweder auf Leistungsvorteile oder eine Kostenführerschaft abgezielt wird. Leistungsvorteile auf dem Gesamtmarkt werden als **Qualitätsführerschaft** bezeichnet. Diese Option ist mit am schwierigsten zu realisieren. **Kostenführerschaft** bedeutet Kostenvorteile auf dem Gesamtmarkt zu suchen. Klassische Beispiele hierfür sind z. B. die Lebensmitteldiscounter oder auch die LCC (vgl. Kap 3.1.3). Aber auch auf Last Minute spezialisierte Reisemittler setzen im Wesentlichen auf die Preiskomponente und wenden sich an den gesamten Markt. Von besonderer Relevanz im Tourismus ist die Fokussierung auf einen Teilmarkt mit dem Versuch Leistungsvorteile zu realisieren. Angesichts der zunehmenden

Ausdifferenzierung der Nachfrage entstehen immer wieder neue Teilmärkte/ Nischenmärkte, die noch nicht intensiv von Mitbewerbern abgedeckt werden. Diese **Nischenstrategie** setzt im Tourismus aber oftmals auch darauf, dass innovative Spezialsegmente sich möglicherweise zu Trends entwickeln können (vgl. z. B. Wellness-Tourismus in Kap. 6.5). Relativ geringe Bedeutung weist im Tourismus die **Niedrigpreisstrategie** mit der Fokussierung auf Teilmärkte auf. Teilweise werden Grundstrategien auch auf drei generische Wettbewerbsstrategien beschränkt, die Differenzierung oder Qualitätsführerschaft, die Kostenführerschaft sowie die Segmentierung, unter der die Teilmarktausrichtung ohne Differenzierung von Leistung oder Kosten zusammengefasst wird.

Mehr auf die Kunden ausgerichtet ist die sich an die Branchenstrukturanalyse und die wettbewerbsbezogenen Grundstrategien logisch anschließende sog. Produkt-Markt-Matrix die nach ihrem Erfinder, der als der Vater des strategischen Marketings gilt, auch Ansoff-Matrix (vgl. ANSOFF 1957) genannt wird. Auch hier handelte es sich um eine 4-Felder-Matrix bei der die beiden Achsen vom Kunden und den Produkten gebildet werden. Bezogen auf einen Anbieter wird dabei zwischen bereits bedienten bzw. nicht bedienten, potentiellen neuen Kunden sowie den gegenwärtigen und neuen Produkten unterschieden (vgl. Abb. 53).

	gegenwärtige Produkte	neue Produkte
gegenwärtige Märkte	**Markt-durchdringung**	**Produkt-entwicklung**
neue Märkte	**Markt-entwicklung**	**diversifiziertes Wachstum**

Abb. 53: Produkt-Markt-Matrix nach ANSOFF
(Quelle: eigener Entwurf in Anlehnung an FREYER 2011b, S. 386)

Relativ wenig innovative Kraft im Bereich der Produktgestaltung erfordert dabei die auf gegenwärtige Kunden und gegenwärtige Produkte setzende **Markt-durchdringung**. Hier sind aus dem Marketingmix stärker Distributions-, Marktkommunikations- oder Preismaßnahmen erforderlich. Die gegenwärtigen Märkte mit neuen Produkten anzusprechen (**Produktentwicklung**) bzw. neue Märkte mit gegenwärtigen Produkten zu erreichen (**Marktentwicklung**) ist demgegenüber bereits inhaltlich anspruchsvoller, da es entweder Produktgestaltung oder die Identifizierung neuer Kundenpotentiale beinhaltet. Im Tourismus bedeuten neue Kunden nicht nur andere inhaltlich ausgerichtete Zielgruppen, sondern bezieht sich oftmals auf die Ansprache neuer ausländischer Märkte.

Am anspruchsvollsten stellt sich die Wachstumsstrategie im rechten unteren Feld dar. Das **Diversifizierte Wachstum** versucht mit neuen Produkten auch neue Zielgruppen anzusprechen. Gleichzeitig ist die Diversifizierung eine klassische Herausforderung für Destinationen mit Produkten in der Reifephase. Beispiele hierfür sind z. B. traditionelle Kurorte, die mit der Umstellung auf Wellness-Angebote neue Produkte entwickeln und damit auch eine andere Klientel ansprechen wollen (vgl. Kap. 6.5). Auch die mediterranen badetouristischen Destinationen stehen vor der Herausforderung einer Diversifizierung (vgl. Kap. 7.2).

Der grundsätzliche Ablauf im strategischen Marketing wird üblicherweise als Kreislaufmodell mit 5 Phasen formuliert (ausführlicher z. B. bei FREYER 2011b, S. 112). Nach der an dieser Stelle mit unterschiedlichen Ansätzen ausführlicher behandelten **Analysephase** und **Strategiephase** folgen die **Gestaltungsphase** (mit der konkreten Konzeption der Produkte) und die **Realisierungsphase**. Wichtig ist die Kontrollphase, die in der konkreten touristischen Praxis – insbesondere im Destinationskontext – oftmals vernachlässigt wird. Erst die Evaluierung kann Aufschluss darüber geben, ob die angestrebten und gesetzten Ziele auch erreicht wurden. Entsprechend dem stellt die Kontrollphase immer auch den Beginn eines neuen Umlaufs mit darauf folgender erneuter Analysephase zur nächsten Runde der Optimierung dar. Auch dieser Grundgedanke des strategischen Marketings wird im Tourismus oftmals nicht klar genug gesehen. Oftmals – insbesondere in den Destinationen – wird die Meinung vertreten, nach einer entsprechenden Positionierungsrunde ein entsprechend auf dem Markt etabliertes Produkt nun vor weiteren Herausforderungen bewahren würde. Wie im bisherigen Teil des Buches aber immer wieder betont, sind die Marktgegebenheiten im Tourismus als ständig in Bewegung befindlich anzusehen. Demensprechend ist auch das strategische Marketing eine permanente Aufgabe, die zum Grundverständnis der tourismuswirtschaftlich handelnden Akteure zählen müsste.

Im Zuge der auf die Analyse und Strategiephase mit der Formulierung von Zielen und Marketingstrategien folgenden Gestaltungsphase kommt im Rahmen der konkreten Produktgestaltung auch der Markenbildung eine zentrale Rolle zu. In der Realisierungsphase nimmt die Marktkommunikation als Teil des Marketingmix eine wichtige Rolle demensprechend werden diese beiden Felder in den zwei folgenden Abschnitten behandelt.

3.2.3 Markenbildung

Neben den konkreten Eigenschaften einer Leistung ist insbesondere auch das Vorstellungsbild/Image, dass der (potentielle) Kunde davon hat, für die Realisierung der Nachfrage relevant, wie in Kapitel 2.3.2 bei der Behandlung des Einstellungsmodells verdeutlicht wurde. Insbesondere aufgrund der Immaterialität von touristischen Dienstleistungen (vgl. Kap. 3.2.1) kommt der Schaffung eines positiven Images eine noch größere Rolle als im Konsumgüterbereich zu.

Um Produkte und Serviceleistungen im Bewusstsein der Nachfrager zu verankern, erfolgt eine Markierung über sog. „Marken". Eine Marke kann ein Name oder Begriff, ein graphisches Zeichen oder Symbol sowie eine Kombination aus diesen Bestandteilen (Wort-Bild-Marke) sein, mit dem Produkte oder Dienstleistungen gekennzeichnet und repräsentiert werden. Sie dient dazu, sich im Bewusstsein der Nachfrager auch von Konkurrenzangeboten abzuheben. Marken können entsprechend geschützt werden, sodass nur der Inhaber diese verwenden kann.

Aus Sicht der Nachfrage (vgl. Abb. 54) erlauben Marken die **Identifizierung** mit der Marke. Oftmals wird auch ein gewisses **Prestige** mit der Inanspruchnahme von hochwertigen Marken verbunden.

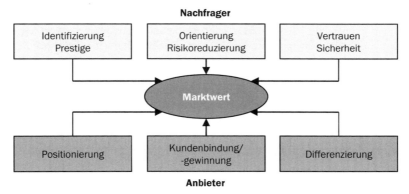

Abb. 54: Funktionen von Marken (Quelle: eigener Entwurf)

In einer als hochwertige Marke positionierten Destination seinen Urlaub zu verbringen, kann – entsprechend dem Wertschätzungsbedürfnis von MASLOW (1943, vgl. Kap. 1.2.2.2) – auch mit dem Wunsch nach einem entsprechenden Prestige verbunden sein. Angesichts der Vielfalt der touristischen Angebote und der teilweisen Unübersichtlichkeit über den Markt können Marken für den Nachfrager aber auch eine **Orientierung** bedeuten. Die unterstellte Qualität von etablierten Marken trägt damit auch zur **Risikoreduzierung** bei. So können z. B. die Marken von Hotelketten mit einem bestimmten Leistungsversprechen assoziiert werden, die ein bekanntes Niveau einhalten. Dadurch kann der Nachfrager letztendlich ein Gefühl der **Sicherheit** und des **Vertrauens** aufbauen, das ihm die Suche nach Reiseangeboten erleichtert.

Umgekehrt bieten Marken den Anbietern die Möglichkeit einer Positionierung mit dem Ziel der Kundenbindung bzw. -gewinnung und damit eine Differenzierung von den Mitbewerbern.

Die Marke steht stellvertretend als **Symbol** für das Produkt und soll in kompakter Form nicht nur die Eigenschaften des Produkts und dessen **Nutzen**, sondern auch ein positives Image kommunizieren und damit positive **Emotionen** wecken. ADJOURI & BÜTTNER (2008, S. 118) sprechen als vierte Komponente auch noch von **Faszination** als Bestandteil des von ihnen entwickelten Konzepts der kognitive Markenlandkarten. Angestrebt wird dabei auch eine Identifizierung der Nutzer mit der Marke, wobei neben der Kundenbindung oftmals auch die Generierung einer entsprechenden Zahlungsbereitschaft verbunden ist. Durch diese sollen sich die Investitionen in den Aufbau der Marke wieder amortisieren.

Insbesondere für die quasi ubiquitären touristischen Produkte ist angesichts des intensiven Wettbewerbs der Leistungsträger, aber auch für gesamte Destinationen eine konsequente Markenpolitik ein zentrales Element im strategischen Marketing.

Marken können als Einzelmarken oder Markenfamilien (ähnliche Marken mit Bezug zur übergeordneten Hauptmarke) bzw. Dachmarken (eine identische Marke für mehrere Produkte) geführt werden (vgl. Kasten „Einzelmarke versus Dachmarke"). Im Tourismus führen nicht nur die einzelnen Unternehmen der touristischen Servicekette oftmals Marken. Auch Destinationen werden vielfach als Marken positioniert. Darüber hinaus können auch einzelne Produkte in den Destinationen bzw. destinationsübergreifend als eigenständige Marken geführt werden. Ein Beispiel hierfür ist z. B. die Vielzahl von unterschiedlichen Einzelmarken für Wanderwege (Rothaarsteig, Eifelsteig, Moselsteig; vgl. auch Kap. 6.4).

Bei den Destinationsmarken ist in Österreich (z. B. mit der Marke Tirol) oder in der Schweiz (z. B. mit der Marke St. Moritz; vgl. STEINECKE 2013, S. 77) bereits seit längerem eine intensive Fokussierung auf eine klare Markenpolitik (auch mit der markenschutzrechtlichen formalen Eintragung der Destinationsmarken) verbunden. Von gesamtstaatlicher Seite bzw. den österreichischen Landesmarketingorganisation oder den Schweizer Kantonen wird darüber hinaus auch eine klare Politik einer Art „Markenflurbereinigung" verfolgt. Explizites Ziel ist dort, die frühere extreme Vielzahl von kleinen Orts- und Talmarken, die oftmals wenig professionell geführt wurden und auf dem Markt auch nur eine geringe Bekanntheit erzielten, unter Dachmarken für größere Destinationen zu vereinigen.

Einzelmarke versus Dachmarke

■ **Einzelmarke**: Bei einer Einzelmarke wird jedes Produkt unter einer eigenen Marke geführt, auch wenn ein Anbieter mehrere Produkte im Angebotsportfolio hat. Damit soll eine unverwechselbare Markenpersönlichkeit geschaffen werden. Als Vorteile werden die markenstrategische Beweglichkeit und eine klare Profilierung angesehen. Auch kann von nicht erfolgreichen Produkteinführungen kein negativer Ausstrahlungseffekt auf andere Produkte des Unternehmens erfolgen. Dem geringen Koordinationsaufwand steht ein hoher Kostenaufwand bei der Neueinführung von Einzelmarken gegenüber. Die Hotelkette Accor (vgl. Kap. 3.1.2) nutzt gezielt eine Mehrmarkenstrategie, mit einer klaren Differenzierung nach Niveau der Hotelangebote, um die verschiedenen Zahlungsbereitschaften unterschiedlichen Zielgruppen gezielt anzusprechen. Klassisches Beispiel bei den Reiseveranstaltern war bislang der Reiseveranstalter REWE mit seinen vielen Einzelmarken Aber auch Thomas Cook verfolgt eine klare Zwei-Marken-Strategie mit Thomas Cook (für das etwas gehobene Segment) und Neckermann (eher dem Budgetsegment zuzuordnen (vgl. Kap. 3.1.1).

■ **Dachmarke**: Bei der Nutzung von Dachmarken (gilt auch für Markenfamilien) wird auf die Nutzung von Synergien abgezielt. Dies betrifft bei bestehenden Produkten die größere Bekanntheit beim Verbraucher, in der Hoffnung, dass dieser nach der Nutzung eines Angebotes (z. B. einer Badeurlaubsreise) auch andere Angebote der gleichen Dachmarke (z. B. Städte- oder Wellness-Reise) beim gleichen Unternehmen/Veranstalter bucht oder eben in einer Destination mehrere Angebote nachfrägt. Bei der Neueinführung von Angeboten soll das bereits durch bestehende Angebote aufgebaute Vertrauen bzw. die Bekanntheit genutzt werden. Damit wird eine schnellere Durchsetzung beim Nachfrager unterstellt. Auch die Positionierung in den Distributionskanälen kann durch den Bezug auf die bereits bestehende Dachmarkenprodukte erleichtert werden. Allerdings besteht die Gefahr negativer Ausstrahlung auf die gesamte Angebotspalette, wenn ein neues Angebot entsprechend negativ aufgenommen wird. Klassisches Beispiel für ein klare Dachmarkenstrategie im Tourismus ist der Reiseveranstalter TUI (vgl. Kap. 3.1.1).

Demgegenüber steht Deutschland hinsichtlich der Schaffung von klaren – und damit auch beim Kunden wirksamen – Markenstrukturen noch in einer Frühphase. In Abbildung 55 ist die Heterogenität der 16 LMOs (Landesmarketingorganisationen) zusammen mit der Wortbildmarke der DZT (Deutsche Zentrale für Tourismus) dargestellt.

Abb. 55: Marken deutscher Landesmarketingorganisationen (Quelle: eigener Entwurf unter Verwendung der Wortbildmarken der LMOs und der DZT)

Dabei nimmt einerseits keines der Wortbildmarken der Bundesländer Elemente der nationalen Marke auf. Andererseits ist auch keinerlei Ansatz für ähnliche Schriftarten, Farbgebung oder Symbolverwendung zu erkennen. Die beiden Wortbildmarken von Hessen und Sachsen-Anhalt spielen mit den Wappen noch stark auf einen hoheitlichen Duktus ab, ohne überhaupt eine erkennbare touristische Konnotation auszulösen. Eher neutral gestaltet und damit ebenfalls nur begrenzt touristisch ausgerichtet sind die Wortbildmarken von NRW und Sachsen. Ebenfalls noch relativ neutral aber mit der offiziellen Bezeichnung der Organisation und damit zumindest dem Namen nach das Wort Tourismus mit enthaltend stellen sich Hamburg Schleswig-Holstein und Niedersachen dem Endkunden vor (wobei bei Hamburg mit der Silhouette sogar noch eine auf den kulturorientierten Städtetourismus ausgerichtete Konnotation verbunden werden kann). Ähnlich, aber gleichzeitig dem starken touristischen Claim „Wir sind Süden" proklamierend positioniert sich Baden-Württemberg, möglicherweise auch mit der Zielsetzung, sich vom Mitbewerber Bayern abzuheben, der selbstbewusst auf die Stärke der Farbkombination Weiß-Blau setzt. Das Saarland verfolgt einen eher unterschwelligen Ansatz mit den Sternen, die auf die Qualität der saarländischen Angebote abzielen. Teilweise wird das Sternelogo, wie z. B. bei der kulinarischen touristischen Produktlinie „Sterneküche" auch wieder aufgenommen. Bei den sechs LMOs wird zumindest textlich (teilweise auch durch die eingesetzten graphischen Elemente) ein klar touristisch ausgerichtete Nachricht mit vermittelt (visit, entdecken, erleben, tut gut, Gastlandschaften; Das Weite liegt so nah; Urlaub).

Angesichts der föderalen Grundstruktur Deutschlands ist Tourismus, der weitgehend als Teil der regionalen Wirtschaftsförderung angesehen wird, damit prioritär Aufgabe der Bundesländer (FREYER 2011a, S. 383). Aber selbst in einem Bundesland wie Rheinland-Pfalz, das hinsichtlich des Zuschnitts seiner regionalen Destinationen als deutscher Benchmark gelten kann und auch eine relativ stringente Tourismusmarketingpolitik verfolgt, zeigt sich bei den Wortbildmarken der offiziell festgelegten Reisegebiete die gleiche Heterogenität (vgl. Abb. 56).

Die Entwicklung einer stringenten Markenpolitik stellt damit eine der künftigen Herausforderung für die Destinationen dar. Allerdings kann sich ein solcher Prozess nicht auf die Entwicklung von Wortbildmarken und Logos beschränken, sondern muss eben auch in eine kohärente Produktpolitik integriert sein. Angesichts der Vielfalt des Angebotes in den meisten Destinationen stellt sich damit auch die Herausforderung, diese entsprechend in der Produktgestaltung und der Markenbildung konsequent umzusetzen.

Als ein positives Beispiel mit dem konsequent die einzelnen Produkte in den Vordergrund gestellt werden, kann die Tourismusstrategie 2015 des Landes Rheinland-Pfalz genannt werden. Unter weitgehender Ausblendung anderer Produkte wurde dort vier Themenfelder identifiziert, die eine erfolgversprechende Positionierung ermöglichen: Fahrradtourismus, Wandertourismus, Weintourismus und Gesundheitstourismus (MWVLW-RLP 2008).

Abb. 56: Wortbildmarken der Tourismusregionen in Rheinland-Pfalz sowie des Lahntals (Quelle: eigener Entwurf unter Verwendung der Wortbildmarken der regionalen DMOs)

Für diese drei Tourismusformen wurden unter dem Slogan „Radhelden", „Wanderwunder", „Weinreich" und „Ich-Zeit" klare Markenprofile geschaffen (vgl. Abb. 57). Es wird versucht, die Marken auch in eine klare Produktpolitik umzusetzen und dabei die Teilregionen des Landes sowie die Leistungsträger entsprechend einzubeziehen.

Abb. 57: Wortbildmarken der 4 zentralen touristischen Handlungsfelder in Rheinland-Pfalz nach der Tourismusstrategie 2015 (Quelle: ✆ www.gastlandschaften.de)

Während bei der rheinland-pfälzischen Landesstrategie die einzelnen touristischen Produkte im Vordergrund stehen und der Bezug zum gesamten Bundesland und seinem Angebotsportfolio etwas ins Hintertreffen gerät, wird mit den sog. „Regionalmarken" oder „Regionalen Dachmarken" der Weg gegangen, die Destination in den Mittelpunkt zu stellen.

Ein Beispiel für eine erfolgreiche regionale Dachmarke stellt die Regionalmarke Eifel dar (vgl. SCHAAL & LICHTER 2010). Mit einer Wortbildmarke, die in dunkelgelb ein „e" vor grünem Hintergrund mit einer runden blauen Füllung darstellt (vgl. Eifel-Logo in Abb. 56) sollen zentrale Elemente dieses waldreichen Mittelgebirges in Rheinland-Pfalz aufgenommen werden. Die blaue Füllung des „e" repräsentiert dabei die USP der Eifel, die sog. Eifel-Maare, mit Wasser gefüllte Krater von erloschenen Vulkanen. Die Farbigkeit wird in den meisten Marktkommunikationsinstrumenten der Eifel Tourismus Gesellschaft (vgl. ᐧ⃝*www.eifel.info*) und auch der kommunalen Tourismusorganisationen relativ stringent übernommen. Ebenso wird das Logo jeweils prominent platziert. Die Produktlinien Radtouren, Wandern, Naturerlebnis und als ergänzenden vierte Säule die „Gastlichkeit" genannte kulinarische Komponente sind klar der Orientierung auf die Region untergeordnet. Regionalmarken beschränken sich dabei idealtypisch nicht nur auf den Tourismus. Auch bei der Regionalmarke Eifel sind regionale Produzenten von Nahrungs- und Genussmitteln sowie lokale Handwerksbetriebe mit unter einem Dach verbunden (ᐧ⃝*www.regionalmarkeeifel.de*). Damit ergeben sich auch Synergien mit dem Themenfeld Kulinarik und regionale Produkte (vgl. KAGERMEIER 2011b) und es werden regionale Wirtschaftskreisläufe gestärkt. Gleichzeitig ist die Regionalmarke klar qualitätsorientiert. Für die Eifel-Gastgeber gilt, dass diese mit der Aufnahme gleichzeitig auch die Qualitätskriterien der Stufe I von „ServiceQualität Deutschland" des Deutschen Tourismusverband (DTV 2015) erfüllen müssen (vgl. Kap. 6.2).)

Auch wenn die Markenbildung in Destinationen sicherlich noch einen langen Weg vor sich hat, sind damit inzwischen auch in Deutschland erste Ansätze zu einer klareren Markenbildung zu erkennen. Eine der Gründe für das zögerliche Agieren ist die Tatsache, dass die für eine solche regionale Markenbildung zuständigen Destinationsmanagementorganisationen (DMOs) – anders als „normale" Unternehmen eben keinen direkten Gewinn aus einer erfolgreichen Markenetablierung ziehen. Die Umsatzzuwächse kommen ja vornehmlich den lokalen und regionalen Leistungsträgern zu. Diese sind umgekehrt – auch wegen der Langfristigkeit und Komplexität des Prozesses – oftmals nur begrenzt gewillt, sich an der Markenentwicklung finanziell zu beteiligen. Damit verbleiben die Kosten der Markenpolitik bei den DMOs und damit in vielen Fällen der öffentlichen Hand, quasi als infrastrukturelle Vorleistung (eine vertiefende Behandlung des Destinationsmanagements findet sich in Kap. 4).

3.2.4   Social Media Marketing

Im Zuge des Marketingmix kommt nach der Produktgestaltung – einschließlich der Markenpolitik – der Marktkommunikation ein zentraler Stellenwert zu. Wie bei der Behandlung der Markenbildung in vorhergehenden Abschnitt bereits angesprochen, ist nicht nur die Markierung, sondern auch die Marktkommunikation bei touristischen Dienstleistungen aufgrund ihres immateriellen Charakters von besonderer Relevanz.

Neben den klassischen Formen von Marktkommunikation über Printmedien, Radio- und TV-Kanäle sowie durch Sponsoring, die Ausrichtung von Event oder klassische Public Relation kommt in den letzten Jahren dem Internet nicht nur im Reisevertrieb (vgl. Kap. 3.1.4) eine zunehmende Bedeutung zu, sondern auch in der Marktkommunikation. Bereits das klassische Internet (sog. Web 1.0) ermöglichte den Anbietern eine in eine Richtung gehende Kommunikation B2C (= Business-to-Consumer) mit den Nachfragern. Für die Nachfrager wurden einerseits zur Informationssuche und Buchung entsprechende Informationsangebote und Buchungsmöglichkeiten im Internet zur Verfügung gestellt. Diese konnten dann aktiv von den Nachfragern abgerufen oder genutzt werden. Darüber hinaus war auch Direktmarketing dadurch möglich, dass an Kunden sog. Newsletter verschickt wurden (= Push-Marketing, vgl. Abb. 58).

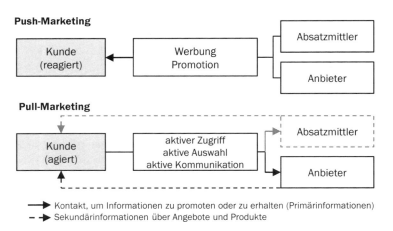

Abb. 58: Push- und Pull-Marketing (Quelle: eigener Entwurf nach Bogner 2006, S. 28)

Mit der Weiterentwicklung zum sog. Web 2.0 oder auch Social Web ist in den letzten 10 Jahren die Internetnutzung in eine neue Phase eingetreten. Diese ist stark vom User Generated Content geprägt und ermöglicht damit auch andere Rollenverteilungen in der touristischen Kommunikation. Das Internet, das ursprünglich vor allem als B2C-Kommunikation fungierte, wird immer stärker als Medium zum Austausch zwischen einzelnen Konsumenten, also im Bereich C2C (= Consumer-to-Consumer) genutzt. Das sogenannte Word-of-Mouth (WOM)-Empfehlungsmarketing gewinnt an Bedeutung. Empfehlungen zu bestimmten touristischen Produkten werden nicht mehr nur wie bisher an Freunde und Bekannte weitergegeben, sondern können über Blogs, Social Sharing, Bewertungsportale und Reisecommunitys sehr viel breiter gestreut werden.

Damit verbunden ist auch ein Rollenwechsel bei den Reisenden vom rein passiven Rezipienten hin zum aktiv Mitgestaltenden im Kommunikationsprozess mit der hybriden Konnotation des Prosumers (Wortschöpfung, die aus „Pro"-ducer und Con-„sumer" zusammengesetzt wurde; vgl. SURHONE, TIMPLEDON & MARSEKEN 2010), der aktiv als Co-Konstrukteur touristischer Erwartungen fungiert. Über seine ins Internet bereit gestellten Informationen wird der Nachfrager zum Mit-Produzenten von touristischen (Informations-)Angeboten. Aus dem Blickwinkel des Marketings erfolgt die Informationssuche im Web 2.0 stärker nach dem Prinzip des Pull-Marketings (vgl. Abb. 58). Der Interessent an touristischen Angeboten sucht sich seine Informationen jetzt stärker aktiv – und eben nicht nur beim Anbieter der touristischen Leistungen, sondern er informiert sich auch über die Informationen die andere Nachfrager im Web 2.0, sei es auf Bewertungsplattformern, sei es in Blogs oder auf Foto- und Video-Sharing-Plattformen (genauer z. B. bei HINTERHOLZER & JOOSS 2013 oder AMERSDORFER et al. 2010)

Auf einen weiteren wichtigen Aspekt der durch das Internetmarketing induzierten Veränderungen im Markt weisen die Überlegungen von ANDERSON (2006) zum Long Tail hin. Während sich klassische Werbung aufgrund der damit verbundenen Kosten vor allem an die Mehrheit der Verbraucher richtete und damit insbesondere auf das Volumengeschäft abzielte (sog. „Short Head", vgl. Abb. 59), ermöglicht es das Internet – insbesondere auch mit den Social Media Optionen – dass nun Angebote, die nur wenige Verbraucher, bzw. sehr spezifische Zielgruppen ansprechen, leichter promotet werden können.

Die Vielzahl von ausdifferenzierten Produkten, die als Nischenmärkte nur wenige Nachfrager ansprechen, wird als „Long Tail" bezeichnet. Durch das Internet wird der Match-Making-Prozess, d. h. das Zusammenfinden von (potentiellen) Interessenten an Spezialsegmenten und den Anbietern von Nischenprodukten deutlich erleichtert. Damit stärkt die internetgestützte Marktkommunikation die weitere Ausdifferenzierung des Angebots und der Nachfrage im Long Tail.

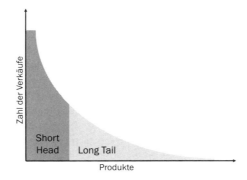

Abb. 59: Short Head und Long Tail (Quelle: eigener Entwurf nach ANDERSON 2006)

Ein erheblicher Teil der Aktivtäten von Social Media Nutzern bezieht sich auch Freizeitaktivitäten und Reisen, für die gepostet wird und Bilder oder Stream-Dateien eingestellt werden. Dem Social Media Marketing kommt damit im Tourismus eine wachsende und künftig möglicherweise zentrale Rolle zu.

Urlaubsinformationen im Netz werden dabei zu unterschiedlichsten Themenfeldern gesucht (vgl. Abb. 60). Es dominieren Informationen über das Reiseziel, die oftmals auch für die Informationssuche im Vorfeld der Reiseentscheidungen fungieren. Folglich stellt eine entsprechende Präsenz im Internet und insbesondere in den sozialen Netzwerken eine der Herausforderungen für die Destinationen dar, um entsprechend gefunden und wahrgenommen zu werden. Gleichzeitig ist in diesem Bereich die Präsenz von User Generated Content stark ausgeprägt.

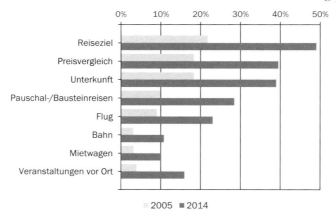

Abb. 60: Themenbereich für Urlaubsinformationen im Internet
(Quelle: eigene Darstellung nach Daten VIR 2015, S. 33)

Darüber hinaus sind es oftmals ganz konkrete Informationen, die im Internet in einer späteren Phase des Reiseentscheidungsprozesses (vgl. Kap. 2.3.1) gesucht werden. Dies betrifft vor allem Preisvergleiche, aber auch Informationen über Unterkünfte und Veranstalterangebote. Insbesondere für Unterkünfte nimmt auch in diesem Bereich die Rolle von nachfragergenerierten Evaluierungen über entsprechende Bewertungsplattformen (wie z. B. Holidaycheck) zu.

In Abbildung 61 findet sich eine Aufgliederung der Nutzung nach unterschiedlichen Social Media Angebotstypen, wobei diese allerdings keine klare Ausdifferenzierung von freizeittouristischen Zwecken erlaubt. Neben den Videoportalen, bei denen sicherlich nichtfreizeittouristische Zwecke überwiegen, sind es insbesondere die sozialen Netzwerke (wie Facebook) oder die privaten Netzwerke (wie z. B. WhatsApp), die von etwa der Hälfte der deutschen Onlinenutzer frequentiert werden. Aber auch Fotocommunitys (wie z. B. Flickr oder Instagram) werden von jedem achten Onliner besucht. Während die Nutzung aller anderen Typen in den letzten Jahren deutlich zugenommen hat, sind die Nutzungsquoten bei Fotocommunitys leicht rückläufig – nachdem es zwischen 2009 und 2012 noch einen (in der Abbildung nicht dargestellten) kurzen Peak mit knapp einem Viertel Partizipationsquote erreichte. Dies ist sicherlich auch eine Folge von neuen, anderen privaten Communitys bzw. den erweiterten Möglichkeiten des Einstellens von Fotos in sozialen und privaten Netzwerken.

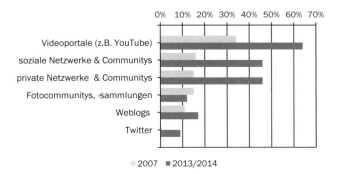

Abb. 61: Genutzte Typen von Social Media Angeboten 2007 und 2013/14 (Quelle: eigene Darstellung nach Daten ARD/ZDF-Medienkommission 2015)

Während YouTube von den meistens nur passiv genutzt werden, ist die Quote derjenigen, die sich aktiv in Netzwerken und Communities beteiligen, deutlich höher (vgl. z. B. KAGERMEIER 2011c, S. 62). Damit wird auf diesen Plattformen der Rollenwechsel vom passiven Rezipienten zum aktiven Produzenten, dem sog. „Prosumer" auf breiter Front vollzogen. Web 2.0 stellt damit ein klassisches Beispiel dar, wie technologische Optionen in Wechselbeziehung mit dem konkreten Handeln der Nutzer stehen. Damit könnte das Social Web auch für nicht mit einem direkten kommerziellen Verwertungsinteresse zu verbindenden Gestaltungsoptionen der Aufenthalte, die bislang in der kommerziellen Marktkommunikation der kommerziellen Anbieter keine wichtige Rolle einnahmen, eine wichtige Rolle spielen. Die Reisenden generieren – weitgehend unabhängig von kommerziellen Verwertungsinteressen – untereinander Informationen für die Reisen. Damit beeinflussen sie dann auch ganz konkret das Besucherverhalten – insbesondere Richtung Long Tail Aktivitäten (vgl. z. B. KAGERMEIER 2011c; vgl. auch Kap. 6.3).

Mit dem Boom des Bereich des Social Media Marketings hat das Empfehlungsmarketing stark an Bedeutung gewonnen. Empfehlungen zu bestimmten touristischen Produkten können über Blogs, Social Sharing, Bewertungsportale und Reisecommunitys sehr viel breiter gestreut werden. Bei der Nutzung von Social Media Ansätzen ist allerdings in vielen Bereichen des Tourismusmarketings und insbesondere des Destinationsmarketings zu konstatieren, dass sich viele Akteure erst spät und dann oftmals auch wenig strategisch ausgerichtet in diesem Feld engagieren. Anhand von ausgewählten Beispielen aus dem Bereich Weintourismus hatten KAGERMEIER & HARMS (2013) aufgezeigt, dass dort Chancen für eine Stärkung der Synergie der beiden Bereiche Wein und Tourismus bislang noch nicht optimal genutzt werden. Bei großen Unterschieden zwischen den einzelnen Weinbauregionen bzw. Bundesländern ist der größte Schwachpunkt – neben der unzureichenden Pflege der vorhandenen, sich aber zumeist auf Facebook beschränkenden Profile – die mangelnde Vernetzung der verschiedenen Präsenzen unterschiedlichster Akteure (kommunale und regionale Tourismusorganisationen, sowie von der Seite der Weinproduzenten und der Beherbergungsbetriebe).

Festzuhalten ist, dass Social Media Marketing kein Selbstläufer ist, bei dem die Prosumer ohne Anstöße durch die Anbieter die traditionelle Mund-zu-Mund-Werbung in eine Word-of-Mouth-Werbung konvertieren. Die Hoffnung auf eine sich selbst tragende C2C-Kommunikation, die nur der entsprechenden technischen Plattformen bedarf, erfüllt sich allerdings nicht. Social Media Marketing setzt damit auch weiterhin eine gezielte Initiierung und systematische Stimulierung durch die Anbieter voraus. Erst bei kontinuierlichem Aktivitäten von Seiten der Anbieter kann sich ein Schneeballeffekt und damit eine Kostenersparnis im Vergleich zur traditionellen B2C-Marktkommunikation einstellen. Wichtig erscheint dabei auch festzuhalten, dass die gewählten Inhalte – wie bei der klassischen Marktkommunikation – nicht zu direkt auf das Verkaufsziel ausgerichtet sein dürfen. Subtiles und indirektes Verführen zum Konsum durch die Weckung von „Sehnsüchten" ist auch im Bereich von Social Media essentiell für einen entsprechenden Marketingerfolg. Unter diesem Blickwinkel haben die Destinationen in Deutschland noch einen weiten Weg vor sich.

Zusammenfassend ist festzuhalten, dass das Social Web große Relevanz für die Marktkommunikation im Tourismus aufweist, da das Thema Reisen einen idealen Inhalt für das Social Web darstellt. Durch das Social Web dürfte die traditionelle Mund-zu-Mund-Werbung in den nächsten Jahren eine neue Dimension annehmen. Von vielen Reisenden werden die Angaben aus der Peer-Group als vertrauenswürdiger eingestuft als die Angaben von professionellen Organisationen und Unternehmen. Damit werden die Reisenden zu Mitkonstrukteuren touristischer Räume. Wie beim Web 1.0 spricht aber vieles dafür, dass kein plötzlicher Systembruch, sondern eine mehr evolutionäre Entwicklung stattfindet, bei der bisherige Inhalte weiterhin beibehalten, aber eben doch durch neue Optionen ergänzt werden. Die Einbeziehung dieses Empfehlungsmarketings in die Strategien der Leistungsträger, Tourismusorganisationen und Veranstalter stellt für diese in den nächsten Jahren sicherlich eine relevante Herausforderung dar.

▶ **Zusammenfassung**

▪ In diesem Kapitel wurden zunächst ausgewählte Aspekte der Angebotsseite nach dem Gliederungsprinzip der touristischen Leistungskette vorgestellt.

▪ Bei den Reiseveranstaltern sind im Volumengeschäft klare Konzentrationstendenzen zu erkennen. Demgegenüber werden Nischensegmente stark von innovativen kleinteiligen Strukturen charakterisiert. Ähnliche Tendenzen lassen sich auch im Übernachtungsgewerbe erkennen.

▪ Im Verkehrsträgermarkt stellen die Low Cost Carrier ein Beispiel für die Rolle von externen rechtlichen Rahmenbedingungen dar, durch die der Markt stark verändert wird und etablierte Anbieter entsprechenden Adaptionsstrategien entwickeln müssen.

▪ Der Strukturwandel im Reisevertrieb wird stark von den technischen Entwicklungen in der Informationstechnologie geprägt.

▪ Die informationstechnologischen Innovationen – insbesondere auch der Social Media-Bereich – stellen auch für die Marktkommunikation als Teil des Marketingmix eine relevante Herausforderung dar.

▪ Darüber hinaus bestehen – insbesondere in den Destinationen – noch erhebliche Optimierungsmöglichkeiten in der Markenpolitik.

▶ Weiterführende Lesetipps

DLR (= Deutsches Zentrum für Luft- und Raumfahrt): Low Cost Monitor. Der aktuelle Markt der Low Cost Angebote von Fluggesellschaften im deutschen Luftverkehr. Köln

Halbjährlich erscheinende Marktanalyse zur Entwicklung des Markts der Low Cost Carrier. ⌐ *www.dlr.de*

DRV (= Deutscher Reiseverband): Fakten und Zahlen zum deutschen Reisemarkt. Berlin

Jährliche erscheinende Sammlung von grundlegenden Zahlen zur Entwicklung touristischer Leistungsträger. ⌐ *www.drv.de*

VIR (= Verband Internet Reisevertrieb): Daten und Fakten zum Onlinereisemarkt. Unterhaching

Jährliche erscheinende Zusammenstellung von Basisinformationen zu unterschiedlichen Aspekten des Onlinereisemarktes. Kompakte Zusammenstellung aus verschiedenen Studien anderer Unternehmen und Organisationen. ⌐ *www.v-i-r.de*

FREYER, Walter (2011): Tourismus-Marketing. Marktorientiertes Management im Mikro- und Makrobereich der Tourismuswirtschaft. 7. Auflage, München

Umfassende und ausführliche Darstellung von vielen Aspekten des Marketings im Tourismus, die in diesem Band nur kursorisch und mit ausgewählten Aspekten gestreift werden konnten. Zur Vertiefung für eine ausführlichere Beschäftigung mit dem Themenfeld eine zentrale Grundlage.

ADJOURI, Nicholas & Tobias BÜTTNER (2008): Marken auf Reisen. Erfolgsstrategien für Marken im Tourismus. Wiesbaden

Gut lesbares und fundiertes Grundlagenwerk zu Marken, das zahlreiche Fallbeispiele von der analytischen Phase im Vorfeld der Markenbildung bis hin zu konkreten Fallbeispielen der Markenschaffung beinhaltet.

AMERSDORFFER, Daniel et al. (Hrsg.; 2010): Social Web im Tourismus. Strategien – Konzepte – Einsatzfelder. Heidelberg

Der „Klassiker" zum Social Media Marketing im Tourismus. Neben allgemeinen Einführungen und theoretischen Deutungsansätzen wird sowohl aus betriebswirtschaftlicher Sicht die Implikationen für die Touristikindustrie als auch die psychologische Dimension von Reiseentscheidungen behandelt. Aber auch Fragen nach der Vertrauenswürdigkeit von Bewertungsplattformen oder juristische Aspekte werden behandelt.

4 Marketing und Management von Destinationen

Wie bereits in den Ausführungen zum Marketing im vorangegangenen Kapitel deutlich zum Ausdruck gebracht wurde, ist der tourismusgeographische Fokus stark auf die Destinationen ausgerichtet. Dementsprechend enthält der Band auch zwei regional ausgerichtete, auf die Destinationsanalyse und das Destinationsmanagement von ausgewählten Destinationstypen abzielende Kapitel 6 und 7.

▶ **Lernziele**

In diesem Kapitel werden folgende Fragen beantwortet:

▪ Was bedeutet der Begriff „Destination"?

▪ Welche Aufgaben sind mit dem Marketing und dem Management von Destinationen verbunden?

▪ Welche Ansätze werden zur Bewältigung der Aufgaben angewandt?

▪ Welche grundsätzlichen Herausforderungen stellen sich im Marketing und Management von Destinationen?

4.1 Der Begriff „Destination"

Während – auch in der fachwissenschaftlichen Diskussion lange Zeit von Reisegebieten oder Fremdenverkehrsregionen (vgl. Kap. 1.1.2) gesprochen wurde, hat sich seit den 1990er Jahren der Begriff Destination durchgesetzt, wenn der Blickwinkel auf die zielgerichtete und systematische Analyse und Gestaltung eines touristischen Zielgebiets gerichtet wird. Mit seiner bereits früher geprägten und im Kasten „Was ist eine Destination?" nur nach dem aktuellen Werk zitierten Definition hat BIEGER eine Reihe von neuen Blickwinkeln in die tourismuswissenschaftliche Diskussion und auch in die touristische Praxis eingeführt:

[1] Ausgangspunkt ist, dass der **Besucher** in den Mittelpunkt gestellt wird. Der Tourist entscheidet, was für ihn – entsprechend seiner spezifischen Reiseinteressen – die Destination darstellt. Der gleiche Raum kann zum Beispiel bei unterschiedlichen Interessen ganz andere relevante Elemente enthalten. Für einen Tagungsreisenden in eine Stadt sind andere Ausstattungselemente relevant als für jemanden, der diese Stadt als Partyreisender oder als Kulturtourist besucht. Nicht die Anbieter entscheiden, was eine Destination ausmacht und was der Besucher nachzufragen hat, sondern der Besucher.

Was ist eine Destination?

Die fast schon als klassisch anzusehende Definition einer Destination von BIEGER lautet:

„Geographischer Raum (Ort, Region, Weiler), den der jeweilige Gast (oder ein Gästesegment) als Reiseziel auswählt. Sie enthält sämtliche für einen Aufenthalt notwendigen Einrichtungen für Beherbergung, Verpflegung, Unterhaltung/Beschäftigung. Sie ist damit die Wettbewerbseinheit im Incoming Tourismus, die als strategische Geschäftseinheit geführt werden muss" (zitiert nach BIEGER & BERITELLI 2013, S. 54).

Diese Definition wird ergänzt um die folgende Präzisierung:
„Die Destination ist
▪ eine Wettbewerbseinheit,
▪ die Leistungen für Dritte
▪ mit Hilfe von Personen und Technologien (soziotechnisches System)
▪ gegen Entgelt erbringt" (BIEGER & BERITELLI 2013, S. 62).

Der zweite von BIEGER pointiert in die Diskussion eingebrachte Blickwinkel ist, dass eine Destination im **Wettbewerb** steht. Mit dem Blickwinkel auf das Destinationsmanagement ist nicht die Konkurrenz zwischen den einzelnen Leistungsträgern (wie z. B. Übernachtungsbetriebe) innerhalb einer Destination die zentrale Herausforderung, sondern der Wettbewerb zwischen den Destinationen. Angesichts der Entwicklungen auf dem Verkehrsträgermarkt – insbesondere mit den LCC (vgl. Kap. 3.1.3) – steht inzwischen eine auf den Wandertourismus ausgerichtete Mittelgebirgsregion, wie die Eifel oder der Bayerische Wald nicht mehr nur im Wettbewerb mit anderen deutschen Mittelgebirgen und Wanderregionen. Für den Touristen ist unter zeitlichen und finanziellen Gesichtspunkten z. B. die Wanderregion Tramuntana auf Mallorca oder der Hohe Atlas in Marokko (vgl. Kap. 7) genauso gut erreichbar.

[2] Mit dem Blickwinkel auf die Destination als Wettbewerbseinheit kann laut BIEGER & BERITELLI (2013, S. 62), diese wie ein **Unternehmen** betrachtet werden. Dementsprechend wären im Destinationsmanagement grundsätzlich auch viele Prinzipien der Unternehmensführung anzuwenden.

Entsprechend der Definition von Bieger kann der Raumumgriff einer Destination ganz unterschiedliche Größenordnungen (Ort, Region, Weiler) umfassen. Dabei unterstellt Bieger, dass mit der Zunahme der Reisedistanz auch der Umgriff der vom Touristen als Destination angesehenen Raumeinheit größer wird. Für jemanden, der in ein anderes Land reist, würde dementsprechend das gesamte Land die Destination darstellen (vgl. Abb. 62).

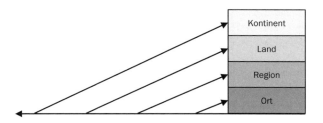

Abb. 62: Destinationsdefinition in Abhängigkeit der Reisedistanz (Quelle: eigener Entwurf nach BIEGER & BERITELLI 2013, S. 57)

Dieses Verständnis entspricht allerdings einer traditionellen Sichtweise und kann so wohl heute nicht mehr ganz vertreten werden. Zwar wird nach wie vor – z. B. im klassischen Rundreisetourismus nach Marokko – bei einer Anreise aus Europa aus Touristensicht das gesamte Land als Destination angesehen, das die für ihn relevanten Angebote bereithält. Für einen Surftouristen, der mit einem Billigflieger in drei Stunden für möglicherweise weniger als 100 € nach Agadir fliegt, um in dem 20 km entfernten Weiler Taghazout, der als guter Surfspot gilt, zu surfen, kann es eben genau dieser Weiler sein, der die Destination für ihn darstellt. Damit hängt es in hohem Maße auch von der Tourismusform ab, welcher räumliche Umgriff die für den Touristen relevanten Angebote bereit hält.

Gleichzeitig ist mit der hierarchischen Abfolge von unterschiedlichen räumlichen Umgriffen aber ein wichtiger Aspekt für die Organisation von räumlich ausgerichteten Managementorganisationen verbunden. Ein Ort kann sich selbst als Destination positionieren und vermarkten. Er ist aber gleichzeitig Teil einer regionalen Destination, die ebenfalls auf dem Markt auftritt. Jede Region ist Teil eines (Bundes-)Landes, die wiederum als eigenständige Wettbewerbseinheit geführt werden. Und auch ein Kontinent kann sich letztendlich auf dem Markt als Destination präsentieren.

So positioniert sich der „Ort" Trier als kulturorientierte städtetouristische Destination mit einem speziellen Fokus auf das römerzeitliche Erbe (⌂ *www.trier-info.de*; vgl. z. B. auch ARLETH & KAGERMEIER 2009). Trier ist gleichzeitig Teil des rheinland-pfälzischen Reisegebietes Mosel-Saar (vgl. Abb. 56 in Kap. 3.2.3), dessen Angebote sich auf Wein & Kulinarik, Radfahren & Wandern sowie Kultur & Veranstaltungen konzentrieren (⌂ *www.mosellandtouristik.de*). Die regionale Organisation Mosellandtouristik ist gleichzeitig Mitglied der Regionalmarke „Mosel: WeinKulturLand". Über den Moselradweg, die dortigen Weinberge und weinverarbeitenden Betriebe, sowie durch Trier verlaufende Wanderwege ist damit ein Teil des Profils auch von der Zugehörigkeit zur regionalen Destination Mosel geprägt. Ähnliches gilt für die Zugehörigkeit zum Land Rheinland-

Pfalz ([⌘] *www.gastlandschaften.de*). Im Ausland wird Trier als Teil von Deutschland über die Deutsche Zentrale für Tourismus (DZT; [⌘] *www.germany.travel*) als Teil der „Historic Highlights of Germany" vermarket (vgl. entsprechenden Kasten in Kap. 4.4.3). Seit 2012 gibt es auch auf europäischer Ebene Ansätze der European Travel Commission (ETC) als Dachorganisationen der EU-Staaten, die Destination Europa zu vermarkten und als Marke zu branden ([⌘] *www.visiteuro pe.com* und [⌘] *www.etc-corporate.org*). Üblicherweise sind dabei die regionalen Tourismusmarketingorganisationen der niedrigeren Mitglieder der nächsthöheren Stufe (z. B. die DZT Mitglied bei der ETC; vgl. auch die Ausführungen zu „hybriden Destinationen" in Kap. 4.4.3 und zu den Akteuren im Deutschlandtourismus in Kap. 6.2).

4.2   Grundprinzipen des Destinationsmanagement

Auch wenn es zum Themenfeld Destinationsmanagement ebenfalls spezifische Einführungen gibt, sei es aus eher volkswirtschaftlicher Perspektive wie die von BIEGER & BERITELLI (2013) oder stärker vom geographischen Blickwinkel geprägt, wie bei STEINECKE (2013), ist der Blickwinkel auf die Destination ein zentraler Ansatzpunkt der Tourismusgeographie und damit integraler Bestandteil einer Einführung in die Tourismusgeographie.

Das Handeln der für das Marketing und das Management einer als Wettbewerbseinheit verstandenen Destination verantwortlichen Akteure in einer Destinationsmanagementorganisation (DMO) ist damit einerseits klar auf den Markt und insbesondere auch die Kundenbedürfnisse ausgerichtet (vgl. Abb. 63). Gleichzeitig wird – anders als in einem klassischen Unternehmen – die Serviceleistung nicht von der Destinationsmanagementorganisation (DMO) selbst erbracht, sondern von den lokalen und regionalen Leistungsträgern. Mit dem Blick-

Abb. 63: Bezugsrahmen des Handelns für Destinationen (Quelle: eigener Entwurf)

winkel auf eine Destination als Unternehmen kann diese als eine Art virtuelles Unternehmen angesehen werden, in dem je nach Bedürfnissen der Destinationsbesucher unterschiedliche Leistungsträger an der Produktion des Leistungsbündels Reise beteiligt sind.

Dementsprechend kann auch die Produktentwicklung nur im Wechselspiel mit den Leistungsträgern erfolgen. Wenn eine DMO Defizite z. B. in einem spezifischen Übernachtungssegment konstatiert, ist es eben – anders als bei einem „normalen" Unternehmen – nicht möglich, dass die DMO selbst als Investor und Betreiber eines Hotels oder eines Hostels tätig wird. Im Zuge der Koordination kann lediglich versucht werden, das Gespräch mit lokalen Hoteliers oder Hotelkonzernen zu suchen und diese zu einem entsprechend Engagement zu bewegen. Im Zuge der Suche nach einem geeigneten Standort für ein neues Hotel kann die DMO dann zum Beispiel auch mit der kommunalen Verwaltung bzw. den kommunalen Entscheidungsträgern als Moderator auftreten, damit eine geeignete Fläche bereitgestellt, bzw. mit dem entsprechenden Baurecht ausgestattet wird. Ähnliches gilt z. B. für die Umsetzung von als angemessen angesehen Qualitätsstandards, bzw. die Schaffung von Angeboten für als vielversprechend angesehene Zielgruppen. Auch hier wird eine DMO üblicherweise nur koordinierend oder moderierend tätig, um die Produktentwicklung in einer Destination entsprechend zu befördern. Nur in wenigen Fällen wird eine DMO auch selbst unternehmerisch tätig, wenn sie etwa Stadtführungen anbietet, bzw. in manchen Fällen auch Infrastrukturelemente – wie z. B. einen Wanderweg oder ein Besucherleitsystem – selbst realisiert.

Der Tourismus nutzt als zentralen Ausgangspunkt für seine Produkte die natürlichen und vom Menschen geschaffenen Elemente einer Destination, wie z. B. die Verkehrsinfrastruktur oder das materielle kulturelle Erbe. Gleichzeitig bewegen sich Touristen – insbesondere im Städtetourismus – auch vielfach in den gleichen Räumen wie die lokale Bevölkerung. Dementsprechend ist der Standort von deutlich größerer Relevanz als bei Industrieunternehmen oder anderen Dienstleistungen. Auch bei der Produktion von Industriegütern oder anderen Dienstleistung muss Ver- und Entsorgung bzw. Erreichbarkeit gesichert sein, und müssen Immissionsaspekte respektiert werden. Der Bezug auf den konkreten Lebensraum der Anwohner ist aber beim Tourismus ungleich direkter und intensiver.

Gleichzeitig ist die gesamte touristische Reisekette (vgl. Abb. 64) als Aufgabenbereich des Destinationsmanagements anzusprechen. Die kundenorientierten Aufgaben beginnen damit in der Vorbereitungsphase mit der Marken- bzw. Branding-Politik für die Destination (vgl. Kap. 3.2.3), um diese entsprechend im Bewusstsein des Kunden zu verankern. Wichtige Aufgabe ist auch das entsprechende Marketing für die Destinationen zu betreiben, d. h. z. B. auf Endkundenmessen – wie der jährlich im März in Berlin stattfindenden Internationalen

Tourismusbörse (ITB; ✍ *www.itb-berlin.de*) zu vertreten, klassische Offline- und eine angemessene Online-Marktkommunikation zu betreiben (vgl. Kap. 3.2.4). Zur Marktkommunikation zählt auch die Bereitstellung der Informationen vor Ort. Dies kann im persönlichen Kontakt durch den Betrieb einer Tourist-Info geschehen (wobei diese Funktion in der öffentlichen Wahrnehmung oftmals gleichsetzt mit dem einzigen Aufgabenbereich einer DMO). Angesichts der zunehmenden Bedeutung von mobilen Internetanwendungen kann dies aber bis zur Bereitstellung einer entsprechende Städte-App (z. B. Going Local Berlin) reichen. Teilweise fungieren DMOs auch als Buchungsstelle (sei es für Pauschalen, Unterkünfte oder auch Aktivitäten vor Ort).

Abb. 64: Die gesamte touristische Reisekette als Aufgabe des Destinationsmanagements (Quelle: eigener Entwurf)

Die touristischen Leistungsträger vor Ort zu koordinieren, damit die von Touristen nachgefragten Produkte als abgestimmtes und kohärentes Leistungsbündel angeboten werden, ist einer der zentralen Aufgabenbereiche zur Gewährleistung eines aus Kundensicht stimmigen Angebotes. Da Touristen auch Dienstleistungen nutzen, die nicht prioritär auf diese ausgerichtet sind (Service vor Ort), wie z. B. lokale Mobilitätsdienstleistungen oder auch eine Post oder eine Apotheke aufsuchen, kann es zu den Aufgaben auch gehören, bei den lokalen Dienstleistern für eine entsprechen touristenfreundliche Serviceorientierung zu werben. Aber auch die lokale Bevölkerung kann mit einzubeziehen sein. Damit das touristische Kundenerlebnis nicht durch negative Erfahrungen beeinträchtigt wird, kann auch eine den auswärtigen Besuchern gegenüber positive Haltung der lokalen Bevölkerung zweckdienlich sein. Wenn beim direkten Kontakt zwischen den Touristen und der lokalen Bevölkerung, z. B. bei Fragen nach dem Weg oder bestimmten lokalen Angeboten eine empathische Grundhaltung vermittelt wird und damit beim Touristen ein sog. „You are welcome"-Gefühl entsteht, trägt dies ebenso zum positiven Urlaubserlebnis bei, wie eine freundliche Begrüßung am Hotelcounter.

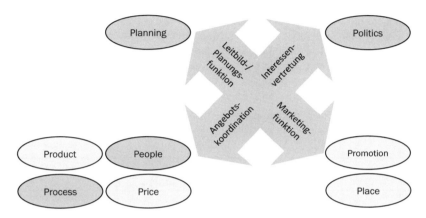

Abb. 65: Zentrale Funktionen des Destinationsmanagements
(Quelle: eigener Entwurf nach BIEGER & BERITELLI 2013, S. 69)

Damit fallen einer DMO eine Vielzahl von Aufgaben zu, die über diejenigen von normalen Unternehmen hinausgehen. Von BIEGER & BERRITELLI (2013, S. 69; siehe Abb. 65) wurden diese – kooperative Aufgaben genannten – entsprechend der P-Systematik des klassischen Marketingmix (vgl. Kap. 3.2.1) zusammengefasst. Neben der für Unternehmen üblichen Bearbeitung von Product, Price, Promotion und Place kommen demzufolge bei DMOs noch hinzu:

[1] die Übernahme der strategischen **Planungsfunktion** für die gesamte Destination, die von den einzelnen Leistungsträgern nicht erbracht wird,

[2] die Steuerung und Gestaltung des **Prozesses der Destinationsentwicklung** als Teil der Angebotskoordination im Wechselspiel mit den Leistungsträgern,

[3] die **politische Interessensvertretung** für touristische Belange und der Kontakt mit den politischen Entscheidungsträgern zur Erreichung von für die Destinationsentwicklung förderlichen Rahmenbedingungen; hierzu zählt auch die Beachtung von ökologischen Tragfähigkeitsgrenzen,

[4] die Einbeziehung der **lokalen Bevölkerung** als Teil des Binnenmarketings mit dem Ziel, Verständnis für die Belange des Tourismus zu wecken, aber auch deren Befindlichkeiten in die Destinationsentwicklung einzubeziehen (z. B. die soziale Akzeptanz überschreitende Entwicklungen zu vermeiden).

Diese zusätzlichen Aufgaben sind – ebenso wie die Marktkommunikationsaufgaben oder die Beteiligung an der Angebotsgestaltung durch Infrastrukturelemente (Ausschilderung, Wegebau) sog. „unrentierliche" Aufgaben. Die Aufgaben werden als für die DMO als unrentierlich bezeichnet, da die daraus resultierenden zusätzlichen positiven wirtschaftlichen Effekte, wenn die Zahl der Touristen gesteigert werden kann, bzw. deren Ausgaben steigen, bei den privaten Leistungsträgern in der Destination und nicht bei der DMO vereinnahmt werden. Damit weisen DMOs eine Doppelrolle auf die fast als „Januskopfcharakter" bezeichnet werden kann. Einerseits agieren sie wie normale Unternehmen, andererseits sind sie – im Interesse und Dienste des virtuellen Unternehmens Destination – mit Aufgaben betraut, von denen sie selbst nur partiell profitieren.

Die einzelnen Schritte im Management- und Marketingprozess von Destinationen sind in Abbildung 66 dargestellt.

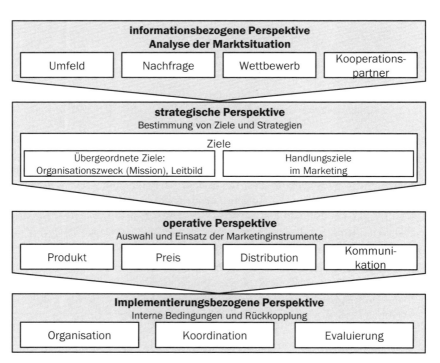

Abb. 66: Schritte im Management- und Marketingprozess von Destinationen (Quelle: eigener Entwurf nach STEINECKE 2013, S. 60)

Zusammenfassend kann festgehalten werden, dass die DMOs eine Reihe von Aufgaben übernehmen, die ihren spezifischen Charakter begründen:

- Koordination/Abstimmung der Teilleistungen der touristischen Servicekette
- Gewährleistung unrentierlicher Angebote (Information, Infrastruktur)
- übergreifende Vermarktung des „Produktes" Destination
- Dienstleistungskettenübergreifende strategische Planung
- Berücksichtigung externer (gesellschaftlicher und politischer) Effekte.

Angesichts der unterschiedlichen Typen von Aufgaben, die sich grob in eher betriebswirtschaftlich ausgerichtete Marketingaufgaben und die Wahrnehmung von unrentierlichen Grundlagenaufgaben aufteilen lassen, weisen die Organisationsformen ein breites Spektrum auf, das sich zwischen der vollständigen Integration in die kommunale Verwaltung bzw. kommunale Eigenbetriebe über die Rechtsform der GmbH oder des eingetragenen Vereins (mit unterschiedlichen Graden der kommunalen Beteiligung) bis hin zu rein privatwirtschaftlichen Strukturen reicht (vgl. Abb. 67). Während in Zentraleuropa die öffentliche Hand zumindest zum Teil an DMOs beteiligt ist, finden sich rein privatwirtschaftlich organisierte DMOs eher in Nordamerika.

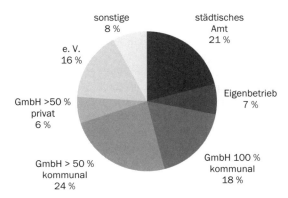

Abb. 67: Organisationsform der DMOs in deutschen Städten
(Quelle: eigene Darstellung nach DTV 2006, S. 85)

Die Vorteile der Nähe zur bzw. der Integration in die öffentliche Verwaltung werden in der Einbeziehung in politische Entscheidungsprozesse gesehen. Insbesondere Infrastrukturaspekte können damit verwaltungsintern von den DMO-Vertretern „auf Augenhöhe" mit den anderen Fachabteilungen behandelt werden. Gleichzeitig gilt die Einbeziehung in die öffentliche Verwaltung als relativ unflexibel hinsichtlich des Budgets und auch der Personalpolitik. Kurzfristige Reaktionen sind hier nur begrenzt möglich. Diese Schwachpunkte sollen bei stärker privat-wirtschaftlich ausgerichteten Organisationsformen abgemildert werden.

Dabei agieren DMOs auf unterschiedlichen räumlichen Ebenen. Das Spektrum beginnt mit kommunalen Tourismusorganisationen und Tourismusorganisationen auf der Ebene von Kreisen, Regionen oder Reisegebieten. Bei entsprechenden föderalen Strukturen folgt darauf die Ebene von Bundesländern oder Kantonen. Auch auf der gesamtstaatlichen Ebene (bzw. teilweise auch noch derjenigen von Zusammenschlüssen einzelner Staaten, wie z. B. den baltischen Staaten oder der EU) wird Destinationsmarketing und -management betrieben. Im Idealfall erfolgt die Wahrnehmung der spezifischen Aufgaben auf den unterschiedlich umfassen-den räumlichen Kontexten abgestimmt und bezogen auf den jeweiligen Wir-kungsbereich. Übergeordnete Aufgaben der Strategie- und Leitbildentwicklung, aber auch z. B. strategische Implementationen des Qualitätsmanagements werden für einen größeren räumlichen Kontext (Staat, Bundesland) im Wechselspiel mit den regionalen DMOs entwickelt und umgesetzt (vgl. auch Kap. 6.2).

4.3   Ansätze zur Steuerung von Destinationen

Grundparadigma des Destinationsmanagements ist, dass durch die fragmentierte Leistungserstellung in kleinstrukturierten touristischen Zielgebieten oftmals erst Leistungsbündel ein vermarktbares und konsumierbares Produkt ergeben. Nicht die einzelnen Teilleistungen der Leistungsträger sondern die Destinationen sind als Reiseziele aufzufassen. Dementsprechend wurde eine übergreifende „koordinie-rende Steuerung der gesamten Destination durch zentrale Institutionen … zum Idealfall erklärt" (PECHLANER, PICHLER & VOLGGER 2013, S. 63). Damit bildeten in den 1990er Jahren die Produktentwicklung, die Qualitätssicherung und die Markenbildung den Mittelpunkt der Auseinandersetzung mit dem Destinations-management. Für das Management der Koordination und Vermarktung standen dabei im Wesentlichen „zwei Varianten zur Diskussion: zentrale Steuerung durch entsprechend einflussreiche Tourismusorganisationen (DMOs) oder organisatori-sche Integration der Dienstleistungskette und ihre Führung als Resort" (PECHLA-NER, PICHLER & VOLGGER 2013, S. 63). Damit verbunden war gleichzeitig die Frage nach dem Beitrag der öffentlichen und der privatwirtschaftlichen Seite.

Als Vorstufe zum Governance-Ansatz kann dabei der Beitrag von FLAGESTAD & HOPE (2001) angesehen werden. Diese unterscheiden (am Beispiel von Ski-Destinationen) das sog. „Community Model" mit einem großen Einfluss der öffentlichen Verwaltung und das „Corporate Model" mit einer privatwirtschaft-lichen Dominanz (vgl. Abb. 68). Implizit werden dabei hierarchische Steue-rungsmuster unterstellt. Als Folge der Berücksichtigung institutionenökonomischer und politikwissenschaftlicher Diskussionen in der Tourismusforschung wurde diese Form der hierarchischen Steuerung seit der Jahrhundertwende in Frage gestellt und neue Ansätze mit stärker heterarchischer Struktur in die Diskussion eingebracht (vgl. z. B. RAICH 2006).

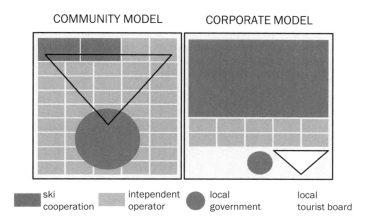

Abb. 68: Idealtypische Organisationstrukturen im Destinationsmanagement: Community Model und Corporate Model (Quelle: eigener Entwurf nach FLAGESTAD & HOPE 2001, S. 452)

4.3.1   Vom Management zur Governance

Seit Ende der 1990er Jahre liegt der Fokus auf die Kooperation im Mittelpunkt der destinationsorientierten Tourismusforschung. Mit dem Schwerpunkt der Netzwerkbildung als Erfolgsfaktor der Destinationsentwicklung ging auch eine zunehmende Thematisierung unterschiedlichen Formen der Steuerung im Destinationsmanagement einher.

Dabei werden z. B. von BIEGER & BERITELLI (2013) aber auch z. B. WÖHLER (2013) oder SCHULER (2013) der Governance-Ansatz in den Vordergrund der Diskussion gestellt. Nach BIEGER & BERITELLI (2013) umschreibt der Begriff der Destination Governance „ein System von Rechten, Prozessen und Kontrollen, welche intern und extern eingerichtet werden, um die Führung einer Geschäftseinheit mit der Berücksichtigung des Interessenschutzes aller Stakeholder sicherzustellen" (2013, S. 85). Dabei spielen auch die impliziten Regeln und Normen der einzelnen Gemeinschaften eine wichtige Rolle. So stellt Governance in seiner engen Begriffsfassung als nicht hierarchische Steuerung auf die Einbeziehung aller am System „Destination" beteiligten Akteure ab. Statt Zwang und Kontrolle rücken Dialog und Konsens in den Mittelpunkt der Steuerungsbemühungen. Das Paradigma der Destination Governance fordert folglich, in einem demokratischen, partizipativen Ansatz möglichst alle Akteure innerhalb einer Destination unter der Führung respektive der Beteiligung einer zentralen Destinationsmanagementorganisation (DMO) in die Destinationsentwicklung mit einzubeziehen. „Konstitutiv für den Destination-Governance-Ansatz ist die Konzeption der Destination als ein Netzwerk von teilautonomen Akteuren. Auch wenn dadurch die relative Bedeutung der hierarchischen Komponenten abnimmt, so bedeutet Destination Governance dennoch nicht, dass hierarchische Lenkung durch private Selbststeuerung ersetzt wird. Vielmehr werden die beiden als Extrempunkte eines Kontinuums möglicher Steuerungsmedien betrachtet" (PECHLANER, PICHLER & VOLGGER 2013, S. 68).

Entsprechend der Organisations- bzw. Institutionsstruktur von Destinationen lassen sich Governance-Strukturen je nach Betonung der politischadministrativen oder der unternehmerischen Komponente dem Community Model oder dem Corporate Model zuordnen (vgl. Abb. 68). Am Beispiel eines Ski-Ressorts haben FLAGESTADE & HOPE die beiden idealtypischen Modelle gegenübergestellt. Während beim Corporate Modell ein großer privatwirtschaftlicher Akteur die zentrale Rolle einnimmt und möglichst viele Leistungen in einem Resort unternehmensintern anbietet, ist für das Community Modell eine Vielzahl kleinerer privatwirtschaftlicher Akteure charakteristisch. Dementsprechend ist bei diesem die Rolle der lokalen DMO von größerer Bedeutung. In Zentraleuropa herrschen meist Strukturen vor, die mehr dem Community Modell entsprechen.

Ergänzend dazu hat HALL (2011, siehe Abb. 69, linke Seite) als weitere Dimension der Struktur von Governance-Mustern den Steuerungsmodus in die Diskussion eingeführt. Neben der Unterscheidung zwischen öffentlichen und privaten Akteuren wird beim Steering Mode unterschieden zwischen hierarchisch und nichthierarchisch. Bei der Darstellung in einer 4-Felder-Matrix werden allerdings die im Tourismus insbesondere relevanten Mischdimensionen mit Kombination von privaten und öffentlichen Akteuren, sowie partiell hierarchischen Strukturen nicht adäquat dargestellt.

Eine weitere 2-dimensionale Fassung von Governance-Strukturen wird von BODEGA, CIOCCARELLI & DENICOLAI (2004) in die Diskussion eingebracht (vgl. Abb. 69, rechte Seite). Neben der Zentralisierung (die mit dem Hierarchiegrad bei HALL 2011 gleichgesetzt werden kann) wird die Intensität der Interaktionen als relevant für die Governance-Strukturen angesehen. Auch bei diesem Konzept wird eine binäre Ausprägung der Merkmale nahegelegt und Mischbzw. Zwischenformen sind nicht explizit vorgesehen.

Basierend auf den bestehenden zweidimensionalen Destinationsmodellen und den bestehenden inhaltlich überlappenden Dimensionen können diese durch die Erweiterung einer dritten Dimension verschmolzen werden. Anknüpfend an die

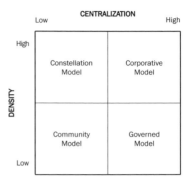

Steuerungs-Modus und Akteurszugehörigkeit
(HALL)

	Public actors	ACTORS	Private actors
Hierarchical			
STEERING MODE	HIERARCHIES		MARKETS
	NETWORKS		COMMUNITIES
Non-hierarchical			

Zentralisierung und Beziehungsdichte
(BODEGA, CIOCCARELLI & DENICOLAI)

	Low	CENTRALIZATION	High
High			
DENSITY	Constellation Model		Corporative Model
	Community Model		Governed Model
Low			

Abb. 69: Typologie von Governance-Strukturen nach Steuerungsmodus und Akteurszugehörigkeit von HALL (links) sowie Matrix der organisatorischen Positionierung nach Zentralisierung und Beziehungsdichte von BODEGA, CIOCCARELLI & DENICOLAI (rechts) (Quelle: eigener Entwurf nach HALL 2011, S. 443 und BODEGA, CIOCCARELLI & DENICOLAI 2004, S. 17)
Hinweis. Die Verwendung des Begriffes „communities" bei HALL weist eine andere Konnotation auf als in der übrigen Diskussion.

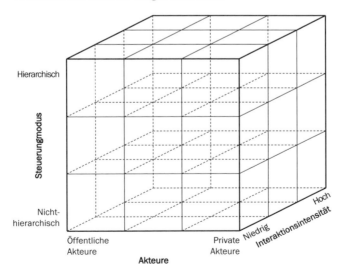

Abb. 70: Dreidimensionales Modell der Governance-Dimensionen in Destinationen (Quelle: eigener Entwurf)

beschriebenen Konzepte von FLAGESTAD & HOPE (2001): *Community vs. Corporate* (private vs. public actors), HALL (2011): *Hierarchie vs. Heterarchie* und BODEGA, CIOCCARELLI & DENICOLAI (2004): *Hohe vs. niedrige Interaktionsdichte* können diese als dreidimensionales Modell dargestellt werden (vgl. Abb. 70), das alle drei Ansätze miteinander verbindet. Entsprechend den im Destinationskontext häufig vertretenen Mischformen wurde eine 3er-Skala verwendet. Mit dem Model lassen sich die drei Dimensionen von Governance-Strukturen gemeinsam darstellen.

Eine systematische Umsetzung dieses dreidimensionalen Ansatzes in empirischen Untersuchungen und insbesondere die Überprüfung der Relevanz der einzelnen Dimensionen für die Destination-Performance – auch unter Einbeziehung dynamischer Aspekte im Destinationslebenszyklus – fehlt allerdings bislang.

4.3.2   Leadership-Ansätze im Kontext der Destinationsnetzwerkanalyse

Bislang unabhängig von den Governance-Ansätzen wird seit einigen Jahren in der Tourismuswissenschaft ein Fokus auf das Konzept der sogenannten „Leadership" innerhalb der Destinationsentwicklung gelegt und dieses inzwischen gegenüber dem Governance-Ansatz teilweise favorisiert. Nach HINTERHUBER (2013, S. 93) bedeutet Leadership beispielsweise „neue Möglichkeiten entdecken und nutzen sowie die Veränderungsprozesse so gestalten, dass in erster Linie die Kunden zufriedengestellt, aber auch Werte für alle anderen ‚Stakeholder' geschaffen werden". In einem derartigen Ansatz wird gerade die Rolle eines zentralen Leader bzw. Leader-Institution betont. Somit steht weniger der partizipative Ansatz im Zentrum der Betrachtung, der zu einem Konsens in der Destinationsentwicklung führt, sondern die Führungskraft eines Einzelnen oder einer Institution, die durch die Eigenheiten des spezifischen Leader eben jenen Konsens generiert, der zur Destinationsweiterentwicklung benötigt wird. Entsprechend der unterschiedlichen Konzepte der „Governance" beziehungsweise des „Leadership" lassen sich auch unterschiedliche Abläufe identifizieren. Während im „Governance" die Rolle der einzelnen Akteursgruppen betont wird und somit der Schwerpunkt des Destinationsmanagement in einer stetigen Vermittlung zwischen den einzelnen Akteursgruppen gesehen wird, steht in einem Leadership-Ansatz, eher das prozessorientierte Identifizieren von themenspezifischen Allianzen einzelner Akteure im Vordergrund. Diese werden eben nicht auf ihre Rolle als Mitglied einer Akteursgruppe sowie dazugehöriger Interessen reduziert, sondern ihre Rolle des akteursspezifischen Eigeninteresses betont. Genau dieser Identifikationsprozess in Verbindung mit einer über alle Gruppen ausbalancierten Akteursstruktur in den einzelnen Themenfeldern, ersetzt in gewissem Sinne die zentrale breite Konsensfindung eines Governance-Ansatzes zu Gunsten fallspezifischer Akteurskonstellationen.

Eng verknüpft mit der Frage nach der Rolle und Wichtigkeit von Leadern in Destinationsnetzwerken ist auch die Identifikation und Analyse des jeweiligen Verflechtungssystems. Gerade zur Rolle und Identifikation derartiger Leader innerhalb eines Destinationskontextes werden in jüngster Zeit vor allem unterschiedliche Ansätze der Netzwerkanalyse genutzt. Netzwerkanalysen können die individuellen Handlungskontexte der Akteure, bestimmte Teilsysteme des Netzes oder aber das Gesamtsystem analysieren. Sowohl die Analyse wie auch die Darstellung derartiger Netzwerke ist bis heute wenig standardisiert. Es lassen sich allerdings grundsätzlich Ansätze etwa in der Visualisierung in Form von gerichteten, ungerichteten oder auch gewichteten Kanten zwischen den üblichen Netzwerkknoten unterscheiden. Derartige Ansätze sind im Kontext der Tourismuswissenschaften bisher nur sehr begrenzt aufgegriffen worden. Und wenn, dann beschränkt man sich aktuell oftmals noch auf eine sehr vereinfachte und mechanistische Analyse der Strukturen der Netzwerke, ohne die Qualität oder die Intensität der Interaktionen zu berücksichtigen (vgl. z. B. BAGGIO 2011). Bereits einen Schritt weiter gehen PECHLANER & VOLGGER (2012), die beispielsweise die GABEK-Software zur Analyse der Hotellerie nutzen und dabei eine Messung der Intensität der Interaktionen zwischen den Akteuren durchführen. Eine inhaltliche Differenzierung der Beziehungen im Sinne einer Unterscheidung zwischen inhaltlich unterschiedlich ausgeprägten (z. B. finanziellen, funktionalen oder emotional geprägten) Beziehungen fehlt bisher weitgehend. BUTLER & WEIDENFELD (2012) versuchen zumindest zwischen Kooperationen und Wettbewerb im Verlauf des Destinationslebenszyklus zu unterscheiden.

Einen ersten Versuch zur Berücksichtigung von Intensität und Qualität der Netzwerkbeziehungen haben BIEGER & BERITELLI (2014) unternommen. Sie analysierten den Einfluss unterschiedlicher Dimensionen auf die Wichtigkeit spezifischer „Knoten" respektive Akteure. Dabei verwenden sie als zentrale Dimensionen ihrer Analyse eines Destinationsnetzwerkes die beiden als innerhalb des Leadership-Kontextes als relevant geltenden Aspekte „Trust" und „Effective Communication". Damit haben sie die Grundlage für eine künftige differenziertere Analyse von Netzwerkbeziehungen im Destinationskontext gelegt. Für zukünftige Analysen im Destinationskontext gilt damit, dass nicht nur die Intensität, sondern auch die Struktur und inhaltliche Ausgestaltung von Beziehungsqualitäten unumgänglich ist. Durch eine zeitliche Dynamisierung wäre es unter Umständen auch möglich, die Rolle unterschiedlicher Beziehungstypen über den gesamten Destinationsentwicklungsprozess zu verfolgen und damit ihre jeweilige Relevanz in den Stadien der Destinationsentwicklung zu erforschen. Vor dem Hintergrund der Marktrahmenbedingungen mit sich ak-

zentuierenden Wettbewerbskonstellationen und den sich wandelnden Bedürfnissen der Reisenden dürfte den Leadership-Ansätzen im Kontext von Innova-
tionsmanagement künftig eine zunehmende Rolle zukommen.

4.4   Herausforderungen im Destinationsmanagement

Neben der aktuell laufenden Diskussion über Governance und Leadership-
Ansätze im Destinationsmanagement sind es insbesondere drei Bereiche, die als
zentrale Herausforderungen angesprochen werden können:

[1] Vor dem Hintergrund zunehmend anspruchsvollerer und komplexerer Auf-
     gaben von DMOs ist die Diskussion über die angemessene **Größe** des räum-
     lichen Zuschnitts und damit verbunden der personellen Kapazitäten relevant.

[2] Ebenfalls stark mit den zunehmenden Aufgaben verbunden ist die Diskus-
     sion über die **Finanzierung** der DMOs.

[3] Angesichts der Notwendigkeit der Schaffung von Synergieeffekten und der
     Bündelung von Marketingaktivitäten zur Effizienzsteigerung, aber auch vor
     dem Hintergrund sich weiter ausdifferenzierender Nachfragemuster, denen
     nicht immer idealtypisch in statischen räumlichen Zuschnitten entsprochen
     werden kann, stellt die Entwicklung von **flexiblen Kooperationsmustern**
     eine weitere zentrale Herausforderung dar.

4.4.1   Größenzuschnitte von DMOs

Insgesamt gesehen ist die Organisation von regionalen Tourismusaufgaben in
Deutschland von einer extremen Aufsplitterung der Zuständigkeiten gekennzeichnet. Im Rahmen einer umfassenden Recherche konnten von MUSKAT
(2007, S. 129) mehr als 5.000 für den Tourismus auf räumlicher Ebene zuständi-
ge Organisationen identifiziert werden. Von diesen ist der weitaus überwiegende
Teil nur für das Gebiet einer einzelnen Gemeinde zuständig. Bei einer als repräsentativ anzusehenden Erhebung bei diesen Tourismusorganisationen ergab
sich, dass mehr als Viertel nur über einen einzigen Beschäftigten verfügen und
weitere gut 40 % nur zwischen zwei und vier Mitarbeiter beschäftigen (vgl.
Abb. 71).

Damit handelt es sich bei vielen für den Tourismus zuständigen Organisationen
um unabhängig auf der Gemeindeebene agierende Einheiten, die im Wesentli-
chen die Funktion von Tourismusinformationsstellen vor Ort erfüllen können.
Übergeordnete strategische Aufgaben der innovativen Produktentwicklung, des
Qualitätsmanagements, der Marktpositionierung oder den neuen Formen der
Marktkommunikation (vgl. Kap. 3.2.4) werden angesichts der insuffizienten
Personalressourcen oftmals nicht oder nur sehr partiell angegangen.

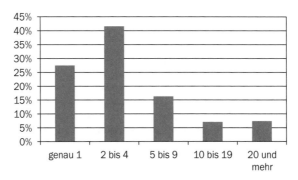

Abb. 71: Anzahl der Beschäftigten in deutschen Tourismusorganisationen (Quelle: eigene Darstellung nach Muskat 2007, S. 130)

Entsprechend der Kleinteiligkeit der Tourismusorganisationen kann auch nur etwa jede Vierte mehr als 150.000 Gästeübernachtungen in ihrem Wirkungsbereich verbuchen (MUSKAT 2007, S. 133). Aber nicht nur in der personellen sondern auch bei der finanziellen Ausstattung drückt sich deutlich aus, dass diese angesichts der vielfältigen Aufgaben im Destinationsmarketing nur sehr begrenzt ausreichend ist. Von MUSKAT (2007, S. 137) wurde ermittelt, dass nur etwa jede siebte Tourismusorganisation über ein Budget von mehr als 500.000 € verfügt. Bei einem Median von gut 100.000 € muss gleichzeitig ein Teil der Tourismusorganisationen mit einem Budget von unter 10.000 € auskommen, ein Betrag der oftmals bereits mit der Finanzierung einer Teilzeitkraft fast vollständig verbraucht wird.

Unabhängig von den notwendigen Ressourcen zur adäquaten Erfüllung der Aufgaben im Destinationsmanagement und -marketing ist noch darauf hinzuweisen, dass auch unter dem Blickwinkel der Markenbildung und der Wahrnehmung durch die potentiellen Besucher (vgl. Kap. 3.2.3) die Zersplitterung als deutlich suboptimal anzusprechen ist. Während der Prozess der Schaffung von leistungsfähigen DMOs in Deutschland nur zögernd angegangen wird, wurde in der Schweiz bereits Mitte der 1990er Jahre als Leitgröße für leistungsfähige DMOs eine Mindestanzahl von 1 Mio. Übernachtungen und freien Marketingmitteln von 1 Mio. CHF festgelegt (BIEGER & BERITELLI 2013, S. 257). Mit der sog. „3. Generation" von DMOs wird dort inzwischen der nächste Schritt angegangen (vgl. Kasten „Good Practise Beispiel: Die Schweizer DMOs der 3. Generation").

▶ Good Practise Beispiel: Die Schweizer DMOs der 3. Generation

Die Schweiz kann unter dem Blickwinkel der Organisation von DMOs sicherlich als zentraleuropäisches Good Practise Beispiel angesprochen werden. Nach den 1995 und 2005 eingeführten und weitgehend umgesetzten DMOs der sog. 1. und 2. Generation wird im Jahr 2015 die sog. „3. Generation" angegangen. Tourismusorganisationen der dritten Generation verfügen nach BIEGER, LAESSER & BERITELLI (2013, S. 22) idealerweise über folgende Voraussetzungen:

[1] Budget von mindestens 2 Mio. CHF

[2] Produktmanager zur Koordinierung der Leistungsträger

[3] Fokus der Marktkommunikation auf digitale Kanäle

[4] Erschließung neuer Märkte mittels zusätzlicher Ressourcen und Partner

[5] Finanzierung zu weniger als 80 % durch lokale Tourismusabgaben (Kurtaxen) und Erschließung eines breiten Mix an unterschiedlichen Quellen

[6] Loslösung vom strengen Territorialprinzip und damit Ermöglichung von flexiblen Raumumgriffen bei den Zuständigkeiten

[7] Vertreter verfolgen keine Partikularinteressen, sondern stellen die Gesamtentwicklung der Destination in den Vordergrund.

Destinationsstrukturen der Zukunft sollen laut BIEGER, LAESSER & BERITELLI (2013, S. 16f.) durch folgende Entwicklungsrichtungen geprägt werden:

▢ Stärkere Orientierung an Transformationsrichtungen über die Optimierung der Destinationsstrukturen hinaus. Damit verbunden auch eine insgesamt stärkere Prozessorientierung.

▢ Stärkere Orientierung an Aufgaben und Produkten, verbunden mit einer Reduzierung der reinen Territorialitätsorientierung. Damit verbunden Intensivierung der Abstimmungs- und Kooperationsprozesse zwischen den unterschiedlichen Ebenen.

▢ Stärkere Orientierung auf Märkte und Marketingprozesse verbunden mit einer partiellen Reduzierung des Fokus auf die Budgetorientierung.

4.4.2 Finanzierung

Die Bereitstellung der für die Erfüllung der Aufgaben im Destinationsmanagement und -marketing notwendigen finanziellen Ressourcen ist einerseits mit dem Größenzuschnitt des Zuständigkeitsbereiches der Tourismusorganisationen verbunden. Unabhängig von der Größenstruktur wurde aber die Bereitstellung der nichtrentierlichen Aufgaben lange Zeit als Aufgabe der öffentlichen Hand angesehen. Gleichzeitig profitiert diese von den positiven ökonomischen Effekten nur indirekt (z. B. über ein höheres Steueraufkommen). In den letzten Jahren findet – auch angesichts der knapper werdenden Mittel der öffentlichen Hand – eine zunehmende Diskussion über die Finanzierung der DMOs statt.

Grundrichtung der Diskussion ist, dass diejenigen Unternehmen, die von den kooperativen Aufgaben profitieren, sich auch stärker an deren Finanzierung beteiligen sollen. Dabei sind es nicht nur die touristischen Unternehmen i. e. S., die von den Kaufkraftzuflüssen der Touristen profitieren (vgl. Tab. 4).

Aufgaben	Vorteilsnehmer
Marketingfunktion	Alle touristischen Anbieter i. e. S. (Hotels, Tourismusattraktionen) und i. w. S: (Einzelhandel etc.), aber auch der Standort als Ganzes im Wettbewerb um Ressourcen (Kapital, Einwohner, Unternehmertum)
Angebotsfunktion	Gäste und auch Einheimische (soweit sie in ihrer Freizeit die Angebote wahrnehmen)
Interessenvertretungsfunktion	Tourismusbranche
Leitbild-/Planungsfunktion	Gesamte Destination (primär touristische Leistungsträger, aber sekundär auch alle an einer Orts- und Regionalplanung Interessierten)

Tab. 4: Kooperative Aufgaben im Destinationsmanagement und Vorteilsnehmer (Quelle: modifiziert nach BIEGER & BERITELLI 2013, S. 267)

Alle Unternehmen in den Destinationen profitieren zu einem gewissen Anteil von den Umsätzen im Tourismus. Dies kann einerseits direkt erfolgen, wenn Touristen im – nicht primär auf den Tourismus ausgerichteten – lokalen Einzelhandel Umsätze tätigen (sei es Lebensmittel einkaufen oder auch als Shopping-Touristen Waren des periodischen Bedarfs kaufen) oder Dienstleistungen in Anspruch nehmen (z. B. Besuch eines Friseurs während des Urlaubs). Aber zur Wertschöpfung im Tourismus (vgl. Abb. 72) zählen auch die indirekten Wirkungen. Dazu gehören die sog. Vorleistungen, wie z. B. der Verkauf von regionalen Agrarprodukten für den Konsum in Hotels oder Gaststätten, aber auch die Handwerksleistung, die für

die Bereitstellung der touristischen Infrastruktur, wie beispielweise die Heizungs-
anlage in einem Hotel. Zu den indirekten Sekundärwirkungen können aber auch
die von den Beschäftigten im Tourismus mit den dort verdienten Einkommen in
der Destination getätigten Umsätze gezählt werden (wenn also ein Hotelangestellter
von seinem Lohn in der Destination einkauft oder Dienstleistungen nachfragt).

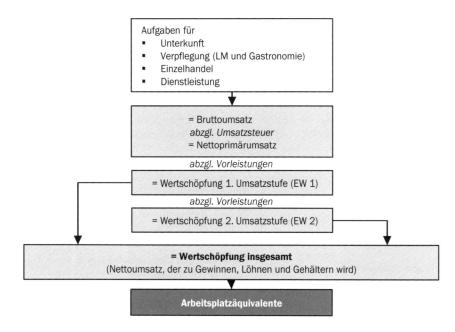

Abb. 72: Grundprinzip der Wertschöpfungsberechnung im Tourismus
(Quelle: eigener Entwurf)

In Deutschland werden – auch wenn die Regelungen von Bundesland zu Bundesland etwas unterschiedlich sind – direkte Abgaben aus dem Übernachtungstourismus nur in Form von Kurtaxen oder Übernachtungsausgaben in formal
ausgewiesenen Kur- und Erholungsorten erhoben. Diese Lage spiegelt ein histo-
risches Verständnis von „Fremdenverkehr", der als räumlich klar abgegrenzt
und als in definierten Urlaubsorten stattfindend verstanden wurde und gleichzeitig mit Übernachtungen verbunden ist. Einerseits wird dabei die Wertschöpfung
durch den Tagestourismus nicht berücksichtigt. Andererseits wird hier z. B.
auch der Städtetourismus ausgeblendet, der in den letzten Jahren deutlich an
Bedeutung gewonnen hat (vgl. Kap. 6.3).

In den letzten Jahren wurde insbesondere von Städten, die eben nicht als Erholungsorte anerkannt sind, Ansätze unternommen, durch eine sog. „Bettensteuer" Deckungsbeiträge für die Bereitstellung der von Touristen (mit-)genutzten Infrastruktur (kulturelle Einrichtungen, aber auch z. B. andere von der öffentlichen Hand subventionierte Freizeit- und Mobilitätsangebote) zu generieren.

Die meisten dieser Ansätze sind aufgrund des Bundesverwaltungsgerichtsurteils von 2012, dass solche Abgaben nur auf privat motivierte Übernachtungen (d. h. Geschäftsreisen ausgeschlossen wurden) erhoben werden können (OSV 2013, S. 22f.), sowie eine Reihe anderer Gerichtsverfahren mehrheitlich wieder aufgehoben worden. Auch wenn die aktuelle Situation also nicht ganz klar ist, zeichnet sich doch ab, dass die Diskussion um die Finanzierung der Bereitstellung der touristisch relevanten Infrastruktur und die Finanzierung des Destinationsmanagements in den nächsten Jahren sicherlich weiter gehen wird.

Als Schwachpunkte der sog. „Bettensteuer" sind anzusprechen, dass diese einerseits vor dem Hintergrund knapper kommunaler Aufgaben als Instrument zur Generierung zusätzlicher Einnahmen für die Kommunen angelegt waren. Mit der Erhebung der Abgabe war einerseits oftmals keine Zweckbindung für touristisch relevante Aufgaben verbunden, sondern es sollte der Globalhaushalt der Kommunen entlastet werden. Andererseits wurden keine zusätzlichen für die abgabepflichtigen Beherbergungsbetriebe erkennbaren Leistungen in Aussicht gestellt und – sicherlich auch ein wichtiger Punkt – die touristischen Leistungsträger nicht an der Entscheidung über die Verwendung der generierten Mittel einbezogen.

Einen gangbaren Weg zu einer soliden Finanzierung der nichtrentierlichen Ausgaben in Destinationen zeigt das Vorgehen in Österreich auf (vgl. Kasten „Good Practise Beispiel: Die Tiroler Tourismusfinanzierung"). Dort wurde einerseits durch Ländergesetze flächendeckend sog. „Aufenthaltsabgaben" eingeführt, die direkt von den Tourismusverbänden erhoben werden. Darüber hinaus werden einerseits die direkten Einnahmen aus dem Tagestourismus sowie die indirekten Wertschöpfungseffekte dadurch berücksichtigt, dass ein – von Destination zu Destination und in Abhängigkeit des aus dem Tourismus gezogenen Nutzens unterschiedlicher – Promilleanteils des Umsatzes als zweckgebundener Beitrag an die Landesregierung abgeführt werden muss. Diese Beiträge werden nach einem transparenten Verteilungsschlüssel zum überwiegenden Teil ebenfalls an die regionalen Tourismusverbände weiter geleitet. Ein kleinerer Teil fließt an die entsprechenden LMO (= Landesmarketingorganisation) bzw. in entsprechende Tourismusförderfonds. Relevant ist auch, dass die zur Finanzierung herangezogenen Unternehmen auch in entsprechenden Gremien repräsentiert sind, die über die Ausgabenverteilung der generierten Mittel entscheiden.

▶ Good Practise Beispiel: Die Tiroler Tourismusfinanzierung

„In dem vom Tourismus stark geprägten Land Tirol begann im Jahr 1997 ein einzigartiger Tourismusreformprozess. Der damals zunehmende internationale Wettbewerb führte zu konstanten Rückgängen bei den Übernachtungen, weshalb beschlossen wurde, die zahlreichen kleinen Tourist-Informationen zu leistungsfähigen regionalen Einheiten zu fusionieren. Seit 1997 sank die Anzahl der Tourismusverbände von 247 auf zuletzt 34. Mittel- bis langfristig werden zehn Destinationsverbände als ausreichend erachtet. Die Finanzierung der 34 Regionalverbände respektive des Tourismus erfolgt, anders als in Deutschland, nicht auf freiwilliger Basis, sondern ist im Tiroler Tourismusgesetz genau geregelt. Sie beruht grundsätzlich auf zwei Säulen:

▢   Die Aufenthaltsabgabe, die zwischen 0,55 Euro und 3,00 Euro liegen kann, wird direkt von den Beherbergungsbetrieben eingenommen und an die Tourismusverbände abgeführt. Anders als die Kur- und Fremdenverkehrsabgabe in Deutschland wird diese flächendeckend erhoben und ist verpflichtend.

▢   Neben der Aufenthaltsabgabe wird von den Unternehmen fast aller Branchen ein von mehreren Faktoren abhängiger Beitrag erhoben. Es wird zwischen drei verschiedenen Ortsklassen (Tourismusintensität) sowie sieben verschiedenen Beitragsgruppen (Profit durch Tourismus) unterschieden. Beispielsweise befinden sich Metallerzeuger in der Beitragsgruppe VII (geringste Beiträge) und der Einzelhandel je nach Standort und Schwerpunkt in Gruppe II bis IV. Erhoben werden die Beiträge von einer zentralen Stelle des Landes Tirol. Der Großteil der Mittel fließt zurück an die Tourismusverbände und ein kleinerer Teil in einen Tourismusförderfonds, der für die Finanzierung der Dachmarke ‚Tirol Werbung‘ und für Infrastrukturmaßnahmen geschaffen wurde.

▢   Der Vorteil des Finanzierungsmodells in Tirol liegt auf der Hand: Alle Branchen werden an der Tourismusfinanzierung beteiligt, ein kostenloses Trittbrettfahren ist damit nicht möglich. Gleichermaßen besteht ein relativ ‚krisensicheres Budget‘. Kritisch wird vor allem der Top-Down-Ansatz gesehen, der nur wenig Spielraum für Input von ‚unten‘ lässt. Bezogen auf die Tourismusstrukturen in Deutschland ist eine Übertragbarkeit des Tiroler Modells aufgrund der hohen Interventionen von übergeordneter Stelle nur sehr eingeschränkt möglich" (OSV 2013, Anhang 5, S. 4).

Gleichzeitig war die Einführung einer stabilen und kalkulierbaren Finanzierung der tourismusrelevanten Aufgaben in den Destinationen auch mit einer Umstrukturierung des Destinationszuschnitts und der Reduzierung der Vielzahl von kommunalen Tourismusorganisationen verbunden. Mit diesem Ansatz werden z. B. in Tirol pro Jahr etwa 100 Mio. € an Einnahmen generiert, die für die Aufgaben im Destinationsmanagement und -marketing zur Verfügung stehen. Nur etwas mehr als ein Drittel des Volumens wird über die Aufenthaltsabgabe (berücksichtigt direkte Effekte des Übernachtungstourismus) erzielt. Der weitaus größere Anteil entfällt auf die umsatzabhängigen Beiträge (mit denen indirekte Effekte und der Tagestourismus berücksichtigt werden; OSV 2013, Anhang 5, S. 4).

Ähnliche Ansätze sind auch in Südtirol implementiert. Dort wird ebenfalls eine sog. „Gemeindeaufenthaltsabgabe" erhoben, die nach dem Übernachtungspreis gestaffelt ist. Darüber hinaus kann eine sog. „Landestourismusabgabe" erhoben werden, die in Abhängigkeit vom Umsatz und gestaffelt nach der Relevanz des Tourismus für das Unternehmen erhoben wird. Die Einnahmen werden dort ebenfalls zweckgebunden für Maßnahmen mit touristischer Relevanz verwendet (OSV 2013, Anhang 5, S. 6).

Auch in der Schweiz sind Anzeichen erkennbar, dass zur Finanzierung der nichtrentierlichen tourismusbezogenen Ausgaben ähnliche Wege gegangen werden. Demgegenüber steht die Diskussion in Deutschland erst am Anfang. Gleichzeitig wird das Thema der Finanzierung im Destinationsmanagement in den nächsten Jahren sicherlich noch an Bedeutung gewinnen.

Ein weiterer vielversprechender Ansatz zum Umgang mit der Tatsache, dass die Aufgaben im Destinationsmanagement und -marketing einerseits gemeinwirtschaftlichen und andererseits mehr privatwirtschaftlichen Charakter aufweisen, wurde in der Destination Lüneburger Heide gegangen. Entsprechend dem Public-Private-Partnership (PPP) Grundprinzip legte das beauftragte Consulting-Unternehmen einen Vorschlags vor, der vorsah, dass die eher übergeordneten (nicht direktrentierlichen) Aufgaben wie die Bereitstellung von zentralen Diensten, der Marktforschung sowie allgemeinen Imagekampagnen und zentralen Unternehmensabläufe in der DMO von der öffentlichen Hand finanziert und verantwortet werden. Die stärker an privatwirtschaftlichem Handeln orientierten konkreten Ansätze der Marktkommunikation, aber auch der Produktentwicklung und des Vertriebs demgegenüber privatwirtschaftlich organisiert und auch finanziert werden (vgl. Abb. 73).

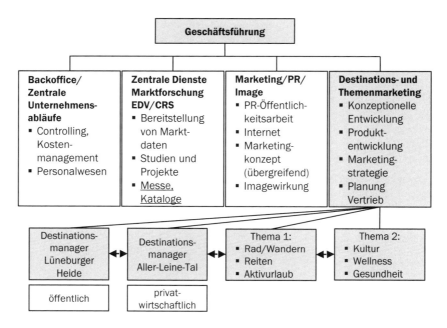

Abb. 73: Aufgabenverteilung für öffentliche und private DMO-Aufgaben in der Lüneburger Heide (Quelle: eigener Entwurf modifiziert nach ETI 2007, S. 169)

Hinter diesem Ansatz steht die Tatsache, dass ein Zusammenschluss der privaten touristischen Leistungsträger einerseits bereit war, einen signifikanten De-
ckungsbeitrag zur Finanzierung der DMO aufzubringen. Andererseits sollte er
als gleichberechtigter Partner neben den Gebietskörperschaften an der Destina-
tionsmanagementagentur beteiligt werden.

Festzuhalten bleibt aber auch, dass Tourismus – anders als die Bereitstellung
von sozialer Infrastruktur oder dem ÖPNV – nicht zu den Pflichtaufgaben der
Gebietskörperschaften zählt, sondern als sog. freiwillige Aufgabe eingestuft ist.
In Zeiten knapper Kassen in den öffentlichen Haushalten stehen damit oftmals
diese freiwilligen Aufgaben zur Disposition. Unabhängig von der Notwendigkeit, die Unternehmen, die direkt oder indirekt vom Tourismus profitieren an
der Finanzierung von kooperativen Aufgaben zu beteiligen, sei abschließend
auch darauf hingewiesen, dass auch die Kommunen und Bundesländer über die
Anteile an der Lohn- und Einkommensteuer sowie der Umsatzsteuer an der
touristischen Wertschöpfung partizipieren. Dementsprechend ist in der Diskussion auch zu berücksichtigen, dass aus diesen Einnahmen auch künftig touristisch relevante Infrastrukturmaßnahmen gefördert werden sollte, ohne dass

immer auch eine entsprechende Gegenfinanzierung durch wie auch immer geartete Tourismusabgaben vorliegen muss. Tourismusförderung ist Teil der regionalen Wirtschaftsförderung, in die ebenfalls oftmals Mittel fließen, die nicht direkt gegenfinanziert werden. Gleichzeitig ist noch nicht bei allen privatwirtschaftlichen Akteuren der touristischen Leistungskette das Bewusstsein vorhanden, dass die übergeordneten DMO-Aktivitäten letztendlich ihnen zugutekommen und dementsprechend auch eine Bereitschaft zur Beteiligung an der Finanzierung notwendig ist.

4.4.3 Flexible Formen der Kooperation

Mit bedingt durch die enge Verzahnung von Destinationsmanagement und dem räumlichen Zuschnitt von Gebietskörperschaften lehnt sich die Organisation von DMOs oftmals stark an die Gebietszuschnitte von Gebietskörperschaften an. Neben der Gemeindeebene und der Landesebene waren DMOs früher oftmals auf Kreise oder Bezirke bezogen. Vor dem Hintergrund der Tatsache, dass Destinationen sich aus Sicht der Reisenden eben nicht an administrativen Grenzen orientieren – teilweise auch nationale Grenzen überschreiten – werden regionale DMOs inzwischen mehr und mehr an den konkreten Reisegebieten orientiert.

Als ein Good Practise Beispiel kann hier das Bundesland Rheinland-Pfalz angesprochen werden. Dort werden bereits seit den 1960er Jahren die Abgrenzungen der statistischen Reisegebiete nicht auf der Ebene von Kreisen, sondern nach den landschaftlichen Schwerpunkten vorgenommen (vgl. auch Abb. 56 in Kap. 3.2.3). Die in der Folge geschaffenen regionalen DMOs weisen dabei auch Bundesländergrenzen überschreitende Zuschnitte auf. So werden der rheinland-pfälzische und der nordrhein-westfälische Teil der Eifel von einer gemeinsamen DMO vermarktet. Und auch der (hessische) Oberlauf des Lahntals wird von der Rheinland-Pfalz Tourismus GmbH mit vermarktet (vgl. Abb. 56 in Kap. 3.2.3).

Gleichzeitig steht auch hinter diesem, an konkreten Reisegebieten orientierten Zuschnitt des Zuständigkeitsbereiches von regionalen DMOs ein statisches, hierarchisches und territorial orientiertes Verständnis von Destinationen. Dementsprechend ist eine Kommune wie Trier einerseits eine eigenständige städtetouristische Destination, gleichzeitig aber auch Teil des sich entsprechend vermarktenden Landkreises. Sie ist auf der regionalen Ebene Teil des Reisegebiets Mosel und wird auf der Landesebene von der LMO Rheinland-Pfalz Tourismus mit vermarktet, bzw. auf der Bundesebene von der Deutschen Zentrale für Tourismus (DZT) mit vertreten (vgl. Abb. 74).

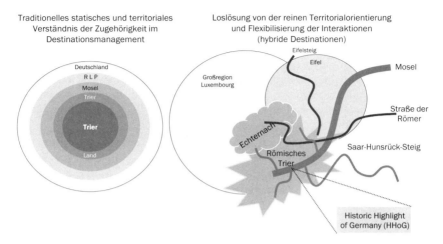

Abb. 74: Vom statischen Destinationsverständnis zur hybriden Destinationsauf-
fassung (Quelle: eigener Entwurf)

Dieses statische, klar territorial und auch hierarchisch systematisch abgestufte
Verständnis von Destinationen berücksichtigt aber die Vielfalt der unterschiedlichen Interessen der Touristen nicht optimal. Trier mit seinem römerzeitlichen
kulturellen Erbe kann von kulturinteressierten Touristen als eigenständige städtetouristische Destination aufgefasst werden und ist dementsprechend natürlich
eigenständig zu vermarkten. Gleichzeitig finden sich (auch außerhalb des Landkreises Trier-Saarburg) Relikte des römerzeitlichen kulturellen Erbes. Teile davon liegen auch jenseits der Grenze zu Luxembourg in Echternach. Darüber
hinaus ist Trier Teil der sog. „Straße der Römer", mit der in Rheinland-Pfalz das
römerzeitliche Erbe als Dachmarke vermarktet wird. Trier ist gleichzeitig Start-
und Zielpunkt der Fernwanderwege „Eifelsteig" und „Saar-Hunsrück-Steig",
liegt am Moselradweg, bzw. den Radwegen von in die Mosel mündenden Ne-
benflüssen.

Im Zuge der grenzüberschreitenden Kooperation zwischen dem Saarland und
Rheinland-Pfalz auf deutscher Seite, sowie der Lorraine auf französischer Seite,
der Wallonie auf belgischer Seite und Luxembourg ist Trier Teil der sog. „Großre-
gion (Grande Région). Da Trier alleine in den internationalen (insbesondere außereuropäischen) Quellmärkten die Wahrnehmungsschwelle nicht überschreiten
kann, ist die Stadt gleichzeitig für diese Zielgruppe auch Mitglied der Vermarktungskooperation „Historic Highlights of Germany" (HHoG; vgl. hierzu auch den
Kasten „Die Vermarktungskooperation ‚Historic Highlights of Germany'").

▶ Die Vermarktungskooperation „Historic Highlights of Germany"

Große Metropolen wie Berlin, München oder Hamburg sind quasi als „Selbstläufer" im Destinationsmarketing anzusehen. Sie verfügen einerseits über eine genügend hohe Bekanntheit in den ausländischen Quellmärkten, d. h. sind fest in der Wahrnehmung der Nachfrager verankert. Andererseits weisen sie ein so großes Spektrum an Aktivitätsmöglichkeiten auf, dass sie oftmals für sich alleine als städtetouristische Destination aufgesucht werden. Gleichzeitig werden die 10 wichtigsten städtetouristischen Destinationen von der DZT als „Magic Cities" international vermarktet, bzw. unterhalten selbst Vertretungen in den relevanten Quellmärkten.

Um der Herausforderung für die städtetouristischen Destinationen der „2. Liga" zu begegnen, auf den Auslandsmärkten wahrgenommen zu werden, haben sich 14 Städte 1992 zur Vermarktungskooperation in den sog. „Historic Highlights of Germany" zusammengeschlossen (Augsburg, Erfurt, Freiburg, Heidelberg, Koblenz, Mainz, Münster, Osnabrück, Potsdam, Regensburg, Rostock, Trier, Wiesbaden, Würzburg; ⌁ *www.historic germany.travel*).

Über diese Vermarktungskooperation können sich damit auch kleinere städtetouristische Destinationen den Zugang zu internationalen Quellmärkten erschließen. Da die Attraktivität einzelner kleinerer städtetouristischer Destinationen – anders als z. B. im Fall von München oder Berlin – allein für sich nicht ausreicht, um Besucher von außerhalb Europas anzuziehen, wurden Routen konzipiert, mit denen versucht wird, die Besucher in mehrere der Kooperationsstädte zu ziehen. Diese Rundreisen sind jeweils thematisch fokussiert, zu Themenfelder wie Wein, Römer, Romantik oder Reformation und fassen jeweils mehrere Standorte der HHoG zu einem Paket zusammen. Wichtig ist bei dieser Marketingkooperation auch, dass nicht nur Imagekampagnen betrieben und die Informationen über die unterschiedlichen Marktkommunikationskanäle angeboten werden, sondern auch für den Endkunden direkt buchbare Produkte als Bausteinreisen verfügbar sind (genauer bei KAGERMEIER 2009).

Eine solche Form der Marketingkooperation zur Generierung von Synergieeffekten und der Erschließung neuer Märkte – auch mit entsprechend klar markierten Produkten – stellt sicherlich einen Ansatz dar, der sich vom klassischen, statisch-territorialen Verständnis des Destinationsmarketing löst und Wege in Richtung auf flexible Kooperationen entsprechend einem hybriden Destinationsverständnis weist.

Insbesondere für thematisch ausgerichtete und auf spezielle Marktsegmente zugeschnittene Produktlinien entsprechen die klassischen Destinationsgrenzen oftmals nicht den von den Reisenden nachgefragten räumlichen Umgriffen. Gleichzeitig konzentriert sich das klassische Destinationsmarketing oftmals auf die zentralen Stärken der jeweiligen Destination, z. B. im Fall von Trier der Fokussierung auf das römerzeitliche kulturelle Erbe (ARLETH & KAGERMEIER 2009). Um auch die Nischenpotentiale entsprechend eigenständig in Wert zu setzen, sind flexible Kooperationen gefragt (in Trier z. B. für den Wander- und Fahrrad-, aber auch den Weintourismus).).

Um die vielfältigen Bedürfnisse der Reisenden zu charakterisieren, wird oftmals vom sog. „hybriden Konsumenten" gesprochen (STEINECKE 2013, S. 38). Dementsprechend kann in Analogie dazu zur Befriedigung der vielfältigen Bedürfnisse auch von „hybriden Destinationen" gesprochen werden, die eben nicht mehr nur klassisch auf ein Hauptprodukt und eine Hauptzielgruppe ausgerichtet sind, sondern spezielle Teilsegmente in flexiblen Kooperationen bedienen.

Damit ergeben sich allerdings zusätzliche Anforderungen an die Organisation und die Steuerung dieser Kooperationen als künftige Herausforderung an das Destinationsmanagement.

Zusammenfassend ist festzuhalten, dass das Destinationsmanagement sich in den letzten Jahrzehnten angesichts der vielfältigen und zunehmend komplexeren Aufgaben und Herausforderungen deutlich weiter entwickelt hat. Das klassische Klischee von einer lokalen, ehrenamtlich organisierten Fremdenverkehrsinformationsstelle, die lediglich ein paar Broschüren bereithält, ist längst passé. Die Anforderungen an das Marketing und Management von Destinationen haben damit auch zu einer kontinuierlichen Veränderung des Berufsbilds der von der örtlichen bis zur nationalen Ebene mit diesen Aufgaben betrauten Tourismus-Praktiker geführt.

▶ Zusammenfassung

▦ In diesem Kapitel wurden zunächst grundlegende Aspekte des Begriffes Destination vorgestellt.

▦ Das Destinationsmanagement zeichnet sich durch einen dualen Charakter aus, das sowohl betriebswirtschaftliche als auch übergeordnete, dem Gemeinwohl verpflichtete Belange zu berücksichtigen sind.

▦ Die organisationalen und strukturellen Bereiche des Destinationsmanagements befinden sich in einer offenen Diskussion. Eines der zentralen Fragen ist die nach den Steuerungsformen im Zuge des Destination Governance. Hier ist der Findungsprozess von entsprechenden organisationalen Formen noch voll im Gange.

▦ Aber auch grundlegende Aspekte wie die der Größenzuschnitte oder der Finanzierung der nicht direkt rentierlichen Aufgaben sind nach wie vor noch nicht abschließend geklärt.

▦ Darüber hinaus stellt die Flexibilisierung von gewachsenen hierarchisch geprägten Strukturen eine der wichtigen Herausforderungen für eine Optimierung der Marktpräsenz dar.

▶ Weiterführende Lesetipps

STEINECKE, Albrecht (2013): Destinationsmanagement. Konstanz/München
Ausführliche Darstellung der Aufgaben im Destinationsmanagement wobei insbesondere auch die Aspekte des Qualitätsmanagements und des Binnenmarketings sowie die Marktrahmenbedingungen intensiver behandelt werden.

SARETZKI, Anja & Karl-Heinz WÖHLER (Hrsg.; 2013): Governance von Destinationen. Neue Ansätze für die erfolgreiche Steuerung touristischer Zielgebiete. Berlin
Zusammenstellung von Beiträgen, mit denen eine vertiefende Beleuchtung unterschiedlichen Facetten aus der Diskussion über Destination Governance erfolgt.

5 Tourismus und Nachhaltigkeit

Die Nachhaltigkeitsthematik ist eng mit dem Grundansatz des Destinationsmanagements verbunden. Dieses ist einerseits auf das Austarieren der Ansprüche der Touristen zur Generierung regionalökonomischer Wertschöpfung ausgerichtet. Anderseits ist das im Destinationsmanagement aber eben auch die Berücksichtigung der ökologischen und sozialen Rahmenbedingungen zur Sicherung einer dauerhaften touristischen Nutzung impliziert, sodass die ökologischen und sozialen Tragfähigkeitsgrenzen einer Destination nicht überschritten werden. Der Nachhaltigkeitsaspekt zählt gleichzeitig zu einem der konstituierenden Bereiche der tourismusgeographischen Herangehensweise, die sich eben gerade dadurch auszeichnet, dass die ökonomischen Aspekte des Tourismus immer integriert in einen größeren gesellschaftlichen, politischen und auch ökologischen Kontext gesehen werden.

▶ **Lernziele**

In diesem Kapitel werden folgende Fragen beantwortet:

▪ Welche Aspekte der Nachhaltigkeitsdiskussion sind im Tourismus besonders relevant?

▪ Welche Rolle spielt der Tourismus für den Klimawandel und was bedeutet der Klimawandel im Tourismus?

▪ Welche Ansätze gibt es, Nachhaltigkeitsaspekte stärker im Tourismus zu berücksichtigen.

Die Diskussion über die ökologischen Implikationen des Tourismus entwickelte sich parallel zu dessen Verbreitung in weiten Teilen der Bevölkerung in der 2. Hälfte des 20. Jahrhunderts. Einerseits kann die Diskussion natürlich als Reaktion auf die damit verbundenen negativen Effekte, der intensiven Nutzung und Übernutzung natürlicher Ressourcen, aber auch der kulturellen Überprägung angesehen werden. Andererseits fußt ein Teil der Auseinandersetzung auch in der bildungsbürgerlich geprägten Tourismuskritik, die letztendlich in den meisten von uns auch noch verankert ist nach dem Motto: „Die Touristen sind immer die anderen". Man selbst versteht sich als Reisender, der sich von der touristischen „Masse" unterscheidet. Der 1958 publizierte Essay von Magnus ENZENSBERGER „Vergebliche Brandung der Ferne. Eine Theorie des Tourismus" wird oftmals als Beginn der tourismuskritischen Strömung angesehen. In einer Auseinandersetzung mit dem Konzept der Pauschalreise wird diese auf die drei Grundprinzipien,

„Normung", „Montage" und „Serienfertigung" zurückgeführt. Dabei wird – entsprechend dem fordistischen Paradigma – ein Leistungsbündel zusammengestellt (montiert), das als zentrales Element für die weite Verbreitung den Preisvorteil aufweist, da das Angebot nicht mehr wie in den Zeiten der Grand Tour für einzelne Adelige zusammengestellt wird, sondern gleichzeitig für eine größere Zahl von Kunden/Reisenden konzipiert ist. Mit der als Degenerierung angesehenen Kommodifizierung des Reisens verbunden ist implizit die romantische Sehnsucht nach dem einzigartigen Glückserlebnis, dem „Tourist Gaze" von URRY (1990) mit der Illusion eines exklusiven und authentischen Erlebnisses. Dem entspricht die vielfach zitierte und ebenfalls ENZENSBERGER zugeschriebene Aussage: „Der Tourist zerstört, was er sucht, indem er es findet".

Die Tourismuskritik und die weitere Diskussion wurden – noch weit im Vorfeld der Nachhaltigkeitsdiskussion der 1990er Jahre stark von den Publikationen KRIPPENDORFs: „Die Landschaftsfresser" (1982) und „Die Ferienmenschen" (1984) sowie einem Beitrag von Robert JUNGK (1980) beeinflusst, in dem in seinem „Plädoyer für sanftes Reisen" dem sog. „harten" Tourismus einen Gegenentwurf des sog. „sanften" Tourismus entgegenstellt (vgl. Tab. 5).

„hartes" Reisen	„sanftes" Reisen
- Massentourismus	- Einzel-, Familien- und Freundesreisen
- wenig Zeit	- viel Zeit
- schnelle Verkehrsmittel	- angemessene (auch langsame) Verkehrsmittel
- festes Programm	
- außengelenkt	- spontane Entscheidungen
- importierter Lebensstil	- innengelenkt
- „Sehenswürdigkeiten"	- landesüblicher Lebensstil
- bequem und passiv	- Erlebnisse
- wenig oder keine geistige Vorbereitung	- anstrengend und aktiv
- keine Fremdsprache	- vorhergehende Beschäftigung mit dem Urlaubsland
- Überlegenheitsgefühl	
- Einkaufen („Shopping")	- Sprachen lernen
- Souvenirs	- Lernfreude
- Knipsen und Ansichtskarten	- Geschenke bringen
- Neugier	- Erinnerungen, Aufzeichnungen, neue Erkenntnis
- laut	

Tab. 5: Hartes vs. sanftes Reisen
(Quelle: modifiziert nach JUNGK 1980, S. 156)

Hinter dieser Diskussion steht zwar sicherlich eben auch ein bestimmtes Elite-denken, das letztendlich auf eine Limitierung hinaus laufen würde, bei der man sich des Reisens als würdig erweisen muss und damit eben nicht jedermann reisen kann. Gleichzeitig ist aber auch anzuerkennen, dass diese tourismuskriti-sche Diskussion der 1980er Jahre das gesellschaftspolitische Bewusstsein für Fehlentwicklungen geschärft hat, und als Vorläufer des am Nachhaltigkeitspara-digma orientierten Tourismus angesehen werden kann. Sanfter Tourismus wird auch heute noch oftmals mit nachhaltigem Tourismus gleichgesetzt. Er soll:

- umweltfreundlich sein und ein Interesse an einer möglichst intakten und wenig beeinträchtigten Landschaft haben,
- sozialverträglich sein und dabei die lokale Kultur berücksichtigen,
- zu einer eigenständigen Regionalentwicklung beitragen,
- die Potentiale der einheimischen Kultur fördern.

Dabei ist die Diskussion über sanftes Reisen insbesondere auch vor der Aus-einandersetzung mit dem sog. Entwicklungsländertourismus zu sehen, der in den 1970er und 1980er Jahren ebenfalls an Bedeutung zunahm und dessen negative Wirkungen sichtbar wurden (vgl. Kap. 7.3).

Gleichzeitig ist in der Diskussion – gemäß dem englischen Sprichwort: „You can't make an omelette without breaking eggs" – immer auch zu berücksichti-gen, dass eben jede (wirtschaftliche) Aktivität des Menschen auch mit ungewoll-ten Konsequenzen verbunden ist. Zwar besteht unbestritten eine der zentralen Herausforderungen im Tourismus sowohl in den Industrie- als auch den Ent-wicklungsländern darin, die Balance zwischen den intendierten positiven öko-nomischen Effekten und den möglichst zu minimierenden negativen ökologi-schen und sozialen Effekte zu finden. Gleichwohl wird in der Diskussion – möglicherweise als Nachwirkung der elitären bildungsbürgerlichen Tourismus-kritik der 1980er Jahre – in der gesellschaftlichen Diskussion relativ eng auf die negativen Wirkungen abgestellt.

5.1 Grundlagen der Nachhaltigkeitsdiskussion im Tourismus

Trotz einer Reihe von Vorläuferinitiativen in den 1970er und 1980er Jahren – insbesondere zu den ökologischen Problemen – wird der Beginn der aktuellen Nachhaltigkeitsdiskussion zumeist mit dem sog. „Brundtland-Bericht" mit dem Titel „Our Common Future" verbunden, der unter dem Vorsitz norwegischen Ministerpräsidentin Brundtland 1987 von der United Nations World Commissi-on on Environment and Development (WCED; = Brundtland-Kommission) veröffentlicht wurde. Die dort vorgelegte Definition des Begriffes Sustainable

Development bzw. Nachhaltige Entwicklung gilt nach wie vor als das zentrale Leitmotiv der Nachhaltigkeitsdiskussion:

Sustainable development „meets the needs of the present without compromising the ability of future generations to meet their own needs" (WCED 1987, S. 24).

Die Nachhaltigkeitsdiskussion wurde in der Folge dann insbesondere von der 1992 in Rio de Janeiro stattgefundenen „UN Conference on Environment and Development" (UNCED) weiter befördert.

Hingewiesen sei in diesem Kontext auch auf einen Aspekt, der in der Diskussion in den Industrieländern oftmals etwas in den Hintergrund gerät. Die Diskussion entstand im Kontext des Dialogs mit den sog. Entwicklungsländern. Ziel war es zwar einerseits, das Recht der nachfolgenden Generationen auf möglichst intakte Umwelt- und Lebensbedingungen zu sichern. Dieser Aspekt, den materiellen Wohlstand mit der Erhaltung der natürlichen Lebensgrundlagen in Einklang zu bringen, wurde in der Folge in den Industrieländern oftmals in den Vordergrund gestellt. Andererseits wird auch das Recht der heutigen Generation – insbesondere derjenigen, die noch in marginalisierten, prekären Verhältnissen in den sog. Entwicklungsländern leben – als legitim anerkannt, ihre Bedürfnisse zu befriedigen, die Armut zu überwinden und verbesserte Lebensverhältnisse anzustreben. Dass damit auch wirtschaftliches Wachstum in den sog. Entwicklungsländern verbunden ist, wird in der Diskussion in den Industriestaaten oftmals vernachlässigt. Dabei dürfe aber die globalen ökologischen Tragfähigkeitsgrenzen nicht gesprengt werden. Mit dem Nachhaltigkeitskonzept wurde ein integrierter Ansatz verfolgt, der vorher oftmals isolierte Diskussionsstränge wie Umweltverschmutzung, Rüstungswettlauf, Verschuldung der sog. 3. Welt, demographische Entwicklung oder Desertifikation in einem Gesamtzusammenhang stellt. Da davon ausgegangen wird, dass die aktuellen Konsum- und Lebensweisen in den Industrieländern nicht auf die derzeitige und künftige Weltbevölkerung übertragbar sind, ist eine Änderung der Produktions- und Konsumptionsmuster unerlässlich, um unannehmbare negative Konsequenzen zu vermeiden.

Damit steckt im Begriff Nachhaltigkeit von Anfang an ein Spannungsverhältnis zwischen Wachstum für die sog. Entwicklungsländer und der Reduzierung der ökologischen Belastung vor allem in den Industrieländern. Es wird eben kein „goldenes Zeitalter" der Nachhaltigkeit in Aussicht gestellt, sondern ein schweres Ringen um Kompromisse zwischen unterschiedlichen Zielsystemen (vgl. Abb. 75).

Das Austarieren zwischen den klassischen drei Dimensionen der Nachhaltigkeit: Ökonomie, Ökologie und soziale Gerechtigkeit ist grundsätzlich konfliktbehaftet. Damit stellt der Prozess des Austarierens eine große Herausforderung dar, bei der eben nicht alle Ziele idealtypisch umgesetzt werden können und entsprechende Zugeständnisse von allen Akteursgruppen mit ihren jeweiligen Zielsetzungen zu machen sind. Nur unter den jeweiligen Partikularblickwinkeln als suboptimal angesehene Lösungen führen zu einer möglichst ausgewogenen Berücksichtigung aller Dimensionen.

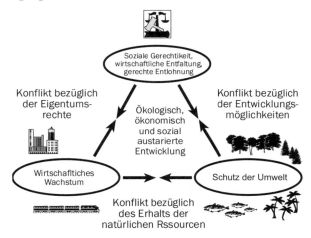

Abb. 75: Konfliktlinien zwischen den klassischen drei Dimensionen der Nachhaltigkeit (Quelle: eigener Entwurf)

Wie in vielen anderen Bereichen hat die Nachhaltigkeitsdiskussion in den Folgejahren auch im Tourismus Eingang gefunden. Die klassische Definition von nachhaltigem Tourismus der UNWTO lautet: „Tourism that takes full account of its current and future economic, social and environmental impacts, addressing the needs of visitors, the industry, the environment and host communities" (UNEP & UNWTO 2005, S. 12). Damit wird einerseits die klassische Triade der ökonomischen, ökologischen und sozio-kulturellen Dimensionen aufgenommen, Gleichzeitig werden die Bedürfnisse von drei Akteursgruppen als gleichwertig nebeneinander gestellt, diejenigen der Besucher, der Tourismuswirtschaft und der lokalen Bevölkerung. Deren Bedürfnisse sind nicht nur untereinander auszutarieren, sondern gleichzeitig auch unter Berücksichtigung der ökologischen Rahmenbedingungen zu gestalten.

Die Tatsache, dass mit der Differenzierung nach den involvierten Akteursgruppen statt der klassischen Triade im Tourismus komplexere Wechselbeziehungen bestehen, wird in der Darstellung in Abbildung 76 zum Ausdruck gebracht. Gleichzeitig wird auch versucht, die zeitliche Dimension – d. h. die Bedürfnisse künftiger Generationen – mit einzubeziehen. Möglicherweise auch als Folge der Tourismuskritik der 1980er Jahre wird dabei nachhaltiger Tourismus oftmals verstanden als kleinteiliger naturorientierter Tourismus. In diesem Zusammenhang werden nachhaltiger Tourismus oftmals als „Ökotourismus" verstanden und beide Begriffe gleichgesetzt. Es ist das Verdienst von STRASDAS, hier eine definitorische Klarheit herbeigeführt zu haben. STRASDAS (2001) versteht unter Ökotourismus einen naturorientierten Tourismus, der gleichzeitig auch die Nachhaltigkeitsaspekte berücksichtigt (= Schnittmenge in Abbildung 77; ähnlich auch: SIEGRIST, GESSNER & KETTERER BONNELAME 2015, S. 20).

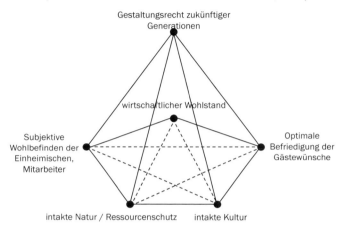

Abb. 76: Zielsystem für einen nachhaltigen Tourismus (Quelle: eigener Entwurf nach REVERMANN & PETERMANN 2003, S. 139)

Damit wird implizit auch deutlich, dass Naturtourismus nicht immer als nachhaltigkeitsorientiert angesprochen werden kann. Wenn Naturtourismus weder die Bedürfnisse der lokalen Bevölkerung noch die verursachten ökologischen Schäden berücksichtigt, kann er genauso *un*nachhaltig sein, wie andere Formen des Tourismus.

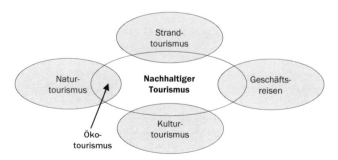

Abb. 77: Formen eines nachhaltigen Tourismus (Quelle: eigener Entwurf nach STRASDAS 2001, S. 8)

Implizit wird mit der Darstellung damit auch deutlich, dass es eben keine a priori nachhaltigen Tourismusformen gibt. Letztendlich geht es darum, die unterschiedlichen Tourismusformen möglichst entsprechend den Nachhaltigkeitsprinzipien zu gestalten, bzw. diesen möglichst gut zu entsprechen. Umgekehrt bedeutet dies, dass es eben keine vollständige Erfüllung aller Kriterien der Nachhaltigkeit geben kann, es also keinen Zielzustand im Tourismus geben kann, der als 100-prozentig nachhaltig anzusprechen ist. Dies wurde bereits von der UNWTO konzediert: „Moreover, sustainable tourism should not be taken to imply a finite state of tourism. In fact, it is often argued that tourism may never be totally sustainable – sustainable development of tourism is a continuous process of improvement" (UNEP & UNWTO 2005, S. 12). Letztendlich ist es damit möglicherweise auch irreführend, von einem "Nachhaltigen Tourismus" zu sprechen. Sprachlich korrekter wäre wohl eine Bezeichnung als „an Nachhaltigkeitskriterien orientiertem" oder „dem Nachhaltigkeitsparadigma" folgenden Tourismus. Da sich der – teilweise wohl etwas irreführende, da einen idealen Zielzustand versprechenden – Begriff des nachhaltigen Tourismus aber allgemein durchgesetzt hat, soll er auch im weiteren Verwendung finden, dabei aber im Sinne der gerade formulierten inhaltlichen Bedeutung als Prozess und eben nicht als ein fixer teleologisch aufgefasster Endzustand verstanden werden.

5.2 Klimawandel und Luftverkehr

Spätestens seit der Jahrtausendwende ist der Aspekt des Klimawandels in der Nachhaltigkeitsdiskussion in den Vordergrund gerückt bzw. hat andere Aspekte teilweise deutlich in den Hintergrund treten lassen. Dabei nehmen die negativen Konsequenzen des energieintensiven und damit auch in großem Umfang Treibhausgase emittierenden Luftverkehrs einen großen Raum ein. Da der Luftverkehr im Wesentlichen touristisch motiviert ist, rückt damit auch der Tourismus verstärkt in den Blickwinkel der Diskussion.

Tourismus als Quelle der CO_2-Emission

Wie in Kapitel 2.1.2 bereits angesprochen hat die Bedeutung der Flugzeugs als Reiseverkehrsmittel in den letzten Jahrzehnten deutlich zugenommen und dementsprechend sind auch die zur Erreichung der Reiseziele zurück gelegten Entfernungen angestiegen. Gleichzeitig ist der Luftverkehr – auch vor dem Hintergrund neuer Geschäftsmodelle von LCC (vgl. 3.1.3) – insgesamt überproportional gewachsen.

Der tourismusbedingte Energieverbrauch trägt zu etwa 5 % zu den weltweiten Emissionen bei. Gleichzeitig steuert der Tourismus aber weltweit größenordnungsmäßig 10 % zum Bruttoinlandsprodukt bei und schafft global Arbeitsplätze in gleicher Größenordnung. Der Tourismus kann damit insgesamt gesehen – etwa im Vergleich zur Landwirtschaft als energie- und CO_2-effizienter Wirtschaftssektor eingestuft werden. Allerdings entfielen bereits im Jahr 2005 gut 40 % der tourismusbedingten CO_2-Emissionen auf den Flugverkehr (vgl. Abb. 78).

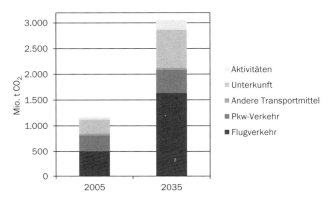

Abb. 78: CO_2-Emissionen des Tourismussektors im Jahr 2005 und Prognose 2035 (Quelle: eigene Darstellung nach UNWTO 2007, S. 18)

Bei einem Status-quo-Szenario, d. h. unveränderten Tendenzen bei der prognostizierten Zunahme des Reiseverkehrs und einer weiterhin zunehmenden Anteil des Luftverkehrs, würde einerseits der Tourismus nicht zu einer Reduzierung der CO_2-Emission betragen und sich andererseits der Anteil des Luftverkehrs an den touristisch bedingten CO_2-Emissionen auf mehr als die Hälfte belaufen.

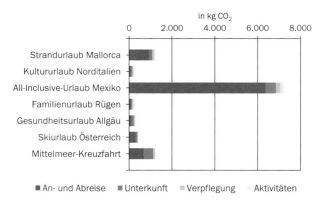

Abb. 79: Treibhausgasemissionen pro Person und Reise (CO_2-Equivalänte) (Quelle: eigene Darstellung nach WWF, 2008, S. 14)

Vom WWF wurde 2008 eine Vergleichsberechnung unterschiedlicher Urlaubsreisen vorgelegt (vgl. Abb. 79). Dort wird anschaulich aufgezeigt, in welchen Maß interkontinentale Fernreisen zum CO_2-Ausstoß beitragen. Aber auch die Flugreisen in den Mittelmeerraum (Mallorca bzw. Anreise zu Kreuzfahrt mit dem Flugzeug) schlagen mit gut 1.200 kg CO_2 deutlich stärker zu Buche als Reisen in Zentraleuropa (zwischen 200 und 400 kg CO_2 als ökologischer Fußabdruck).

Dabei unterscheiden sich die CO_2-Emissionen von Flugzeugen pro Sitzplatzkilometer kaum von denen eines mit zwei oder drei Personen besetzten Pkws. Damit ist es vor allem der Faktor Entfernung, der als entscheidender Einflussfaktor für die CO_2-Emissionen anzusprechen ist. Umgekehrt bedeutet dies, dass eine Stärkung des Binnentourismus indirekt als Ansatz zur Reduzierung der CO_2-Emissionen anzusprechen ist. Gleichzeitig muss darauf hingewiesen werden, dass bei Reisen innerhalb von Zentraleuropa die Wahl des Verkehrsmittels unter dem Klimaaspekt nur von sekundärer Bedeutung ist. Eine Pkw-Anreise in ein Urlaubsziel in Zentraleuropa ist immer weniger klimarelevant als eine Reise in weiter entfernt liegende Urlaubsziele, d. h. die Destinationsentscheidung spielt eine größere Rolle als die Verkehrsmittelwahl.

Von Seiten der Luftfahrtindustrie und der Reiseveranstalter wird zwar inzwischen auf die Diskussion eingegangen. Dabei beschränken sich die intendierten Maßnahmen aber meist auf Effizienzsteigerungen durch technische Innovationen, die auf einen energieverbrauchsoptimierter Betrieb abzielen oder Maßnahmen in den Zielgebieten. Die grundsätzliche Problematik von langen Distanzen und dem hohen Flugverkehrsanteil wird demgegenüber kaum thematisiert. Offen ist auch die Frage, ob eine Umstellung auf (aus regenerativ erzeugtem Strom) Wasserstoff als Antriebsmittel eine CO_2-neutrale Alternative darstellen könnte. Prinzipiell bietet der Luftverkehr hierfür – mit nur wenigen Herstellern und einer begrenzten Zahl von auszurüstenden Zapfstellen – durchaus systembezogene Vorteile gegenüber dem viel heterogener organisierten Autoverkehr.

Auch auf der Seite der Reisenden besteht hinsichtlich des Klimawandels ein deutliches Gap zwischen dem Bewusstsein und der Bereitschaft sein eigenes Handeln entsprechend zu verändern. EIJGELAAR (2011) konnte anhand der Synopse der Ergebnisse von drei verschiedenen Studien aus unterschiedlichen europäischen Ländern aufzeigen (vgl. Abb. 80), dass sich zwar der größte Teil der Bevölkerung der Problematik des Klimawandels bewusst ist und ein erheblicher Teil Klimakompensationsmaßnahmen kennt. Auch wird von einem Teil der Bevölkerung die prinzipielle Bereitschaft bekundet, für Klimakompensationsmaßnahmen eigene finanzielle Beiträge zu leisten.

Gleichzeitig besteht aber ein großer Unterschied zwischen der Äußerung einer prinzipiellen Bereitschaft zum Handeln und dem konkreten gleichzeitigen Buchen von Klimakompensationsmaßnahmen bei der Flugbuchung. Diese Option

wird von einer Reihe von Fluggesellschaften direkt im Buchungsmenü mit angeboten, kann aber auch bei Umweltorganisationen wie z. B. *atmosfair* (🖰 *www.
atmosfair.de*) separat gebucht werden. Auch die Bereitschaft, seine Reisemuster zu
verändern, wird nur von einem geringen Teil der Bevölkerung signalisiert und
noch weniger haben bereits aufgrund der Diskussion über den Klimawandel ihr
konkreten Reiseverhalten geändert.

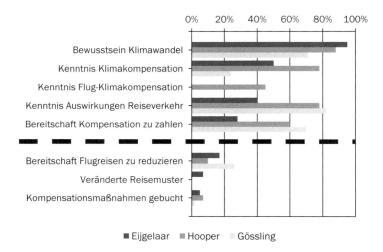

Abb. 80: Wahrnehmung der Klimarelevanz des Flugreisens und Handlungsbereit-
schaft (Quelle: eigene Darstellung nach Eijgelaar 2011, S. 287)

Im Zuge der Diskussion über den Klimawandel wurden im Jahr 2007 auch einige
entsprechende Fragen in die Reiseanalyse der FUR aufgenommen. Dabei ergibt
sich ein weitgehend ähnliches Bild. Während durchaus Bereitschaft besteht, das
alltägliche Verhalten entsprechen anzupassen (Strom sparen, weniger Auto fahren,
in der Nähe einkaufen), ist die Bereitschaft, das Reiseverhalten zu ändern deutlich
niedriger ausgeprägt (FUR 2007, S. 2). Dabei hat sich insbesondere auch heraus
gestellt, dass gerade diejenigen Reisenden, die viel reisen, in weiter entfernt liegende Destinationen reisen und das Flugzeug nutzen, deutlich unterproportionale
Bereitschaft zeigen, diese Reisemuster zu verändern (vgl. Tab. 6).

Verhaltensoptionen	Zielgruppe aus Reise-verhalten 2006	mache ich schon	habe ich in Zukunft vor	auch nicht in Zukunft
weniger Urlaubsreisen	eine Urlaubsreise	27 %	13 %	39 %
	Mehrfachreisende	20 %	12 %	61 %
eine „lange" statt mehrere „kurze"	Mehrfachkurzreisende	19 %	13 %	48 %
Ziel in der Nähe	Mittelmeerreisende	11 %	10 %	59 %
Bahn statt Auto/Flug	Autoreisende	16 %	14 %	49 %
	Flugreisende	8 %	15 %	58 %
auf Flugreisen verzichten	Flugreisende	0 %	7 %	67 %
freiwillige Abgabe bei Flug	Flugreisende	5 %	22 %	50 %

Tab. 6: Akzeptanz von touristischen Verhaltensoptionen nach Zielgruppen (Quelle: FUR 2007, S. 3)

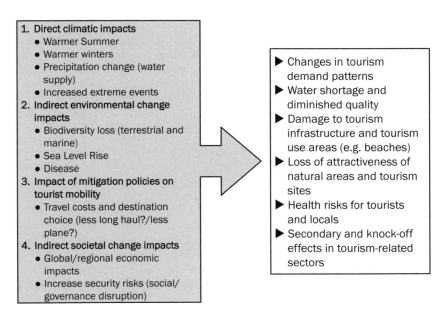

Abb. 81: Auswirkungen des Klimawandels im Tourismus (Quelle: eigene Darstellung nach UNWTO 2009, S. 5)

Tourismus als Betroffener des Klimawandels

Ohne dies an dieser Stelle vertiefend behandeln zu können, sei kurz darauf hingewiesen, dass der Tourismus nicht nur als ein bedeutender CO_2-Emittent anzusehen ist. Von den Folgen des Klimawandels können auch manche Destinationen betroffen werden. Von der UNWTO (2008, vgl. Abb. 81) wurden die möglichen Auswirkungen dem Klimawandels in vier Hauptkategorien zusammengefasst. Dabei werden einerseits die direkten Auswirkungen der Erwärmung (heißere Sommer bzw. wärmere Winter) und die damit verbundenen meteorologischen Effekte (veränderte Niederschlagsvolumina bzw. Zunahme von Extremereignissen wie Starkregen oder Stürme) genannt. Andererseits sind es indirekte natürliche Auswirkungen der Klimaveränderung (Verlust an Biodiversität und damit an Anziehungskraft von naturorientierten Destinationen, der Anstieg des Meeresspiegels oder die verstärkte Ausbreitung von Krankheiten).

Neben den natürlichen Konsequenzen ist durchaus auch denkbar, das gesellschaftspolitische Reaktionen auf den Klimawandel dann wiederum Rückwirkungen auf den Tourismus aufweisen. Hier könnte insbesondere eine politisch gewollte Verteuerung von fossilen Brennstoffen (z. B. durch eine Kerosinabgabe) zu veränderten Nachfragemustern im Flugverkehr führen. Während die direkten und indirekten natürlichen Konsequenzen noch grundsätzlich abzusehen sind und auch eine politisch gewollte Verteuerung von fossilen Brennstoffen – zumindest in den Industrieländern – mittelfristig wohl zu erwarten sein dürfte, sind die darüber hinausgehenden wirtschaftlichen, gesellschaftlichen und politischen Effekte des Klimawandels (von den Veränderungen der landwirtschaftlichen Produktionsregime über Klimaflüchtlinge oder Abschottungsmechanismen) nur mit einem hohen Unsicherheitsgrad prognostizierbar. Dementsprechend sind auch die daraus resultierenden Effekte auf den Tourismus aktuell nicht mit hoher Prognosesicherheit abzusehen.

In Zentraleuropa wird aktuell davon ausgegangen, dass gravierende Folgen insbesondere im Skitourismus eintreten werden. Eine Faustformel für die Rentabilität von Skiliften ist, dass diese an mindestens 100 Tagen im Jahre (100-Tage-Regel) betrieben werden müssen, um rentabel zu sein (vgl. ABEGG et al. 2007, S. 29). Diese Grenze liegt aktuell bei etwa 1.200 Höhenmetern. Eine durchschnittliche Temperaturerhöhung um 2 Grad in den nächsten 30 bis 50 Jahren würde diese Grenze auf 1.500 m und eine Temperaturerhöhung um 3 Grad sogar auf 1.800 m ansteigen lassen. Im letzteren Fall würden zwei Drittel der heutigen Skigebiete in den Alpen die 100-Tage-Regel nicht mehr erfüllen (ABEGG et al. 2007, S. 32). Auch wenn inzwischen eine Reihe von Analysen und Handlungsempfehlungen vorliegen, die auf Adaptions- und Mitigationsstrategien – wie z. B. eine stärkere Fokussierung auf den Ganzjahrestourismus – abzielen (vgl. z. B. MÜLLER & WEBER 2008), steckt die Auseinandersetzung mit den Folgen des Klimawandels im Tourismus noch „in den Kinderschuhen". Von den Akteuren vor Ort wird nach wie vor eine Art „Vogel-Strauß-Politik" verfolgt, wobei dies im Falle der Wintersportorte bedeutet, dass immer noch das „Nachrüsten" mit Schneekanonen als Handlungsleitbild fungiert.

Negative Auswirkungen des Klimawandels sind außerhalb von Zentraleuropa insbesondere in den Mittelmeer-Anrainerstaaten sowie generell in den sog. Entwicklungsländern der Subtropen und Tropen zu erwarten. Höhere Temperaturen, Wassermangel und Desertifikationsprozesse drohen gerade in den Ländern, die große Hoffnungen in den Tourismus als wirtschaftlichen Entwicklungsmotor setzen, die Basis zu gefährden (genauer z. B. bei Deutsche Bank Research 2008).

Destinationen in den gemäßigten Breiten (Nordwest-Europa, Zentraleuropa und Skandinavien) könnten demgegenüber teilweise von einer Erhöhung der Durchschnittstemperatur im Zuge des Klimawandels profitieren, auch wenn z. B. zunehmende extreme Niederschlagsereignisse oder die Zunahme von Stürmen für manche naturorientierten Tourismusformen (Wander- und Radtourismus) möglicherweise dämpfend wirken. Allerdings liegen hierzu kaum belastbare Befunde und Prognosen vor (genauer z. B. bei REIN & STRASDAS 2015, S. 50ff.).

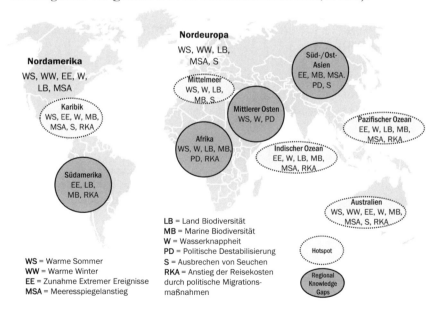

Abb. 82: Geographische Verteilung von Hauptwirkungen des Klimawandels in Destinationsgruppen (Quelle: eigene Darstellung nach UNWTO 2008, S. 101)

Der Herausforderung des Klimawandels im Tourismus und der Notwendigkeit von entsprechenden Adaptions- und Mitigationsstrategien wird bislang global gesehen erst partiell entsprochen. Von der WTO wird konstatiert, dass von den Destinationsgruppen, die die eine besonders hohe Vulnerabilität hinsichtlich der Auswirkungen des Klimawandels im Tourismus aufweisen (vgl. Abb. 82) in Südamerika, Afrika, dem Mittleren Osten sowie Süd- und Ostasien ein „Knowledge Gap" zu konstatieren ist. Das Bewusstsein um die Folgen und die Einsicht in die Notwendigkeit von entsprechenden Maßnahmen ist aber auch bei den wirtschaftlichen und politischen Akteuren in den anderen „Hot Spots", vom Mittelmeerraum über die Karibik, Australien bis hin zu Pazifischen und Indischen Ozean (insbesondere mit seinen Inselstaaten) nur mäßig vorhanden (UNWTO 2008, S. 101).

Zusammenfassend ist damit festzuhalten, dass die Folgen des Klimawandels im Tourismus weder in Zentraleuropa noch global bislang in angemessener Weise wahrgenommen werden und damit auch entsprechende Auffangstrategien als eine der zentralen Herausforderungen – insbesondere auch im Destinationsmanagement – anzusehen sind.

5.3   Ansätze für ein Nachhaltigkeitsmanagements im Tourismus

Einleitend wurde bereits konstatiert, dass eine an den Nachhaltigkeitsprinzipien orientierte Strategie eben nicht bedeutet, sich auf kleine Nischen für spezielle Zielgruppen zu beschränken und nur kleinteilige Anbieterstrukturen zu favorisieren. Auch wenn dies – teilweise eben auch in der Tradition der Tourismuskritik der 1980er Jahre – immer noch bei manchen Beiträgen zur Thematik durchschimmert. Damit stellt sich die Herausforderung auch im Volumengeschäft für breite Zielgruppen die Prinzipien der Nachhaltigkeit stärker zu verfolgen. Unter dem Blickwinkel auf die Gesamtwirkung des Tourismus ist es eben effektiver, wenn auch der Volumenmarkt etwas mehr an den Nachhaltigkeitskriterien orientiert ist, als wenn versucht wird, sich auf eine kleine Nische zu beschränken und diese möglichst umfassend entsprechend den Nachhaltigkeitsgesichtspunkten zu gestalten.

Trotz einer inzwischen seit 15 Jahren laufenden Diskussion über das Paradigma der Nachhaltigkeit sind nur wenige Anzeichen erkennbar, dass sich Reisende und die touristischen Leistungsträger freiwillig in ihrem Handeln an diesem Leitmotiv orientieren. Von der FUR wurden im Auftrag des Bundesministerium für Umwelt, Naturschutz, Bau und Reaktorsicherheit (BMUB) in der Reiseanalyse 2014 Spezialfragen zum Themenbereich aufgenommen und in einem entsprechenden Bericht vorgelegt (FUR 2014). Dabei wurde deutlich, dass nur ein kleinerer Teil der Bevölkerung von sich angibt auf Nachhaltigkeitsaspekte bei Urlaubsreisen zu achten (vgl. Abb. 83). Allerdings kann nicht überprüft werden, inwieweit diese Selbsteinschätzung Nachhaltigkeitskriterien erfüllen würde.

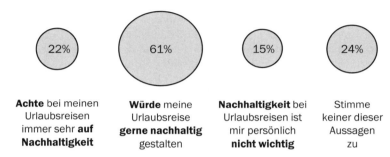

| **Achte** bei meinen Urlaubsreisen immer sehr **auf Nachhaltigkeit** | **Würde** meine Urlaubsreise **gerne nachhaltig** gestalten | **Nachhaltigkeit** bei Urlaubsreisen ist mir persönlich **nicht wichtig** | Stimme keiner dieser Aussagen zu |

Abb. 83: Bedeutung von Nachhaltigkeitsaspekten bei Urlaubsreisen (Quelle: eigene Darstellung nach FUR 2014, S. 8)

Abgesehen von einem Teil der Bevölkerung, der offen ausspricht, dass Nachhaltigkeitsaspekte für ihn bei Urlaubsreisen keine Bedeutung hat, gab die Mehrheit der Befragten eine prinzipielle Bereitschaft an, Urlaubsreisen nachhaltiger zu gestalten. Dabei kann vermutet werden, dass vor dem Hintergrund der Nachhaltigkeitsdiskussion diese Antwortoption möglicherweise auch durch Vorstellungen sozialer Erwünschtheit beeinflusst worden ist. Einen Hinweis auf die Belastbarkeit der prinzipiellen Bereitschaft können die genannten Hinderungsgründe für nachhaltigkeitsorientierte Reiseverhaltensmustern liefern (vgl. Tab. 7).

Ich würde meine Urlaubsreisen gerne nachhaltig gestalten, dabei wäre es mir eine Hilfe, wenn:	
damit keine zusätzlichen Kosten verbunden wären	55 %
meine Urlaubswünsche auch dann erfüllt werden	49 %
ich mehr Information dazu bekäme	43 %
es für Nachhaltigkeit ein klares Siegel/Gütezeichen gäbe	42 %
auch die Mobilität vor Ort gesichert wäre	31 %
die Suche nach Angeboten nicht so mühsam wäre	30 %
ich eine Beratung (im Reisebüro) bekäme	22 %
es genau so etwas für meine Vorstellung des Reisens gäbe	21 %

Tab. 7:   Hürden für nachhaltiges Reiseverhalten (Quelle: FUR 2014, S. 10)

Dabei wird deutlich, dass einer der zentralen Gründe für einen verstärkte Nachhaltigkeitsorientierung die (vermuteten) zusätzlichen Kosten darstellen. Wie bereits beim Flugverkehr angesprochen (vgl. Abb. 80 in Kap. 5.2), ist die Bereitschaft, Kompensationszahlungen für Ressourcenverbrauch zu leisten gering. Gleiches gilt aber auch hinsichtlich der Zahlungsbereitschaft („willingness to pay") für Produkte, die unter dem Nachhaltigkeitsprinzip folgenden Prinzipien produziert worden sind. BROHLBURG & GRONAU konnten anhand einer Befragung bei Urlaubsgästen auf Zypern aufzeigen, dass je nach Zielgruppe nur ein Siebtel bis ein Drittel der Gäste bereit wäre, einen Aufschlag für die Erfüllung von Nachhaltigkeitskriterien zu bezahlen, wobei mehrheitlich dann ein nur relativ geringer Aufschlag von ein bis fünf Prozent akzeptiert würde (BROHLBURG & GRONAU 2011, S. 148, ähnlich REIN & STRASDAS 2015, S. 170). Das sog. „Value-Action-Gap", d. h. die Diskrepanz bzw. Inkonsistenz zwischen den Einstellungen und dem Verhalten erweitert sich mit zunehmenden Opportunitätskosten. Ökologische und soziale Implikationen des Reiseverhaltens werden zwar als relevant, aber zumeist eben nicht als Kernnutzen angesehen, für den Einschränkungen in Kauf genommen oder zusätzliche Kosten akzeptiert werden.

Ähnliches gilt auch für die Anbieterseite. Diese ist am ehesten dann bereits solche Aspekte der Nachhaltigkeit zu implementieren, bei denen ein direkter ökonomischer Nutzen durch reduzierte Kosten unmittelbar sichtbar wird (Wassersparmaßnahmen, Reduzierung des Energieeinsatzes; vgl. z. B. Green Capital & CSR Sydney 2008, S. 11). Angesichts der allerdings heute noch relativ niedrigen Faktorkosten, in denen die ökologischen Konsequenzen der Ressourceninanspruchnahme nur sehr partiell eingepreist sind, werden selbst hier noch nicht alle Möglichkeiten ausgenutzt. Insbesondere Einsparmöglichkeiten, die sich nur über einen mittelfristigen Zeitraum amortisieren, werden nur zögerlich von den Betrieben angegangen.

Ein weiterer Aspekt, der auch bei der o. g. FUR-Studie (vgl. Tab. 7) als möglicherweise relevant identifiziert worden ist, ist eine an Nachhaltigkeitskriterien orientierte Zertifizierung. Dabei gibt es wohl nicht zu wenig Umwelt- oder Nachhaltigkeits-Gütesiegel und Zertifizierungen. Vielmehr ist es angesichts der Vielfalt für den Reisenden oft gar nicht so einfach, sich entsprechend zu orientieren. Von der Agentur ECOTRANS werden weltweit 150 an Nachhaltigkeitsaspekten orientierte Labels und Zertifizierungen gezählt (2014; ↻ *www.destinet. eu*). Die Reisenden – aber auch die Leistungsträger – stehen damit einer fast „Dschungel" zu nennenden Vielfalt von Gütezeichen gegenüber. Die Funktion der Gütezeichen, die ähnlich wie bei einer Marke (vgl. Abb. 54 in Kap. 3.2.2) dem Reisenden Orientierung und den touristischen Leistungsträgern ein Distinktionsmerkmal bieten sollen, ist damit nicht eindeutig gegeben. Gleichzeitig erwarten sich die Leistungsträger von der Investition in die Zertifizierung vor allem ökonomische Vorteile (Verbesserung der Marktchancen und des Images, Wettbewerbsvorteile; vgl. Abb. 84).

Abb. 84: Gründe für die Nutzung des Umweltzeichens Blauer Engel
(Quelle: eigene Darstellung nach Daten UBA 1998, S. 16)

Die intrinsische Motivation, etwas zum Schutz der Umwelt beizutragen, ist dem-gegenüber weniger stark ausgeprägt). Als Gründe, die gegen eine Nutzung von an Nachhaltigkeitskriterien orientierten Zertifizierungen sprechen, werden neben den damit verbundenen Kosten (bzw. dem Aufwand) vor allem auch Fragen nach dem realen Nutzen, d. h. der Schaffung von Wettbewerbsvorteilen bzw. der Honorie-rung durch den Kunden, angegeben (vgl. z. B. Green Capital & CSR Sydney 2008, S. 19). Auch die Vielzahl der unterschiedlichen Zertifizierungsansätze führt so-wohl bei den Betrieben als auch den Kunden zur Verunsicherung, sodass aktuell weniger als 1 % der touristischen Unternehmen in Europa zertifiziert sind (REIN & STRASDAS 2015, S. 265). Auch der 2001 gestartete Ansatz des Bundesumwelt-ministerium (BMU) und des Umweltbundesamtes (UBA), mit der Umweltdach-marke „Viabono" die Vielfalt der Zertifizierungsansätze in Deutschland zu ver-einheitlichen, hat – trotz der Einbeziehung einer Vielzahl von tourismusrelevanten Organisationen – bislang noch nicht den „Durchbruch" gebracht (⌖ *www.viabono.de*). Von den ca. 85.000 touristischen Unternehmen in Deutschland sind nur wenige hundert Lizenznehmer von Viabono, sodass die kritische Wahrneh-mungsschwelle bei den potentiellen Kunden nicht überschritten wird. Gleichzeitig ist festzuhalten, dass mit Viabono der Weg gegangen worden ist, klar den Kun-dennutzen in den Vordergrund zu stellen. Die Marktkommunikation an den End-kunden stellt nicht primär auf die Nachhaltigkeitsaspekte ab, sondern betont die Genuss- und Erlebnisaspekte. Die Betonung der Nähe und von Tourismusange-boten in Deutschland könnte dabei indirekt zu einer Reduzierung der *un*nach-haltigen Implikationen des Tourismus beitragen.

Angesichts der Herausforderung, an Nachhaltigkeitsaspekten orientierte Tou-rismusangebote aus der „Ökonische" heraus zu bringen, hat das Konsortium „Verbundpartner INVENT" im Auftrag des Bundesministerium für Bildung und Forschung (BMBF) eine Segmentierung der deutschen Nachfrageseite unter dem Blickwinkel der Ansprechbarkeit für Aspekte der Nachhaltigkeit vorgenommen (vgl. Abb. 85, siehe auch Kasten „Die Zielgruppen von INVENT").

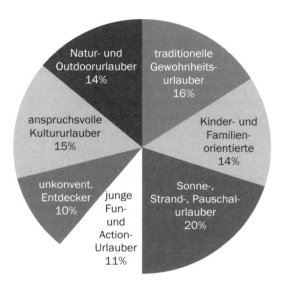

Abb. 85: INVENT-Zielgruppen für einen nachhaltigen Tourismus
(Quelle: eigene Darstellung nach Verbundpartner INVENT 2005, S. 8)

▶ Die Zielgruppen von INVENT

▢ „Die **traditionellen Gewohnheitsurlauber** (16 Prozent aller Reisenden) zieht es im Urlaub nicht in die Fremde. Sie fahren dahin, wo sie sich auskennen und sicher fühlen, am liebsten immer wieder an den gleichen Ort, gerne auch innerhalb Deutschlands. Damit verhält sich diese Zielgruppe – wenn auch unbewusst – im Urlaub umweltfreundlicher als die meisten anderen Zielgruppen.

▢ Die **Kinder- und Familienorientierten** (14 Prozent) wählen ihr Urlaubsziel nach dessen Kinder- und Familienfreundlichkeit aus. Besonders beliebt ist ein Sommerurlaub am See oder am Strand. Urlaub an Deutschlands Küsten und Gewässern können für diese Zielgruppe daher eine attraktive Alternative zur typischen Mittelmeerreise sein.

▢ **Sonne-, Strand-, Pauschalurlauber** (20 Prozent) suchen vor allem Sommer, Strand, Entspannung und einen umfassenden Service, der es erlaubt, dass sie sich um nichts kümmern müssen. Diese Zielgruppe orientiert sich bei der Wahl ihres Urlaubs stark am Preis. Umweltschutz oder soziale Aspekte spielen kaum eine Rolle.

▢ **Junge Fun- und Actionurlauber** (11 Prozent) wollen im Urlaub Erlebnis, Abwechslung und Spaß. Sie sind offen für neue Bekanntschaften und für alles, was „in" ist. Urlaub in Deutschland und Reisen mit ökologischer Ausrichtung lehnt diese Gruppe ab.

▢ Die **unkonventionellen Entdecker** (10 Prozent) sind neugierig auf alles Unbekannte. Sie tauchen gern auf eigene Faust in das Leben fremder Kulturen ein – und das am liebsten abseits des Touristenrummels.

▢ Die **anspruchsvollen Kulturreisenden** (15 Prozent) genießen die kulturelle Vielfalt fremder Länder und wollen diese im Urlaub möglichst authentisch erleben. Ihre Offenheit, gekoppelt mit ihrer gehobenen Bildung, macht diese Urlauber aufgeschlossen für ökologische und soziale Fragen.

▢ **Natur- und Outdoorurlauber** (14 Prozent) sind umweltbewusst, erlebnis- und familienorientiert. In den Ferien suchen sie für sich und die Familie authentische Erlebnisse in möglichst unberührter Natur – auch, wenn es mehr kostet. Sie sind damit eine klassische Zielgruppe für modernen Ökotourismus" (Verbundpartner INVENT 2005, S. 8f.; siehe auch ⌃ö *www.invent-tourismus.de*).

Ziel des INVENT-Verbunds war es, „**IN**novative **VE**rmarktungskonzepte **N**achhaltiger **T**ourismusangebote für den Massenmarkt" zu entwickeln. Auf der Basis der Zielgruppensegmentierung wurde für die jeweiligen Zielgruppen versucht, Handlungsansätze zu entwickeln, sowie diese für an einzelnen Aspekten der Nachhaltigkeit orientierte Angebotselemente sensibilisiert und adressiert werden können.

Grundprinzip war dabei, am Nutzen für den Touristen anzusetzen und damit indirekt Nachhaltigkeitsziele zu erreichen. Bei Kinder- und Familienorientierten sollte z. B. die Sauberkeit der Strände betont werden. Gleichzeitig konnten aber auch mit diesem Ansatz keine überzeugenden Konzepte vorgelegt werden, „Junge Fun- und Actionurlauber" oder „Sonne-, Strand-, Pauschalurlauber" zu adressieren, sodass die Wirkung des Projektes letztendlich gering blieb.

Insgesamt ist zu konzedieren, dass trotz einer bereits ein Vierteljahrhundert laufenden Nachhaltigkeitsdiskussion Ansätze, durch Zertifizierungen oder durch eine entsprechende Zielgruppenansprache, eine klarere Orientierung an Nachhaltigkeitsaspekten auf breiter Ebene zu erreichen, als nur begrenzt erfolgreich anzusehen ist. Während es auf der Anbieterseite im Wesentlichen die ökonomischen Aspekte sind, die im Vordergrund des Handelns stehen, dominiert auf der Nachfrageseite der hedonistische Aspekt des persönlichen Urlaubsgenusses. Nachhaltigkeitsaspekte sind für beide Akteursgruppen eher sekundär. Auch wenn die in den letzten Jahren in manchen Bereichen erzielten Erfolge nicht in Abrede gestellt werden sollen, stellt damit dieser Bereich eine der zentralen Herausforderungen für das – eben auch den Gemeinwohlaspekten verpflichteten – Destinationsmanagement dar.

Gleichzeitig kann die Nachhaltigkeitsdiskussion im Tourismus nicht unabhängig von den gesamtgesellschaftlichen Rahmenbedingungen gesehen werden (vertiefend z. B. bei REIN & STRASDAS 2015, S. 162ff.). Energieaufwändige Flugreisen gehören aktuell genauso selbstverständlich zu den Konsummustern wie ganzjährig frisches Obst und Gemüse zu konsumieren, wobei dann saisonabhängig die Kiwis aus Neuseeland, die Trauben aus Südafrika und die Birnen aus Argentinien stammen. Auch Wein aus Chile oder Australien ist für den Konsumenten – unabhängig von Nachhaltigkeitsgesichtspunkten – eine Selbstverständlichkeit. Hier sind sicherlich auch die politischen Akteure gefordert, die „wahren Kosten" nicht nur im Verkehrsbereich, sondern eben auch beim Konsum anderer Ressourcen (Wasser, Landschaft) in den Endverbraucherpreisen durchzusetzen.

Gleichzeitig sind die politischen Akteure gefordert, durch entsprechende gesetzliche Vorgaben die Rahmenbedingungen für eine stärkere Nachhaltigkeitsorientierung zu schaffen, auch indem Unternehmen verpflichtet werden, entsprechende Zertifizierungen oder Nachhaltigkeitsberichte vorzulegen (genauer z. B. zum verpflichtenden CSR Reporting bei REIN & STRASDAS 2015, S. 258).

▶ Zusammenfassung

▪ Die Nachhaltigkeitsdiskussion im Tourismus nimmt tourismuskritische Diskurse über negative Folgen aus früheren Jahrzehnten wieder auf.

▪ Die Berücksichtigung von Nachhaltigkeitsbelangen steht im Spannungsfeld, einerseits die Bedürfnisse der Reisenden und andererseits die Bedürfnisse der Bewohner in den Destinationen einzubeziehen.

▪ Gleichzeitig wurde am Beispiel der Diskussion über den Klimawandel deutlich, dass Tourismus, der auf intakte soziale und ökologische Rahmenbedingen in den Destinationen angewiesen ist, sowohl Verursacher von Problemen als auch Betroffener der daraus resultierenden Konsequenzen sein kann.

▪ Sowohl auf der Seite der tourismuswirtschaftlichen Akteure als auch auf Seiten der Reisenden ist nur partiell Bereitschaft vorhanden, Nachhaltigkeitsgesichtspunkte freiwillig beim eigenen Handeln umzusetzen.

▪ Damit sind einerseits insbesondere die Akteure im Destinationsmanagement gefordert, den Nachhaltigkeitsgesichtspunkten Rechnung zu tragen. Andererseits kann Nachhaltigkeit im Tourismus nicht unabhängig von den gesamtgesellschaftlichen Rahmenbedingungen gesehen werden, sodass hier auch auf die übergeordneten politischen Konstellationen zu verweisen ist.

▶ Weiterführende Lesetipps

REIN, Hartmut & Wolfgang STRASDAS (Hrsg.; 2015): Nachhaltiger Tourismus. Einführung. Konstanz/München

Über die in diesem Buch aus Platzgründen nur kursorisch behandelten Nachhaltigkeitsaspekte deutlich hinausgehende, differenzierte Einführung in das Themenfeld. Klimawandel, Biodiversität und Tourismus werden ebenso vertiefend aufbereitet, wie Fragen des nachhaltigen Konsums und nachhaltiges Tourismusmanagement.

Deutsche Bank Research (2008): Klimawandel und Tourismus: Wohin geht die Reise? Frankfurt (⌖ *www.dbresearch.de*)

Gute Einführung in die Grundlagen der Diskussion zum Klimawandel im Tourismus mit räumlich differenzierter weltweiter Darstellung von Folgen des Klimawandels.

6 Deutschlandtourismus: Marktsegmente, Akteure und Produktentwicklung

Die wirtschaftliche Basis Deutschlands ist stark von der Industriegüterproduktion geprägt. Durch den Industriegüterexport werden Devisen generiert, die einerseits im Gegenzug den Import von Waren aus anderen Ländern ermöglichen. Andererseits werden diese Devisen auch bei Urlaubsreisen ins Ausland ausgegeben. Aufgrund der hohen Handelsbilanzüberschüsse galt Deutschland lange Zeit als „Exportweltmeister" und aufgrund der hohen Ausgabevolumina bei Outgoing-Reisen gleichzeitig als „Reiseweltmeister". Dementsprechend hat in der 2. Hälfte des 20. Jahrhunderts der Anteil der Auslandsreisen zugenommen (vgl. Kap. 2.1.2). Gleichzeitig spielte der Incoming-Tourismus lange Zeit keine große Rolle in seiner Funktion als Devisenbringer. Die politische Bedeutung des Tourismus wurde – wenn überhaupt – vor allem darin gesehen, in peripheren ländlichen Gebieten mit wenig anderen wirtschaftlichen Potentialen Einkommenseffekte und Arbeitsplätze zu genieren. Neben der regionalökonomischen und regionalentwicklungspolitischen Relevanz des Tourismus zeichnet sich aber ab, dass die Rolle des Tourismus für die gesamte Volkswirtschaft an Bedeutung gewinnen dürfte. Auch wenn Deutschland nach wie vor hohe Handelsbilanzüberschüsse erwirtschaftet, sind doch inzwischen klare Deindustrialisierungstendenzen zu konstatieren. Viele früher im Land produzierte Konsumgüter werden inzwischen aus anderen Ländern mit niedrigerem Lohnniveau, sei es aus asiatischen Staaten oder Osteuropa importiert. Es ist absehbar, dass sich – ähnlich wie in den letzten Jahren im Konsumgüterbereich – auch im Investitionsgüterbereich, der zurzeit noch als Domäne der deutschen Exportwirtschaft angesehen wird, andere Staaten erfolgreich als Mitbewerber auf den globalisierten Märkten positionieren werden. Mittelfristig ist davon auszugehen, dass die Position der deutschen Exportwirtschaft zumindest nicht einfacher wird.

Damit stellt sich die Herausforderung, mittelfristig auch andere Quellen zur Generierung von Devisen zu erschließen. Hier kann dem bislang kaum beachteten Incoming-Tourismus künftig eine erhöhte Relevanz als eine Option zur Kompensation des Imports von Industriegütern zukommen. Gleichzeitig ist zu konstatieren, dass der Incoming-Sektor in Deutschland nur schwach ausgeprägt ist. Nur etwa 17 % der Übernachtungen entfallen auf Ausländer. Insgesamt wurden in ganz Deutschland im Jahr 2013 mit gut 50 Mio. Übernachtungen von Ausländern (Statistisches Bundesamt 2014) z. B. weniger Übernachtungen realisiert als allein auf Mallorca. Da ein erheblicher – wenn auch nicht genau zu quantifizierender – Teil der Übernachtungen von Ausländern in Deutschland gleichzeitig als Geschäftsreisetourismus anzusprechen ist, ist der rein freizeitorientierte internationale Übernachtungstourismus in Deutschland noch deutlich schwächer ausgeprägt als dies die Globalzahlen suggerieren.

Gleichzeitig wurde bei der Behandlung von Nachhaltigkeitsaspekten im Tourismus in Kapitel 5 deutlich, dass die Betonung der Nähe im Tourismus aufgrund des geringeren Distanzüberwindungsaufwandes und der damit verbundenen niedrigeren CO_2-Emissionen prinzipiell die Nachhaltigkeitsorientierung fördert. Die Behandlung des Deutschlandtourismus in diesem Kapitel steht damit einerseits vor dem Hintergrund der ökonomischen Relevanz dieses Wirtschaftssektors und kann andererseits indirekt als am Nachhaltigkeitsparadigma orientiert angesehen werden.

▶ Lernziele

In diesem Kapitel werden folgende Fragen beantwortet:

▫ Welche volkswirtschaftliche Rolle spielt der Tourismus in Deutschland?

▫ Welche Typen von Hauptreisegebieten gibt es?

▫ Welches sind die organisationalen Grundmuster im Deutschlandtourismus?

▫ Welche wichtigen Produktlinien bestimmen den Deutschlandtourismus und wie ist deren Entwicklungstendenz.

6.1   Räumliche Grundmuster der touristischen Nachfrage

Während nur ein knappes Drittel der 70 Mio. Urlaubsreisen der Deutschen (über 5 Tage) auch eine deutsche Destination als Ziel hat (vgl. Abb. 17 in Kap. 2.1.2), führen die gut 80 Mio. Kurzurlaubsreisen (2–4 Tage, ohne Tagestouristen) nach den Ergebnissen der Reiseanalyse zu zwei Drittel in deutsche Destinationen (vgl. Abb. 86).

Dabei weisen die Bundesländer Schleswig-Holstein, Mecklenburg-Vorpommern und Niedersachsen aufgrund des Badetourismus an der Nord- und Ostseeküste erhebliche Anteile an den längeren Urlaubsreisen auf. Auch in Bayern mit seinem Anteil an den Alpen und dem Alpenvorland entfällt noch ein knappes Drittel der Urlaubsreisen auf längere Urlaube. Große Teile der bundesdeutschen Destinationen sind aber als eindeutige Kurzurlaubsziele zu charakterisieren. Besonders deutlich wird dies bei den Stadtstaaten Berlin, Hamburg und Bremen.

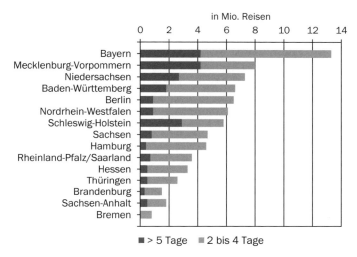

Abb. 86: Anteile der Urlaubsreisen in inländische Urlaubsländer
(Quelle: eigene Darstellung nach Daten FUR 2014, S. 31)

▶ Die volkswirtschaftliche Bedeutung des Tourismus

Der Anteil der von Touristen in der Bundesrepublik Deutschland nachgefragten Güter und Dienstleistungen in Höhe von 97 Mrd. € trug im Jahr
2010 direkt mit 4,4 % zur gesamten **Bruttowertschöpfung** der Volkswirtschaft bei. Bei Einbeziehung der indirekten Effekte errechnen sich 9,7 %
der Bruttowertschöpfung. Davon entfallen etwa 80 % auf den freizeitorientierten Tourismus (Privatreisen), während der Geschäftsreisetourismus
nur ca. 20 % ausmacht. Bei den Privatreisen im Binnentourismus entfallen
drei Fünftel auf Tagesreisen. Die Ausgaben von ausländischen Touristen
belaufen sich auf lediglich 13 %. Etwa ein Viertel der Wertschöpfung wird
in Bereichen erwirtschaftet, die nicht primär auf den Tourismus ausgerichtet sind (Einzelhandel, sonst. Dienstleistungen).

Die direkte **Beschäftigungswirkung** der 2,9 Mio. dem Tourismus zuzuordnenden Beschäftigen entspricht einem Anteil von 7,0 % der Erwerb-
stätigen in Deutschland. Mit den induzierten Beschäftigungswirkungen
ergibt sich ein Anteil von 12,0 %.

Damit liegt der Beitrag des Wirtschaftsfaktors Tourismus an der Bruttowertschöpfung über derjenigen der Automobilindustrie, des Baugewerbes
oder des Erziehungs- und Unterrichtswesens (Zahlen nach BMWi & BTW
2012, S. 4).

Aber auch Bundesländer mit einem hohen Anteil an Mittelgebirgsdestinationen wie Sachsen oder Rheinland-Pfalz werden vor allem für Kurzurlaube besucht. Die einzelnen Bundesländer, weisen deutlich unterschiedliche Reisevolumina auf. Die höchste Zahl von Nennungen entfällt auf Bayern, gefolgt von Mecklenburg-Vorpommern und Niedersachsen. Von den Flächenbundesländern entfallen die wenigsten Nennungen auf Thüringen, Brandenburg und Sachsen-Anhalt. Allerdings sind bei diesen Angaben zum freizeitorientierten Binnentourismus weder Reisen von Ausländern noch Geschäftsreisen (die allerdings auch in der amtlichen Statistik nicht ausgewiesen sind) erfasst.

Seit einigen Jahren wird vom statistischen Bundesamt die Raumkategorie „Reisegebiete" in der amtlichen Übernachtungsstatistik geführt. Diese orientieren sich in manchen Bundesländern, wie z. B. Rheinland-Pfalz oder Mecklenburg-Vorpommern, in denen flächendeckende Reisegebiete offiziell ausgewiesen sind, an den Landes-DMO-Strukturen und sind dort auch stabil. In anderen Bundesländern, wie z. B. Bayern gibt es nur eine partielle Übereinstimmung mit den landesspezifischen Abgrenzungen und diese haben sich auch seit der Einführung teilweise verändert. Für die kartographische Darstellung wird die letzte verfügbare Abgrenzung von 2010 verwendet (auch wenn seither bereits wieder geringfügige Änderungen durchgeführt wurden und manche Grenzlinien interpoliert sind). Die Reisegebiete entsprechen mehr dem Destinationsbegriff als die sonst üblichen administrativen Einheiten (z. B. Kreise) und wurden deshalb für die Darstellung gewählt.

In Abbildung 87 sind die Übernachtungen in den Reisegebieten differenziert nach Übernachtungen von Inländern und Ausländern dargestellt. Dabei lassen sich relativ klar vier unterschiedliche Typen von Hauptdestinationen in Deutschland unterscheiden:
[1] Küsten an Nord- und Ostsee
[2] Städte
[3] Mittelgebirge
[4] Alpen und Alpenvorland.

Deutlich wird die Konzentration der Übernachtungen in den drei nördlichen Flächenbundesländern auf die Nord- und Ostseeküste. Auch die großen Städte pausen sich klar als touristische Magnete heraus. Die südlich der Norddeutschen Tiefebene von der Eifel bis zur Sächsischen Schweiz quer durch Deutschland verlaufende Mittelgebirgsschwelle ist ebenfalls als markantes Band von Konzentrationen des Übernachtungstourismus zu erkennen. Eifel, Sauerland, Harz, aber auch die Rhön, der Thüringer Wald, das Erzgebirge und die Sächsische Schweiz sind klare Schwerpunkte des Übernachtungstourismus. Gleiches gilt auch für den Schwarzwald und den Bayerischen Wald, sowie das Alpenvorland.

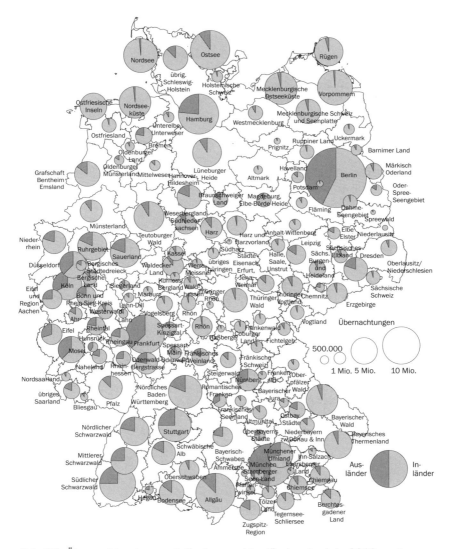

Abb. 87: Übernachtungen von Inländern und Ausländern im Jahr 2013 nach Bundesländern (Quelle: eigener Entwurf nach Daten Statistisches Bundesamt 2014, C-3.8)

Abgesehen vom küstenorientierten Tourismus, der zwar im Sommer zum Teil als Badetourismus zu charakterisieren ist, darüber hinaus aber eben auch das Naturerlebnis beim Spazierengehen, Wandern oder Radfahren bzw. die Gesundheitskomponente enthält, dominieren in Deutschland zwei Destinationskategorien. Einerseits die Städte mit ihrem kulturhistorischen Potential und den vielfältigen Möglichen von kulturellen Aktivitäten (im weiteren Sinn). Andererseits der ländliche Raum mit einem Schwerpunkt in den Mittelgebirgen, dem Alpenvorland und an der Küste mit einem anziehenden abwechslungsreichen landschaftlichen Potential. Hier sind es insbesondere die Tourismusformen des Wander- und Radfahrtourismus sowie des gesundheitsorientierten Tourismus, die das Angebotsprofil prägen. Dementsprechend wird im Folgenden auch der Fokus auf diese drei Tourismusformen gelegt – im Bewusstsein, dass damit im Rahmen des Studienbuches auch eine Vielzahl von Nischensegmenten ausgeblendet wird.

Gleichzeitig zeigt sich in Abbildung 87 auch deutlich, dass der Anteil von ausländischen Gästen in den städtischen Destinationen besonders ausgeprägt ist. Demgegenüber können viele der ländlichen geprägten Destinationen – insbesondere in den östlichen Bundesländern, sowie beim küstenorientierten Tourismus an Nord- und Ostsee – nur relativ wenige ausländische Touristen ansprechen. Abgesehen davon, dass ein Teil der ausländischen Übernachtungen zwar auf den Geschäftsreisetourismus zurückzuführen ist, gilt verkürzt der Grundsatz: **Incoming Tourismus in Deutschland ist zum großen Teil Städtetourismus.** Tourismus im ländlichen zieht in Deutschland vorwiegend deutsche Gäste an. Eine für ländliche geprägte Destinationen überdurchschnittliche Anziehungskraft auf ausländische Gäste üben die Eifel, die Mosel und der Rhein in Rheinland-Pfalz, das Sauerland in NRW, der Schwarzwald in Baden-Württemberg sowie partiell auch der Alpenvorraum aus. Die Destinationen in Rheinland-Pfalz und im Sauerland profitieren von der Nähe zum niederländischen und belgischen Quellmarkt und ziehen vornehmlich ausländische Gäste aus diesen Ländern an. Der Schwarzwald wird insbesondere von ausländischen Touristen aus der benachbarten Schweiz, den Niederlanden und auch Frankreich frequentiert, wobei im Schwarzwald sogar etwa die Hälfte der ausländischen Übernachtungen in Baden-Württemberg generiert werden.

Auch wenn der Anteil des Incoming-Tourismus in Deutschland aufgrund der früher stark im Vordergrund stehenden Orientierung auf den sekundären Sektor relativ niedrig ist, hat er sich doch in den letzten Jahren deutlich erhöht. Der Anteil von Übernachtungen ausländischer Gäste konnte seit 1992 von 12 % 1992 auf 17,5 % im Jahr 2013 gesteigert werden (Statistisches Bundesamt 2014, A-1.1). Dies ist ein Hinweis, dass sich Deutschland in den letzten Jahrzehnten erfolgreich im touristischen Wettbewerb positionieren konnte und die Anstrengungen zur Produktgestaltung und Qualitätssteigerung ihren Niederschlag finden.

Dabei haben sich in den letzten beiden Jahrzehnten sowohl die Ankünfte als auch die Übernachtungen positiv entwickelt (vgl. Abb. 88). Die Grundtendenz wird dabei nur von kleineren konjunkturbedingten Dellen, wie z. B. der Bankenkrise 2009 beeinflusst. Dass die Ankünfte um etwa 80 % angestiegen sind, während die Übernachtungszahlen nur um ein Drittel zugenommen haben, ist ein klarer Hinweis auf die deutliche Zunahme von Kurzreisen (insbesondere in die Städte; vgl. Kap. 6.3). Dabei wuchsen zwischen 1992 und 2014 die Übernachtungen von Ausländern überproportional und haben sich fast verdoppelt, während die Übernachtungen im Binnentourismus nur um ein Viertel zugenommen haben.

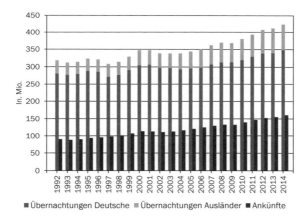

■ Übernachtungen Deutsche   ■ Übernachtungen Ausländer   ■ Ankünfte

Abb. 88: Entwicklungen der Ankünfte und Übernachtungen von 1992 bis 2014 (Quelle: eigener Entwurf nach Daten Statistisches Bundesamt 2015a)

Von den insgesamt 75,6 Mio. im Jahr 2014 in gewerblichen Übernachtungseinrichtungen registrierten Übernachtungen von Ausländern entfällt der überwiegende Teil auf europäische Quellmärkte (vgl. Abb. 89). Von den zehn Hauptquellmärkten sind – mit Ausnahme der USA – neun europäische Nachbarländer. Diese generieren mehr als die Hälfte der Übernachtungen von Ausländern in Deutschland. Dabei fallen der niederländische und belgische Quellmarkt mit zusammen knapp 20 % besonders ins Gewicht.

Für die Funktion des Tourismus regionalökonomischer Faktor sind aber nicht nur die absoluten Werte von Touristen und Übernachtungen, sondern auch die Relation zur Bevölkerung in den Raumeinheiten von Relevanz. In Abbildung 90 sind daher die Übernachtungen bezogen auf die Bevölkerung dargestellt. Mit gut 400 Mio. Übernachtungen pro Jahr und etwa 80 Mio. Einwohnern liegt der Mittelwert in Deutschland bei 500 Übernachtungen pro 100 Einwohner. Diese Relation wird auch als Tourismusintensität bezeichnet.

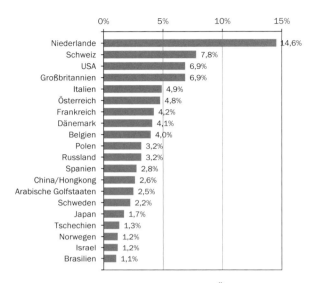

Abb. 89: Top 20-Quellmärkte für Deutschland nach Übernachtungen 2014
(Quelle: eigener Entwurf nach Daten DZT 2015, S. 13)

Mit Blick auf die Tourismusintensität relativiert sich – angesichts der großen Mantelbevölkerung, die stellvertretend für die vielen anderen wirtschaftlichen Aktivitäten in größeren Städten hier herangezogen wird – die Rolle des Tourismus in den Städten teilweise. Zwar weisen diese meist noch über dem Durchschnitt liegende Werte auf. Die höchsten Werte der Tourismusintensität – als Indikator auch für die regionalwirtschaftliche Relevanz – ergeben sich einerseits an den Küsten und im Alpenvorland sowie andererseits in den Mittelgebirgen vom Schwarzwald über die Eifel, das Sauerland und den Harz bis hin zum Bayerischen Wald.

6.2   Akteure im Deutschlandtourismus

Bevor in Kapitel 6.3 bis 6.5 die in Deutschland relevanten Segmente des Tourismus behandelt werden, werden kurz die Grundprinzipien der organisationalen Struktur im Deutschlandtourismus vorgestellt. Eine Reihe von für die Aufgaben und die Struktur der kommunalen und regionalen DMOs relevanten Aspekte des Größenzuschnitts, der Finanzierung und der Notwendigkeit flexibler Kooperationsmuster wurden bereits in Kapitel 4 unter dem Blickwinkel des Destinationsmanagements behandelt. In diesem Abschnitt wird daher im Wesentlichen auf die Bundesebene und die hier relevanten Akteure abgestellt.

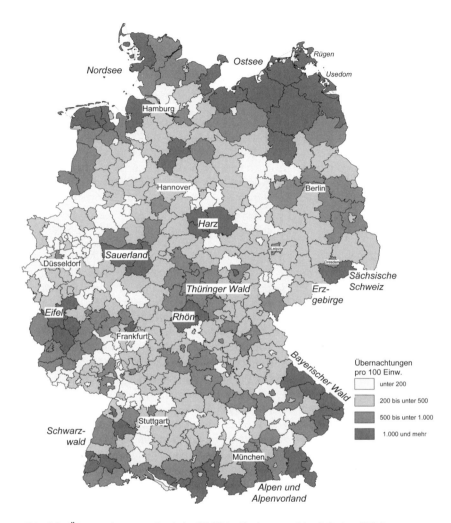

Abb. 90: Übernachtungen im Jahr 2013 in Kreisen und kreisfreien Städten Deutschlands (Quelle: eigener Entwurf nach Daten Statistisches Bundesamt 2015b)

Akteure der Tourismuspolitik

Wie bereits in Kap. 3.2.3 erwähnt, ist Tourismus angesichts der föderalen politischen Struktur der Bundesrepublik Deutschland (ähnlich auch in Österreich und der Schweiz) prioritär Aufgabe der Bundesländer (bzw. Kantone). Er wird als Teil der regionalen Wirtschaftsförderung angesehen. Ein wesentlicher Teil der politischen Steuerung im Tourismus erfolgt dementsprechend sowohl bei den kommunalen und regionalen Gebietskörperschaften sowie den jeweiligen Bundesländern. Dort ist die Tourismuspolitik meist in den Wirtschaftsministerien angesiedelt.

Eigenständige Tourismusministerien, wie diese teilweise in Ländern mit einer größeren Bedeutung des Incoming-Tourismus bestehen (z. B. Marokko, Tunesien), gibt es in Deutschland nicht. In manchen Bundesländern mit hoher Bedeutung des Tourismus ist der Begriff als Teil der Bezeichnung der jeweiligen Ministerien markiert (z. B. Ministerium für Wirtschaft, Bau und Tourismus des Landes Mecklenburg-Vorpommern). Ähnlich wird auf die Bedeutung des Tourismus auch in manchen anderen Ländern verwiesen (z. B. Kultur und Tourismus in der Türkei oder Ministry of Energy, Commerce, Industry and Tourism in Zypern).

Auf Bundesebene wird die Tourismusförderung als Querschnittsaufgabe angesehen. Die Federführung liegt beim Bundesministerium für Wirtschaft (BMWi) und wird dort von auf der politischen Ebene von einer parlamentarischen Staatssekretärsstelle in den Funktion des Tourismusbeauftragten vertreten. Auf der ministerialen Verwaltungsebene besteht in der Abteilung Mittelstandspolitik, Unterabteilung Dienstleistung auch ein Referat Tourismuspolitik. Die Aufgaben des Bundes in der Tourismuspolitik konzentrieren sich auf die Verbesserung der Rahmenbedingungen für eine wettbewerbsfähige Tourismuswirtschaft. Hierzu zählt z. B. auch die Finanzierung von Grundlagenstudien (teilweise in Kooperation mit dem DTV; s. u.) oder die Förderung von übergreifenden Spezialthemen, wie z. B. den barrierefreien Tourismus durch entsprechende Studien (BMWi 2008).

Gleichzeitig berührt Tourismuspolitik als Querschnittsaufgabe Zuständigkeitsbereiche vieler weiterer Ressorts, angefangen vom Auswärtigen Amt (Reisehinweise und Reisewarnungen, diplomatische Aspekte), über Finanzen und Verkehr (insbesondere Finanzierung von Infrastrukturmaßnahmen und Gewährleistung der Erreichbarkeit der Destinationen) bis hin zu Bildung, Arbeit, Soziales, Umwelt und Verbraucherschutz (vgl. BMWi 2013). Die Abstimmung zwischen dem Bund und den tourismusrelevanten Aktivitäten der Bundesländern erfolgt unter dem Vorsitz des BMWi im „Bund-Länder-Ausschuss Tourismus". Auf parlamentarischer Ebene besteht ein „Ausschuss für Tourismus" in dem die Belange des Tourismus behandelt werden (vgl. ⌖ *www.bundestag.de/tourismus*).

Für die Förderung von tourismusrelevanten Maßnahmen (insbesondere Infrastruktur) sind auf Bundesebene keine spezifischen Instrumente implementiert. Diese erfolgt über allgemeine Instrumente der Förderkulisse, wie z. B. die „Gemeinschaftsaufgabe Förderung der regionalen Wirtschaftsstruktur" oder den „Europäischen Fond für Regionale Entwicklung" (EFRE). Mit diesen werden insbesondere infrastrukturelle Maßnahmen gefördert – von der Anlage und Ausschilderung von Fahrrad- und Wanderwegen, über Umstrukturierungen in Kurorten bis hin zu Angebotselementen im Kultur- und Naturtourismus.

Deutsche Spitzenverbände auf Bundesebene

Neben der politischen und Verwaltungsseite werden die unterschiedlichen Interessen und Anliegen der Akteure in der Tourismuswirtschaft von einer Vielzahl von nationalen Spitzenorganisationen vertreten. Die wichtigsten werden nachfolgend kurz charakterisiert.

▪ **Deutsche Zentrale für Tourismus (DZT)**: Offiziell als e. V. organisiert nimmt die DZT eine Art Zwitterstellung zwischen der Bundespolitik und den touristischen Verbänden ein. Zwar sind alle Landesmarketingorganisationen (LMOs), viele andere Verbände (wie ADFC, BTW, DEHOGA, DRV, DTV; s. u.) sowie eine Reihe von Unternehmen (wie Accor, Deutsche Bahn, Lufthansa, Sixt, Thomas Cook, TUI, aber auch Flughafen München und Frankfurt) Mitglieder der DZT. Der Großteil des Budgets der DZT wird aber von Zuwendungen des BMWi gebildet. Diese belaufen sich lediglich auf etwa 30 Mio. €. (BMWi 2013, S. 31). Angesichts der zunehmenden Relevanz des Incoming-Tourismus für die Generierung von Devisen und den aktuell 36 Mrd. Ausgaben von ausländischen Touristen in Deutschland (BMWI & BTW 2012, S. 86) ist dieser Betrag damit sicherlich nicht als üppig zu bezeichnen.

Die Hauptaufgabe der DZT liegt im Auslandsmarketing der Destination Deutschland. Sie vertritt die Destination Deutschland im Auftrag des BMWi. Zur Funktion der nationalen Marketingorganisation zählen neben der direkten Marktkommunikation (auch auf Messen im Ausland) insbesondere die Öffentlichkeitsarbeit und die Imagebildung. Darüber hinaus werden Länderprofile für relevante Quellmärkte erstellt (genauer in DZT 2014 bzw. *www.germany.travel*).

Bei der Vermarktung im Ausland kooperiert die DZT auch mit anderen Organisationen. Für die Vermarktung im Städtetourismus wird z. B. mit der Städteallianz „Magic Cities Germany", in der die größten deutschen Städtedestinationen vereinigt sind, zusammen gearbeitet (vgl. auch Abb. 96 in Kap. 6.3). Der Zusammenschluss von kleineren städtetouristischen Destinationen zur Marketingkooperation unter der Marke „Historic Highlight of Germany" ist inzwischen ebenfalls Kooperationspartner der DZT (vgl. Kasten „Die Vermarktungskooperation ‚Historic Highlights of Germany'" in Kap. 4.4.3).

▪ **Deutscher Tourismusverband (DTV)**: Der DTV stellt den Spitzenverband der LMOs dar. Neben diesen sind auch einige kommunale und regionale DMOs sowie kommunale Spitzenverbände Mitglieder des DTV. Das Ziel des DTV ist die Förderung des Tourismus in den deutschen Destinationen. Hierzu wird er einerseits als Interessensverband tätig, der die Anliegen der tourismuswirtschaftlichen Akteure und der DMOs auf politischer Ebene vertritt. Andererseits stehen die Innovationsorientierung und die Betonung des

Qualitätstourismus zur Förderung der Wettbewerbsfähigkeit des Deutsch-landtourismus im Mittelpunkt (⌕ *www.deutschertourismusverband.de*).

Dabei werden vom DTV sog. Grundlagenuntersuchungen zu spezifischen Produkten, in Auftrag gegeben. So gab der DTV z. B. die „Grundlagen Grundlagenuntersuchung Städte- und Kulturtourismus in Deutschland" in Auftrag (mit Förderung durch das BMWi; DTV 2006; vgl. Kap. 6.3) und war an der „Grundlagenuntersuchung Fahrradtourismus in Deutschland" (BMWi 2009; vgl. Kap. 6.4) beteiligt. Aber auch die Förderung des barrierefreien Tourismus zählt mit zu den Anliegen des DTV.

In den letzten Jahren wurde sich die Qualitätsorientierung als Schwerpunkt deutlich intensiviert. So werden durch DTV (über die lokalen DMOs) Feri-enwohnungen und Privatzimmer, die von der Hotelklassifizierung der DEHOGA (s. u.) nicht erfasst werden, nach einem Sterneschema klassifiziert und zertifiziert. Darüber betreut der DTV die Initiative ServiceQualität Deutschland (vgl. Kasten „Die Initiative Servicequalität Deutschland").

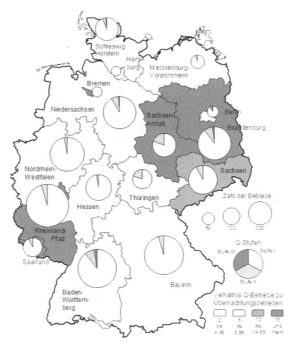

Abb. 91: ServiceQ-Betriebe nach Bundesländern und Verhältnis zu gewerblichen Übernachtungsbetrieben (Quelle: eigener Entwurf nach Daten DTV 2015 und Statistisches Bundesamt 2014, C-3.5)

▶ **Die Initiative Servicequalität Deutschland**

Der zunehmende Wettbewerb im Tourismus bedeutet, dass die Servicequalität mehr und mehr zur Markteintrittsschwelle (vgl. Kap. 2.3.4) wird.

Anknüpfend an ein 1997 in der Schweiz eingeführtes dreistufiges Qualitätssiegel wurde dieses, beginnend 2001 in Baden-Württemberg adaptiert und sukzessive bis 2010 von allen Bundesländern übernommen. Mit der vom DTV betreuten Dachorganisation Initiative ServiceQualität Deutschland wurde 2013 eine einheitliche Basis für die Qualitätsorientierung und Qualitätszertifizierung geschaffen (⌂ *www.q-deutschland.de*).

Das Q-Siegel wird in drei Stufen vergeben:

- In der ersten Stufe wird insbesondere Wert auf die betriebsinterne Sensibilisierung durch die Schulung eines Qualitätscoach gelegt. Die Einstufung erfolgt im Wesentlichen durch Selbstauskunft. Es sollen selbstgewählte Schritte zur schrittweisen Verbesserung der Qualität begonnen werden.

- In der zweiten Stufe stehen die Messung der Kundenzufriedenheit durch Befragungen der Kunden und einen „Silent Shopper" (vgl. Kap. 2.3.4) im Mittelpunkt.

- Die dritte Stufe beinhaltet ein umfassendes Qualitätsmanagementsystem, angelehnt an EFQM (= European Foundation for Quality Management (⌂ *www.efqm.org*) oder ähnliche Systeme.

Trotz der beachtlichen Erfolge der Initiative ServiceQualität Deutschland ist doch zu berücksichtigen, dass sich die Resonanz bei den touristischen Leistungsträgern im überschaubaren Rahmen hält. ServiceQ richtet sich nicht nur an Übernachtungsbetriebe, sondern auch an andere touristische Unternehmen (von Gaststätten über Freizeiteinrichtungen bis hin zu den Tourist-Informationen). Bei allein über 50.000 gewerblichen Übernachtungsbetrieben in Deutschland (vgl. Kap. 3.1.2) erfassen die knapp 4.000 inzwischen zertifizierten Betriebe nur einen kleinen Teil der touristisch relevanten Leistungsträger. In Abbildung 91 sind die zertifizierten Betriebe nach Bundesländern dargestellt. Dabei wird einerseits deutlich, dass die Beteiligung in den einzelnen Bundesländern – auch abhängig vom Engagement der regionalen DMOs und der LMOs – große Unterschiede aufweist. Darüber hinaus wird aber auch deutlich, dass mehr als 90 % der Betriebe nur auf Stufe I zertifiziert sind. Hier bestehen noch deutliche Intensivierungspotenziale.

- **Deutscher Hotel- und Gaststätten-Verband (DEHOGA)**: Zentrales Anliegen dieses sektoral ausgerichteten nationalen Spitzenverbandes (mit seinen Landesverbänden) ist, die Interessen seiner Klientel entsprechend zur Geltung zu bringen. Beispiel hierfür ist z. B. die Frage der Behandlung touristisch relevanter Leistungen bei der Umsatzsteuer, die teilweise in anderen Ländern größere Steuervorteile genießen. Aber auch zur sog. „Bettensteuer" (vgl. Kap. 4.4.2) bezieht der DEHOGA klar Position im Namen seiner Mitglieder.

  In vielen Ländern (z. B. Frankreich) ist die Klassifizierung von Hotels obligatorisch und wird von staatlichen Stellen durchgeführt. Da dies in Deutschland nicht der Fall ist, hat der DEHOGA 1996 diese Aufgabe übernommen (GARDINI 2010, S. 14). Auch werden Bestrebungen unternommen, die Hotelklassifizierung auf europäischer Ebene zu vereinheitlichen und über die physischen Elemente hinaus stärker Aspekte der Dienstleistungsqualität mit einzubeziehen.

- **Deutscher Reiseverband (DRV)**: Der DRV ist ein Zusammenschluss von Reiseveranstaltern und Reisebüros sowie anderer touristischer Leistungsträger. Neben den großen Veranstaltern sind dort auch eine Vielzahl kleinerer Anbieter Mitglied. Der DRV vertritt damit vor allem die Interessen der Touristikunternehmen. Darüber hinaus ist er auch im Bereich der Fortbildung tätig. Der DRV bietet seinen Mitglieder auch die Möglichkeit der Auszeichnung mit einem Qualitätssiegel „Ausgezeichnete Veranstalterreise", wenn bestimmte Qualitätskriterien, die über gesetzliche Vorgaben hinausgehen anerkannt werden. In Anerkennung seiner sozialen Verantwortung hat der DRV im Namen seiner Mitglieder auch den sog. „Code of Conduct" gegen den sexuellen Missbrauch von Kindern unterzeichnet (vgl. Kasten „Code of Conduct"). Damit spricht sich die deutsche Reiseveranstalterbranche offiziell gegen sextouristisch ausgerichtete Angebote aus und verpflichtet sich, das in ihrem Wirkungsbereich Mögliche dagegen zu unternehmen.

- **Bundesverband der Deutschen Tourismuswirtschaft BTW**: Während die anderen Organisationen auch gelegentlich in den Medien in Erscheinung treten und damit vielen Menschen – nicht nur denen, die im Tourismus tätig sind, ein Begriff sind – wird der BTW in der Öffentlichkeit kaum wahrgenommen. Er ist der Zusammenschluss der tourismusbezogener Spitzenverbände, der drei großen Reiseveranstalter sowie einiger weiterer Touristikunternehmen und größerer Unternehmen (z. B. Deutsche Bahn) und Organisationen (wie z. B. dem ADAC) mit Tourismusbezug. Auch zwei private Hochschulen mit Tourismusausbildungsgängen sind dort Mitglied, nicht jedoch öffentliche Hochschulen. Der BTW agiert zum Teil auch „hinter den Kulissen" und betreibt Lobbyarbeit für die Belange der Tourismuswirtschaft. Er hat zusammen mit dem BMWi 2012 die Studie „Wirtschaftsfaktor Tourismus Deutschland" (siehe Kasten „Volkswirtschaftliche Bedeutung des Tourismus" in Kap. 6.1) herausgegeben, die sicherlich auch als Teil der Öffentlichkeitsarbeit mit dem Ziel der Bewusstmachung der Relevanz dieses Wirtschaftssektors gesehen werden kann.

> ▶ Code of Conduct: Verhaltenskodex zum Schutz der Kinder vor se-
> xueller Ausbeutung im Tourismus
>
> „Im Rahmen des Tourismusgipfels 2005 hat der BTW den „Verhaltensko-
> dex zum Schutz der Kinder vor sexueller Ausbeutung im Tourismus" unter-
> schrieben. Der Code of Conduct war 2000 in einer gemeinsamen Kampagne
> von ECPAT Deutschland (Arbeitsgemeinschaft zum Schutz der Kinder vor
> sexueller Ausbeutung), UNICEF, der WTO und der Europäischen Kom-
> mission formuliert worden. Ein Jahr später unterzeichnete auch der Deut-
> sche ReiseVerband (DRV) den Kodex, der folgende Maßnahmen vorsieht:
>
> ▪ Einführung einer Firmenphilosohie (Leitbild), welche sich eindeutig
>   gegen die kommerzielle sexuelle Ausbeutung von Kindern ausspricht.
>
> ▪ Sensibilisierung und Ausbildung der Mitarbeiter im Herkunftsland
>   und im Zielland. Aufnahme von Klauseln in die Verträge mit Leis-
>   tungsträgern, welche die gemeinsame Ablehnung von kommerzieller
>   sexueller Ausbeutung von Kindern deutlich machen.
>
> ▪ Informationsvermittlung an die Kunden zur Sensibilisierung der Rei-
>   senden für die Thematik" (BTW 2015)
>
> Im Zuge des Engagements werden zusammen mit der deutschen Sektion
> von ECPAT (= ursprünglich End Child Prostitution in Asian Tourism;
> ⌂ *www.ecpat.de*) auch Sensibilisierungsmaßnahmen bei den Touristen durch-
> geführt (Flyer und Inflight-Spots).

Die Vielfalt der touristischen Anbieter und Akteure spiegelt sich damit auch in
den unterschiedlichen Interessensvertretungen. Gleichzeitig wird deutlich, dass die
föderale Grundstruktur der Bundesrepublik im Tourismus – ähnlich wie in der
Kultur- und Bildungspolitik – stark von den föderalen Mustern und einem nicht
immer einfachen Austarieren zwischen Bundes- und Landesinteressen geprägt ist.

6.3   Städtetourismus – ein dynamisches Wachstumssegment

Der Städtetourismus zählt seit den 1990er Jahren zu einem besonders dynamischen touristischen Marktsegment. Insbesondere die Großstädte können deutlich wachsende Besucherzahlen verzeichnen. Dabei ist die aktuelle Dynamik
einerseits Ausdruck eines veränderten Reiseverhaltens der Konsumenten, die
sich immer häufiger für Kurz- und Erlebnisreisen entscheiden. Der Städtetourismus hat in besonderem Maß vom Trend zu mehr (kürzeren) Zweit- und
Drittreisen profitieren können. Hinter diesem Trend stehen als Rahmenbedin-

gungen sozio-demographische Entwicklungen, die sich durch höhere Anteile von Ein- und Zweipersonenhaushalte ohne Kinder, absolute und relative Zunahme der 50+-Generation sowie hohe verfügbare Einkommen bei einem Teil der Bevölkerung charakterisieren lassen.

Andererseits ist eine erhebliche Ausweitung und Ausdifferenzierung des Angebotes als begünstigender Faktor für diesen Trend anzusprechen. Das städtetouristisch relevante Angebotsportfolio vieler Städte ist seit den 1990er Jahren durch attraktive Kultur-, Event-, Unterhaltungs- und Shoppingangebote erheblich erweitert und ausdifferenziert worden. Aber auch die in den 1990er Jahren in vielen Städten etablierten Musical Theater haben eine Vielzahl von Kurzzeittouristen angezogen (vgl. SCHMUDE 2003). Auch wenn diese Innovation inzwischen ihren Höhepunkt deutlich überschritten hat und sich die Laufzeiten in den letzten Jahren merklich reduziert haben, üben sie insbesondere in Hamburg, Stuttgart, Berlin und Köln immer noch erhebliche Anziehungskraft aus. Begünstigt wird diese Entwicklung durch Innovationen im Transportwesen – insbesondere den Low Cost Carriern (vgl. Kap. 3.1.3).

6.3.1 Städtetourismus: Versuch einer begrifflichen Fassung

Städtetourismus ist keine einfach begrifflich zu fassende Tourismusform, da sich hier die in der Freizeit- und Tourismusforschung bestehenden Schwierigkeiten der klaren Zuordnung nach Dauer und Motiven in besonderer Weise stellen.

Die Einbeziehung von Tagesausflügen in den Tourismus verschärft insbesondere im Städtetourismus die Abgrenzungsproblematik. Während bei eintägigen Besuchen eines Wandergebietes oder einem Fahrradausflug die Motive zumeist relativ eindeutig als freizeitorientiert zu identifizieren sind (auch wenn z. B. hier das Motiv „Gesundheit" ebenfalls eine Rolle spielen kann), stellt sich die Situation im Städtetourismus insofern schwieriger dar, als Städte als zentrale Orte Ziel von Besuchen aus ganz unterschiedlichen Motiven sind (vgl. Abb. 5 in Kap. 1.2.2.1). Aufgrund des Koppelungspotentials von Städten können dabei unterschiedlichste Aktivitäten miteinander kombiniert werden. Der Einkauf eines Gebrauchsgegenstandes (z. B. Elektrogerät) mag durchaus kombiniert werden mit dem Besuch eines Cafés, dem Besuch einer Ausstellung oder einer abendlichen Kulturveranstaltung. Aber auch die Veränderungen der Perzeption von Einkaufsaktivitäten, denen – auch unter dem Stichwort Erlebniseinkauf – immer mehr Freizeitcharakter zugemessen wird, lassen die früher klare Grenze verschwimmen.

Städte sind gleichzeitig auch wichtige Zielgebiete von Geschäftsreisen. Neben dem (B2B oder B2C) Geschäftsbesuchen bieten Städte insbesondere auch für Messen, Tagungen und Kongresse nicht nur wegen der guten Erreichbarkeit und der Übernachtungsinfrastruktur, sondern auch wegen der vielfältigen Freizeitoptionen attraktive Möglichkeiten für den MICE-Tourismus (Meetings,

Incentive, Conventions, Exhibitions), auch mit entsprechenden Freizeitkomponenten (vgl. Abb. 2 in Kap. 1.1.3). Städtetourismus ist – da keine einheitlichen Motivbündel bestehen – folglich keine Tourismusform, sondern eine spezielle Tourismusart, die sich klar nur hinsichtlich des regionalen – eben städtischen Zielgebietes (ohne an dieser Stelle auf die Schwierigkeiten der Fassung des Stadtbegriffes einzugehen) fassen lässt. Hinsichtlich der Motive handelt es sich um eine ausgeprägte Mischform mit unterschiedlichen Anforderungen der Besucher an die Destination.

Dabei sind die unterschiedlichen Besuchsmotive eben nicht ganz so klar unterscheidbar, wie dies in der Darstellung von ANTON & QUACK (2005; vgl. Tab. 8) suggeriert wird. Der klassische Städtetourist ist vielmehr ein stark von hybriden Besuchsmotiven gekennzeichneter Besucher, wobei sich Urlaubs- und Vergnügungsmotive mit Kultur- und Bildungsmotiven, aber auch unterschiedlichen geschäftlichen und dienstlichen Motiven vermischen.

Übernachtungstourismus		Tagestourismus	
beruflich bedingt	privat bedingt	beruflich bedingt	privat bedingt
Geschäfts- /Dienstreiseverkehr und Geschäftstourismus	Städtebesuchs-/ Städtereiseverkehr und Städtetourismus	Tagesgeschäftsreiseverkehr	Tagesausflugsverkehr und Sightseeingtourismus
Tagungs- und Kongresstourismus	Verwandten- und Bekanntenbesuche	Tagungs- und Kongressbesuche	Tagesveranstaltungsverkehr
Ausstellungs- und Messetourismus		Ausstellungs- und Messebesuche	Einkaufsreiseverkehr und Shoppingtourismus
Incentivetourismus			Abendbesuchsverkehr

Tab. 8: Formen des Städtetourismus nach Besuchsmotiven
(Quelle: ANTON & QUACK 2005, S. 10)

Dieser Motivgemengelage versucht der DTV (2006; vgl. Abb. 92) durch die Unterscheidung zwischen primärem Städtetourismus und sekundärem Städtetourismus zu entsprechen. Unter „primärem" Städtetourismus wird nach diesem Verständnis der kulturorientierte Städtetourismus verstanden, da dieser als Hauptmotiv auf das originäre Angebot von Städten als Standort von Baukultur und kulturellen Einrichtungen abzielt (hier schimmert implizit die traditionelle Unterscheidung nach dem „ursprünglichen" Angebot von Destinationen im Gegensatz zum „abgeleiteten" Angebot durch). Der sekundäre Städtetourismus ist in seinen Hauptmotivlagen nicht eo ipso auf die die Stadt selbst, sondern auf die dort verorteten Funktionen (Betriebsstandorte, Einkaufsstandorte, Veranstaltungen etc.). Die Stadt ist damit letztendlich nur die konkrete räumliche Folie, vor deren Hintergrund die Funktionen lokalisiert sind.

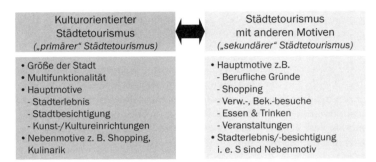

Abb. 92: Abgrenzung zwischen kulturorientiertem und anders motiviertem Städtetourismus (Quelle: eigene Darstellung nach DTV 2006, S. 8)

6.3.2   Quantitative Basisdaten zum Städtetourismus

Die dynamische Entwicklung im Städtetourismus wurde bereits in der DTV-Grundlagenstudie von 2006 klar differenziert. Von dem Wachstum haben insbesondere die „Top 12" (entspricht im Wesentlichen den „Magic Cities"; vgl. Kap. 6.2) profitiert. Aber auch kleinere, im Kulturtourismus klar profilierte Städte zeigten eine deutliche Zunahme der Übernachtungszahlen (vgl. Abb. 93).

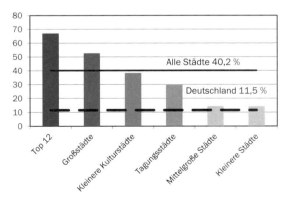

Abb. 93: Typisierung der Destinationen des Städtetourismus und Entwicklung der Übernachtungszahlen zwischen 1993 und 2005 (Quelle: eigene Darstellung nach DTV 2006, S. 23)

In den 10 Jahren seit der DTV-Grundlagenstudie sind die Besucherzahlen im Städtetourismus (abgesehen von der kleinen konjunkturellen Delle 2009 als Folge der Bankenkrise) weiter relativ kontinuierlich angestiegen (vgl. Abb. 94). Im Vergleich zu 1993 haben die Ankunftszahlen um 140 % zugenommen – gegenüber einer Steigerung von „nur" zwei Dritteln für die gesamte Bundesrepublik. Dabei hat sich an dem Grundprinzip, dass insbesondere die größeren Metropolen von diesem Trendprofitieren, nichts Grundlegendes geändert.

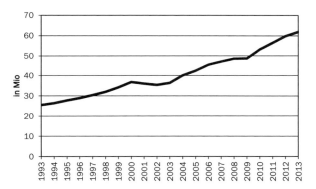

Abb. 94: Entwicklung der Ankünfte in deutschen Großstädten von 1993 bis 2013
(Quelle: eigene Darstellung nach Daten Statistisches Bundesamt 2015a)

Gleichzeitig ist Städtetourismus mit einem Drittel der Nennungen das Hauptmotiv für den Incoming-Tourismus (vgl. Abb. 95). Werden auch die Besuchsmotive Rundreisen und Eventreisen mit hinzugezählt, die ja auch zu einem großen Teil in Städte gerichtet sind, erhöht sich die Relevanz der Städte noch weiter.

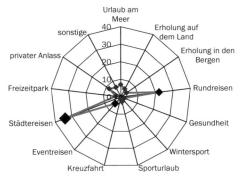

Abb. 95: Motive von Urlaubsreisen der Europäer nach Deutschland 2014
(Quelle: eigene Darstellung nach Daten DZT 2015, S. 16)

Dabei finden 55 % der Ausländerübernachtungen in Großstädten (mit über 100.000 Einwohnern) statt. Allein die 11 „Magic Cities" (vgl. Abb. 96) kommen dabei auf einen Marktanteil von rund 44 % an allen Ausländerübernachtungen (DZT 2015, S. 12). Aber auch von den vom DWIF geschätzten knapp 3 Mrd. Tagesreisen der Deutschen gehen knapp die Hälfte in Städte über 100.000 (DWIF 2013, S. 74).

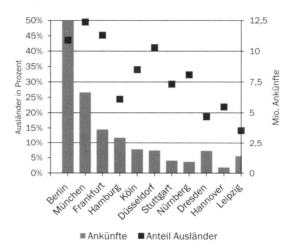

■ Ankünfte   ■ Anteil Ausländer

Abb. 96: Ankünfte und Anteil Ausländer in den „Magic Cities"
(Quelle: eigene Darstellung nach Daten DZT 2015, S. 12)

6.3.3 Dynamik von qualitativen Veränderungen im Städtetourismus

Abgesehen von der rein quantitativen Dynamik im Städtetourismus stellen städtische Destinationen auch einen der Fokuspunkte für qualitative Veränderungen und Trends dar. Die Analyse von ANDERSON (2006) hat die Diskussion auf die durch das Internet eröffneten Chancen von Nischenangeboten im sogenannten „Long Tail" gerichtet (vgl. Abb. 59 in Kap. 3.2.4). Auch das analoge „Word of Mouth"-Empfehlungsmarketing hat durch die Bewertungsplattformen im Internet („Word of Mouse") eine bislang nicht bekannte Reichweitenerhöhung erfahren (vgl. Kap. 2.3.1). Durch das Social Web werden die Möglichkeiten der Weitergabe von Erfahrungen und damit der Generierung von Erwartungen zwar nicht prinzipiell neu geschaffen, aber deutlich erleichtert und erweitert. Darüber hinaus wird auch das konkrete Verhalten vor Ort durch die neuen Medien beeinflusst.

Veränderungen der Raumaneignung im Städtetourismus

Eine der Implikationen ist, dass sich durch die quasi ubiquitäre Verfügbarkeit von Informationen die Verhaltensmuster vor Ort verändern. Spontane Entscheidungen werden aufgrund der ortsbezogenen (oftmals Echtzeit-)Informationen einfacher. Darüber hinaus begünstigt die Vielfalt von Onlineinformationsmöglichkeiten das Verlassen der sog. „Tourist-Bubble" und das Erkunden von Möglichkeiten „Off the Beaten Track" (JUDD 1999, S. 36; vgl. auch MAITLAND & NEWMAN 2009, URRY 1990, S. 8), sprich des engeren, speziell für Touristen aufbereiteten Teils der besuchten Destinationen und damit eine Aufweitung von aktionsräumlichen Aktivitäten in den Destinationen.

Nach dem Tourismussoziologen URRY (1990) stellt das Erlebnis von (oftmals nur vermeintlich) Authentischem eines der wichtigen Motive von Touristen dar. Und der Insider- oder Geheimtipp aus der Peer-Gruppe verspricht ja gerade unverwechselbare authentische Erlebnisse abseits der ausgetretenen Pfade. Durch das Social Web werden die Möglichkeiten der Weitergabe von Erfahrungen und damit der Generierung von Erwartungen deutlich erweitert. Gleichwohl stellt sich die Frage, ob dies nur einfach zur Multiplikation und Reproduktion des bisherigen Settings führt oder ob zumindest eine partielle Neufokussierung der Destinationsimages und damit der touristischen Nutzung von Destinationen stattfindet.

Einen der klassischen Topoi der Tourismuswissenschaften stellt der auf eine Publikation von KEUL & KÜHBERGER aus dem Jahr 1996 zurück gehende Ausdruck von der „Straße der Ameisen" dar. Damit wird die räumliche Kanalisierung der klassischen touristischen Verhaltensweise auf klar definierte Abfolgen von zu absolvierenden Highlights – den „Places to be and Places to see" – bezeichnet. Auch wenn durch die Vielzahl von Informationen im Social Web das bisherige Vorstellungsbild von Destinationen so wie es von den Destinationsmarketingorganisationen, den Reiseveranstaltern und den Autoren von Reiseliteratur konstruiert worden ist, zum großen Teil einfach nur reproduziert wird, ist doch zu erkennen, dass auch zusätzliche Elemente und Aspekte hinzu gefügt werden und sich somit das Bild der Destination modifiziert. Neue kommunikative Netze brechen dabei hegemoniale und autoritative Stellung traditioneller Mediatoren wie touristischer Unternehmen und Organisationen aber auch Reisejournalisten etc. auf. Es kommt zu einer interaktiven Co-Konstruktion touristischer Räume. In Analogie zum „User Generated Content" kann damit die These von "User Generated Tourist Spaces" aufgestellt werden. Die Vermutung von der Veränderung der Aneignung touristischer Räume konnte anhand konkreter empirischer Befunde zum aktionsräumlichen Verhalten in der städtetouristischen Destination Riga nachgewiesen werden. Es hat sich gezeigt, dass die Social Media Empfehlungsmarketing-Informationen – insbesondere bei Wiederholungsbesuchern – zur Erschließung von Standorten und Aktivitäten „Off the Beaten Track" führen (KAGERMEIER 2011c).

Bei einer vertiefenden Analyse des Besucherverhaltens in Kopenhagen mit einem speziellen Fokus auf die Hot Spots der städtetouristischen Attraktionen sowie die gründerzeitlichen Altstadtquartiere abseits der ausgetretenen Pfade, konnte zwar einerseits der „traditionelle Städtetourist" nachgewiesen werden, der klar innerhalb der Grenzen der Tourist Bubble bleibt. Auch ließen sich – entsprechend den von COHEN (1972, S. 169ff.) analysierten Milieus – als Explorer oder Drifter zu charakterisierende Städtetouristen identifizieren, die bewusst als Pioniere neue Wege abseits der ausgetretenen Pfade gehen und dann durch die Social Media Kommunikation eben als Wegbereiter und Multiplikatoren für andere Touristen fungieren. Der Großteil der Besucher wies aber ein klar hybrides Verhalten auf, d. h. er bewegte sich sowohl innerhalb der touristischen Hauptattraktionen, verlässt diese aber auch gerne (genauer bei: STORS & KAGERMEIER 2013).

Städtetourismus und die Share Economy

Aber nicht nur die besuchten Quartiere und die städtetouristischen Aktivitäten sind aktuell einem Wandel unterworfen. Auch bei der Form des Übernachtens zeichnen sich durch die sog. Share Economy Wandlungen ab, die insbesondere in Städten zu beobachten sind. Auch beim kollaborativen Konsum spielt das Internet eine zentrale Rolle als Enabler und Facilitator für den Match-Making-Prozess der gemeinsam zu nutzenden Güter und Dienstleistungen zwischen Anbietern und Nachfragern (vgl. LINNE 2014, S. 9). Sharing Plattformen wie couchsurfing.org oder airbnb.com erleichtern das Zusammenfinden von potentiellen Gästen und Gastgebern. Neben den technologischen Veränderungen tragen auch solche im Wertgefüge der Nachfrager – vor allem in trendsensitiven und -responsiven Milieus – zum Boom bei. Der seit Jahrzehnten ablaufende Wertewandel hin zu stärker postmaterialistischen Positionen spielt dabei eine ähnliche Rolle wie die Sensibilisierung für Nachhaltigkeitsthematiken.

Dass dabei die Grenzen zwischen Produzenten und Konsumenten im hybriden „Prosumer" (SURHONE, TIMPLEDON & MARSEKEN 2010) verwischen, ist kein grundsätzlich neues Phänomen der Share Economy und wird insbesondere im Tourismus bereits seit längerem als Teil der Analyse von touristischen Erlebnissen beobachtet (vgl. GÜNTHER 2006, S. 57; KAGERMEIER 2011b, S. 57f.; PAPPALEPORE, MAITLAND & SMITH 2013, S. 234f.). Auch im Tourismus sind analoge Formen dieser neuerdings als Sharing interpretierten Handlungsweisen schon lange bekannt. Insbesondere im Städtetourismus ist das Übernachten bei Freunden und Bekannten ein gängiges Phänomen. Das sogenannte VFR-Segment (Visit Friends and Relatives) nimmt in vielen Großstädten einen ähnlich großen Umfang ein, wie Übernachtungen in gewerblichen Übernachtungseinrichtungen (vgl. auch Kap. 2.1.3).

Für die Verbreitung der Share Economy im Tourismus spielen ähnliche Triebkräfte wie bei der Ausweitung der touristischen Aktionsräume eine zentrale Rolle. Sharing-Websites wie couchsurfing.org oder airbnb.com bieten nicht nur kostenlose bzw. kostengünstige Übernachtungsangebote, sondern versprechen auch ein neues, authentisches Erlebnis für den Besucher von vor allem städtischen Destinationen. Als eine zentrale Triebkraft für die Nutzung von Sharing-Angeboten im Tourismus kann auch hier die Suche nach authentischen Reiseerfahrungen und Erlebnissen vermutet werden (GILMORE & PINE 2007; vgl. Abb. 11 in Kap. 1.2.2.2), die von Besuchern „Off the beaten track" und außerhalb der „Tourist Bubble" gesucht werden. Auch wenn sich die traditionellen Backpacker und die aktuellen Couchsurfer in ihren Interessenslagen teilweise unterscheiden, liegen die Wurzeln der aktuell diskutierten Trends nach authentischen Reiseerfahrungen sicherlich in dem bereits von COHEN (1972) analysierten Milieu der Explorer und Drifter.

Damit sind die Entwicklungen der Share Economy im Bereich des Tourismus weniger als grundsätzlicher Paradigmenwandel, sondern mehr als eine evolutionäre Weiterentwicklung bereits bestehender Ansätze zu verstehen. Auch diese werden durch den bereits mehrfach angesprochenen, mehrdimensionale Wertewandel weiter forciert. Gleichzeitig hat sie durch die Möglichkeiten des Internets und insbesondere durch die vielfältigen Social Media-Optionen deutlich an Dynamik gewonnen.

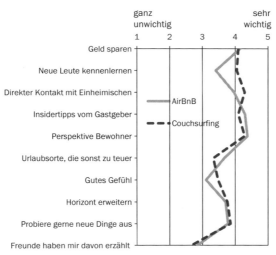

Abb. 97: Motive der Nutzer von Sharing-Übernachtungsangeboten und Differenzierung der Nutzer von Airbnb und Couchsurfing (Quelle: eigene Darstellung und eigene Erhebung)

Bei einer empirischen Erhebung zu den Motiven der Nutzung von Analyse von Share Economy-Affinen und Airbnb-Gästen in Berlin (KAGERMEIER, KÖLLER & STORS 2015; vgl. Abb. 97) wurde deutlich, dass die ökonomische Motivation („Geld sparen", „Urlaubsorte besuchen, die sonst zu teuer wären") erwartungs-gemäß eine gewisse Rolle spielt, jedoch nicht als alleinige und zentrale Motiv-gruppe zu charakterisieren ist. Die auf das Besuchererlebnis abzielenden Erwar-tungen, unter anderem „Direkter Kontakt mit Einheimischen", „Insidertipps vom Gastgeber" und „Urlaubsort aus der Perspektive der Bewohner kennenler-nen" spielen eine mindestens ebenso große Rolle. Dabei ergaben sich auch keine merklichen Unterschiede zwischen Couchsurfern und Airbnb-Gästen. Auch bei vertiefenden Gesprächen mit den Gästen und den Gastgebern spielten die In-teraktion zwischen Gast und Gastgeber als Teil des Besuchererlebnisses sowie die Individualität der Ausstattung und Gestaltung der Unterkunft eine wichtige Rolle (genauer bei KAGERMEIER, KÖLLER & STORS 2015).

Allerdings gelangen mit dieser veränderten Raumnutzung und Raumaneignung und dem Verlassen der „Tourist Bubble" die Touristen auch in Bereiche der Städte, die bislang weitgehend von der lokalen Bevölkerung genutzt worden sind. Zumeist sind es Gebiete, die parallel von einer Gentrifizierung erfasst werden und sich in einem Transformationsprozess befinden. Die Explorer-Touristen und die Gentrifier weisen ähnliche Präferenzen und Affinitäten auf. Beide frequentieren stylische Cafés und Restaurant, Second Hand Stores oder Kunsthandwerkläden bzw. auch Nightlife-Angebote. Einerseits ergänzen sich damit die Interessen der Bewohner und Besucher in vielen Quartieren. Durch die zusätzliche Nachfrage von Touristen wird für manche Angebote die Trag-fähigkeitsschwelle überschritten, sodass sich auch für die Bewohner das Dienst-leistungsangebot erweitert. Gleichzeitig kann aber auch die soziale Tragfähigkeit überschritten werden, wenn sich die Bewohner durch die Touristen gestört fühlen und diese nicht als positives Element in ihrem Wohnumfeld wahrneh-men. Diese Situation ist z. B. in Berlin eingetreten.

Touristifizierung: Fallbeispiel Berlin

Die Situation in Berlin war während der Teilung Deutschlands bis 1990 durch spezifische Rahmenbedingungen geprägt, die als eine Art „geschütztes Milieu" angesprochen werden kann. Sowohl im Ostteil als Bestandteil der DDR als auch – bedingt durch die Insellage – im Westteil der Stadt haben die in vielen anderen Städten Westdeutschlands ablaufenden Transformationsprozesse nur in sehr begrenztem Umfang stattgefunden. Diese Art „Glocke" hat verhindert, dass ange-fangen von der Verdrängung der Wohnbevölkerung aus zentralen Quartieren durch andere – vornehmlich tertiäre – Nutzungen über den Anstieg der Immobi-lien- und Mietpreise durch die zunehmende Nachfrage bis hin zur zunehmenden

Präsenz von Städtetouristen Prozesse in gleicher Weise abgelaufen sind, wie in anderen Städten Westeuropas. Mit der Wiedervereinigung wurde diese „Glocke" entfernt und der Transformationsprozess begann wie in vielen anderen Städten Osteuropas, sicherlich aber auch durch die Verlagerung der Hauptstadtfunktion noch akzentuiert. Von der lokalen Bevölkerung wird dieser Transformationsprozess als teilweise bedrohlich angesehen. Dabei konzentriert sich die Diskussion vor allem auf die – leicht wahrnehmbare – Anwesenheit von Städtetouristen in den ehemals vor allem als Wohngebiete genutzten Quartieren. Andere Prozesse, wie die Umwidmung von Wohn- in Büroflächen werden demgegenüber oftmals weniger gesehen. Auch wird nur partiell wahrgenommen, dass in Berlin in Form einer nachholenden Entwicklung eben teilweise eine Angleichung an Verhältnisse wie in anderen westeuropäischen Städten erfolgt. Ohne diese Entwicklungen unter sog. marktwirtschaftlichen Rahmenbedingungen als uneingeschränkt positiv werten zu wollen, ist doch auch darauf hinzuweisen, dass der Widerstand gegen Touristifizierung, d. h. die touristische Überprägung von Quartieren oftmals von den Gentrifiern getragen wird, die als Teil des Transformationsprozesses die Aufwertung und Umstrukturierung mit geprägt haben.

Im Jahr 2014 hat sich die Diskussion stark auf die Sharing-Plattform Airbnb konzentriert, über die Übernachtungsmöglichkeiten von Privatpersonen angeboten werden. Auch wenn die Abschätzung nicht ganz einfach ist, kann von etwa 10.000 Airbnb-Übernachtungsangeboten und ca. 250.000 Gästen ausgegangen werden (vgl. LAUBE et al. 2014, S. 85 und STÜBER 2014). Angesichts von geschätzten 26,2 Millionen Übernachtungen im traditionellen VFR-Segment (Berlin Tourismus & Kongress GmbH, 2012, S. 6) und den im Jahr 2013 in gewerblichen Übernachtungseinrichtungen registrierten knapp 27 Millionen registrierten Nächtigungen (Statistisches Bundesamt 2014, A-1.1; vgl. Kap. 3.1.2) relativiert sich die besonders in Berlin intensiv geführte Diskussion über die vermuteten negativen Auswirkungen der über Sharing-Plattformen wie Airbnb, Wimdu oder 9flats vermittelten Übernachtungsangebote.

Ein Blick auf die räumliche Verteilung der Airbnb-Angebote zeigt, dass einerseits ein Großteil Kieze in Berlin nur sehr wenig vom Phänomen Airbnb beeinflusst sind. Von den 447 von der Senatsverwaltung für Stadtentwicklung und Umwelt ausgewiesenen „Lebensweltlich orientierten Räumen" (LOR; umgangssprachlich Kieze), ist im Frühjahr 2015 in 100 kein einziges Airbnb-Angebot identifiziert worden und in weiteren 169 Kiezen war es nur bis zu einem Airbnb-Angebot pro 1.000 Einwohner. Umgekehrt zeigt sich aber die Konzentration des Phänomens auf wenige Kieze. In neun LORs beläuft sich die Dichte auf mehr als 20 Airbnb-Angebote pro 1.000 Einwohner. Die Konzentration auf Teile der Bezirke Mitte, Friedrichshain-Kreuzberg und Pankow (Prenzlauer Berg) ist klar sichtbar. Auch wenn es sich um einen Überformungsprozess handelt, der z. B. mit der Umnutzung von Wohnraum in Büroflächen in vielen westeuropäischen Innenstädten verglichen werden kann, ist unter dem Blickwinkel der sozialen Tragfähigkeit sicherlich zu überlegen, ob in manchen Kiezen hier mit Umnutzungsverordnungen eine Limitierung angestrebt wird.

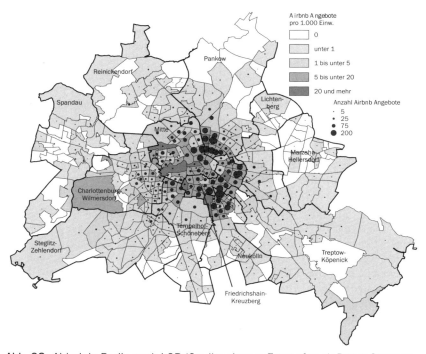

Abb. 98: Airbnb in Berlin nach LOR (Quelle: eigener Entwurf nach Daten SKOWRONNEK, VOGEL & PARNOW 2015 sowie Land Berlin 2015)

Gleichzeitig ist aber festzuhalten, dass die Preissteigerungen auf dem Immobilienmarkt wohl stärker von den anderen Treibern der Transformationsprozesse (Hauptstadtfunktion, Ansiedlung von neuen Start-ups der Creative Industries etc.) geprägt sind, als von dem insgesamt gesehen zwar offensichtlichen Phänomen der Share Economy im Tourismus.

Auch das Argument, dass über Airbnb eine Vielzahl von Anbietern quasi gewerbsmäßig unter Umgehung der gesetzlichen Bestimmungen zur Bedrohung für das lokale Übernachtungsgewerbe würde, lässt sich nur begrenzt halten. Von den 9.322 Airbnb-Anbietern, die SKOWRONNEK, VOGEL & PARNOW (2015) im Frühjahr 2015 im Netz identifizieren konnten, würden insgesamt Schlafmöglichkeiten für 25.687 Personen angeboten. Wird die Größenordnung von 245.000 Gästen (STÜBER 2014) als realistisch angesehen, dann ergäben sich etwa 10 Gäste pro angebotenem Bett und Jahr – ein Durchschnittswert, der sicherlich nicht auf eine durchgängig gewerbsmäßige Praxis hindeutet. Gleichzeitig werden von mehr als der Hälfte der Anbieter nur 1 oder 2 Schlafplätze angeboten. 98,8 % der Airbnb-Hosts bieten bis zu 6 Schlafplätze an (ohne dass genauer bekannt wäre, ob es sich hier um ein großes Appartement oder um zwei kleinere handelt) und stellen damit 96,3 % des Bettenangebotes. Erhebungen bei den Anbietern (vgl. KAGERMEIER, KÖLLER & STORS 2015) haben dabei auch gezeigt, dass nicht alle Airbnb-Hosts auch neu auf dem Markt sind. Teilweise handelt es sich um Personen, die bereits traditionell eine Ferienwohnung vermietet haben und Airbnb als zusätzliche Vermarktungsplattform nutzen. In Berlin, wie auch in anderen Städten sind inzwischen sogar Hotels dazu übergegangen, ihre Betten über Airbnb anzubieten, diese Plattform also als zusätzlichen Vertriebskanal zu nutzen.

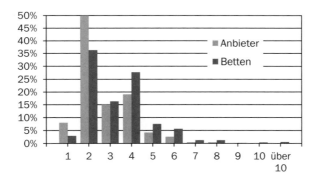

Abb. 99: Anteile von Airbnb-Anbietern und angebotenen Betten in Berlin (Quelle: eigene Darstellung nach Daten SKOWRONNEK, VOGEL & PARNOW 2015)

Dies bedeutet, dass nur ein verschwindend kleiner Teil der Airbnb-Hosts erkennbar einen gewerbsmäßigen Charakter vermuten lässt. Diese „Schwarzen Schafe" entsprechend zu identifizieren und sicher zu stellen, dass die gesetzlichen und steuerlichen Rahmenbedingungen eingehalten werden, ist ein legitimes Anliegen. Umgekehrt bewegt sich vieles unterhalb der Schwelle von 10 Betten, die ja auch im traditionellen Übernachtungswesen als Grenze für den gewerbsmäßigen Betrieb angesehen wird und dann auch dementsprechend steuerlich behandelt wird. In Berlin waren es im Frühjahr 2015 nur 12 Airbnb-Anbieter mit 154 Schlafplätzen, die diese Schwelle überschritten haben. Letztendlich ist das Phänomen eine klassische Innovation im Übernachtungsmarkt. Die entsprechenden Regularien müssen sich erst an mit dieser Innovation entstandenen Gegebenheiten anpassen und die aktuelle Diskussion ist damit als ein klassisches Transitionsphänomen anzusehen.

Zusammenfassend ist für den Städtetourismus festzuhalten, dass er einer der Hauptwachstumsträger des Tourismus – nicht nur in Deutschland ist. Der bisherige Fokus im Destinationsmanagement lag dabei vor allem auf den traditionellen kulturell ausgerichteten Angebotselementen, sei es der Präsentation des materiellen kulturellen Erbes oder von hochkulturell ausgerichteten Veranstaltungen. Damit wird die primäre Zielgruppe im Städtetourismus von den zuständigen Organisationen oftmals im gehobenen Einkommenssegment bei mittleren und höheren Altersgruppen in etablierter gesellschaftlicher Position gesehen.

▶ Gegen den Mainstream: Cittaslow

Auch wenn der Städtetourismus stark auf die Metropolen ausgerichtet ist, gibt es auch gegenläufige Entwicklungen, die stärker auf Entschleunigung und langsamen Genuss fokussiert sind.

Die sog. Cittaslow-Bewegung wurde 1999 bewusst auch als Gegenentwurf zu den Globalisierungstendenzen in Italien geründet. Angelehnt an die Grundideen der sog. Slow Food-Bewegung, und mit einem Markenzeichen, das sich bewusst an die Schnecke der SlowFood-Bewegung anlehnt, ist Cittaslow mit den Zielsetzungen stark auf die lokale und regionale Identität orientiert. Der Slogan „Lebenswerte Stadt" zielt auf eine integrierte, dem Nachhaltigkeitsprinzip verpflichtete ökonomische Stadtentwicklungspolitik ab. Mitglied des Netzwerkes von Cittaslow können nur Klein- und Mittelstädte mit weniger als 50.000 Einwohnern werden (genauer bei BMVBS 2013, S. 11). Bis April 2015 ist die Zahl der Mitgliedsstädte auf 195 in 30 Ländern angewachsen, davon 12 in Deutschland, 3 in Österreich und 1 in der Schweiz (🖰 *www.cittaslow.org*).

Der Fokus von Cittaslow auf „typische Kulturlandschaft, charakteristische Stadtstruktur, regionaltypische Produkte, Gastfreundschaft, regionale Märkte [sowie] Kultur und Tradition" (BMVBS 2013, S. 18) beinhaltet Elemente, mit denen auch auf entschleunigte Formen von Städtetourismus abgezielt wird. Cittaslow-Städte setzen teilweise erfolgreich auf kleinteilige Formen städtetouristischer Angebote, um hiermit zusätzliche wirtschaftliche Impulse in den Städten zu generieren (vgl. BRITTNER-WIDMANN & HUHN 2009). Sie können damit als ein spezifisches und erfolgreiches Nischensegment abseits des Mainstreams ansprechen und unter dem Brand der Schnecke auch eingängig im Markt kommunizieren.

Die Zielgruppe der mehr an populärkulturellen oder auch subkulturellen Angeboten Interessierten – vor allem jüngeren – Besucher wird demgegenüber bislang vom offiziellen Tourismusmarketing nur begrenzt wahrgenommen. Gleichzeitig wurde am Beispiel von Berlin aber auch deutlich gemacht, dass eine verstärkte Anziehungskraft gerade für diese Zielgruppen auch zu Konflikten mit der lokalen Bevölkerung führen und eine mangelnde Akzeptanz dann die Überschreitung der sozialen Tragfähigkeitsgrenze bedeuten kann. Hier entsprechend als Mediator aufzutreten, ist sicherlich eine Aufgabe, welche die städtischen DMOs bislang nur sehr partiell wahrnehmen. Insbesondere die Betonung der wirtschaftlichen Effekte des Städtetourismus erscheint hier genauso wichtig, wie das Ernstnehmen der Befürchtungen der lokalen Bevölkerung und die Suche nach Kompromissen, die für alle Beteiligten tragbar sind – im Sinne einer als sozial nachhaltig verstandenen Tourismuspolitik.

6.4 Wander- und Fahrradtourismus – Die Wiederentdeckung der aktiven Langsamkeit

Auch wenn ein Großteil des touristischen Aufkommens in Deutschland in die Städte gerichtet ist und damit die absoluten Volumina im ländlichen Raum nicht die gleiche Höhe erreichen, stellt der Wirtschaftsfaktor Tourismus – mangels anderer tragfähiger ökonomischer Aktivitäten – dort oftmals relativ gesehen, ein wichtiges Standbein der Regionalökonomie dar. Der Anteil der Tagesbesucher im ländlichen Raum beträgt immerhin ein Viertel (DWIF 2013, S. 74).Auch das Statistische Bundesamt (2013, B 2-1) gliedert eine Raumkategorie „Gering besiedelt" aus, die als ländlicher Raum aufgefasst werden kann (ohne vollkommen identisch mit der DWIF-Abgrenzung sein zu müssen). In dieser werden ebenfalls ein Viertel der Ankünfte und sogar – aufgrund der geringeren durchschnittlichen Aufenthaltsdauern im Städtetourismus – ein Drittel der Übernachtungen realisiert.

Gleichzeitig zielen die touristischen Potentiale im ländlichen Raum oftmals auf das Naturerlebnis und damit meist die Entschleunigung betonende Tourismusformen ab. Von den Tourismusformen im ländlichen Raum sind insbesondere der Wander- und Fahrradtourismus prägend. Auch haben diese in den letzten beiden Jahrzehnten deutliche strukturelle Entwicklungen erfahren und werden deshalb an dieser Stelle als Tourismusformen im ländlichen Raum im Kontrast zum Städtetourismus behandelt.

Formen der aktiven Urlaubsgestaltung sind in den letzten Jahren eindeutig auf dem Vormarsch. Das klassische eher passive reine „Sun&Beach"-Segment wird zwar auch weiterhin noch große Marktanteile an sich binden können. Aber die Bedürfnisse – insbesondere von Nachfragern mit höherem Bildungsniveau – an die Freizeit- und Urlaubsgestaltung gehen eindeutig weg vom reinen Strandurlaub mit dem Primärziel der Körperbräune und dem passiven Erholen. Demgegenüber konnten Urlaubsformen, wie Wander- und Fahrradtourismus sowie Sporttourismus, die eine aktive Beteiligung der Urlauber in den Mittelpunkt stellen und auf holistische Erfahrungen abzielen, an Bedeutung gewinnen. Gleichwohl werden die auf Entschleunigung und eine neue Langsamkeit, als Gegenentwürfe zu den teilweise schrillen Kicks der 1990er Jahre entwickelten Angebote weiterhin mit den traditionellen Erlebnisversprechen vermarktet. Dabei ist zu unterstellen, dass sich subkutan bereits neue, bislang in ihrer vollen Konsequenz noch nicht vollständig absehbare Angebots- und Nachfragemuster ankündigen.

Bei dem Versuch, diese künftigen Entwicklungslinien zu fassen, hat ROMEIß-STRACKE (2003) postuliert, dass wir uns auf dem Weg von der Erlebnis zur Sinngesellschaft befinden. Damit könnte sich ein neues Paradigma abzeichnen, bei dem die Neuorientierung an sinnstiftenden Verhaltensweisen einen erneuten Wertewandel ankündigt. Gleichzeitig ist in der aktuellen Umbruchssituation festzuhalten, dass in einer Art Gleichzeitigkeit des Ungleichzeitigen die unterschiedlichen Angebotsformen parallel nebeneinander bestehen, d. h. nicht die Nachfrage von kurzfristigen Erlebnissen eines Nervenkitzels abgelöst wird von der nach entschleunigten Freizeit- und Urlaubsangeboten. Kennzeichen der Postmoderne ist gerade die Vielfalt des Angebotes und die Multioptionalität der einzelnen hybriden Nachfrager. Die Behandlung des Wander- und Fahrradtourismus in diesem Kapitel steht damit auch stellvertreten für Tourismussegmente, die symptomatisch für die aktuelle Umbruchsituationen am Beginn des 21. Jahrhunderts sind.

6.4.1   Der neue Wanderer und die Redynamisierung des Wandertourismus

Der Wandertourismus hat seit Beginn des 21. Jahrhunderts eine merkliche Redynamisierung erfahren. Lange Zeit wurde Wandern bzw. Wandertourismus als rückläufiges Marktsegment angesehen, deren Nachfragerzahl im Abnehmen begriffen sei. Dabei wurde der klassische Wanderer klischeehaft imaginiert als konservativ eingestellter älterer Mann, ausgestattet mit Hut, Wanderstock, Kniebundhosen und rotkariertem Wanderhemd, der Volks- und Wanderlieder singend in organisierten Gruppenwanderungen unterwegs ist (vgl. LEDER 2003, S. 320).

Dieses Bild eines – insbesondere im Vergleich zu den Freizeit- und Erlebniswelten der 1990er Jahren – wenig attraktiven Segments hat sich in den letzten Jahren erheblich gewandelt. Wandern ist inzwischen für Zielgruppen attraktiv geworden, die deutlich jünger sind, moderne und multifunktionale Outdoorkleidung bevorzugen und auch weltanschaulich nicht mehr als konservativ zu bezeichnen sind. Dabei zeichnen sich die „neuen Wanderer" auch dadurch aus, dass sie das Wandern zu zweit oder in kleinen Gruppen bevorzugen (vgl. LEDER 2003, S. 328). Damit ist Wandern (wie auch andere aktuell sich dynamisch entwickelnde Urlaubsformen) klar auf die soziale Interaktion ausgerichtet. Das Zusammensein oder „Being with others" (ANDERSON CEDERHOLM 2009) nimmt als Urlaubsmotiv eine zunehmende Rolle ein (vgl. Kap. 2.2.1).

Zwar war bei der Wanderstudie 2008 des Deutschen Wanderinstituts das Hauptmotiv des Wanderns mit 88 % nach wie vor der Wunsch, Natur und Landschaft zu genießen, gefolgt von der Absicht, etwas für die Gesundheit zu tun (70 %). Bereits an dritter Stelle rangierte mit 62 % das Unterwegs-sein mit dem Partner bzw. Freunden, d. h. die Erwartung eines schönes sozialen Erlebnisses (Deutsches Wanderinstitut 2008, S. 13), ein Motiv, das in den letzten Jahren eine deutlichen Bedeutungsgewinn erfahren hat (Steigerung um 8 % zwischen 2003 und 2008; ähnlich BMWI 2010, S. 34). Dabei werden Kleingruppen mit intensiven Kontakten im kleinen Kreis bevorzugt. Ein gutes Drittel der Wanderer sind mit dem Partner unterwegs und gut 40 % mit zwei bis fünf Freunden und Bekannten, während nur 3 % in Gruppen von 20 Personen und mehr unterwegs waren (Deutsches Wanderinstitut 2008, S. 16). Das Klischee von großen Wandertrupps, die mit einem Lied auf den Lippen durch deutsche Wälder stapfen ist also überholt. Bei der vom BMWi finanzierten Grundlagenstudie Wandern konnte auch aufgezeigt werden, dass Abstand vom Alltag gewinnen und „eine Auszeit nehmen" in der – oftmals von starker beruflicher Anspannung gekennzeichneten Lebensmitte (Altersgruppen zwischen 35 und 54 Jahre) – besonders ausgeprägt ist. Wandern kommt damit auch die Funktion der Prävention für Burnoutsyndrome zu.

Das in der Paarbeziehung oder kleineren informellen Freundesgruppen erfahrene gemeinsame Durchstreifen einer als positiver Stimulus empfundenen Natur zeigt, dass individuelle Wohlfühlaspekte im Motivspektrum der Wanderer einen hohen Stellenwert einnehmen. Dabei ist der moderne Wanderer nicht mehr primär an der Zurücklegung großer Kilometerzahlen (oder dem Erreichen hoher Gipfel) interessiert. Vielmehr kann er durchaus als Genusswanderer im Wellness-Stil angesehen werden.

Die Genussorientierung des modernen Wanderers impliziert gleichzeitig, dass er hohe Anforderungen an die Angebotsgestaltung stellt. Dazu gehört die Kombination mit kulinarischen Genüssen ebenso wie die Anforderungen an ansprechende Wegeführung und Ausschilderung der Wege. Damit stellen sich für Wanderdestinationen auch eine Reihe von neuen Herausforderung an die Marktkommunikation, mit der die Zielgruppen klar angesprochen werden müssen, denen ein konkretes Urlaubsversprechen gemacht wird, das dann vor Ort auch von allen Leistungsträgern entsprechend eingelöst werden muss. Nicht nur die emotionale, konsistente Kundenansprache, sondern auch die Gewährleistung von in sich stimmigen Teilleistungen des Leistungsbündels Wanderaufenthalt (von der Markenbildung und die Informationsmaterialien über die Anreise, die konkrete Wanderinfrastruktur bis hin zu den gastronomischen und Übernachtungsangeboten) stellen damit erhebliche Anforderungen an die Destinationsmanagementorganisationen (genauer z. B. zu den Qualitätszeichen für Wandergastgeber DREYER, MENZEL & ENDREß 2010, S. 223ff.)

Den gestiegenen Anforderungen der neuen Wanderer entspricht das Ausweisen von Qualitäts- bzw. und Premiumwegen durch den Deutschen Wanderverband (2006) und das Deutsche Wanderinstitut (2009). Entsprechend den Bedürfnissen der Wanderer wird bei diesen Prädikaten neben der Beschaffenheit des Weges und der Qualität der Ausschilderung insbesondere auch darauf geachtet, dass positive Stimuli des Natur- und Kulturraum ebenso erfahrbar sind, wie kulinarische Angebote. Diese veränderten Nachfragestrukturen korrespondieren auch mit neuen Wegen in der Marktkommunikation. Neben den Fernwanderwegen, die sich z. B. mit einem klaren Markenversprechen unter der Marke *„Top Trails of Germany"* (🖰 *www.top-trails-of-germany.de*) positionieren, werden auch kleinere Wandersteige mit einem klaren, auf Natur- und Landschaftsgenuss in harmonischem Kleingruppenkontext ausgerichteten Produktversprechen positioniert, wie z. B. die *„Traumpfade"* in Rheinland-Pfalz, die mit dem Slogan „… zum Wandern verführen" werben (🖰 *www.traumpfade.info*). Auch der Erfolg des Rothaarsteigs, der als *„Weg der Sinne"* (🖰 *www.rothaarsteig.de*; siehe auch: DREYER, MENZEL & ENDREß 2010, S. 198ff.) vermarktet wird, ist sicherlich auf diese konsequente Ausrichtung der Marktkommunikation zurückzuführen.

Der Wandertourismus in Deutschland kann damit als gelungene „Rejuvenation" im Sinne von BUTLER's Lebenszyklusmodel (vgl. Kap. 1.2.2.1) angesehen werden, bzw. in der Terminologie der Boston Consulting Group als „Poor Dog", der den erneuten Sprung zur Star geschafft hat (Kap. 3.2.2). Einerseits ist dies sicherlich auf die in den letzten Jahren unternommenen Anstrengungen im Bereich der Servicequalität und die Produktinnovation von Fernwanderwegen zurückzuführen. Gleichzeitig zeigt der Wandertourismus auch die Grenzen der Prognosefähigkeit der Lebenszyklusmodelle, die eben keine Berücksichtigung der Nachfrageseite vorsehen. Das phönixartige Wiedererstehen des Wandertourismus ist eben nicht nur von Destinations- und Produktmanagern gemacht, sondern wurde erst durch veränderte Präferenz- und Wertemuster der potentiellen Nachfrager möglich.

▶ KONUS: Nachhaltigkeitsorientierung beim Wandertourismus durch öffentliche Mobilitätsangebote

Im Zusammenhang mit dem Wandertourismus (gilt aber auch partiell für den Fahrradtourismus) sei auf Ansätze in manchen Wanderdestinationen hingewiesen, durch entsprechende Mobilitätsangebote, bzw. Mobilitätsmanagementkonzepte eine am Nachhaltigkeitsgedanken orientierte Reduzierung der privaten Pkw-Nutzung zu erzielen. Wander- und Radtouristen eignen sich deshalb auch als Zielgruppe für auf diese abgestimmte Mobilitätsangebote, weil die Benutzung des ÖPNV den Zusatznutzen vermittelt, Streckenwanderungen bzw. -fahrten zu unternehmen, da nicht zum Ausgangspunkt (= Parkplatz des Pkws) zurückgekehrt werden muss.

Als bundesweites Best Practise Beispiel kann hier das KONUS-Konzept in der Destination Schwarzwald gelten. KONUS steht für „**KO**stenlose **NU**tzung des öffentlichen Nahverkehrs für **S**chwarzwaldurlauber". Das Konzept von KONUS ermöglicht es den Übernachtungsgästen im gesamten Schwarzwald, ohne zusätzliche Kosten alle öffentlichen Verkehrsmittel im Schwarzwald zu nutzen. Es ist das Ergebnis einer Kooperation zwischen den DMOs und den lokalen Verkehrsunternehmen, gestützt von der lokalen Politik und damit auch ein Good Practise Beispiel für Kooperationen im Destinationsmanagement (vgl. Kap. 4.4.3).

Die beteiligten Akteure haben sich darauf verständigt, dass pro Übernachtung 30 Cent und die regionalen Verkehrsunternehmen abgeführt werden. Im Gegenzug erhalten alle Gäste die KONUS-Karte, mit der Sie im gesamten Schwarzwald den ÖPNV nutzen können. Verbunden mit der Einführung der KONUS-Karte war eine unter Einbeziehung aller Beteiligten erfolgte Fahrplan- und Linienoptimierung.

Im Jahr 2013 konnten in fast 140 Schwarzwaldgemeinden etwa 10.000 Übernachtungsbetriebe ihren Gästen dieses Mobilitätsangebot unterbreiten. Die Transportunternehmen erhielten im Gegenzug etwa 4 Mio. € zur Aufstockung ihres Angebotes (das auch der lokalen Bevölkerung zu Gute kommt). Mit zum Erfolg von KONUS trägt bei, dass sowohl die DMOs und die Verkehrsunternehmen als auch die privaten Leistungsträger in der Marktkommunikation das Angebot entsprechend offensiv mit vertreten (genauer z. B. bei KAGERMEIER & GRONAU 2015).

Ähnlich auch der **Igelbus** im Nationalpark Bayerischer Wald, der zusätzlich auch mit P&R-Angeboten und partiellen Befahrungsverboten operiert (vgl. z. B. KAGERMEIER 2007). Weitere Good Practise Beispiele finden sich auch in der Grundlagenstudie Wandern (BMWI 2010, S. 94ff.).

6.4.2   Fahrradtourismus: Stagnation oder Diversifizierung

Fahrradtouristische Angebote haben in den letzten Jahren ebenfalls einen deutlichen Boom erfahren und die Angebotsausweitung führte auch zu merklichen Nachfrageerhöhungen. Mit verantwortlich für die Zunahme der Nachfrage sind hier wiederum sicherlich die demographischen Veränderungen, der verstärkte Fokus auf aktivorientierte Urlaubsformen sowie wachsende neue Bedürfnisse einer an holistischen Urlaubserlebnissen in Gemeinschaft mit anderen orientierten Freizeitgestaltung.

Gleichzeitig ist absehbar, dass der fahrradtouristische Markt langsam in eine Reifephase kommt. Damit verbunden ist eine Erhöhung der Anforderungen an die Produktgestaltung. Um weiterhin erfolgreich auf dem Markt bestehen zu können, werden sich die Anbieter neben einer intensiveren Ausrichtung an Qualitätsstandards in den kommenden Jahren auch den Herausforderungen zur Ausdifferenzierung der bisherigen Basisprodukte stellen müssen.

Bei einer repräsentativen, nur auf den Sommerurlaub bezogenen Befragung des Europäischen Tourismusinstitutes (ETI) wurde Fahrradfahren von 59 % der Befragten als (auch) ausgeübte Tätigkeit bezeichnet (vgl. HALLERBACH 2009, S. 46). Für gut jeden zehnten Sommerurlauber ist Radfahren eine der drei wichtigsten Aktivitäten während des Sommerurlaubs, sodass insgesamt von ca. 3 Millionen Radreisen (mit Übernachtungen) ausgegangen werden kann (vgl. HALLERBACH 2009, S. 41). Das Deutsche wirtschaftswissenschaftliche Institut für Fremdenverkehr (DWIF) geht sogar von ca. 22 Millionen Übernachtungen durch Fahrradtouristen und weiterer 153 Millionen Fahrradtagesreisen aus (vgl. BMWi 2009, S. 23 und 25). Damit scheint auf dem ersten Blick Fahrradtourismus auf der Welle des Erfolgs zu schwimmen und manche Leistungsträger sind versucht, bei diesem vermeintlich nachfragegetriebenen Segment zu unterstellen, dass es sich hier quasi um einen Selbstläufer handeln würde.

Schon alleine ein Vergegenwärtigen des Grundprinzips der Marktentwicklung macht klar, dass der Fahrradtourismus in den letzten 10 Jahren (angesichts hoher Wachstumsraten) wohl als „Star" im touristischen Portfolio anzusprechen ist und sich aktuell auf dem Weg zur „Cash Cow" befindet (vgl. Kap. 3.2.2). Im Rahmen des Produkt-Lebenszyklus sind damit ohne weitere Aktivitäten der anbietenden Akteure tendenziell abnehmende Wachstumsraten zu prognostizieren. Ein genauerer Blick in die Nachfragestruktur und die Wettbewerbskonstellationen im Fahrradtourismus zeigt darüber hinaus umso deutlicher, dass eine Vernachlässigung der Anstrengungen bei der Produktentwicklungspolitik auch im Fahrradtourismus mittelfristig die im dynamischen Tourismusmarkt üblichen Konsequenzen eines Zurückfallens gegenüber den Mitbewerbern bzw. eines absehbaren Marktaustrittes zu Folge haben dürfte.

Starke Fokussierung auf Genussradler und Flussradwege

Bei einer Typisierung der Nachfrager im Fahrradtourismus wird deutlich, dass der Schwerpunkt aktuell klar bei den Radwanderern bzw. den sog. „Genussradfahrern" liegt. 77 % der Fahrradtouristen können der Kategorie „Radwanderer/Trekkingradler" zugeordnet werden. Demgegenüber machen „Mountainbiker" und sportorientierte „Rennradfahrer" aktuell nur 13 bzw. 10 % der Nachfrage in Deutschland aus (BMWI 2009, S. 124).

Entsprechend der Dominanz der sog. „Genussradfahrer" sind unter den Fahrradtouristen die über 45-Jährigen überproportional vertreten (vgl. Tab. 9), wobei insbesondere die 60 bis 65-Jährigen als Hauptzielgruppe im Fahrradtourismus auftreten. Die 50+-Generation der jüngeren, noch aktiven Alten zählt aber gleichzeitig auch zu den stark umworbenen Zielgruppen in anderen touristischen Segmenten. Damit bewegen sich fahrradtouristische Angebote bei einer Fokussierung auf diese Zielgruppe in einem angebotsseitig stark besetzten Markt. Gleichzeitig wird deutlich, dass jüngere, noch stärker sportlich orientierte Zielgruppen nur begrenzt vom bisherigen Angebot angesprochen werden.

Altersklassen	Anteil Fahrradfahrer
bis 24 Jahre	4,7 %
25 bis 45 Jahre	9,8 %
45 bis 60 Jahre	13,8 %
60 bis 65 Jahre	16,0 %
65 Jahre und älter	14,3 %
total	11,5 %

Tab. 9: Anteile der Nennungen von Radfahren als eine der drei wichtigsten Urlaubsaktivitäten nach Altersgruppen (Quelle: HALLERBACH 2009, S. 43)

Die Ansprüche und Bedürfnisse von genussorientierten Radwanderern und den stärker sportlich motivierten Mountainbike- und Rennradfahrern an das konkrete fahrradtouristische Angebots unterscheiden sich deutlich (vgl. Tab. 10). Abgesehen von fahrradfreundlichen Übernachtungseinrichtungen oder auf die Bedürfnisse von an Radfahrern ausgerichteten gastronomischen Angeboten lassen sich damit nur begrenzt Synergieoptionen aus einer an den Radwanderern ausgerichteten fahrradtouristischen Infrastruktur generieren.

	Trekkingradreise/ -ausflug	Moutainbikereise/ -ausflug	Rennradreise/ -ausflug
Reise- motivation	aktives Erleben und Kennenlernen von Land und Leuten	sportliche Aktivität (Geschicklichkeit)	sportliche Aktivität (Geschwindigkeit)
Strecken- beschaffen- heit	überwiegend befestig- te, verkehrsarme Radwege mit touristi- scher Beschilderung und Infrastruktur	unbefestigte Wege, zum Teil auch Off- road	asphaltierte Radwege und verkehrsarme Straßen für Hochge- schwindigkeitsfahrten
Topografie der Destina- tion	reliefarme, kulturell interessante Land- schaft; geringe Stei- gungen; beliebt: z. B. Flusstäler	zumeist bergige Landschaft; hügeliges bis sogar steiles Ge- biet	abwechslungsreiche Landschaft (flach bis bergig)
Zielgruppe	Genussradler jeden Alters von Familie mit Kind bis Senior; Interesse an Kultur, Kulinarik, Landschaft	sportlich ambitionier- te und trainierte Rad- fahrer	sportlich ambitionier- te und trainierte Rad- fahrer; Interesse an Natur und Aussicht
Tagesetappen	ca. 40–60 km	je nach Terrain unter- schiedlich, bis zu 50 km, 500 bis 1.500 Höhenmeter	Tagesetappen von bis zu über 100 km

Tab. 10: Typologie Fahrradurlauber (Quelle: BMWi 2009, S. 38)

Gleichzeitig limitiert die in den letzten Jahren in Deutschland klar ausgeprägte Fokussierung auf den genussorientierten Radwanderer die weiteren Entwicklungsoptionen. Da dieser stark auf reliefarme Routen in einer ansprechenden Landschaft ausgerichtet ist, konzentrierte sich die fahrradtouristische Erschließung in den letzten Jahren klar auf die Flussradfernwege. Unter den Top Ten der von Fahrradtouristen befahrenen Radwege rangieren acht Flussradwege. Und auch die beiden anderen (Ostsee und Bodensee) führen ebenfalls entlang von Gewässerrändern (vgl. Abb. 100). Neben den „Highlights" der bekannten und bereits seit vielen Jahren eingeführten Radwanderwegen entlang der – zumeist schiffbaren und damit über entsprechende begleitende Wirtschaftswege verfügenden größeren – Flüsse, folgen auch auf den (hier nicht separat dargestellten, weiteren 20 Rängen 14 Flussradwege sowie der Nordsee-Radweg).

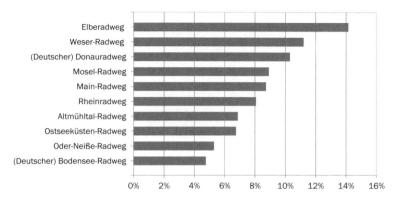

Abb. 100: Top Ten der befahrenen Radfernwege in Deutschland
(Quelle: FREITAG, KAGERMEIER & ROGGE 2007, S. 26; N = 1.661)

Flusstäler als historische Leitlinien der Siedlungsentwicklung und der Verkehrs-
erschließung verfügen auch bei kleineren, nicht schiffbaren Flüssen zumeist
über ein sich am Flussverlauf orientierendes Wege- und Straßennetz. Diese
nicht nur relativ steigungsarme, sondern auch klar identifizierbare Routenführung ist sicherlich einer der Vorteile von Flussradwegen und hat wohl mit dazu
beigetragen, dass diese in der ersten Phase der fahrradtouristischen Entwicklung
in Wert gesetzt worden sind. Abgesehen davon, dass einige Flusstäler (wie z. B.
die Mosel oder der Rhein) bereits vorher als touristische Destination bestanden
und sich an Flusstälern auch viele Städte mit historischem Ambiente als Etap-
penorte aufreihen, haben Flussradwege den konkreten Marketingvorteil, dass
der Flussname als Brand quasi vorgegeben ist, und auch – unabhängig von
touristischer Markenbildung – eine gewisse Bekanntheit garantiert.

Werden alle genannten Fahrradrouten und -gebiete nach Bundeländern zusammengefasst, zeigt sich, dass der Schwerpunkte des Fahrradtourismus in Süddeutschland liegt (vgl. Abb. 101). Auf Bayern und Baden-Württemberg entfällt
ein gutes Drittel der Nennungen. Neben den Flussradwegen an Main, Donau
und Altmühl kommt in Bayern dem Allgäu noch eine wichtige Rolle zu. In
Baden-Württemberg trägt neben dem Bodensee-Radweg vor allem der Neckar-
radweg zu diesem Ergebnis bei.

Bei einer Differenzierung nach dem Landschaftstyp der von Fahrradtouristen
befahrenen Radfernwege in Deutschland dominierend dementsprechend diejenigen mit Wasserbezug entlang von Flüssen, Seen und Meeren (vgl. Abb. 102).
Vier von fünf befahrene Radwege können dieser Kategorie zugeordnet werden.
Radfernwege im Flachland, die ja ebenfalls über ein wenig anspruchsvolles Relief
verfügen – wie z. B. die „Deutsche Fehnroute", der „Gurkenradweg" im Spree-

wald oder „Berlin-Usedom" – sind demgegenüber deutlich weniger stark vertreten. Und dies, obwohl das reine Flächenpotential an Flachlandrouten insbesondere in Norddeutschland erheblich wäre.

Abb. 101: Top Ten Bundesländer mit genannten beliebtesten fahrradtouristischen Destinationen (Quelle: FREITAG, KAGERMEIER & ROGGE 2007, S. 34; N = 1.535)

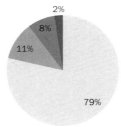

    Radfernwege mit Wasserbezug entlang von Flüssen, Seen, Meere

   ■ Radfernwege im Flachland

   ■ Radfernwege in Mittelgebirgslandschaft

   ■ Radfernwege in alpiner Landschaft

Abb. 102: Landschaftstyp der befahrenen Radwege in Deutschland (Quelle: FREITAG, KAGERMEIER & ROGGE 2007, S. 27; N = 3.076)

Schon an den gewählten Beispielen wird deutlich, dass – unabhängig von der Qualität des begleitenden touristischen Angebotes bei Flachlandrouten – die klare Abgrenzung und damit auch Markierung in der Marktkommunikation deutlich schwieriger ist. Ebenfalls über eine entsprechende ungestützte Bekanntheit verfügen – abgesehen von den Flusstälern – in vielen Fällen die Mittelgebirgslandschaften Deutschlands sowie das Voralpenland, die allerdings bislang fahrradtouristisch nur sehr begrenzt in Erscheinung treten.

Hoher Grad der Konzentration der Nachfrage

Dementsprechend sind in den letzten 20 Jahren auch vor allem neue Fahrradrouten entlang von Flüssen entstanden. Das leicht erschließbare Potential und
die Erwartung, dass eine solche Route quasi ein Selbstläufer sei, haben viele
Tourismusorganisationen dazu bewogen, auch noch das „letzte kleine Rinnsal"
quasi als „Trittbrettfahrer" der Entwicklungsdynamik als Radwanderweg auszuweisen. Sicherlich auch deshalb, weil dabei oft die Basisanforderungen der potentiellen Fahrradtouristen wie breite und sicher zu befahrende Radfernwege,
glatte asphaltierte Oberfläche, eindeutige und durchgängige Wegweisung, möglichst verkehrsarme Streckenführung sowie an ein auf Fahrradfahrer ausgerich-
tetes Angebot bei Gastronomie und Unterkünften (vgl. Abb. 103) nicht immer
optimal bedient werden, hält sich die Nachfrage bei vielen neu auf den Markt
gekommenen Radwegen in überschaubarem Rahmen.

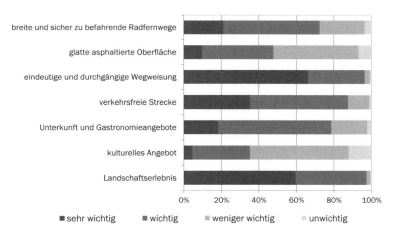

Abb. 103: Bedeutung verschiedener Anforderungen an einen Radfernweg
(Quelle: FREITAG, KAGERMEIER & ROGGE 2007, S. 39; N = 1.967)

Einen Hinweis darauf, dass die Qualitätsanforderungen der Fahrradtouristen bei
den in den letzten Jahren auf den Markt gekommenen und weniger stark nachgefragten Radfernwegen nicht idealtypisch bedient werden, gibt Abbildung 104.
Bei der zugrunde liegenden Untersuchung wurden 3.021 Bewertungen der Nutzer von 199 Radfernwegen in Deutschland berücksichtigt. Es wird zwar einerseits deutlich, dass selbst die „Top 10" durchaus einen gewissen Anteil von
Bewertungen mit „befriedigend" oder schlechter erhalten. Der Anteil unzufrie-
dener Fahrradtouristen steigt aber bei den weniger häufig frequentierten Radfernwegen ab Rangplatz 50 signifikant an.

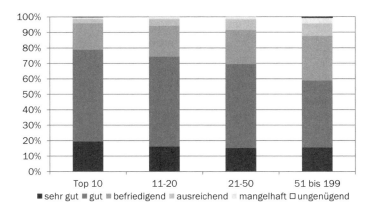

Abb. 104: Bewertung von deutschen Radfernwegen
(Quelle: eigene Berechnungen auf der Basis von FREITAG, KAGERMEIER & ROGGE 2007; N = 3.021)

Aus der Erhebung der frequentierten Radfernwege lässt sich ein klarer Indikator für die Konzentration der fahrradtouristischen Nachfrage auf die Spitzenreiter aufzeigen. In Abbildung 105 sind die Häufigkeiten der genutzten Radfernwege in der Stichprobe als Lorenzkurve dargestellt. Bei einem Gini-Koeffizienten von 0,74, der diese hohe Konzentration klar ausdrückt, entfallen auf die ersten vier Radfernwege ein Viertel und auf die ersten zwölf Radfernwege die Hälfte der Nennungen. Die Radfernwege auf den Plätzen 100 bis 199 können demgegenüber nur fünf Prozent der Nennungen auf sich vereinigen (weniger als der Spitzenreiter mit acht Prozent).

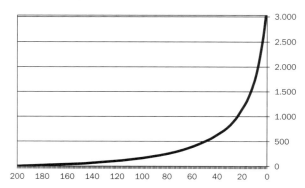

Abb. 105: Lorenzkurve der Nutzung von 199 deutschen Radfernwegen
(Quelle: eigene Berechnungen auf der Basis von FREITAG, KAGERMEIER & ROGGE 2007; N = 3.021)

Dies bedeutet, dass das fahrradtouristische Segment kein „Selbstläufer" ist, bei dem lediglich ein Radfernweg ausgeschildert werden muss, um dann die Cash Cow „melken" zu können. Vielmehr sprechen bereits die wenigen hier skizzierten Aspekte dafür, dass sich im Fahrradtourismus auch der klassische Wandel vom Verkäufer- zum Käufermarkt vollzieht und der Markt eindeutig – trotz nach wie vor steigender Nachfrage – nicht mehr nachfragegetrieben ist. Blendet man die wenigen „Highlights" aus, dann ist das Angebot deutlich stärker gestiegen als die Nachfrage, bzw. die Nachfrage (und deren Zunahme) reicht nicht aus, für alle Angebote auch eine zufriedenstellende Auslastung mit der intendierten regionalökonomischen Wertschöpfung zu generieren. Damit ist wohl auch im Fahrradtourismus in den kommenden Jahren ein verstärktes Augenmerk, auf entsprechend tragfähige Management- und Marketingkonzepte zu richten, wenn Destinationen angesichts des sich akzentuierenden Wettbewerbs ihren Marktanteil halten bzw. erhöhen wollen.

Diversifizierungsnotwendigkeit im Fahrradtourismus

Hinweise für die Richtung, in die Marketinganstrengungen zur Positionierung von radtouristischen Angeboten gehen könnten, lassen sich aus den Motivstrukturen der Fahrradtouristen ableiten (vgl. Abb. 106).

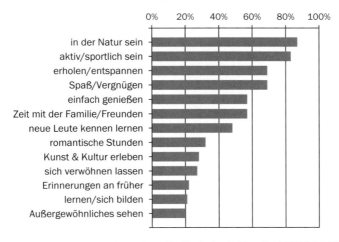

Abb. 106: Differenzierte Motivstruktur für Radurlaub (Quelle: BMWi 2009, S. 58)

Neben den klassischen – Fahrradtouristen üblicherweise zu unterstellenden – Motiven, wie sich beim aktiven Betätigen in der Natur entspannen und mit Spaß an der Bewegung diese genießen, tauchen bei den Motiven auch Aspekte auf, die im Rahmen des Marketings sicherlich mehr Beachtung verdienen würden:

[1] Der Wunsch nach „Zeit mit Freunden oder der Familie zu verbringen", könnte z. B. im Rahmen von Packages durch spezielle Gelegenheiten für die Interaktion – insbesondere in den Übernachtungseinrichtungen aber auch bei Zwischenstopps tagsüber – aufgegriffen werden.

[2] Der Wunsch nach „romantischen Stunden" legt auch nahe, hier ein besonderes Augenmerk auf die Schaffung eines entsprechenden Ambiente durch die Wahl der Übernachtungsstandorte, zusätzliche Angebotsoptionen im Rahmen der Übernachtungen oder auch im Laufe des Tagesprogramms zu legen.

[3] „Neue Leute" kennen lernen mag auch dafür sprechen, intensiver als bisher mit Gruppenreiseveranstaltern zu kooperieren bzw. als Fahrraddestination ggf. selbst im Gruppengeschäft tätig zu werden, um dadurch zusätzliche Kunden anzusprechen.

[4] Das Motiv „Kunst & Kultur zu erleben" ist zwar teilweise bereits implizit in der Routenführung von Radfernwegen enthalten. Aber auch hier sind Intensivierungen und Optimierungen denkbar.

[5] Sich verwöhnen lassen kann für Kombinationen von Fahrradtourismus mit Wellness oder Kulinarik sprechen.

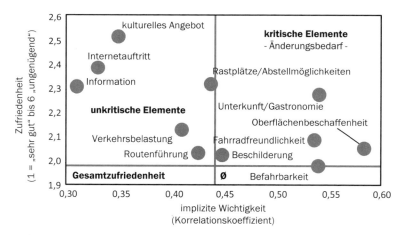

Abb. 107: Handlungsrelevanzmatrix für den Weserradweg
(Quelle: eigene Darstellung nach Thiele 2011, S. 86)

In den letzten 10 Jahren wurde insbesondere den Aspekten der fahrradtouristischen Infrastruktur ein besonderes Augenmerk zugemessen. Dementsprechend fokussiert z. B. die Zertifizierung durch den ADFC auf die Aspekte: Befahrbarkeit, Oberfläche, Wegweisung, Routenführung, Verkehrsbelastung, Touristische Infrastruktur und Anbindung Bahn/Bus. Auch für die Fahrradtouristen stellen diese Aspekte aktuell noch relevante Aspekte dar. Bei der Analyse in einer Handlungsrelevanzmatrix (vgl. Kap. 2.3.4) besteht Handlungsbedarf für die infrastrukturellen Elemente, die als wichtig eingestuft werden und eine unterdurchschnittliche Zufriedenheit aufweisen (kritische Elemente im rechten oberen Quadranten, in Abb. 107). Gleichzeitig ist die Infrastruktur zwar aktuell noch als sog. „Leistungsfaktoren" anzusprechen. Allerdings ist davon auszugehen, dass die Rolle der konkreten fahrradinfrastrukturellen Gegebenheiten mehr und mehr zum „Basisfaktor" und damit einer Markteintrittsbarriere „degeneriert", mit der zwar bei Erfülltheit keine Fahrradtouristen mehr gewonnen, deren Fehlen aber zu einer Abwanderung führt.

Damit ist festzuhalten, dass künftig eine gute Fahrradinfrastruktur zwar eine Grundvoraussetzung und damit eine notwendige aber nicht hinreichende Bedingung für künftigen Markterfolg darstellt. Damit werden z. B. die Anstrengungen des ADFC, mit „Bett+Bike" (vgl. Kasten „Bett+Bike Qualitätssiegel"), eine einheitliche Marke und Standards für fahrradfreundliche Übernachtungsgelegenheiten zu schaffen, keineswegs obsolet. Die absehbare weitere Entwicklung hin zu einem reifen Markt bedeutet nur, dass solche Angebote eben als mehr und mehr selbstverständlich angesehen und damit keine signifikanten Wettbewerbsvorteile bei der Ansprache der Fahrradtouristen mehr bringen. Dementsprechend sind neue Diversifizierungsoptionen zu identifizieren und zu entwickeln um sich im Markt entsprechend zu positionieren.

Diversifizierungsoptionen im Fahrradtourismus

Für alle Diversifizierungsoptionen gilt, dass sie sich jeweils an spezifische Zielgruppen richten und damit keine „One fits All"-Lösungen für einen undifferenzierten Volumenmarkt aller Fahrradtouristen darstellen. Die Diversifizierungsoptionen können grob in fünf Gruppen eingeteilt werden:

[1] Ausdifferenzierung des Basisprodukts mit verstärkter Zielgruppenorientierung

[2] (Hybride) Produktkombinationen

[3] Thematisierungsansätze

[4] E-Mobility-Optionen

[5] Vermarktungsaktivitäten.

[1] Ausdifferenzierung des Basisprodukts

Eine der zentralen Herausforderungen an bestehende Radreisedestinationen stellt wohl die Weiterentwicklung des bislang relativ undifferenzierten Basisproduktes (oftmals Flussradwege) dar. Hierzu werden eine verstärkte Zielgruppenorientierung, die Kombination des radtouristischen Angebotes mit anderen touristischen Produktlinien sowie ggf. auch Ansätze zu einer stärkeren Thematisierung als grundsätzliche Handlungsoptionen gesehen.

▶ Bett+Bike-Qualitätssiegel

Das Qualitätssiegel Bett+Bike wurde 1995 vom ADFC (= Allgemeiner Deutscher Fahrrad Club) gegründet, um fahrradfreundliche Übernachtungsbetriebe auszuzeichnen und das entsprechende Angebot zu stimulieren. Um das Bett+Bike-Qualitätssiegel zu erhalten, müssen die Betriebe:

▦   Fahrradtouristen auch für nur eine Nacht aufnehmen
▦   einen abschließbaren Raum zur Aufbewahrung der Fahrräder vorhalten
▦   über einen Raum zum Trocknen von Kleidung/Ausrüstung verfügen
▦   ein vitamin- und kohlehydratreiches Frühstück anbieten
▦   regionale Radwanderkarten bzw. -führer, Bahn- und Busfahrpläne etc. aushängen, verleihen oder verkaufen
▦   ein Fahrradreparaturset bereitstellen
▦   über Fahrradreparaturwerkstätten informieren
▦   sowie zwei weitere Kriterien aus einer Auswahlliste (Beratung umweltfreundliche An- und Abreise, Hol- und Bringdienste, Leihangebote, Tagesradtouren, Gepäcktransfer, Bereitstellung Ersatzteile, Informationen über fahrradfreundliche Betriebe, Lunchpaket, Gästebuch) erfüllen (genauer bei: ⚲ *www.bettundbike.de*).

Die Zahl der ausgezeichneten Betriebe ist bis 2010 relativ zügig gestiegen. Allerdings ist mit inzwischen über 5.500 zertifizierten Betrieben möglicherweise ein Level erreicht, in dem der Großteil der in fahrradtouristisch relevanten Destinationen liegenden Betriebe und immerhin gut ein Zehntel aller Übernachtungsbetriebe Deutschlands ausgezeichnet sind. Damit hat das ADFC-Qualitätssiegel einen deutlich höheren Verbreitungsgrad als das vom DTV vergebene ServiceQ (vgl. Kap. 6.2).

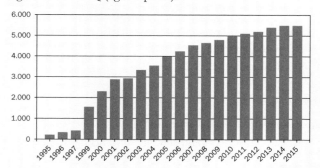

Abb. 108: Entwicklung der Bett+Bike ausgezeichneten Betriebe in Deutschland (Quelle: eigene Darstellung nach Daten ADFC, div. Jg.)

Bislang dominiert eine relativ unspezifische Ansprache von Fahrradtouristen. Dabei wird implizit in starkem Maß auf die 50+-Generation der Genussradfahrer abgezielt. Die künftigen Herausforderungen liegen damit auch darin, einerseits neue Zielgruppen (Familien mit Kindern, junge Erwachsene als Paare oder Gruppen, sportlich ambitioniertere Radtouristen etc.) anzusprechen, bzw. die bestehende Hauptzielgruppe klarer zu fassen. Hier auch klarer in der Gesamtbevölkerung die Affinität bei bislang nur wenig angesprochenen weiteren Zielgruppen für fahrradtouristische Angebote zu identifizieren und dem dann offensiv entsprechend in die Produktenwicklungspolitik einzusteigen, ist bislang im Fahrradtourismus noch nicht systematisch erfolgt.

[2] (Hybride) Produktkombinationen

Auch wenn bereits seit längerer Zeit in der Tourismusforschung vom sog. „hybriden Kunden" gesprochen wird, sind die multioptionalen Ansprüche bislang zumeist so interpretiert worden, dass diese im zeitlichen Verlauf unterschiedliche Produktlinien nachfragen. Nun zeichnet sich aber – auch vor dem Hintergrund der Veränderungen an Urlaubserlebnisse (genauer z. B. bei KAGERMEIER 2011b) – eine künftig sicherlich an Bedeutung gewinnende Tendenz zu holistischen Produkten ab. Dies bedeutet, dass die traditionelle Produktpolitik im Fahrradtourismus, die sich im Wesentlichen auf fahrradtouristische Infrastruktur konzentrierte, künftig nur noch begrenzt die Erwartungen der Nachfrager trifft. Dass Fahrradtouristen eben auch Kulturangebote nachfragen oder sich abends mit Wellness-Angeboten verwöhnen lassen möchten, erscheint evident. Gleichwohl wurde dies bislang noch nicht systematisch in entsprechende integrierte Produktbündel umgesetzt, bzw. in letzter Konsequenz zu Ende gedacht, dass die klassischen isolierten monostrukturierten Angebote im Übergang zur Postmoderne nicht mehr adäquat für die Nachfrageorientierungen sein könnten (vgl. Abb. 109).

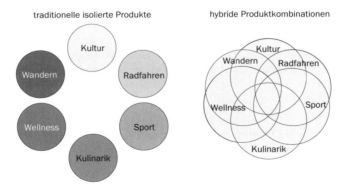

Abb. 109: Von traditionellen isolierten zu hybriden Produktkombinationen (Quelle: eigener Entwurf)

Bei der Konzeption von Produktkombinationen – die letztendlich ja die Multi-funktionalität der Konsum- und Erlebniswelten aus den 1990er Jahren wieder aufnehmen (vgl. Erlebnisorientierung in Kap. 1.2.2.2) – ist dabei auf die sich abzeichnenden Tendenzen der Nachfrage nach neuen Erlebnisangeboten Bezug zu nehmen. Diese sind einerseits von Entschleunigung und Selbstfindung (vgl. LEDER 2007), andererseits aber auch von neuen Formen des Genießens bzw. der aktiven Teilhabe geprägt. Damit kann z. B. der Kulinarikkomponente in Zukunft eine relativ hohe Bedeutung bei der Konzeption von Angeboten zu-kommen (vgl. KAGERMEIER 2011b). Gleichzeitig wird wohl die Berücksichti-gung der sozialen Dimensionen – egal ob im bilateralen oder im Gruppenkon-text – eine zunehmende Bedeutung bei der Schaffung von begünstigenden Rahmenbedingungen und Gelegenheiten für soziale Interaktion spielen.

[3] Thematisierungsansätze

Zum Teil in Zusammenhang mit einer klaren Zielgruppenorientierung und -ansprache bzw. hybriden Produkten steht ein weiterer Aspekt, der ebenfalls Bezugspunkte zu den Erfolgskonzepten der konsumorientierten Freizeit- und Erlebniswelten der 1990er Jahre aufweist (vgl. STEINECKE 2000). Dabei handelt es sich aber nicht um ein simples Kopieren von deren – teilweise recht platten – Konzepten. Vielmehr ist als Impuls aufzunehmen, dass sich durch die Erleb-niswelten die Erwartungen an touristische Angebote deutlich erhöht haben, d. h. die Erwartungen der künftigen Kunden durch die Erfahrungen im perfekt durchkonzipierten Ambiente von Erlebniswelten gewachsen sind. Thematisie-rung, „Story Telling" und Personifizierung waren zentrale Erfolgsfaktoren der Freizeit- und Erlebniswelten. In Anlehnung an diese „salient factors" kann unterstellt werden, dass auch im Fahrradtourismus deren Einsatz bei der ziel-gruppengerechten und integrierten Produktentwicklung als Motiv für das Abhe-ben gegenüber den Mitbewerbern oder die Schaffung einer Marke eingesetzt werden kann.

Allerdings ist klar festzuhalten, dass eine Thematisierung nicht beliebig erfolgen kann. Einerseits gilt es, tragfähige Thematisierungsansätze zu identifizieren, die auch in einem abgestimmten Wechselspiel mit Zielgruppenorientierung und Produktgestaltung stehen. Andererseits ist auch ein stimmiger Bezug zur jeweili-gen Destination und der Markenbildung notwendig (genauer z. B. bei KAGER-MEIER 2011a, S. 70ff.).

[4] E-Mobility als Option zur Erweiterung des Angebotsspektrums und der Zielgruppenerschließung

Sowohl für die etablierten Flusstäler mit ihrer bisherigen Ausrichtung auf die Genuss-Touren-Radler als auch für stärker reliefierte Mittelgebirgsregionen bietet der aktuell zu beobachtende Trend zum verstärkten Einsatz von E-Bikes oder Pedelecs sowohl eine Erweiterung der für Fahrradtouristen erschließbaren

Gebiete als auch der Zielgruppen. Während sowohl die Talschultern entlang von Flüssen und die (oftmals) angrenzenden Mittelgebirgslandschaften bislang nur für die kleine Zielgruppe sportlich ambitionierter Radtouristen nutzbar gewesen sind, ergeben sich mit der elektromobilen Variante hier in den nächsten Jahren sicherlich noch erhebliche Erweiterungspotentiale.

Pedelecs sind dabei, aus der ursprünglichen „Nische" von Seniorenfahrrädern heraus zu treten und als Unterstützung insbesondere reliefiertem Gelände oder häufigem Gegenwind (an den Küsten) auch von jüngeren und teilweise auch sportlich ambitionierteren Fahrradtouristen geschätzt zu werden. Auch ganz einfach zur Erweiterung des Aktionsradius bei Radtouren kommt die E-Unterstützung zum Tragen. Ob als Leihrad oder als eigenes Rad werden damit Pedelecs in den nächsten Jahren zusätzliche Optionen für den Fahrradtourismus schaffen. Diese gilt es sowohl entlang der Flusstäler als auch in den Mittelgebirgsregionen und den Küstengebieten entsprechend zu nutzen und Routenkonzepte sowie Pauschalen unter Einbeziehung der neuen von den Pedelecs ermöglichten Optionen zu entwickeln. Gleichzeitig sind einerseits entsprechende Verleihangebote – in destinationsweiter Kooperation (auch für One-Way-Ausleihen) – sowie Lademöglichkeiten zu schaffen (genauer z. B. bei MIGLBAUER 2012).

[5] Vermarktungsaktivitäten

Das zentrale Informationsmedium von Fahrradtouristen ist mit fast zwei Drittel – und damit weit vor allen anderen Informationskanälen – mittlerweile das Internet (vgl. BMWi 2009, S. 52). Dementsprechend ist diesem Marktkommunikationskanal – insbesondere dann, wenn in Zukunft verstärkt jüngere Zielgruppen angesprochen werden sollen – ein zentrales Augenmerk zu widmen. Aber auch bei den Herausforderungen für die internetgestützten Marketingaktivitäten ist zu beachten, dass die technische Performance lediglich einen (wenn auch unverzichtbarer) Basisfaktor darstellt.

Dabei ist auch in der Marktkommunikation eine klare Differenzierung der Ansprache von unterschiedlichen Zielgruppen (zumindest nach den Schwerpunkten Mountainbike, Rennrad und Genussradfahrer) notwendig. THIELE (2011, S. 93) konnte nachweisen, dass ein positiver Zusammenhang zwischen der Qualität und Intensität der Marketingaktivitäten und dem Marktwachstum besteht. Auch beim Fahrradtourismus (wie auch beim Wandertourismus) sind vor allem die DMOs bzw. die regionalen Vermarktungskooperationen gefordert, die entsprechenden Leistungsbündel zusammenzustellen und zu vermarkten. Grundprinzip eines typischen Fahrradurlaubs ist, dass dieser eben nicht stationär an einem bestimmten Standort verbracht wird, sondern dass unterschiedliche private Leistungsträger in verschiedenen Orten das Leistungsbündel darstellen.

Zusammenfassend ist festzuhalten, dass das fahrradtouristische Marktsegment nur auf den ersten Blick eine relativ sichere und verlässliche Nachfrage verspricht. Die sich abzeichnende Situation der Marktreife trägt ebenso wie die nachfrageseitigen Veränderungen und technische Innovationen dazu bei, dass die Anforderungen für einen erfolgreichen Markteintritt bzw. Marktverbleib in den nächsten Jahren deutlich ansteigen werden. Kreative und innovative Konzepte für dieses nur scheinbar so stabile Marktsegment stellen eine klare Herausforderung für Destinationsmanagementorganisationen und Leistungsträger dar.

THIELE (2011) hat die konkreten, hierarchisch aufeinander aufbauenden Schritte einer umfassenden Produktpolitik im Fahrradtourismus in Form einer Pyramide dargestellt (vgl. Abb. 110). Dieses grundsätzliche Schema gilt im Tourismus bzw. im Destinationsmanagement ganz grundsätzlich. Während lange Zeit primär das ursprüngliche Angebotspotential genutzt wurde, lag der Fokus Ende des 20. Jahrhunderts auf der entsprechenden Infrastrukturentwicklung und deren Qualität. Aktuell nimmt die Marktsegmentierung und Zielgruppenorientierung einen zunehmenden Stellenwert ein. Dabei ist absehbar, dass künftig die erlebnisorientierte und auf atmosphärische Aspekte ausgerichtete Weiterentwicklung der Produkte noch stärker zu berücksichtigen sein wird.

Abb. 110: Schematischer Aufbau der Produktpolitik im Fahrradtourismus (Quelle: eigene Darstellung nach THIELE 2011, S. 100)

6.5 Wellness-Tourismus: Hoffnungsträger und Wachstumsbringer?

Nach Vorläuferformen bereits in der Antike wurde der Kur- und Bädertourismus im Zeitalter des Absolutismus als elitäre Urlaubsformen für den Adel kultiviert. Heilbäder wurden zu Reisezielen und Residenzen der Adeligen und in deren Folge im 19. Jahrhundert auch für das gehobene Bürgertum. Damit war ein Kuraufenthalt zwar gesundheitlich motiviert, gleichzeitig aber auch eine vergnügungsorientierte kulturelle Praxis. Die „Bäderarchitektur" der in dieser Zeit entstandenen Badekomplexe und Residenzen – von Meran bis zu den Kaiserbädern auf Usedom – prägt auch heute noch das Bild vieler Heilbäder.

Wie bei vielen anderen Urlaubsformen (vgl. Kap. 1.2.1) wurde im 20. Jahrhundert auch diese Domäne der Eliten für breite Bevölkerungsschichten erschlossen. Im Fall des Gesundheits- oder Kurtourismus stellten die Rahmenbedingungen der Sozialgesetzgebung nach dem Zweiten Weltkrieg den entscheidenden Einflussfaktor dar. Mit der Neuregelung der Rentenversicherung im Jahr 1957 wurden Kuraufenthalte zu einem Teil der sozialen Versorgung in der Bundesrepublik (ähnlich auch in der DDR). In der Folge wurde von den Rentenversicherungsträgern erhebliche Investitionen in Kurkliniken getätigt und die Zahl von sog. Sozialkurgästen stieg kontinuierlich an. Die räumlichen Schwerpunkte der Heilbäder und Kurorte liegen an den Küsten, im Voralpenraum und in den Mittelgebirgen (vgl. BRITTNER 2000, S. 33)

Im Zuge der Kostendämpfungsmaßnahmen im Gesundheitswesen wurden die Leistungen seit Ende der 1970er Jahre sukzessive reduziert (genauer z.B. bei FERGEN 2006, S. 54ff. oder BRITTNER et al. 1999, S. 8ff). Nach der Wiedervereinigung wirkte besonders einschneidend die sog. dritte Stufe der Gesundheitsreform 1997. Dies führte zu einem Nachfragerückgang bei Sozialkuren von etwa einem Drittel in den klassischen Kurorten (FERGEN 2006, S. 60) und auch einem entsprechenden Verlust an Arbeitsplätzen. Innerhalb weniger Jahre befanden sich die klassischen Kur- und Bäderorte – insbesondere diejenigen, die stark auf den von den öffentlichen Gesundheitskassen finanzierten Kurtourismus gesetzt hatten – in einer ausgeprägten Strukturkrise. Es wurde deutlich, dass der vom Staat geförderte und organisierte Kurtourismus mit seinen großen Kurkliniken keine adäquate zeitgemäße Struktur für einen wettbewerbsorientierten Käufermarkt aufwies.

Parallel zur Krise der klassischen Kurorte Ende der 1990er Jahre verbreitete sich die Idee von Wellness-Angeboten als touristische Form. Auch wenn der Begriff Wellness heute stark mit konkreten touristischen Angeboten konnotiert wird, wurde er nicht als Kunstwort von Marketingstrategen entwickelt, sondern findet sich wohl erstmals bereits im 17. Jahrhundert in der altenglischen Sprache (wealnesse), um den Zustand von Wohlbefinden und Gesundheit zu beschreiben. Ende der 1950er Jahre wurde der Begriff dann von dem amerikanischen Arzt DUNN (1959) aufgegriffen, wobei im weiteren Verlauf dann die Konnotation mit „**Well**-being" und „Fit**ness**" hinzukam. In Erweiterung des traditionellen Gesundheitsbegriffes sollte damit ein Zustand von hohem menschlichem Wohlbefinden beschrieben werden, in dem eine Harmonie zwischen den physischen, mentalen und spirituellen Dimensionen der menschlichen Existenz und seiner Umwelt besteht (DUNN 1959, S. 789). Dieser Dreiklang von Körper, Geist und Seele des Menschen und seiner Umwelt ist bis heute das Grundprinzip des Wellness-Ansatzes geblieben (vgl. DTV 2002, S. 5). Das auf Ganzheitlichkeit basierende Wellness-Konzept wurde in der Folgezeit noch um die Komponenten Eigenverantwortung, Ernährungsbewusstsein, körperliche Fitness, Stressmanagement und Umweltsensibilität ergänzt, wobei Wellness als Zustand verstanden wird, der einen nicht statischen Prozess und eine Lebensauffassung beziehungsweise Einstellung darstellt.

Wellness ist also ein selbstverantwortlicher, kontinuierlicher und dynamischer Prozess mit dem Ziel, Gesundheit und Wohlbefinden im Sinne von Harmonie zwischen Körper, Geist und Seele unter den Rahmenbedingungen der sozialen und ökologischen Umwelt sowie des Arbeitsumfeldes herzustellen. Ziel ist dabei die körperliche Fitness, die geistige Beweglichkeit und die seelische Belastbarkeit. Diese sollen durch Körperpflege, gesunde Ernährung, physische und psychische Entspannung sowie geistige Aktivität erreicht werden.

Dabei ist allerdings festzustellen, dass der (nicht geschützte und auch nicht klar umrissene) Begriff Wellness aufgrund des Nachfragebooms inzwischen fast inflationär verwendet wird. Neben der Verwendung des Begriffes bei Freizeiteinrichtungen und Übernachtungsbetrieben, die nur Teile eines zu einem integrierten Wellness-Angebot zählenden Angebotes aufweisen, wird der Begriff auch durch Anfügen der Präfixes Wellness an x-beliebige Produkte (Wellness-Kekse, Wellness-Butter, Wellness-Handschuhe) banalisiert. Gleichzeitig signalisieren die Befunde der Nachfrageseite, dass dort durchaus ein integriertes umfassendes Verständnis eines Wellness-„Erlebnisses" gewachsen ist, bei dem nicht mehr nur einzelne Behandlungen oder Anwendungen, sondern ein ganzheitliches Angebot gesucht wird.

Die Qualitätssicherung und Sicherstellung eines Mindestniveaus hat sich z. B. der Deutsche Wellness Verband mit seiner Zertifizierung zum Ziel gesetzt. Für eine Zertifizierung als Wellness-Hotel wird nicht nur das Angebot an Wellness-Anwendungen in den Bade- und Saunabereichen berücksichtigt, sondern der gesamte Blueprint an Kundenkontaktpunkten (von der Rezeption und den Zimmern bis hin zum Restaurant und Barbereich) berücksichtigt. Dabei werden

- Wellness-Ambiente, Wohlfühlatmosphäre
- umweltbewusste Betriebsführung
- Hygiene, Pflege, Sicherheit
- genussbezogenenes und auf gesundheitlichen Wert orientiertes Speisen-
  angebot
- Breite des Angebotes an Wellness-Anwendungen
- Wellness-Angebote auch zu den Bereichen Bewegung, aktive Entspannung
  und Stressmanagement, Ernährungswissen
- Wellness-Fachkompetenz
- Kundenorientierung

in die Bewertung mit einbezogen (Deutscher Wellness Verband 2009) und damit weit mehr als nur der engere Bereich von wellnessorientierten Anwendungen überprüft.

Der generelle Trend zur Gesundheitsorientierung wird einerseits von den zunehmenden belastenden Momenten im Berufs- und Privatleben gefördert. Da
die Gesundheitsorientierung und das Gesundheitsbewusstsein mit zunehmendem Alter zunimmt (Identitiy Foundation 2001, S. 9) trägt der demographische
Wandel andererseits ebenfalls mit zu einer verstärkten Wellness-Orientierung
bei. Dabei nehmen Frauen eine gewisse Pionierrolle bei der Wellness-Nutzung
ein. Die intensivere Nachfrage von Frauen nach Wellness-Angeboten ist sicherlich darauf zurückzuführen, dass das Wellness-Konzept traditionell eher weibliche Rollenelemente aufgreift, die neben der größeren Bedeutung des äußerli-
chen Erscheinungsbild auch auf die mit traditionellen Rollenverständnissen
verbundenen tendenziell stärkere Orientierung auf Spannungsreduktion, Harmonie und Ausgeglichenheit zurückgeführt werden kann.

Die unterschiedlichen Zugänge zu Wellness-Angeboten paust sich auch bei der
Angabe der Relevanz einzelner Motive für deren Nutzung durch. Während
Frauen der Pflege des eigenen Körpers, dem sich verwöhnen lassen und etwas
genießen einen höheren Stellenwert als Männer zuweisen, steht bei Männern der
Stressabbau, das „Energie tanken" und die körperlich Fitness eher im Vorder-
grund (Vgl. Abb. 111).

Auch wenn das Interesse an Wellness-Reisen seit 1999 (als diese Urlaubsform in
die Abfrage bei der Reiseanalyse aufgenommen worden ist), von 5 % in den
ersten Jahren angestiegen ist, hat es sich seit 2007 bei etwa 20 % eingependelt
(FUR div. Jg.). Der Anstieg ist sicherlich auch ein Ausdruck davon, dass der
Begriff erst sukzessive im Bewusstsein der Bevölkerung „ankam". Gleichzeitig
wurde auch erst seit Ende der 1990er Jahre ein entsprechendes Angebot ausgebaut, bzw. gesundheitstouristische Angebote als Wellness-Produkte vermarktet.

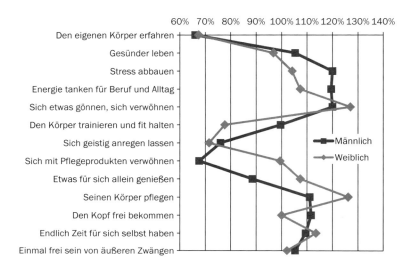

Abb. 111: Bedeutung von einzelnen Motiven für die Nutzung von Wellness-
Angeboten nach Geschlecht (durchschnittliche Bedeutung = 100 %)
(Quelle: eigene Darstellung nach Burda Community Network 2007)

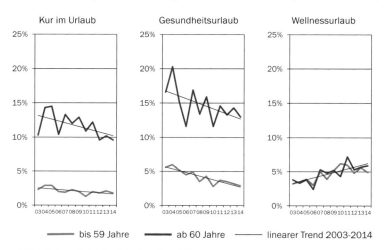

Abb. 112: Erfahrung mit gesundheitstouristischen Urlaubsformen 2003 bis 2014
(Quelle: eigene Darstellung nach LOHMANN & SCHMÜCKER 2015, S. 14)

Allerdings bleibt die konkrete touristische Praxis deutlich hinter diesem generellen Interesse zurück. Nur etwa 5 % der bundesdeutschen Bevölkerung gaben bei der Reiseanalyse an, in den letzten drei 3 Jahren einen Wellness-Urlaub gemacht zu haben (vgl. Abb. 112). Zwar ist der Marktanteil von Wellness-Urlaub in den letzten Jahren noch leicht gewachsen. Dem stehen allerdings deutliche Rückgänge bei den Angaben von klassischen Kuraufenthalten und Gesundheitsurlauben gegenüber.

Zwar wurde in den letzten Jahren immer wieder von einem Megatrend Gesundheit gesprochen, sodass die in die Krise geratenen traditionellen Kur- und Badeorte große Hoffnung in den Wellness-Boom gesetzt haben. Auch das BMWi hat 2011 einen Leitfaden für innovativen Gesundheitstourismus herausgegeben. Allerdings pendeln die konkreten Übernachtungzahlen in den offiziell ausgewiesenen Heilbädern (Mineral- und Moorbäder, Heilklimatischen Kurorte und Kneippkurorte zusammen genommen) in den letzten 10 Jahren relativ stabil um den Wert von etwa 70 Mio. herum (Statistisches Bundesamt 2014, A-1.4). damit entfallen in etwa immer noch ein Sechstel der Übernachtungen in Deutschland auf Heilbäder. Allerdings sinkt ihr relativer Anteil – angesichts des Wachstum in anderen Destinationen, allen voran den größeren Städte (vgl. Kap. 6.3.2) – langsam. Anfang der 1990er Jahre betrug ihr Anteil noch mehr als ein Fünftel. Damit ist es dem Anfang des 20. Jahrhunderts lauthals propagierten Wellness-Boom nicht gelungen, den mengenmäßigen Rückgang in den Kurorten zu kompensieren. Gleichzeitig wäre dieser sicherlich noch gravierender ausgefallen, wenn eben nicht mit dem Wellness-Segment, innovative und marktfähige Angebote entwickelt worden wären, die auch neue Zielgruppen für dieses holistisch ausgerichtete Angebot gewinnen können. Gleichzeitig sind aber eben die Motive der Übernachtungsgäste in den offiziell als Heilbädern ausgewiesenen Orten nicht bekannt. Da viele in Destinationen liegen, die in den letzten Jahren neben dem Wellness-Angebot auch offensiv im Bereich Wander- und Fahrradtourismus agiert haben (vgl. Kap. 6.4), kann unterstellt werden, dass die Stabilität der Übernachtungzahlen in den Heilbädern zum nicht geringen Teil auch durch diese Produktdiversifizierung erreicht worden ist. Lediglich die (in der o. g. Übernachtungzahlen nicht enthaltenen) Seebäder an Nord- und Ostsee konnten in den letzten Jahren ihre Übernachtungzahlen (auf gut 40 Millionen) deutlich steigern. Allerdings sind eben auch hier nicht nur die Wellness-Angebote für diese Entwicklung verantwortlich.

Auch wenn der Deutsche Heilbäderverband auf seiner Internetpräsenz mit positiven Meldungen über die Entwicklung im Gesundheitstourismus (⌂ *www.deutscher-heilbaederverband.de*) versucht, ein positives Bild zu zeichnen, ist festzuhalten, dass der Wellness-Tourismus die in ihn gesetzte Hoffnung, die traditionellen Kurorte aus der Krise zu führen, nur partiell erfüllt hat. Die konkrete Nachfrage nach Wellness-Angeboten bleibt hinter den ursprünglich prognostizierten Entwicklungen zurück. Gleichzeitig hat der durch eine Veränderung der Marktrahmenbedingungen ausgelöste Strukturwandel positive Veränderungen in vielen Kurorten angestoßen. Verkrustete und letztendlich nur aufgrund der öffentlichen Finanzierung noch am Markt befindliche Angebotsstrukturen waren, durch einen oftmals schmerzhaften Umstrukturierungsprozess gezwungen, sich entsprechend marktfähig neu zu positionieren. Dabei ist allerdings auch klar zu sehen, dass eben nicht jeder ehemalige Kurort inzwischen zur Wellness-Oase mutiert ist. Der Strukturwandel hat auch in diesem Fall dazu geführt, dass eine Konzentration auf leistungsfähige Standorte erfolgt ist und damit auch einige frühere kleinere Kurorte ohne spezifisches Profil inzwischen vom Markt verschwunden sind (teilweise auch den Namenszusatz „Bad" nicht mehr im offiziellen Gemeindenamen führen). Diese Marktbereinigung erscheint noch nicht abgeschlossen, sodass auch in den nächsten Jahren noch ein weiterer Rückgang der Zahl der Kurorte zu erwarten sein dürfte.

Auch aus dem volkswirtschaftlichen Blickwinkel stellt sich damit – nicht nur für den Gesundheitstourismus, sondern wohl für alle anderen Tourismusformen auch – die grundsätzliche Frage, wie in der Tourismusförderpolitik künftig vorgegangen werden soll. Bislang wurde – vor allem aus der föderalen regionalentwicklungspolitischen Perspektive – weitgehend nach dem Gießkannenprinzip auch Nischenstandorte mit versucht zu entwickeln. Unter dem Blickwinkel der internationalen Konkurrenzfähigkeit und der Förderung des Incoming-Tourismus könnte es ggf. auch sinnvoll sein, sich bei der Tourismusförderung künftig stärker räumlich auf die Standorte mit dem besten Potential zu konzentrieren.

▶ Zusammenfassung

▪ In diesem Kapitel wurden ausgewählte Aspekte der Grundstrukturen und Entwicklung in Deutschlandtourismus behandelt. Dabei wurde heraus gestellt, dass Tourismus ein wichtiges Segment der Volkswirtschaft darstellt. Es wurde auch darauf hingewiesen, dass insbesondere der – angesichts einer starken Industrie- und Exportorientierung – lange Zeit vernachlässigte Incoming-Tourism ein besonderes Augenmerk verdient.

▪ Die touristischen Destinationen in Deutschland sind – abgesehen von den Alpen und den Küstenstreifen – von einer klaren Konzentration auf die Städte und die als landschaftlich reizvoll wahrgenommenen Mittelgebirge konzentriert.

▪ Der **Städtetourismus** wurde als dynamisches Wachstumssegment charakterisiert, das unterschiedliche Zielgruppen anspricht.

▪ Mit einem klaren räumlichen Bezug zu den Mittelgebirgen ist die Wiederentdeckung des **Wandertourismus** zu sehen. Dabei wurde auch heraus gearbeitet, dass die klassischen Lebenszyklusmodelle teilweise zu kurz greifen, weil Veränderungen der Präferenzen und Werthaltungen auf der Nachfrageseite ausgeblendet werden. Der Wandertourismus hat eine klare Verjüngung (Rejuvenation) erfahren. Hintergrund war eine verstärkte Orientierung auf entschleunigte und aktivitätsorientierte Urlaubsformen. Entsprechend der Redynamisierung und den veränderten Ansprüchen der neuen Zielgruppen ist auch im Bereich der Produktgestaltung eine klare Ausweitung und Qualitätsorientierung des Angebotes gefolgt.

▪ Am Beispiel des **Fahrradtourismus** wurde heraus gearbeitet, dass nach einem gewissen Boom in den letzten 20 Jahren inzwischen Stagnationstendenzen erkennbar sind. Diesen gilt es mit mit einer systematischen Diversifizierungs- und Differenzierungsstrategie zu begegnen.

▪ Der klassische Kur- und Gesundheitstourismus ist durch veränderte finanzielle Rahmenbedingungen in eine Krise geraten. Die ursprüngliche Hoffnung, dass ein einfaches Umstellen auf **Wellness-Tourismus** möglich wäre und ein weiteres Wachstum ermöglichen würde, scheinen sich nur begrenzt zu erfüllen.

▶ **Weiterführende Lesetipps**

DZT (= Deutsche Zentrale für Tourismus e. V.; 2015): Incoming-Tourismus Deutschland. Zahlen, Daten, Fakten 2014. Frankfurt

(⌂ *www.germany.travel*)

Jährlich erscheinende Broschüre der für das deutsche Auslandsmarketing zuständigen Organisation. Enthält eine Vielzahl an Basisinformationen zum Stellenwert von Deutschland als Incoming-Reiseziel und den Quellmärkten. Frei im Internet erhältlich.

BMWi (= Bundesministerium für Wirtschaft und Energie; 2013): Tourismuspolitischer Bericht der Bundesregierung. 17. Legislaturperiode. Berlin

(⌂ *www.bmwi.de/DE/Mediathek/publikationen,did=579736.html*)

Zusammenstellung der Aufgaben und Aktivitäten zur Tourismuspolitik auf Bundesebene. Gleichzeitig aber auch eine relevante Quelle zur wirtschaftlichen Bedeutung des Tourismus und den vielfältigen Wechselbeziehungen zwischen den unterschiedlichen Akteuren.

DTV (= Deutscher Tourismusverband; 2006): Grundlagenuntersuchung Städte- und Kulturtourismus in Deutschland. Langfassung. Bonn (🖰 *www.deutschertourismusverband.de/service/touristische-studien/dtv-studien.html*)

Wenn auch bereits einige Jahre alt, stellt die vom DTV in Auftrag gegebene Grundlagenstudie immer noch eine wichtige Quelle zur Nachfragestruktur und der Typisierung von städtetouristischen Destinationen dar. Darüber hinaus ist sie frei im Internet verfügbar.

BMWi (= Bundesministerium für Wirtschaft und Technologie; Hrsg.; 2009): Grundlagenuntersuchung Fahrradtourismus in Deutschland. Langfassung. Berlin (🖰 *www.deutschertourismusverband.de/service/touristische-studiendtv-studien.html*)

Ähnlich wie die Grundlagenstudie zum Städtetourismus stellt auch diejenige zum Fahrradtourismus eine zentrale Grundlage für dieses touristische Segment dar. Die Studie ist ebenfalls über die Seite des DTV frei im Internet verfügbar.

BMWi (= Bundesministerium für Wirtschaft und Technologie; Hrsg.; 2009): Grundlagenuntersuchung Freizeit und Urlaubsmarkt Wandern. Langfassung. Berlin (= Forschungsbericht des BMWi, 591) (🖰 *www.bmwi.de/ DE/Mediathek/publikationen,did=362296.html*)

Die dritte Grundlagenuntersuchung zu einer für den Deutschlandtourismus relevanten Tourismusform bereitet eine Vielzahl von Informationen zu den Zielgruppen, den Angeboten, aber auch zum Marketing des Wandertourismus auf. Die Studie ist ebenfalls frei im Internet verfügbar.

BMWi (= Bundesministerium für Wirtschaft und Technologie; Hrsg.; 2011): Innovativer Gesundheitstourismus in Deutschland. Leitfaden. Berlin. (🖰 *www.innovativer-gesundheitstourismus.de/leitfaden-und-branchenreports. html*)

In dieser Studie werden die aktuellen Entwicklungslinien im Gesundheitstourismus detailliert nachgezeichnet. Gleichzeitig ist ein großer Teil der Publikation auch guten Beispielen für das Herangehen an die Herausforderung des Strukturwandels in klassischen gesundheitstouristischen Destinationen gewidmet. Auch diese Studie ist frei im Internet verfügbar.

7 Ausgewählte Aspekte des internationalen Tourismus

Auch wenn Tourismus ein globales Phänomen darstellt, ist nicht nur die Bedeutung der unterschiedlichen Quellmärkte – als Spiegel der ökonomischen Verhältnisse – räumlich ungleich verteilt bzw. weist eine stark Konzentration auf sog. hoch entwickelte Staaten auf (vgl. Abb. 20 in Kap. 2.1.3). Auch die Ströme der Touristen in Destinationen sind räumlich höchst ungleich ausgeprägt. Daraus resultieren in unterschiedlichen Destinationstypen ganz unterschiedliche Herausforderungen. Manche Destinationen sind bereits an die Tragfähigkeitsgrenze gelangt, bzw. drohen diese zu überschreiten, wie im Folgenden am Beispiel Mallorca aufgezeigt wird. Für andere Destinationen – insbesondere in den sog. Entwicklungsländern – stellt der Zugang zum Markt eine zentrale Herausforderung dar, um von den positiven regionalwirtschaftlichen Effekten zu profitieren. Dieser Aspekt wird exemplarisch am Beispiel von Kenia thematisiert. Viele etablierte Destinationen stehen vor der Herausforderung, am Ende des Lebenszyklus angelangte Produktlinien durch neue Tourismusformen und teilweise neue Zielgebiete zu ergänzen. Dies gilt insbesondere für die mediterranen Destinationen und wird am Beispiel von Zypern und Marokko – auch unter dem Blickwinkel der Destination Governance (vgl. Kap. 4.3) – behandelt.

▶ **Lernziele**

In diesem Kapitel werden folgende Fragen beantwortet:

- Wie stellen sich die räumlichen Grundmuster der internationalen touristischen Nachfrage dar?
- Welche Ansätze zum Umgang mit ökologischen und sozialen Tragfähigkeitsgrenzen werden ergriffen?
- Welche Herausforderungen stellen sich bei der Erschließung neuer Produktlinien für neue Zielgruppen und der räumlichen Ausweitung des Angebotes in etablierten Destinationen?
- Welche besonderen Bedingungen bestehen im sog. Entwicklungsländertourismus?
- Welche Barrieren erschweren den Marktzugang in sich neu entwickelnden Destinationen der sog. Entwicklungsländer.

7.1   Grundlagen internationaler Tourismus

Die ungleiche Verteilung der touristischen Nachfrage und der hohe Grad der Konzentration auf relativ wenige Destinationen werden in Abbildung 113 deutlich. Da global keine verlässlichen und vergleichbaren Angaben über den Binnentourismus vorhanden sind, wird dieser in der Darstellung allerdings ausgeblendet.

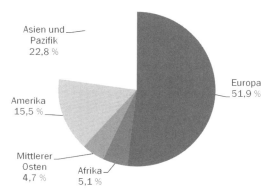

Abb. 113: Internationale Touristenankünfte nach UNWTO-Regionen
(Quelle: eigener Entwurf nach Daten UNWTO 2014, S. 4)

Mehr als die Hälfte der weltweiten gut 1 Mrd. internationalen Ankünfte von (Übernachtungs-)Touristen – und auch eine in der gleichen Größenordnung liegende Wertschöpfung (vgl. UNWTO 2014, S. 5) entfällt auf europäische Destinationen. Innerhalb Europas verzeichnet der Mittelmeerraum mit etwa zwei Fünftel der Ankünfte den höchsten Anteil. Innerhalb Amerikas entfallen zwei Drittel der Ankünfte auf Nordamerika. Mit knapp einem Zwanzigstel der weltweiten internationalen Ankünfte ist Afrika deutlich unterdurchschnittlich vertreten. Dieser geringe Partizipationsgrad der afrikanischen Länder am internationalen Tourismus – und damit insbesondere auch den Einnahmen aus diesem – wird nochmals verschärft durch eine stark ungleiche Verteilung innerhalb des afrikanischen Kontinents. Von den internationalen Ankünften in Afrika entfallen mehr als ein Drittel auf die nordafrikanischen Länder (insbesondere Marokko und Tunesien) an der südlichen Mittelmehrküste. Ein weiteres knappes Fünftel der internationalen Ankünfte fließt in das Land Südafrika. Die übrigen Länder des subsaharischen Afrikas können damit nur zu einen sehr geringen Teil von internationalen Touristenströmen profitieren – und auch hier konzentriert sich ein Großteil des schon relativ geringen Volumens vor allem auf

wenige Länder des südlichen Afrikas (Namibia und Botswana) sowie in Ostafri-
ka (Kenia und Tansania).

Bezogen auf einzelne Länder führt Frankreich die Liste der Top Ten-Länder
hinsichtlich der Ankünfte internationaler (Übernachtungs-)Touristen an, gefolgt
von den USA. Damit paust sich die Vielfalt der touristischen Zielgebieten in
diesen Ländern für die unterschiedlichen Tourismusformen (vom Städtetourismus über den Badetourismus und unterschiedlichsten Formen des naturorientierten Tourismus) klar durch. Der Bedeutung des Mittelmeerraums mit etwa
einem Fünftel aller weltweiten Ankünfte entsprechend, sind neben Frankreich
(das nur teilweise als mediterrane Destination anzusprechen ist) noch drei weitere Mittelmeerländer (Spanien, Italien und die Türkei) unter den zehn aufkommensstärksten Reiseländern. Dabei hat die Türkei in den letzten zehn Jahren ein
sehr dynamisches Wachstum erfahren und 2006 auch erstmals höhere An-
kunftzahlen als Deutschland erzielt. Auch China hat seine Position als Ziel des
internationalen Reiseverkehrs in den letzten Jahren deutlich ausbauen können.

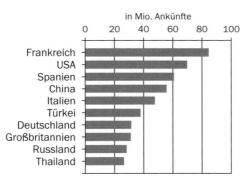

Abb. 114: Top Ten der internationalen Touristenankünfte
(Quelle: eigene Darstellung nach Daten UNWTO 2014, S. 6)

Der deutsche Outgoing-Tourismus ist ebenfalls stark auf mediterrane Destinationen ausgerichtet. Nach den Ergebnissen der Reiseanalyse führt mehr als die
Hälfte aller Auslandsurlaubsreisen der Deutschen in mediterrane Destinationen
(davon drei Viertel in europäische Mittelmeerländer). Spanien steht seit langem
mit weitem Abstand an erster Stelle der Liste der beliebtesten Auslandsreiselän-
der, gefolgt von Italien und der Türkei (vgl. Abb. 115).

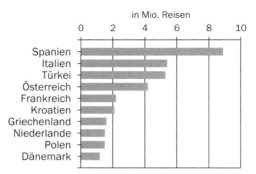

Abb. 115: Top Ten der Auslandsreiseziele der Deutschen (Quelle: eigene Darstellung nach Daten FUR 2014, S. 27)

Die Darstellung der Übernachtungen von nationalen und internationalen Gästen in den Ländern der EU (sowie die in der europäischen Statistik mit geführten Ländern Island, Norwegen und Montenegro) ist in Abbildung 116 auf der Ebene der NUTS2-Regionen dargestellt (NUTS = Nomenclature des Unités Territoriales Statistiques; die NUTS2-Ebene entspricht in Deutschland den Regierungsbezirken in den Bundesländern, in manchen Bundesländern ohne Regierungsbezirke auch den gesamten Bundesländern).

Auch bei diesem Bezug paust sich die herausragende Rolle des Mittelmeerraums deutlich durch. Spitzenreiter sind – auch aufgrund des Ganzjahrestourismus – die Kanarischen Inseln mit knapp 90 Mio. Übernachtungen. Unter den zehn aufkommensstärksten NUTS2-Regionen finden sich – neben dem Großraum Paris (Ile de France) und London – sieben Mittelmeerküstenregionen. Drei von diesen, Katalonien (Großraum Barcelona und Costa Brava mit knapp 70 Mio.), die Balearen (mit ca. 65 Mio.) und Andalusien (mit gut 50 Mio.) liegen in Spanien. Die erste zentraleuropäische Flächendestination mit 35 Mio. Übernachtungen ist Tirol auf Platz 14 und die erste deutsche Platzierung findet sich auf Platz 17 mit Oberbayern (München und Alpenvorland), das etwas mehr als 30 Mio. Übernachtungen verbuchen kann.

Eine gewisse Konzentration lässt sich auch entlang der englischen Südküste der Nordseeküste von Belgien und den Niederlanden sowie der französischen und portugiesischen Atlantikküste erkennen. Darüber hinaus sind es insbesondere die Metropolen, die in der kartographischen Darstellung etwas heraus stechen. Dass der Tourismus in Osteuropa nach wie vor noch nicht das Niveau von westeuropäischen Destinationen erreicht hat, wird auch darin sichtbar, dass unter den Top Ten-Städtedestinationen nur Prag als osteuropäische Stadt gelistet ist (vgl. Abb. 117).

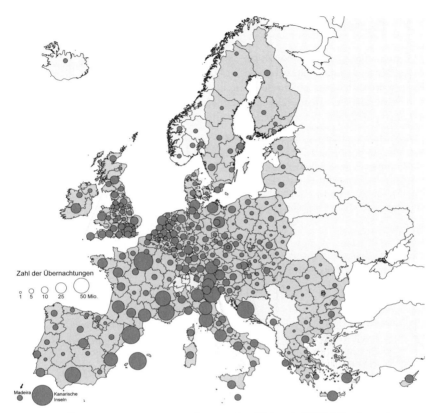

Abb. 116: Übernachtungen in den Ländern der EU (nach NUTS2-Regionen)
(Quelle: eigener Entwurf nach Daten Eurostat 2015a und b)

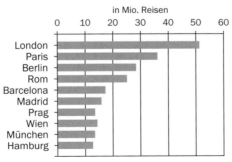

Abb. 117: Top Ten der Übernachtungen in europäischen Städten im Jahr 2014
(Quelle: eigene Darstellung nach Daten ECM 2015, S. 3)

7.2   Tourismus im Mittelmeerraum

Aufgrund der globalen Bedeutung des Mittelmeerraums wird ihm im Rahmen dieses Kapitels ein entsprechender Fokus gewidmet. Gleichzeitig bedeutet die lange Entwicklungsgeschichte des mediterranen Tourismus, dass sich dort Phänomene und Herausforderungen, die in ähnlicher Weise auch für andere Destinationstypen gelten, in exemplarischer und pointierter Weise darstellen lassen.

Der Mittelmeerraum wurde früher oftmals als „Badewanne Europas" bezeichnet. Dieser Begriff drückt aus, dass das Mittelmeer bzw. die Länder des Mittelmeerraums einerseits das Hauptzielgebiet des europäischen Tourismus darstellen und andererseits lange Zeit der Badetourismus unangefochten die zentrale Rolle einnahm. In einigen Destinationen, wie z. B. im Fall von Mallorca, ist die Überprägung durch den Tourismus so stark, dass diese Insel ironisch auch schon als „17. Bundesland" Deutschlands bezeichnet wurde. In diesem Abschnitt werden nach einer kurzen Einführung in die Grundstrukturen anhand von drei Beispielen unterschiedliche Aspekte der touristischen Entwicklung exemplarisch aufbereitet:

[1] Mallorca, mit dem Fokus auf Grenzen des Wachstums und Diversifizierungsansätze

[2] Zypern als Beispiel für die Notwendigkeit neuer Steuerungsansätze

[3] Marokko und die dortige Erschließung neuer Destinationen in einem Schwellenland an der mediterranen Südküste.

7.2.1   Grundstrukturen des Tourismus im Mittelmeerraum

Der Mittelmeerraum kann grob gesprochen etwa ein Fünftel des globalen touristischen Volumens (sei es ausgedrückt in Ankünften, Übernachtungen oder Wertschöpfung) an sich binden (vgl. UNWTO 2014, S. 4ff.). Dabei kann das Mittelmeer als „ökonomischer Nutznießer" (STEINECKE 2014, S. 117) des in der Folge der industriellen Revolution in Zentraleuropa steigenden Wohlstands bei weiten Teilen der Bevölkerung angesehen werden. Die Nähe zum Quellmarkt Zentraleuropa und die klimatischen Unterschiede zwischen den nördlicheren europäischen Ländern und den Mittelmeerländern stellen neben dem endogenen touristischen Potential die relevanten Voraussetzungen für diesen Umfang der touristischen Aktivitäten dar. Neben der Küste bzw. dem Meer bilden auch das, von der Antike bis in die Neuzeit reichende, materielle kulturelle Erbe der Vergangenheit sowie die natur- und kulturlandschaftlichen Elemente wichtige Anziehungspunkte.

Historische Entwicklungslinien

Zwar reichen die ersten Ansatzpunkte eines küstenorientierten Tourismus im Mittelmeerraum bis in die Antike zurück. Als Ausgangspunkt der heutigen touristischen Entwicklung werden vor allem die Winteraufenthalte von wohlhabenden Briten an der italienischen Riviera und französischen Côte d'Azur, aber auch an der spanischen Costa del Sol im 19. Jahrhundert gesehen (KULINAT 1991, S. 432). Die zahlenmäßig bedeutsame Zunahme der Besucher zu einer wahrhaften Phase des Massentourismus erfolgte allerdings erst nach dem Zweiten Weltkrieg und war im Wesentlichen verbunden mit der Zunahme der verfügbaren Einkommen in den westeuropäischen Industriestaaten, die es erlaubten, dass große Teile der Bevölkerung einen Auslandsurlaub unternehmen können (vgl. Kap. 2.1.1).

Dabei lassen sich in der zweiten Hälfte des 20. Jahrhunderts zwei Phasen der touristischen Erschließung festmachen:

[1] In den drei „traditionellen" Ländern des mediterranen Küstentourismus – Italien, Frankreich und Spanien – fand der Hauptausbau zwischen Mitte der 1950er Jahre und Mitte der 1970er Jahre statt. Begünstigt durch die Nähe zu den Hauptquellgebieten, den bevölkerungsreichen westeuropäischen Industriestaaten, wurde zunächst das mit dem Auto gut erreichbare nördliche Italien (v. a. Adria) für den Tourismus erschlossen. Anfang der 1960er Jahre folgte dann etwas zeitversetzt Spanien. Die Mittelmeerküste Frankreichs stellt bis zu einem gewissen Grad eine Ausnahme dar. Neben der dezentral ablaufenden Entwicklung an der französischen Côte d'Azur wurde die Erschließung des westlichen Mittelmeerküstenabschnitts im Languedoc-Roussillon zentral seit Mitte der 1960er auf der Basis eines Masterplans geplant.

[2] In den weiter von Westeuropa entfernt liegenden Staaten des östlichen Mittelmeerraums und der nordafrikanischen Gegenküste erfolgte die Erschließung vor allem seit Mitte der 1970er Jahre, wobei die Anbindung im Wesentlichen über das Flugzeug erfolgt. Auch hier gilt, dass die Grundtendenz durch nationale politische Verhältnisse und das Agieren der nationalen Regierungen akzentuiert wurde. So förderte die tunesische Regierung die touristische Erschließung bereits ab Beginn der 1970er Jahre offensiv (KASSAH 1997), während die libysche Küste bis heute so gut wie gar nicht für den internationalen Badetourismus in Wert gesetzt wurde. Die Phase der intensiven Inwertsetzung für den Badetourismus setzte in Ägypten Anfang der 1980er Jahre (MEYER 1996) und in der Türkei Mitte der 1980er Jahre ein (HÖFELS 1990).

Der historische Entwicklungsvorsprung der drei klassischen Mittelmeerurlaubsländer Italien, Frankreich und Spanien paust sich aber auch heute noch durch. Auf diese Länder entfallen immer noch knapp die Hälfte der im Jahr 2012 im Mittelmeerraum registrierten knapp 1,5 Mrd. Übernachtungen (vgl. Abb. 118).

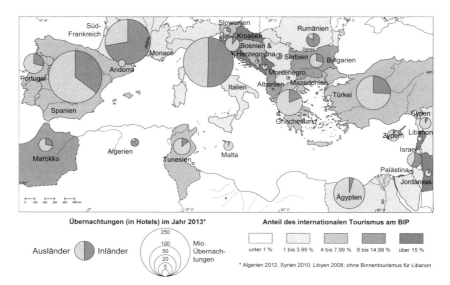

Abb. 118: Übernachtungen in den Mittelmeeranrainerstaaten und Deviseneffekte des internationalen Tourismus (Quelle: eigener Entwurf nach Daten UNWTO 2015)

Zwar ist der relative Anteil des Mittelmeerraums am internationalen Tourismus in den letzten Jahrzehnten – bei nach wie vor vorhandenem absolutem Wachstum – etwas zurückgegangen. Er sank von etwa einem Drittel Ende der 1980er Jahre über ein gutes Viertel Ende der 1990er Jahre (vgl. KAGERMEIER 2002, S. 28) auf inzwischen nur noch ein Fünftel. Die Prognosen gehen aber – trotz teilweise dynamischerem Wachstum in den sog. „Emerging Destinations" – von den Golfstaaten über Südostasien bis hin zu China – davon aus, dass der Mittelmeerraum bis weit in das 21. Jahrhundert hinein die weltweit wichtigste Großdestination bleiben wird. Neben dem Erstarken von Mitbewerberdestinationen ist es auch das wirtschaftliche Wachstum in aufstrebenden Volkswirtschaften – allen voran in den fünf sog. BRICS-Staaten (Brasilien, Russland, Indien, China und Südafrika) und in Südostasien. Dieses führt dazu, dass diese Quellmärkte ansprechende Ziele ein überproportionales Wachstum verzeichnen. Der Mittelmeerraum ist aber gleichzeitig von einem stark auf das Volumensegment ausgerichteten Badetourismus geprägt. Die Veränderungen auf der Nachfrageseite und die sich ausdifferenzierenden Nachfragemotive (vgl. Kap. 2.2), die z. B. zum Boom im Wander- und Fahrradtourismus geführt haben (vgl. Kap. 6.4), bedeuten dementsprechend auch, dass der Mittelmeerraum vor der Herausforderung steht, auf die sich verändernden Bedürfnisse der Reisenden zu reagieren.

Räumliche Verteilung

In Abbildung 118 ist die Verteilung der Übernachtungen im Jahr 2013 dargestellt. Dabei wurden für Frankreich nur die Übernachtungszahlen der mediterranen NUTS-Regionen berücksichtigt. Ebenso sind nur Übernachtungen in Hotels
nicht aber in Ferienwohnungen und auf Campingplätzen erfasst, da diese nicht
für alle Länder verfügbar sind. In den EU NUTS2-Regionen beträgt der Anteil
von Übernachtungen in Ferienwohnungen und Campingplätzen in manchen
Regionen fast die Hälfte, macht sogar unter speziellen Konstellationen wie im
Languedoc-Roussillon fast drei Viertel der Übernachtungen aus (vgl. Eurostat
2014, S. 193). Gleichzeitig ist der Binnentourismusanteil gerade bei diesen
Übernachtungsformen in vielen Fällen überproportional hoch, sodass in der
Darstellung der Binnentourismus tendenziell unterrepräsentiert dargestellt wird.

Bezogen auf das Volumen der Übernachtungen paust sich der bereits erwähnte
Entwicklungsvorsprung der etablierten Destinationen in Italien, Frankreich und
Spanien – aber auch der Erreichbarkeitsvorteil – nach wie vor klar durch.
Gleichzeitig weisen insbesondere Frankreich und Italien, aber auch Spanien
überdurchschnittliche Binnentourismusanteile auf – sicherlich auch ein Spiegel
der unterschiedlichen wirtschaftlichen Entwicklungsstände in den Mittelmeer-
anrainerstaaten.

Abgesehen von Algerien und Libyen, in denen (aufgrund der politischen Verhältnisse bzw. der Einnahmen aus der Erdölproduktion) der Anteil des internationalen Tourismus unter einem Prozent liegt, stellen die Deviseneinnahmen aus dem
Tourismus für die Volkswirtschaften vieler Mittelmeeranrainerstaaten eine wichtige Quelle dar. Spitzenreiter ist Montenegro mit einem Anteil der Deviseneinnahmen aus dem internationalen Tourismus von einem Fünftel am gesamten BIP
(= Bruttoinlandsprodukt) des Landes. Damit sind nur die direkten Wertschöpfungseffekte berücksichtigt, nicht jedoch die indirekten Wirkungen. Ähnlich be-
deutsam ist der internationale Tourismus auch in Kroatien, Malta, Jordanien und
dem Libanon, wo er jeweils noch über 15 % ausmacht. Aber auch in Marokko,
Albanien, Bulgarien und Zypern trägt er mit etwa einem Zehntel zum BIP bei. In
der Mittelgruppe finden sich Bosnien, der Türkei, Spanien, Tunesien, Slowenien,
Griechenland und Portugal (mit BIP-Anteilen zwischen 4 % und 7,5 %).

Demgegenüber trägt der Incoming-Tourismus in Italien und Frankreich – einerseits aufgrund der hohen Binnentourismusanteile, andererseits wegen der vielfältigen anderen wirtschaftlichen Aktivitäten – trotz der hohen absoluten Übernachtungszahlen weniger als 4 % zum BIP bei (der entsprechende Vergleichswert für
Deutschland liegt – ebenfalls aus den gleichen Gründen – nur bei 1,5 %).

7.2.2   Grenzen des Wachstums und Diversifizierungsansätze auf Mallorca

Die Balearen (Mallorca, Menorca und Ibiza) mit ihren 65 Mio. Übernachtungen sind zwar nicht die NUTS2-Region in Europa mit der höchsten absoluten Zahl von Touristen und Übernachtungen. Allerdings führen sie die Liste der Übernachtungen bezogen auf die Zahl der Einwohner mit dem Spitzenwert von 60 Übernachtungen pro Einwohner klar an (Eurostat 2014, S. 200). Bei einem EU-Mittelwert von etwa 5 Übernachtungen pro Einwohner weist diese Region damit eine zwölfmal so hohe Tourismusintensität auf wie der EU-Durchschnitt.

Etwa vier Fünftel der touristischen Aktivität der Balearen entfällt auf Mallorca, das damit auch fast zum Synonym für die intensive touristische Nutzung und manche damit verbundenen Exzesse geworden ist. Die besondere Intensität, aber gleichzeitig auch die Begrenztheit der Insellage, aufgrund deren eben auch die Ressourcennutzung an klare Grenzen stößt, machen Mallorca wie keine andere Destination im Mittelmeerraum geeignet, an diesem Beispiel auch die Grenzen des Wachstums mit zu thematisieren. Die starke Abhängigkeit der Insel vom Tourismus bedeutet aber gleichzeitig, dass dort auch die Ansätze zu einer Erhaltung der Attraktivität für die Touristen exemplarisch für viele andere Mittelmeerdestinationen beleuchtet werden können.

Historische Entwicklung

Wie viele andere heutige Mittelmeerdestinationen wurde auch Mallorca im 19. Jahrhundert zum zeitweiligen Aufenthalt von einigen Adeligen und Künstlern aufgesucht. Auch wenn an manchen Stellen auf der Insel an diese Frühphase noch erinnert wird, beginnt wie in vielen spanischen Destinationen die Erschließung zu Beginn der 1960er Jahre, nachdem das Franco-Regime seit 1959 im Zuge von Wirtschaftsreformen das Land bewusst für den internationalen Tourismus geöffnet hatte.

Ausgehend von etwa 360.000 Touristenankünften im Jahr 1960 erreichen diese inzwischen fast 10 Mio. (vgl. Abb. 119). Damit wird auf einer Fläche, die nur wenig größer als das Saarland ist, eine Tourismusdichte pro Flächeneinheit erreicht, die der von Großstädten (wie z. B. Hamburg; Eurostat 2014, S. 200) entspricht.

Der Verlauf der Touristenankünfte verlief dabei nicht kontinuierlich, sondern lässt – teilweise auch in anderen mediterranen Destinationen beobachtbare – unterschiedliche Phasen erkennen:

[1]   In den Jahren zwischen 1960 und 1973, d. h. bis zur ersten Ölkrise nach dem Jom-Kippur-Krieg erfolgte ein **erster Boom**, der vor allem von der Erschlie-

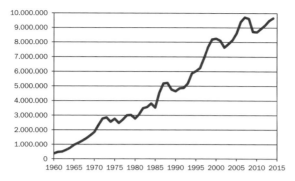

Abb. 119: Entwicklung der Ankünfte auf Mallorca zwischen 1960 und 2014
(Quelle: eigene Darstellung nach Daten Govern de les Illes Balears 2015)

ßung der Bucht von Palma de Mallorca – mit dem westlich gelegenen Magalluf und der östlichen Playa de Palma – geprägt war (vgl. auch Abb. 122). In dieser Phase entstanden wie in vielen anderen Küstendestinationen auch vielgeschossige Hotelbauten meist in unmittelbarer Strandnähe.

[2] Bis Mitte der 1980er Jahre (einschließlich der zweiten Ölkrise Ende der 1970er Jahre) ist ein klares Stagnieren der Entwicklung erkennbar.

[3] Erst nach dem EU-Beitritt Spaniens 1986 erfolgt ein **zweiter Boom**. Dieser ist aber auch davon geprägt, dass preiswertere Apartmentbauten für eine weniger zahlungskräftige Klientel mit erstellt wurden. Das erneute Wachstum wurde also teilweise mit eine geringeren Wertschöpfung pro Tourist erzielt. Gleichzeitig wurden erste Hotelbauten der frühen Phase in Wohngebäude für Einheimische umgewandelt, gleichzeitig aber auch der Grundstein für Altersruhesitze von Europäern aus den nördlich gelegenen Ländern gelegt. Die touristische Erschließung umfasste in stärkerem Maß auch die Bucht von Alcudia im Norden und den östlichen Küstenstreifen zwischen Cala Ratjada und Cala Figuera (vgl. Abb. 122).

[4] Ende der 1980er Jahre wurde bereits die Reifephase der Insel prognostiziert, als mehrere Jahre lang die Touristenzahlen stagnierten bzw. rückläufig waren. Bereits damals erfolgten erste Überlegungen zu einer stärker an ökologischen und Qualitätsaspekten ausgerichteten Orientierung des Tourismus auf Mallorca (vgl. ISENBERG 1992).

[5] Diese Überlegungen verloren jedoch wieder an Resonanz, als Anfang der 1990er Jahre ein **dritter Boom** einsetzte. Für das erneute Ansteigen der Touristenzahlen war einerseits die Öffnung Osteuropas, durch die Touristen mit begrenzten Ansprüchen wegbleibende anspruchsvollere westeuropäische Besucher substituierten. Andererseits fällt auch die Entwicklung

mancher Teilgebiete – insbesondere der Playa de Palma mit dem berühmt-berüchtigten Balneario 6 (Ballermann 6) – für den Partytourismus in diese Phase. Wieder wurde Volumenwachstum mit einer gewissen Banalisierung und Degradation des Angebotes erreicht. Teilweise hatte Mallorca in dieser Zeit auch das Image einer „Putzfraueninsel", sprich anspruchsvollere Touristen mieden die Insel teilweise aus Imagegründen.

[6] Bereits vor der Jahrtausendwende (und damit auch dem für die Tourismuswirtschaft relevanten Einschnitt nach den Anschlägen des 11. September 2001 auf das World Trade Center in New York) waren abermals stagnative Tendenzen sichtbar geworden. In den Jahren nach der Jahrtausendwende erfolgte eine intensive Erschließung von diversifizierten Formen des Qualitätstourismus. Gleichzeitig wurden auch einige ökologische Problembereiche angegangen.

[7] Auch wenn von mehreren Seiten bereits zum wiederholten Male das Ende des Lebenszyklus proklamiert worden war (SCHMITT & BLÁZQUEZ-SALOM 2003), gelang es Mallorca auch dieses Mal – fast wie der sprichwörtliche Phönix aus der Asche – wieder an einen Wachstumspfad anzuknüpfen und Mitte des letzten Jahrzehnts eine erneute **vierte Boomphase** zu erleben. Dabei profitierte Mallorca auch von den Low Cost Carriern (vgl. Kap. 3.1.3), durch welche die Flugkosten deutlich sanken. Dies ermöglichte auch die extremen Formen des Partytourismus, teilweise ohne Hotelübernachtung als Partynacht. Gleichzeitig war diese Phase auch davon geprägt, dass mit teilweise spekulativ hohen Preisen hochwertige Zweitwohnsitze (insbesondere an der Südwestküste um Santa Posa und Andraitx; vgl. Abb. 122) entstanden sind.

[8] Mit der Bankenkrise 2008/2009 und dem Platzen der Immobilienspekulationsblase verbunden war – wie in anderen mediterranen Destinationen mit einem ähnlichen Profil – ein erneuter Rückgang der Gästezahlen. Besonders betroffen war davon der britische Markt, der in früheren Zeiten eine ähnlich große Bedeutung wie der deutsche Quellmarkt aufwies.

Der Hauptquellmarkt Mallorca ist mit inzwischen etwa 40 % ganz klar Deutschland, während der Anteil Großbritanniens auf inzwischen etwa 20 % zurückgegangen ist. Die anderen zentral- und nordeuropäischen Länder (vgl. Abb. 120) nehmen demgegenüber nur eine geringere Stellung ein. Der Binnentourismus ist mit etwas mehr als einem Zehntel nur unterdurchschnittlich ausgeprägt, da für Festlandspanier – und insbesondere auch Katalonier – andere Küstenstandorte leichter erreichbar sind. Ausländische Nachfrageschwankungen werden damit kaum durch die Binnennachfrage abgepuffert. Ein Großteil der Diversifizierungsansätze im Qualitätstourismus ist dementsprechend auch auf den deutschen Quellmarkt ausgerichtet.

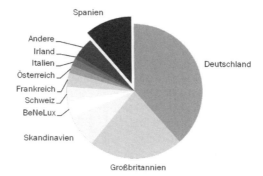

Abb. 120: Quellmärkte Mallorcas 2014 (Quelle: eigene Darstellung nach Daten Govern de les Illes Balears 2015)

Wie in vielen anderen Mittelmeerländern auch, wird mit den Diversifizierungs-ansätzen gleichzeitig auch versucht, die ausgeprägte Saisonalität des Nachfrage-verlaufs (vgl. Abb. 121) im Jahresgang zu reduzieren. Es werden Tourismusfor-men gefördert, die in den Lastschultern der Nebensaison Nachfrage generieren.

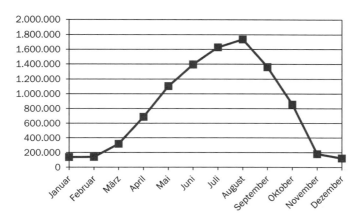

Abb. 121: Saisonalität der touristischen Ankünfte auf Mallorca 2014 (Quelle: eigene Darstellung nach Daten Govern de les Illes Balears 2015)

Diversifizierungsansätze und Qualitätstourismus

Die bereits seit Ende der 1980er Jahre virulente Diskussion über eine Produkt-diversifizierung verlor dann angesichts des – auch mit durch die Öffnung des osteuropäischen Marktes bedingten – dritten Booms in den 1990er Jahren wieder an Bedeutung. Letztendlich war es aber lediglich nur ein kurzer Aufschub, sich der

Herausforderung der grundsätzlichen strukturellen Probleme des Tourismus auf Mallorca zu stellen. Um der Abwärtsspirale des Niveaus zu begegnen wurden – neben umfassenden Programmen zur Erneuerung der Küstenstreifen – vor allem neue Produktlinien forciert, die auf einen Qualitätstourismus abzielten:

[1] Eine der auch in vielen anderen mediterranen (aber auch zentraleuropäi-schen) Destinationen seit der Jahrtausendwende als Diversifizierungsoption angesehene Tourismusform, der **Golftourismus**, wurde in Mallorca eben-falls deutlich ausgebaut. Mit mittlerweile 23 Golfplätzen (vgl. Abb. 122) weist Mallorca eine Golfplatzdichte wie kaum eine andere Destination auf. Dabei liegen die Golfplätze im Wesentlichen im Umfeld der klassischen küstenorientierten Standorte um die Bucht von Alcudia, die Ostküste sowie insbesondere westlich von Palma (in dem Bereich, in dem der Zweitwohn-sitzbau besonders ausgeprägt ist).

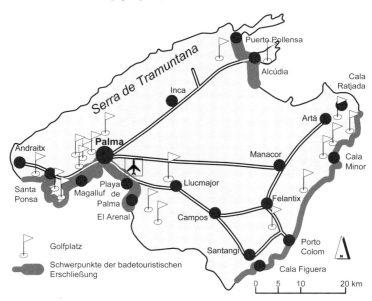

Abb. 122: Golfplätze auf Mallorca 2013 (Quelle: eigener Entwurf nach Angaben
Govern de les Illes Balears 2014, S. 114)

Aufgrund der guten verkehrlichen Infrastruktur und der geringen Größe der Insel kann der Golfer von den meisten Orten alle Plätze in maximal ei-ner Stunde erreichen. Damit können auch etwas hochwertigere Strand-hotels versuchen, im Frühjahr und Herbst, wenn in Zentraleuropa die Spielmöglichkeiten witterungsbedingt eingeschränkt sind, Golftouristen anzu-sprechen. Ein weiterer Vorteil für den Golftourismus – wie auch für die an-deren zur Produktdiversifizierung und Ergänzung des Portfolios genutzten Tourismusformen ist, dass Mallorca – auch aufgrund der LCC mit ihrer Ausrichtung auf Sekundärflughäfen – von den meisten europäischen Regi-onalflughäfen aus erreichbar ist. Der Erreichbarkeitsvorteil gegenüber ande-ren, weniger gut angebundenen Destinationen ist damit ein klares Plus für die Diversifizierungsansätze. Auch wenn die Zahl der Golftouristen nur et-wa 100.000 beträgt (BUSWELL 2011, S. 160), geht davon ein klarer Image-gewinn für die Destination aus. Mit der Orientierung auf Golftourismus war auch verbunden, dass im Anschluss an die Plätze auch Baurecht für Hotels und Feriensiedlungen geschaffen worden ist.

[2]   Neben den Ferienanlagen im Umfeld der Golfplätze wurde zusätzlich be-wusst auch der sog. **Residenzialtourismus**, d. h. der Bau von Zweitwoh-nungen gefördert. Während in früheren Jahrzehnten die Zweitwohnungen – ähnlich wie die Hotels – zum erheblichen Teil als Apartments küstenorientiert in mehrgeschossigen Anlagen realisiert wurden, war mit der Orientierung auf den sog. Qualitätstourismus verbunden, dass zunehmend auch villenartige Einzelanlagen und Resorts entstanden. Als Folge des Residenzialtourismus schätzen HOF & BLÁZQUEZ-SALOM (2013, S. 266ff.) die Zahl der Swim-mingpools auf Mallorca auf inzwischen etwa 200.000. Vor diesem Hinter-grund titelte der Landschaftsökologe und Biogeograph SCHMITT 2007 etwas provokativ: „Ballermann war besser". Damit zielte er darauf ab, dass der Was-ser- und Landschaftsverbrauch dieser neuen Tourismusform deutlich höher liegt als der von traditionellen Hotelanlagen an der Küste. Darüber hinaus eignet sich diese Unterbringungsform aufgrund der diffusen räumlichen Struktur von vielen Ferienhäusern mit eigenen Pools weniger gut für Um-weltmanagementansätze als konzentrierte Siedlungen an der Küste.

Der Wasserverbrauch der Golfplätze von etwa 2.000 m³ pro Tag entspricht dem einer Kleinstadt mit etwa 8.000 Einwohnern (SCHMITT & BLÁZQUEZ-SALOM 2003, S. 514). Obwohl die Golfplätze auf Mallorca inzwischen ver-pflichtet sind, auch aufbereitetes Brauchwasser zu verwenden, ist es bislang – mit bedingt durch die teilweise insuffiziente Reinigungsleistung der Kläranla-gen – noch nicht gelungen, diese auf eine ausschließliche Bewässerung mit geklärtem Wasser umzustellen. Letztendlich wäre es, wie Beispiele in anderen Mittelmeerländern zeigen, auf Mallorca – auch wegen der Nähe der Golfplät-ze zu den küstentouristischen Schwerpunkten – bei vorhandenem politischen Willen möglich, die Golfplätze ohne Nutzung des Grundwasservorkommen zu betreiben. Gleichzeitig bleibt Wasser die zentrale limitierende Ressource für diese Tourismusform – auch in anderen mediterranen Destinationen.

[3] Insbesondere auch mit Zielrichtung auf den deutschen Quellmarkt wurde eine Form des **Turisme Rural** bzw. **Agroturisme** gefördert. Darunter wird kein Urlaub in aktiven Bauernhöfen verstanden, sondern im Wesentlichen eine wohl besser als „Fincatourismus" zu bezeichnende Rekonstruktion von ehemaligen ländlichen Gehöften (teilweise aber auch mit fließendem Übergang zum Neubau von Zweitwohnsitzen in historischer Fassade). Diese Form des ländlichen Tourismus ist inzwischen im Hinterland weit verbreitet, auch wenn die absolute Zahl mit einigen Hundert kein mengenmäßiges Gegengewicht zum küstenständigen Übernachtungsangebot darstellt. Aber auch hier sind wie beim Golftourismus die Wertschöpfung pro Gast, die Frequentierung in der Vor- und Nachsaison und auch der Imageaspekt von Bedeutung.

[4] Teilweise in Beziehung zum Agrotourismus, der sich an kultur- und naturorientierte Gäste wendet, steht, dass der **Wandertourismus** auf Mallorca entwickelt werden soll. Neben einem Schwerpunkt in der Serra de Tramuntana (vgl. Abb. 122), ist es auch das Ziel, einen Küstenrundweg um die gesamte Insel zu erschließen. Spezifische eigentumsrechtliche Rahmenbedingungen hinsichtlich der Querung von Privatbesitz erschweren allerdings die Wegeführung (genauer BLÁZQUEZ-SALOM 2013, S. 30ff.). Auch sind die in Deutschland inzwischen weitgehend umgesetzten Qualitätskriterien hinsichtlich Ausschilderung und Begehbarkeit der Wege erst partiell erreicht.

[5] Auf den klimatischen Vorteil im Vergleich zu Zentraleuropa setzt auch der **Fahrradtourismus**. Dessen Volumen wird ähnlich wie das des Golftourismus mit etwa 100.000 veranschlagt (HÜRTEN 2008, S. 189). Auch in diesem Fall ist es die gute Flugerreichbarkeit der Insel, die einen wichtigen Wettbewerbsvorteil darstellt, sowie die Dichte und Qualität des Straßenverkehrsnetzes. Anders als z. B. im Deutschlandtourismus (vgl. Kap. 6.4.2) ist auf Mallorca der Rennradsportler im Trainingslager weit verbreitet. Aber auch unterschiedlichste Formen von etwas sportlicher orientierten Fahrradtouristen sind hier anzutreffen. Dabei werden im Wesentlichen tägliche Sternfahrten von einem Übernachtungsstandort aus unternommen. Angesichts der nicht notwendigerweise auf luxuriöse Unterkünfte ausgerichteten sportlichen Fahrradtouristen haben sich inzwischen auch eine Reihe von 3-Sterne Hotels auf diese Klientel eingestellt. Neben den Fahrradtouristen finden sich in solchen Hotels aber auch andere Sportgruppen (Fußball, Tennis), die dort im Spätwinter oder Spätherbst ins Trainingslager gehen.

[6] Ebenfalls unter dem Blickwinkel der Imageverbesserung ist die Förderung des sog. **Nautischen Tourismus** auf Mallorca im Zuge der Produktdiversifizierung zu sehen. Darunter wird insbesondere der Ausbau von Marinas im Umfeld bisheriger touristischer Küstenstandorte verstanden. Auch wenn dadurch sicherlich die lokale Bauindustrie profitiert hat, sind die direkten Auswirkungen auf den internationalen Markt begrenzt. Mallorca als Insel ist

von anderen Mittelmeerjachthäfen nur mit einer längeren Transferfahrt zu erreichen und eigene Jachten können nicht – wie z. B. nach Kroatien – mit dem Autoanhänger antransportiert werden. Auch ist die Zahl der Häfen sowie das Ambiente in den Hafenorten auf dem Festland oftmals attraktiver.

Ursprünglich nur begrenzt intendiert hat sich Mallorca inzwischen aber als Hub für Kreuzfahrten im westlichen Mittelmeer entwickelt. Auch in diesem Fall spielt die gute Erreichbarkeit der Insel eine zentrale Rolle dafür, dass Kreuzfahrtschiffe dort nicht nur anlegen, sondern in vielen Fällen Kreuzfahrten dort starten und enden.

[7] Der Vollständigkeit halber erwähnt werden soll, dass Mallorca – wie viele andere Destinationen auch – offiziell auf den **MICE-Tourismus** setzt. Der Bau eines großen Konferenzzentrums in Palma ist aber seit vielen Jahren noch nicht vollendet. Gleichwohl wird die Insel inzwischen – sicherlich im Zusammenhang mit der Flugerreichbarkeit, aber auch ein Zeichen des gelungenen Imagewandels – von einer Vielzahl von Unternehmen für Produktpräsentationen oder Incentive-Veranstaltungen genutzt.

Auch wenn nicht alle Ansätze vollständig erfolgreich waren, haben die Diversifizierungsanstrengungen zu sichtbaren Resultaten geführt. Dabei wird aber gleichzeitig deutlich, dass – und dies dürfte auch für viele andere Destinationen gelten – die Dominanz einer Hauptproduktsäule in der Reifephase eben nicht von einer einzigen anderen neuen dominanten Tourismusform abgelöst wird. Das Produktionsmodell des Postfordismus zeichnet sich durch eine Vielzahl kleinerer Tourismusformen und -nischen aus.

Auseinandersetzung mit Tragfähigkeitsgrenzen

Damit ist die Bewältigung der ökologischen Herausforderungen noch lange nicht abgeschlossen. Spätestens Anfang der 1980er Jahre wurden die negativen Folgen der schnellen und kaum reglementierten touristischen Erschließung und damit die Grenzen des quantitativen Wachstums sichtbar. Das Schlagwort von der „Balearisierung" ist inzwischen fast zu einem Synonym für Formen exzessiver Bebauung der Küstenstreifen geworden. Dabei sind in den letzten Jahren erste Anzeichen für eine intensivere Auseinandersetzung mit den negativen ökologischen Folgen des Tourismus erkennbar. Eine wichtige Rolle spielt dabei eine kritische Öffentlichkeit der Inselbewohner. Insbesondere die 1973 gegründete Umweltgruppe GOB (ursprünglicher Name: „**G**rup **O**rnitològic de **B**alears"; aktuell „Grup Balear d'Ornitologia i Defensa de la Naturalesa"; ⌐ *www.gobmallorca.com*) engagiert sich intensiv in der Diskussion über die negativen Auswirkungen. Wie in vielen anderen – nicht nur mediterranen – Destinationen stellen die Bereiche Wasser, Abwasser, Abfall, Zersiedelung und Landschaftsinanspruchnahme, Energie und Verkehr die zentralen Handlungsfelder dar.

[1] Der touristische bedingte **Wasserverbrauch** auf Mallorca wird auf etwa 40 Mio. m³ geschätzt und stellt damit etwa ein Drittel des verbrauchten Trinkwassers dar. Dabei ist allerdings der Anteil der Bewässerungslandwirtschaft nicht genau ermittelbar und es wird geschätzt, dass deren Verbrauch – trotz deutlich geringerer Wertschöpfung – noch über dem des Tourismus liegt (BUSWELL 2011, S. 108 sowie SCHMITT & BLÁZQUEZ-SALOM 2003, S. 514). Bei etwa 80 Mio. Übernachtungen (einschließlich Übernachtungen in Ferienwohnungen; Govern de les Illes Balears 2014, S. 59) entspricht dies einem Wasserverbrauch von ca. 500 l pro Übernachtung. Beispiele aus anderen mediterranen Destinationen zeigen, dass der Wasserverbrauch durch ein systematisches Wassermanagement mit der Ausnutzung von technischen Einsparmöglichkeiten und einer Brauchwasserrecycling auf fast die Hälfte reduziert werden kann (KAGERMEIER 2001, S. 62).

Der Wasserverbrauch führt auf Mallorca – wie auch in vielen anderen mediterranen Destinationen – zu einem gravierenden Absinken des Grundwasserspiegels. Dies hat insbesondere im Raum Palma aufgrund der Nähe der Brunnen zum Meer und der intensiven Wasserentnahme zu einer deutlichen Versalzung des Grundwassers geführt (genauer bei SCHMITT & BLÁZQUEZ-SALOM 2003, S. 514ff.). Nachdem Mitte der 1990er Jahre angesichts der Wasserknappheit und des aufgrund der Saisonalität besonders ausgeprägten Peaks im Wasserverbrauch in den Sommermonaten Tankschiffe mit Ebrowasser für die Aufstockung des Trinkwassers eingesetzt worden sind (PSIRU 2005, S. 25f.), wird seither verstärkt auf Meerwasserentsalzung gesetzt. So wird im Großraum Palma inzwischen etwa ein Viertel des Trinkwassers aus Meerwasser oder brackigem Grundwasser gewonnen (PSIRU 2005, S. 6). Dies bedeutet allerdings hohe Kosten (1 € pro m³ im Vergleich zu ca. 0,15 € für die Grundwasserförderung; vgl. BUSWELL 2011, S. 109).

Allerdings scheint sich abzuzeichnen, dass der Wasserverbrauch tendenziell nicht mehr so intensiv zunimmt wie in früheren Jahrzehnten, sprich die ergriffenen Maßnahmen zum Einsparen von Trinkwasser bzw. die ersten Ansätze zur Brauchwasserverwendung für Golfplätze langsam Früchte tragen (NEUS et al. 2003, S. 66). Allerdings ist Mallorca noch weit davon entfernt, hier alle Möglichkeiten systematisch auszuschöpfen und seinen Wasserverbrauch an die verfügbaren Ressourcen anzupassen. Bei einer Grundwasserneubildungsrate von ca. 200 Mio. m³ pro Jahr könnte es bei einem haushälterischen Umgang, trotz der hohen Tourismusintensität, gelingen, einen Gleichgewichtszustand herzustellen.

[2] Abgesehen von der Meeresverschmutzung steht die **Abwasseraufbereitung** mit dem Wasserverbrauch im Zusammenhang, wenn das aufbereitete Brauchwasser einer erneuten Nutzung zugeführt werden soll. Bis in die 1970er Jahre floss der größte Teil der Abwässer ungeklärt in das Mittelmeer.

Allein in den 1990er Jahren stieg das Abwasseraufkommen um das Vierfache – von 7,3 Mio. m³ auf 28,6 Mio. m³ (SCHMITT & BLÁZQUEZ-SALOM 2003, S. 515), wobei sich darin wohl auch ein zunehmender Anschlussgrad der Siedlungen spiegelt. Allerdings wird nur ein Teil der Abwässer umfassend gereinigt, sodass er für Recycling genutzt werden kann. Für den Großraum Palma wurde im Jahr 2005 die Recyclingrate mit etwa einem Sechstel des behandelten Abwassers angegeben (PSIRU 2005, S. 6). Gleichzeitig sind die Anlagen oftmals an der Kapazitätsgrenze, sodass insbesondere in den Sommermonaten teilweise ungeklärte Abwässer ins Meer gelangen.

[3] Ähnlich wie bei den flüssigen Abwässern ist auch im Bereich der festen **Abfälle** die Aufbereitung noch nicht umfassend. Es wird geschätzt, dass etwa ein Drittel des Abfallaufkommens der Insel durch den Tourismus verursacht wird (BUSWELL 2011, S. 109). Dabei wird inzwischen ein erheblicher Teil des Abfallaufkommens verbrannt und nicht mehr unbehandelt in Deponien verbracht. Nach großen Zuwächsen in früheren Jahren zeichnet sich allerdings ein langsames Einpendeln auf hohem Niveau ab (NEUS et al. 2003, S. 66). Die ergriffenen Ansätze zum Recycling zeigen zunehmend Wirkung, auch wenn sicherlich noch weitere Maßnahmen zu ergreifen sind.

[4] Insbesondere im Zusammenhang mit dem Residentialtourismus steht die zunehmende **Zersiedelung** und die **Landschaftsinanspruchnahme** für touristische Zwecke. Die intensive Umwandlung von agrarischen Nutzflächen, aber auch der Garrigue und Machie sowie von Kiefernwäldern findet besonders im Südwesten der Insel, aber auch entlang der Ostküste statt (SCHMITT & BLÁZQUEZ-SALOM 2003, S. 510). Bislang ist hier noch kein Ende der touristisch bedingten Bautätigkeit erkennbar (vgl. NEUS et al. 2003, S. 67f). Auch wenn inzwischen ein Großteil der Naturlandschaft unter Schutz gestellt worden ist, kommt es aufgrund von wirtschaftlichen Interessen gelegentlich dazu, dass Gebiete aus dem Schutzstatus heraus genommen und für die Besiedlung freigegeben werden. Gleichzeitig finden sich aber auch positive Beispiele, wie der Sandstrand Es Trenc im Südosten der Insel, in dem das Bauverbot konsequent umgesetzt und die Schutzzone erweitert worden ist (🖰 *www.es-trenc.com*).

[5] Ähnlich wie im Bereich Wasser, Abwasser und Abfall ist auch der Verbrauch an **Energie** auf Mallorca zum erheblichen Teil durch die touristische Nutzung bedingt. Dabei werden zwar inzwischen in größerem Umfang Solaranlagen zur Brauchwassererwärmung eingesetzt. Die Erzeugung von Strom aus Photovoltaikanlagen ist allerdings noch nicht weit verbreitet. So wird er zur Jahrtausendwende mit 1 % am Gesamtenergieverbrauch angegeben (SCHMITT & BLÁZQUEZ-SALOM 2003, S. 510) dürfte aktuell bei etwa 2 % liegen. Fast vernachlässigbar ist der Anteil der Windenergie, wobei hier – wie auch in Deutschland – von Seiten der Tourismusvertreter landschaftsästhetische Einwände vorgebracht werden.

[6]   Auch der tourismusbedingte **Verkehr** führt auf Mallorca zu entsprechenden Belastungen. Nachdem lange Zeit große Straßenprojekte realisiert wurden, um die einzelnen Küstenorte entsprechend anzubinden, regt sich gegen diese Form der Landschaftsinanspruchnahme und Versiegelung inzwischen bei Teilen der Bevölkerung Widerstand. In den letzten Jahren wurden aber auch flächendeckende ÖPNV-Angebote geschaffen. Eine geplante Mietwagensteuer sowie der Bau einer Stadtbahn zum Flughafen und entlang der Playa de Palma sind allerdings aufgrund von Widerständen wieder auf Eis gelegt.

Insgesamt gesehen wird deutlich, dass auf Mallorca einerseits die Grenzen der Tragfähigkeit – insbesondere bei der Nutzung der Wasserressourcen – deutlich überschritten werden. Auch in anderen Bereichen findet eine intensive Inanspruchnahme der Ressourcen bzw. eine merkliche Belastung des natürlichen Umfeldes statt. Obwohl erste Anzeichen zu einem Umsteuern erkennbar sind, bleibt festzuhalten, dass oftmals wirtschaftliche Interessen vor Nachhaltigkeitsaspekte gestellt werden. Umweltschutz und Nachhaltigkeit werden oftmals von Vertretern der lokalen Tourismuswirtschaft als Lippenbekenntnis bzw. im Sinne eines Greenwashing zwar zu Marketingzwecken eingesetzt. Dabei werden vorwiegend technisch orientierte End-of-the-Pipe-Ansätze verfolgt. Auch wenn diese ansatzweise zumindest zu einer Reduzierung des Zuwachses negativer Effekte führen, bzw. in manchen Bereichen ein Einpendeln auf hohem Belastungsniveau erkennbar ist, fehlt bislang ein umfassendes an Nachhaltigkeitsgesichtspunkten orientiertes Handeln sowohl bei den Vertretern der Tourismuswirtschaft als auch der Politik.

7.2.3   Zypern als Beispiel für die Notwendigkeit neuer Steuerungsansätze

Das touristische Angebot in Zypern (worunter im Folgenden nur Südzypern behandelt wird) ist – wie das vieler anderer Mittelmeerdestinationen auch – bislang stark von der Orientierung auf das traditionelle Sun&Beach-Segment ausgerichtet gewesen (genauer z. B. bei SHARPLEY 2001). Zunächst wurde nach der Unabhängigkeit 1960 an der Ostküste bei Famagusta der Standort Varosha entwickelt. Nachdem dieser seit der Teilung in der UN-Pufferzone liegt (genauer bei HARMS & KAGERMEIER 2013), wurden ab 1974 im Süden mit den vier Badedestinationen Agia Napa, Larnaca, Limassol und Paphos (vgl. Abb. 124) Übernachtungskapazitäten von gut 80.000 Betten geschaffen, in denen etwa 2,5 Mio. Touristen 14 Mio. Übernachtungen realisieren (Republic of Cyprus 2015). Als klassische mediterrane Badedestination konnte das Land (mit einer starken Ausrichtung auf den englischen und deutschen Quellmarkt) bis zum Jahr 2000 respektable Wachstumsraten generieren (vgl. Abb. 123). Die Hotelanlagen und Ressorts konzentrieren sich entlang der Südküste um die vier Städte Paphos, Limassol, Larnaca und Agia Napa/Paralimni herum (vgl. Abb. 124).

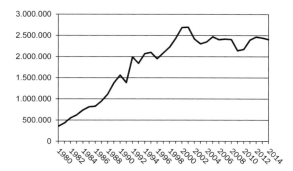

Abb. 123: Entwicklung der Touristenankünfte in Zypern 1980 bis 2014
(Quelle: eigene Darstellung nach Daten Republic of Cyprus 2015)

Abb. 124: Karte der touristischen Regionen Zyperns (Quelle: eigene Bearbeitung
unter Verwendung einer Vorlage von ⌖ www.mapsfordesign.com)

Trotz vielfältiger Anstrengungen zur Produktanreicherung im Küstenbereich
(Golf, Wellness) und einem intensiven Auslandsmarketing ist allerdings seit der
Jahrtausendwende eine Stagnation der Nachfragezahlen zu konstatieren. Wie in
anderen Mittelmeerdestinationen sollen daher im Zuge einer Produktdiversifizierung neben dem in der Reifephase angekommenen Sun&Sea-Segment auch die
touristischen Potentiale im Hinterland der Insel in Wert gesetzt werden, die bislang eher ein Schattendasein geführt hatten (SHARPLEY 2003).

Ansätze zur Regionalisierung und der Erschließung des Hinterlands

Zur intensiveren Erschließung des Hinterlands für den Tourismus wurden im Hinterland von Larnaca und Limassol, auf der Laona und im Raum Akamas/Polis (Hinterland von Paphos) sowie im Troodos-Gebirge (vgl. Abb. 124) Initiativen zur Förderung des Agrotourismus ergriffen. Übernachtungsangebote in authentischem Ambiente werden durch Restaurierung von traditionellen (zumeist aufgegebenen bzw. im Zuge der Teilung der Insel verlassenen) Gebäuden und Siedlungen geschaffen (SHARPLEY 2002). Darüber hinaus wird – wie in vielen anderen mediterranen Destinationen auch – versucht, den Weintourismus sowie den naturorientierten Wander- und Fahrradtourismus zu stimulieren.

Parallel zu den Ansätzen der Produktdiversifizierung, die im „Strategic Plan for Tourism 2000–2010" explizit formuliert wurden, markiert dieser auch einen Turnaround bezüglich der Governance-Strukturen. Zum ersten Mal ist dort explizit verankert, dass regionale Tourismusansätze im Zuge der Repositionierung von Zypern als touristisches Zielgebiet verfolgt werden sollen: „Within the framework of Cyprus re-positioning strategy each region will be called upon to prepare its own Regional Strategy" (CTO 2000, S. 7).

Im Zuge der Diversifizierung des Angebotes wurden als Folge der Tourism Strategy 2000–2010 Teilräume der Insel als regionale (Sub-)Destinationen ausgegliedert und regionale Gremien gegründet. Die sechs ausgewiesenen Tourismusregionen lehnen sich stark an die administrative Gliederung der Distrikte an (vgl. Abb. 124). Lediglich der Nicosia-Distrikt wurde in das Troodos-Gebiet und die Hauptstadt selbst aufgeteilt. Damit sind das Hinterland von Larnaca, Limassol und Paphos (mit der Laona und Akamas/Polis) formal Teil der entsprechenden regionalen Destination. Dabei sollen natur- und kulturorientierte Angebote in den nächsten Jahren verstärkt als Teil eines ländlichen Tourismus entwickelt werden. Jede Subdestination soll spezifische Zielgruppen mit regional differenzierten Produkten ansprechen und eine eigene Identität sowie eine eigene Marke schaffen: „As part of the strategic re-positioning of Cyprus each region will be asked to prepare its own regional vision and create its own regional brand to serve the market segments which it targets" (CTO 2000, S. 56.).

Da die regionalen Gremien über keine eigenständige Finanzierungsbasis verfügen, werden jedem von der CTO jährlich wenige Tausend Euro zur partiellen Deckung von Sach- und Personalkosten zugewiesen. Die Zuschüsse sollen aber sukzessive zurückgefahren werden und die regionalen Gremien eine eigenständige Finanzierungsgrundlage durch Mitgliederbeiträge, Akquise von anderen Drittmitteln oder Werbung generieren. Eine eigenständige Finanzierung durch Umwidmung von zentral verfügbaren Mitteln ist demgegenüber nicht vorgesehen.

Damit ist als Zwischenresümee festzuhalten, dass bei der Abgrenzung von regionalen Tourismusregionen in Zypern in den meisten Fällen keine räumlichen Bezüge gewählt worden sind, die auch als Destinationen aus Besuchersicht anzusprechen wären. Abgesehen von der Mittelgebirgsdestination Troodos und der städtetouristischen Destination Nikosia wäre es wohl sinnvoll gewesen, die badetouristisch ausgerichteten Küstenstandorte (zumindest Larnaca und Agia Napa, ggf. auch Limassol und Paphos) als regionale Subdestinationen auszuweisen und das Hinterland der Distrikte dann als eigenständige Einheiten zu fassen. Dem Ziel der Entwicklung von spezifischen Produkten, aber auch einem regional stringenten Image und damit auch der Möglichkeit einer konsistenten Markenbildung wäre dies sicherlich dienlicher gewesen. Gleichzeitig ist festzuhalten, dass die stark zentralisierte organisationale Struktur mit der Schaffung von regionalen Gremien nicht grundsätzlich in Frage gestellt worden ist. Insbesondere die Tatsache, dass die regionalen Gremien über keine eigenständige Finanzierungsgrundlage verfügen, die regionalen Tourist-Infos Außenstellen der CTO geblieben sind (und eben nicht den regionalen Gremien zugeordnet) und dass das regional ausgerichtete Marketing nach wie vor über die CTO läuft und von dieser finanziert wird, bedeutet, dass de facto bislang keine strategisch und operativ eigenständigen DMOs geschaffen wurden, die diesen Namen auch verdienen würden.

Eines der Effekte der angestrebten Regionalisierung ist die Tatsache, dass in der amtlichen Statistik seit 2000 auch die Übernachtungszahlen nach touristischen Regionen differenziert ausgewiesen werden (vgl. Abb. 125).

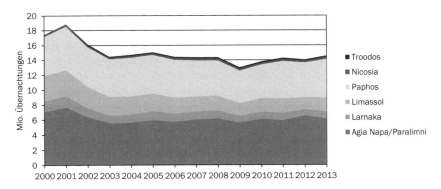

Abb. 125: Entwicklung der Übernachtungen in Zypern nach touristischen Regionen (2000–2013) (Quelle: eigener Entwurf nach Daten Republic of Cyprus, Ministry of Finance, Statistical Service 2015)

Dabei wird deutlich, dass auf die beiden wichtigsten badetouristisch geprägten Regionen Paphos und Agia Napa/Paralimni unverändert der größte Teil der Übernachtungen entfällt, wobei Paphos seinen Anteil im dargestellten Zeitraum von 30 auf 35 % steigern konnte – allerdings ohne dass eben zu differenzieren wäre, ob davon ein signifikanter Anteil auf das Hinterland entfällt. Die Tatsache, dass der Anteil der Übernachtungen im Troodos-Gebirge im gleichen Zeitraum bei etwa einem Prozent im Wesentlichen konstant blieb, spricht dafür, dass das Hinterland von Paphos (und auch der anderen Südküstendistrikte) sich mengenmäßig in den letzten 10 Jahren nicht signifikant anders entwickelt hat. Die Hauptstadt Nikosia mit ihren knapp 2 % der Übernachtungen (von denen ein großer Teil sicherlich auch durch Geschäftsreiseverkehr bedingt ist) hat sich ebenfalls noch nicht als städtetouristische Destination positionieren können. Rein mengenmäßig ist damit die Regionalisierungsstrategie noch nicht im Hinterland der Küste angekommen. Auch bei der Bildung von regionalen Dachmarken (vgl. Kap. 3.2.3) und der Ausrichtung dieser auf die neuen Produktlinien sind klare Defizite zu konstatieren (vgl. KAGERMEIER & GRONAU 2013, S. 110ff.). Gleichzeitig ist das Image Zyperns noch stark vom klassischen Badetourismus geprägt (vgl. HARMS & KAGERMEIER 2013, S. 25f.)

Defizite der Destination Governance auf Zypern

Wie in anderen mediterranen Destinationen lag der Schwerpunkt in Zypern auf einem standardisierten Produkt, das – wie auch im Veranstaltermarkt (vgl. Kap. 3.1.1) – entsprechend den fordistischen „Economies of Scale" mit großen Volumina zur Kostendegression entwickelt worden ist. Der Badetourismus am Mittelmeer stellt damit eine Art Prototyp der fordistischen Produktionsweise dar. Badetourismus ist ein relativ simples und standardisiertes Produkt, bei dem einzelne Akteure bzw. Hotelketten und Reiseveranstalter einen großen Teil der touristischen Servicekette alleine abdecken können. Der mediterrane Badetourismus war daher nur in sehr begrenztem Maß auf Kooperation zwischen mehreren gleichberechtigten Gliedern der touristischen Servicekette ausgerichtet. Auch die Rolle der nationalen (und regionalen) Vermarktungsorganisationen war in dieser Phase limitiert und erstreckte sich vor allem auf allgemein gehaltene Marktkommunikation und Imagekampagnen. Eine operative oder strategische Beteiligung an der Produktgestaltung war kaum ausgeprägt bzw. beschränkte sich auf die Überwachung der Einhaltung von gesetzlichen Standards oder Qualitätsstandards (genauer bei KAGERMEIER 2014).

Mit der Entwicklung von kleinteiligen, qualitätsorientierten Tourismusprodukten wie dem Wander- und Fahrradtourismus, dem Weintourismus oder kulinarischen touristischen Angeboten kann im Tourismus auch eine Wende in Richtung postfordistische Produktionsweisen konstatiert werden. Bei diesen sind es die sog. „Economies of Scope", d. h. Netzwerk- und Fühlungsvorteile, die Wettbewerbsvorteile schaffen. Komplexe Produkte, die nicht mehr nur im Wesentlichen von einem einzelnen Akteur produziert werden können, erfordern eine intensive Interaktion zwischen den Akteuren entlang der touristischen Servicekette.

In der Vergangenheit waren die Destinations-Governance-Strukturen (vgl.

Kap. 4.3) in Zypern von einem klaren Top-Down-Ansatz gekennzeichnet, der relative schwache horizontale Bezüge innerhalb der regionalen Destinationen beinhaltete. Die nationale Cyprus Tourism Organisation (CTO) verstand ihre Rolle mehr als ein nationaler Promotor der Destination im Sinne der deutschen DZT. Die konkrete Produktgestaltung beim einfachen standardisierten Produkt der Badepauschalreise lag in der Hand der Reiseveranstalter und der Hotels.

Die schwache Performance der zypriotischen Tourismuswirtschaft im ersten Jahrzehnt des 21. Jahrhunderts – und damit auch im Wechsel zwischen fordistischer und post-fordistischer Produktionsweisen – wirft Fragen nach den Governance-Strukturen und den Leadership-Strategien auf. Der „Strategic Plan for Tourism 2000–2010" sollte eigentlich eine Abkehr vom fordistischen Top-Down-Ansatz markieren. Gleichwohl scheint der Wechsel in Zypern deutlich weniger gut zu gelingen als dies in Mallorca der Fall ist.

Hintergrund hierfür sind sicherlich die ungünstigen Zuschnitte der regionalen Destinationen, die eben dem Grundprinzip von BIEGER (vgl. Kap. 4.1) nicht entsprechen, dass sie aus Sicht der Touristen abzugrenzen sind. Abgesehen von der Troodos-Region perpetuiert sich die Abhängigkeit des Hinterlands von den etablierten Küstenstandorten. Die traditionelle Ausrichtung reduziert das Hinterland zu einem reinen Ergänzungsgebiet für (Tages-)Ausflüge von der Küste. Gleichzeitig wurden z. B. die weintouristischen Routen zentral von der CTO (ebenfalls als reine Tagesausflüge von den Küstenorten aus) entwickelt und werden auch von dieser vermarktet. Damit sprechen sie keine Weintouristen im engeren Sinn mit einem echten eigenständigen Produkt an, sondern stellen lediglich ein Anhängsel für an der Küste untergebrachte Touristen dar. Der Großteil der Wertschöpfung wird nach wie vor an den Küstenstandorten monopolisiert.

Darüber hinaus erhalten die regionalen DMOs auch keine substantielle finanzielle Ausstattung, um ihre Aufgaben adäquat zu erfüllen. Weder sind lokale Tourismussteuern (wie in Deutschland) möglich, noch werden signifikante Anteile des touristischen Abgabenaufkommens von der CTO mit den regionalen DMOs geteilt. Die geringe Finanzausstattung ist insbesondere auch in der – ja eigentlich als regionale Destination im BIEGERschen Sinn zu verstehenden – Troodos-Region dafür verantwortlich, dass kaum strukturierte Aktivitäten zu einer Erschließung des naturtouristischen Potentials unternommen werden.

Die geringe Erfahrung der Akteure im Hinterland mit den touristischen Produkten Tourismus und das Fehlen von entsprechenden Capacity-Building-Maßnahmen führen dazu, dass dort zwar eine Reihe von lokalen Initiativen ergriffen werden. Diese sind jedoch oftmals als relativ unprofessionell und damit nur begrenzt marktfähig einzustufen. Damit sind im Hinterland Zyperns Probleme erkennbar, die ansonsten als typisch für ein Entwicklungsland anzusehen sind (vgl. Kap. 7.3.4). Angesichts der von den küstenständigen Akteuren und der CTO monopolisierten Struktur sowie der mangelnden Professionalität von Neueinsteigern im Hinterland ziehen es innovative Akteure, denen eine positive und wirksame Leadership-Funktion zukommen könnte, oftmals vor, isoliert und unabhängig von den anderen Akteuren zu agieren (genauer bei KAGERMEIER 2014).

7.2.4   Erschließung neuer Destinationen in Marokko

Als drittes mediterranes Fallbeispiel wurde ein Land an der südlichen Mittelmeerküste gewählt, das früher klar als Entwicklungsland anzusprechen war und inzwischen als Schwellenland bezeichnet werden kann. Wie in vielen sog. Entwicklungsländern (vgl. Kap. 7.3) begann auch in Marokko die touristische Entwicklung während der kolonialen Phase, deren Erbe sich bis heute noch durchpaust. Gleichzeitig soll es auch als Beispiel dafür dienen, welche Herausforderungen bestehen, wenn – nicht bereits während der kolonialen Phase vorgeprägte – neue Destinationen erschlossen werden sollen.

Die Inwertsetzung Marokkos als Destination für den Tourismus in der zweiten Hälfte des 20. Jahrhunderts basierte lange Zeit auf drei etablierten Produktsäulen. Angesichts sich abzeichnender Stagnationstendenzen und dem politischen Willen, die Rolle des Tourismus als Devisenbringer und Arbeitsplatzanbieter deutlich zu verstärken, sind seit der Jahrtausendwende ein Reihe von Ansätzen zur Produktdiversifizierung propagiert und auch teilweise implementiert worden. Im Rahmen der jüngeren Tourismusoffensiven wird erstmals auch dem ländlichen Raum in größerem Maß eine wichtige Rolle für die Regionalentwicklung zugemessen. Gleichzeitig sind die Governance-Ansätze noch weitgehend dem traditionellen Schema des 20. Jahrhunderts verhaftet geblieben. Damit der Tourismus im ländlichen Raum seine Rolle als ökonomischer Faktor spielen kann, muss aber eine Reihe von Voraussetzungen erfüllt sein.

Tourismusentwicklung in Marokko im 20. Jahrhundert

Wie in vielen mediterranen Destinationen setzte auch in Marokko in der 2. Hälfte des 20. Jahrhunderts eine intensive Erschließung für den Tourismus ein. Dabei war Marokko – anders als Tunesien (vgl. KAGERMEIER 2004) – nie prioritär als Badetourismusdestination ausgerichtet. Der Tourismus in Marokko stand traditionell seit seinem Beginn auf drei relativ gleichwertigen Säulen:

[1] Badetourismus (vor allem im Raum Agadir)

[2] kulturorientiertem Städtetourismus (vor allem in den sog. Königsstädten)

[3] Rundreisetourismus (im präsaharischen Süden des Landes entlang der sog. „Straße der Kasbahs" zwischen Ouarzazate und Errachidia).

Der Ausbau des **Badetourismus** in Marokko begann – nach ersten protektoratszeitlichen Ansätzen von küstenorientierten Feriensiedlungen der französischen Colons – im Wesentlichen nach der Unabhängigkeit des Landes 1956. Der zentrale Pol des Badetourismus wurde Agadir. Als nach dem Erdbeben in

Agadir 1960 die Stadt wieder aufgebaut werden sollte, wurde über eine klare Zonierung der Küstenstreifen für den Badetourismus vorgesehen und ein Reißbrettresort entstand – vergleichbar vielen Standorten auf der nördlichen Mittelmeerküste. Anfang der 1970er Jahre waren bereits 4.000 Betten realisiert und damit konzentrierte Agadir 10 % der nationalen Beherbergungskapazität. Bis zur Jahrtausendwende stieg diese auf gut 20.000 Betten an und erreichte damit ein Fünftel der marokkanischen (klassifizierten) Beherbergungskapazität. Abgesehen von Agadir waren in den 1960er und 1970er Jahren noch kleinere badetouristische Ansätze an der Mittelmeerküste (v. a. zwischen Tanger und Tetouan) unternommen worden, die jedoch nur partiell erfolgreich waren.

Der Beginn des kulturorientierten **Städtetourismus** in Marokko datiert ebenfalls auf die französische Protektoratszeit. Bereits in den 1920er und 1930 Jahren wurden die Königsstädte Fès, Meknès, Marrakesch und Rabat von europäischen Touristen (teilweise auch im Rahmen von organisierten Pauschalreisen) besucht. Das materielle kulturelle Erbe Marokkos mit seinen prachtvollen Moscheen, Merdersen (religiöse Bildungseinrichtungen), aber auch dem orientalischen Flair der Souks (Märkte) und Handwerkerviertel übt bis heute eine ungebrochene Anziehungskraft auf Besucher aus aller Welt aus.

Gleiches gilt für die Lehmbauarchitektur im präsaharischen Süden des Landes südlich des Hohen Atlas. Entlang der Flussoasen waren zur Sicherung der Herrschaft und als Relaisstationen für die Karawanenwege an strategischen Punkten sog. Kasbahs (Burg- oder Festungsanlage) in den ländlichen Siedlungen angelegt worden. Die spezifische Architektur in Kombination mit dem Oasencharakter wurde unter dem Marketingbegriff **„Straße der Kasbahs"** (Route/Circuits des Casbahs) bereits kurz nach der Befriedung des präsaharischen Südens in den 1930er Jahren für (vor allem französische) Touristen erschlossen (genauer bei KAGERMEIER 2012).

Auch diese Produktlinie wurde vom marokkanischen Staat in den 1960er und 1970er Jahren zunächst mit staatlichen und halbstaatlichen Hotelbauten erweitert, bevor dann im letzten Viertel des 20. Jahrhunderts verstärkt auch auf die Ansiedlung von privaten marokkanischen und europäischen Hotelketten gesetzt wurde. Zum Ende des 20. Jahrhunderts verfügte damit der ländliche Raum Marokkos südlich des Hohen Atlas über ein respektables Angebot von etwa 6.000 Betten, das zwar eine starke Konzentration in den Provinzhauptstädten Ouarzazate und Errachidia aufwies, aber gleichzeitig ein relativ flächenhaftes Grundgerüst der touristischen Erschließung in diesem Landesteil darstellte (vgl. KAGERMEIER 2012). Gleichzeitig konzentrierte sich der überwiegende Teil der touristischen Aktivitäten in den größeren Städten des Landes (Königsstädte, Agadir und Casablanca). Und auch in dem Teil des ländlichen Raums südlich des hohen Atlas, in dem eine intensivere touristische Inwertsetzung erfolgt war, dominierten größere regionsexterne Hotelinvestoren.

Die Vision 2010

Die traditionelle – im Wesentlichen bereits in der Protektoratszeit angelegte – touristische Grundausrichtung Marokkos bescherte dem Land in den ersten beiden Jahrzehnten nach der Unabhängigkeit ein (bis auf kleinere konjunkturelle Dellen) relativ konstantes Wachstum (vgl. Abb. 126). In den 1980er Jahren verlangsamte sich das Wachstum allerdings merklich, bzw. es waren (abgesehen vom kurzfristigen Einbruch in der Folge des ersten Irak-Krieges 1990/91) klar stagnative Tendenzen zu konstatieren. Vor diesem Hintergrund wurde – angesichts der Bedeutung des Tourismus als wichtiger Devisenlieferant und Arbeitsplatzfaktor (vgl. KAGERMEIER 2004, S. 286f.) – Ende der 1990er Jahre von staatlicher Seite eine Redynamisierung des Ausbaus des Tourismus angestoßen.

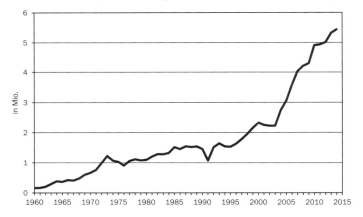

Abb. 126: Entwicklung der Touristenankünfte in Marokko 1960 bis 2014 (ohne Algerien; Quelle: eigener Entwurf nach Daten Royaume du Maroc 2015)

Mit einem Vertrag zwischen dem Königreich Marokko – vertreten durch König Mohamed VI – und Vertretern der Privatwirtschaft wurden diese Ansätze fixiert, die unter der Bezeichnung „Vision 2010" die Tourismuspolitik Marokkos im ersten Jahrzehnt des neuen Jahrhunderts dominierten. Es wurden (in absteigender Bedeutung) vier Ansätze der touristischen Weiterentwicklung formuliert:

[1] Plan Azur (azur = blau im Französischen)

[2] Plan Mada'In (madinat = Stadt im Arabischen)

[3] Plan Biladi (bled = Land im Arabischen)

[4] Plan Niche & Rural.

Dabei wurde – wie auch bereits in den 1980er und 1990er Jahren – im Wesentlichen von Großinvestoren ausgegangen. Die Erschließung größerer Resorts

sollte von Generalunternehmern übernommen werden, die nach der Erschließung und dem Bau von Gemeinschaftseinrichtungen (z. B. Golfplätzen) dann
entsprechende Parzellen an Bauunternehmen oder Hotelinvestoren zur Bebauung weiter verkaufen sollten. Diese sollten dann die größeren Hoteleinheiten
oder auch Apartmentanlagen bzw. Ferienvillen realisieren. Der Hauptfokus lag
auf der baulichen Umsetzung von Übernachtungsmöglichkeiten, sodass teilweise der Eindruck entstand, es handele sich mehr um ein Immobilienentwick-
lungs- denn ein touristisches Erschließungsprojekt.

Der inhaltliche Schwerpunkt des „Accord Cadre", dessen Umsetzung bis 2010
vorgesehen war, lag auf dem (bereits im Vorfeld entwickelten) sog. **„Plan
Azur"**. Die Hotelkapazität sollte mit den bis 2010 zu erstellenden 80.000 neuen
Hotelbetten fast verdoppelt werden. Von diesen waren 65.000 Betten, d. h.
mehr als vier Fünftel, in sechs neu ausgewiesenen Tourismusressorts an der
Küste vorgesehen (vgl. KAGERMEIER 2015):

[1] Saîdia an der Mittelmeerküste

      und – von Norden nach Süden – an der Atlantikküste

[2] Khemis Sahel (Larache)

[3] Haouzia / Mazagan (El Jadida)

[4] Mogador (Essaouira)

[5] Taghazout (nördlich von Agadir)

[6] Plage Blanche (Guelmim; vgl. Abb. 127).

Allerdings ist zu konstatieren, dass die ursprünglich anvisierten Ausbauziele in
den Resorts – wenn auch in unterschiedlichem Grad – nur partiell umgesetzt
worden sind. Bei der teilweise schleppenden Umsetzung mit wechselnden Investoren, wobei teilweise auch Kapital aus den Golfstaaten im politisch als relativ stabil anzusehenden Marokko „geparkt" wird, schimmert oft der Charakter
von Immobilienspekulationsobjekten durch. Die Entwicklung von innovativen
touristischen Angeboten tritt demgegenüber – abgesehen von den obligaten
Golfplätzen in den Resorts – stark in den Hintergrund. Insbesondere die nördlich gelegenen Resorts verfügen dabei – anders als das prinzipiell für einen
Ganzjahrestourismus geeignete Agadir – nur begrenzt über komparative Vorteile gegenüber den Destinationen auf der Nordseite des Mittelmeers. Bislang hat
keines der Resorts sein Ausbauziel erreicht.

Insgesamt zielte Marokko mit der Vision 2010 darauf ab, die Zahl der ausländischen Touristen von etwa 2,5 Mio. im Jahr 2000 auf 10 Mio. im Jahr 2010 zu
vervierfachen. Letztendlich wurde das Ziel zwar deutlich verfehlt, aber es gelang
immerhin eine respektable Verdoppelung der ausländischen Touristenankünfte
auf knapp 5 Mio. (vgl. Abb. 126). Neben dem Plan Azur hat an der Zunahme die
ursprünglich eher nachrangige und erst nachträglich aufgenommene zweite Säule,

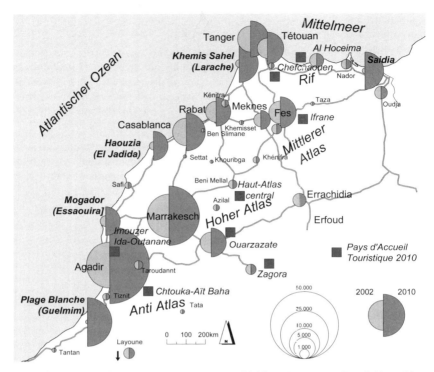

Abb. 127: Kapazität der Hotelbetten im Jahr 2002 und geplante Entwicklung bis
zum Jahr 2010 nach Regionen sowie PATs im Jahr 2010
(Quelle: eigener Entwurf auf der Basis von Kagermeier 2015, S. 150ff.)

der sog. „**Plan Mada'In**" für den kulturorientierten Städtetourismus, einen wichtigen Anteil. In dessen Rahmen sollten 15.000 der insgesamt anvisierten 80.000 Betten in den größeren Städten, vor allem in den „Königsstädten" Marrakech, Fès, Meknès, Rabat sowie in Ouarzazate, Tanger und Casablanca entstehen.

Sicherlich auch mitbedingt durch die Verbesserung der Flugerreichbarkeit und die günstigeren Tarife durch die Low Cost Carrier (vgl. Kap. 3.1.3) hat der Städtetourismus – insbesondere in Marrakesch – in den letzten Jahren deutlich zugenommen. Seit 2007 gilt zwischen der EU und Marokko in vollem Umfang das sog. Open Sky-Abkommen, mit dem die Liberalisierung im Luftverkehrsmarkt in mehreren Stufen realisiert wurde, sodass seit diesem Zeitpunkt auch Low Cost Carrier aus Europa den marokkanischen Markt mit erschließen. Hiervon hat insbesondere der Flughafen von Marrakesch profitiert, an dem sich die Zahl der einreisenden Ausländer auf inzwischen etwa 2 Mio. fast vervierfacht hat. Dort hat sich seit 2000 auch die Bettenkapazität von knapp 20.000 auf 60.000 verdreifacht, während diese landesweit in den letzten 15 Jahren nur etwa verdoppelt worden ist. Der Städtetourismus hat damit – im Vergleich zu den Zielsetzungen – deutlich überproportional zum Wachstum der Beherbergungskapazitäten beigetragen, sodass das quantitative Ausbauziel bezogen auf die Hotelkapazitäten insgesamt gesehen erreicht worden ist. Neben dem Bau von exklusiven klassischen Hotels am Stadtrand haben dabei – insbesondere in Marrakesch, aber auch in anderen Städten wie Fès, Meknès oder Essaouira – auch die Umgestaltung von repräsentativen historischen Stadthäusern, sog. Riads, in exklusive Touristenunterkünfte mit beigetragen (vgl. ESCHER & PETERMANN 2004). Mit diesem Angebot – wobei entweder ein ganzer Riad gemietet werden kann oder diese in kleine sog. „Hôtel de Charme" transformiert und einzelne Hotelzimmer vermietet werden – entstand ein Angebot, das sich von klassischen touristischen Angebot abhebt. Damit wird ein spezifisches Angebot geschaffen, das die Destination Marokko aus der Beliebigkeit und Austauschbarkeit globaler touristischer Übernachtungsangebote heraus hebt und damit etwas schafft, das im Tourismus oftmals angestrebt, aber nur selten erreicht wird: eine Art USP (Unique Selling Proposition). Die Riads als vermeintlich authentisches Angebot sprechen mit der Kombination unterschiedlicher Elemente – von der spezifischen Architektur über die individuelle Ausgestaltung und die persönliche Atmosphäre bis hin zu den kulinarischen Aspekten – die hybriden Bedürfnisse vieler Zielgruppen an. Gleichzeitig ist darauf hinzuweisen, dass diese – auch für das Image Marokkos wichtige – Entwicklung letztendlich nicht in dieser Form im Plan Mada'In enthalten war. Dieser zielte auf die klassischen Luxushotels ab, während die Inwertsetzung der Riads vor allem von privaten (oftmals ausländischen) Initiativen getragen worden ist.

Während sich die beiden ersten Ansätze auf die touristischen Aktivitäten in den größeren Städten und an der Küste konzentrierten, sind der Plan Biladi und der Plan Rural räumlich breiter gestreut. Mit dem **Plan Biladi** sollte der Anteil der Marokkaner am formellen Übernachtungsmarkt von ein auf zwei Millionen gesteigert werden. Darüber hinaus sind (sowohl an der Küste als auch im ländlichen Binnenland) im Rahmen des Plans Biladi inzwischen eine Reihe von Ferienhaussiedlungen als Zweitwohnsitze entstanden.

Zum ersten Mal in der Geschichte der Tourismusentwicklungspolitik Marokkos wurde mit der Vision 2010 im **Plan Rural** auch eine flächendeckende touristische Entwicklung im ländlichen Raum formuliert. Während allerdings für den Küstentourismus und den kulturorientierten Städtetourismus klare mengenmäßige Ausbauziele formuliert worden sind und für den Binnentourismus eine Angabe über die Steigerung der Nachfrage gemacht wird, bleiben die Zielsetzungen für den ländlichen Raum relativ vage und enthalten keine Mengenangaben (die insgesamt angepeilten 80.000 zusätzlichen Betten sind ja bereits durch die angestrebten Ausbaumaßnahmen an der Küste und in den Städten abgedeckt). Insgesamt ist der

Plan Rural zur Entwicklung des Tourismus im ländlichen Raum auch relativ vage gehalten und im Kontext der Vision 2010 mehr als nachträglich angefügter Appendix denn als gleichberechtigter Strategiebaustein zu verstehen.

Festzuhalten ist, dass es mit der Vision 2010 gelungen ist, eine Redynamisierung des Tourismus in Marokko zu induzieren, bei dem nicht nur die Zahl der einreisenden Ausländer (vgl. Abb. 126), sondern auch die Deviseneinnahmen aus dem Tourismus (vgl. Abb. 128) entsprechend erhöht werden konnten. Da die Zahl der Touristen nicht die angepeilten 10 Mio. erreichte, sind auch die Deviseneinnahmen, deren Zielgröße bei etwa 8 Mrd. Euro lag, in absoluten Zahlen nicht erreicht worden. Anders als viele Mittelmeerdestinationen und insbesondere Tunesien hat Marokko aber weitgehend vermeiden können, zum Billigreiseland zu degradieren. Das Abzielen auf ein hochwertiges Segment und insbesondere auch der Städtetourismus haben dazu beigetragen, dass die Einnahmen stärker anstiegen als die Zahl der Touristen.

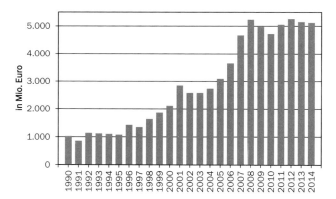

Abb. 128: Entwicklung der Deviseneinnahmen in Marokko aus dem Tourismus von 1990 bis 2014 (Quelle: eigene Darstellung nach Daten Royaume du Maroc 2015)

Gleichzeitig ist aber auch zu konstatieren, dass die gesamtstaatliche positive Bilanz im Wesentlichen von den traditionellen Produktlinien des küstenständigen Erholungstourismus und des kulturorientierten Städtetourismus getragen wird. Dementsprechend konzentriert sich die Entwicklung auf wenige Küstenstädte und die traditionellen Königsstädte. Eine umfassende Produktinnovation ist nur partiell gelungen, wobei diese in den Städten vor allem von privaten Kleininvestoren – oftmals ausländischer Herkunft – getragen wird, die mit dem Riad-Tourismus insbesondere in Marrakesch eine neue kaufkraftstarke Klientel ansprechen.

Unter dem regionalentwicklungspolitischen Blickwinkel bleibt die Bilanz gespalten. Die bereits in der Protektoratszeit und den ersten Jahrzehnten der Unabhängigkeit entstandene Konzentration auf wenige Standorte wurde – abgesehen von den neu entstandenen Küstenstationen – weitgehend perpetuiert. Dabei ist es nur in sehr bedingtem Maß gelungen, Tourismus auch im ländlichen Raum des Binnenlands als relevante regionalökonomische Größe zu etablieren. Insbesondere die Abhängigkeit von regionsexternen Großinvestoren reduziert mit ihren monetären Abflüssen die in der Region verbleibenden Einkommen. Gleichzeitig bleibt die marokkanische Tourismuspolitik mit ihrer auf das reine Volumen von auf „Economies of Scale" ausgerichteten Übernachtungseinrichtungen der fordistischen Produktweise des ausgehenden 20. Jahrhunderts verhaftet. Die stärker auf Netzwerke und die „Economies of Scope" ausgerichteten Steuerungsmuster für kleinteilige und mehr auf Produktinnovationen orientierten Ansätze sind demgegenüber – wie auch in Zypern – unterrepräsentiert. Gerade diese Ansätze scheinen aber angemessen und notwendig für eine Tourismusentwicklung im ländlichen Raum. Im nächsten Abschnitt sollen daher die Entwicklungen des Tourisme Rural nochmals genauer beleuchtet werden.

Entwicklungen des Tourisme Rural im ländlichen Raum

In der Vision 2010 war dem Tourisme Rural, d. h. dem Tourismus im ländlichen Raum, keine vorrangige Bedeutung beigemessen worden. Vielmehr besteht der Eindruck, dass dieser nachträglich mit einer gewissen Feigenblattfunktion aufgenommen wurde, um zu kaschieren, dass vor allem etablierte Destinationen bevorzugt werden. Entsprechend den relativ vage gehaltenen Aussagen in der Vision 2010 waren in den Folgejahren für diesen Bereich auch noch eine Konkretisierung und Präzisierung notwendig. Im Rahmen eines von der World Tourism Organisation (UNWTO) geleiteten Projekts wurde für den Tourismus im ländlichen Raum Marokkos 2002 eine Studie vorgelegt (Royaume du Maroc 2002), in der für die unterschiedlichen Landesteile die Potentiale und Optionen analysiert wurden.

Dabei wurde als zentrales Steuerungsinstrument der Aufbau von Destinationsmanagementorganisationen (DMO) als sinnvoll angesehen. In Anlehnung an das französische Modell wurden sog. „Pays d'Accueil Touristique" (PAT) vorgeschlagen (Royaume du Maroc 2002, S. 144ff.; vgl. Abb. 127). Hintergrund des Ansatzes ist die Tatsache, dass im ländlichen Raum die einzelnen Attraktionen meist nicht genügend Einzelattraktivität aufweisen, um insbesondere internationale Touristen auf sich aufmerksam zu machen. Ähnlich wie z. B. auch in Deutschland ist es daher im ländlichen Raum Marokkos wichtig, dass sich größere Gebietseinheiten in einer gemeinsamen Produktentwicklungs- und Vermarktungsplattform zusammenschließen. Konstituierend für eine regionale DMO ist, dass im Rahmen des Binnenmarketings alle relevanten Akteure eingebunden werden, sodass sowohl die privaten touristischen Leistungsträger als auch die relevanten öffentlichen Institutionen (z. B. Natur- oder Nationalparkverwaltung), aber auch die politischen Akteure und die Bevölkerung die Entwicklung des Tourismus auf der Basis eines abgestimmten Zielkatalogs gemeinsam tragen.

Dabei wurden in der Studie die relevanten Tätigkeitsfelder einer DMO:

- Entwicklung entsprechender Produktlinien für den Aktivtourismus mit Schaffung der relevanten touristischen Infrastruktur (z. B. Wanderwege, Ausschilderung)
- Initiierung von entsprechenden Gastronomie- und Beherbergungsangeboten
- Qualitätssicherung bzw. Zertifizierung
- Übernahme der destinationsbezogenen Marktkommunikation (inkl. der Ansprache von Reiseveranstaltern)

skizziert (Royaume du Maroc 2002, S. 148ff.). Als zentraler Nucleus für die ländlichen Destinationen sollte jeweils ein sog. „Maison de Pays" geschaffen werden. Dieses sollte einerseits – ähnlich wie ein Nationalparkzentrum – als Anlaufstelle und Informationsmöglichkeit für die Besucher fungieren, andererseits aber auch ein Schaufenster der Region und der regionalen Produkte darstellen (Royaume du Maroc 2002, S. 148ff.).

Darüber hinaus wurde für die nationale Ebene auch die Notwendigkeit des „Capacity Building" zur Schaffung des notwendigen tourismusspezifischen Know-hows bei der Regionsbevölkerung klar heraus gestellt (Royaume du Maroc 2002, S. 185ff.) sowie eine stärkere institutionelle Verankerung mit einer eigenen, dem Ministerium unterstellten Agentur vorgeschlagen (Royaume du Maroc 2002, S. 175ff.). Auch die Notwendigkeit der Bereitstellung von entsprechenden Finanzmitteln wurde angemahnt (Royaume du Maroc 2002, S. 192ff.). Diese sollten neben der direkten Förderung nicht direkt rentabler Infrastrukturmaßnahmen insbesondere auch zur Vergabe von Krediten an Kleininvestoren verwendet werden, da diese – anders als Hotelgroßinvestoren – nur begrenzt über Zugänge zu den klassischen Kapitalmarktquellen verfügen.

Eine besondere Rolle sollte den DMOs der PATs auch bei der Schaffung von Marken für die Destinationen zukommen. Während die Königsstädte und die Baderesorts bereits entweder als Marke im internationalen Markt präsent sind und die großen (internationalen) Hotelketten auch über den entsprechenden Marktzugang verfügen, sind die kleineren Destinationen im ländlichen Raum zumeist nicht auf den internationalen Märkten präsent. Die dort agierenden kleinen und mittleren Unternehmen (KMU) haben oftmals auch nur begrenzt Zugang zu den internationalen Märkten – sowohl über Reiseveranstalter als auch zur direkten Ansprache der Endkunden (vgl. Kap. 7.3.4). Ähnlich wie auch in Zentraleuropa sind die Attraktivität der Einzelorte oder Attraktionen in ländlichen Raum selbst alleine nicht ausreichend, um entsprechend auf dem Markt wahrgenommen zu werden. Mit dem regionalen Zusammenschluss soll eine kritische Wahrnehmungsschwelle überschritten werden, um eine entsprechende Marktresonanz zu erreichen.

Zehn Jahre nach dem Start der ersten drei Modell-PATs fällt das Resultat nicht nur hinsichtlich der Flächenabdeckung etwas ernüchternd aus. Der an der Studie für das Pilotprojekt Chaouen verantwortlich beteiligte Geograph und Tourismusexperte Mohamed BERRIANE zieht in seiner Bilanz die Schlussfolgerung, dass nach der Aufbruchsstimmung nach 2000 die konkreten Resultate sehr überschaubar geblieben sind. Weder die Sichtbarkeit nach außen noch die konkreten Ergebnisse von dauerhaft etablierten Strukturen können überzeugen. Es wird davon gesprochen, dass das „Fieber" und der „Hype" um den Tourisme Rural in eine „Anarchie" umgeschlagen ist (BERRIANE & ADERGHAL 2012, S. 65). Ein Anzeichen für die amorphen Verhältnisse ist sicherlich auch die Tatsache, dass es keine verlässlichen Informationen gibt, wie viele Einrichtungen in welchen Gebieten entstanden sind. Als Ursache werden vollkommen ungeeignete oder falsche Governance-Strukturen angesehen. Wie bei den klassischen Tourismusgroßprojekten wurde von einer Top-Down-Steuerung ausgegangen, die nur die konkreten Rahmenbedingungen vorgibt und den weiteren Prozess dann in den Händen der (Groß-)Investoren belässt. Diese Herangehensweise wird für den ländlichen Raum mit den dort bestehenden Akteurskonstellationen aber auch der Produktpalette als nicht adäquat eingestuft. Lediglich im PAT Ifrane/Moyen Atlas ist aufgrund der spezifischen privilegierten Situation als Sommerfrische seit der Protektoratszeit – eine Tradition, die nach der Unabhängigkeit von den marokkanischen städtischen Eliten weitergeführt worden ist – ein gewisser Erfolg zu konstatieren. Hier sorgt – da es sich gleichzeitig auch um einen Nationalpark handelt – einerseits die Nationalparkverwaltung für die entsprechenden Infrastrukturen. Andererseits ist die Mehrzahl der 14 Übernachtungsmöglichkeiten von regionsexternen Vertretern der städtischen Eliten geschaffen worden, die über ein gewisses Mindestmaß an Know-how bezüglich der Besucherbedürfnisse verfügen. Ohne dass öffentliche und private Akteure intensiver kooperieren würden, ist damit ein Angebot entstanden, das – insbesondere im Binnentourismus – auch auf eine intensive Nachfrage stößt (BERRIANE & ADERGHAL 2012, S. 51ff.).

In den anderen PATs konnten zwar ebenfalls eine Reihe von Aktivitäten – insbesondere auch mit der Unterstützung von internationalen Organisationen – initiiert werden. Diese Projekte besitzen allerdings meist nur eine kurze Halbwertszeit. Ziehen sich die internationalen Organisationen nach Abschluss der zeitlichen und finanziell befristeten Projekte zurück, sind keine dauerhaften Strukturen vor Ort vorhanden, die diese weiterführen könnten. Damit weist Marokko, das in vielerlei Hinsicht als Schwellenland bezeichnet werden kann, nach wie vor klassische Züge eines sog. „Entwicklungslandes" auf. Aber auch unklare Zuständigkeiten und Kompetenzstreitigkeiten zwischen den unterschiedlichen öffentlichen Institutionen und privaten Akteuren können dazu führen, dass sich diese gegenseitig blockieren. Beim Unterhalt von unterschiedlichen Attraktionspunkten macht sich bemerkbar, dass die Zuständigkeiten und Verantwortlichkeiten nicht klar verteilt sind. Die zentralstaatliche Ebene kümmert sich zwar teilweise um die Schaffung von solchen Attraktionspunkten, fühlt sich aber nicht für deren Betrieb und Unterhalt zuständig.

Insgesamt gesehen ist damit das Wechselspiel zwischen den unterschiedlichen Akteuren als sehr diffus und unabgestimmt zu charakterisieren. Insbesondere das Zusammenspiel von Vertretern der Zentralregierung und ihrer regionalen Repräsentanten, die nach wie vor dem klassischen Top-Down-Ansatz verpflichtet sind, und den lokalen und regionalen Akteuren in den Destinationen, die mehr einen Bottom-Up-Ansatz verfolgen, führt zu Friktionen und suboptimalen Ergebnissen. Neben mehr oder weniger gescheiterten Projekten von Privatpersonen oder NGOs (Non-Governmental Groups), kann aber auch eine Reihe von durchaus erfolgreichen Einzelinitiativen identifiziert werden (genauer bei KAGERMEIER 2015), bei denen versucht wird, das Fehlen von offiziellen Governance-Strukturen durch informelle Netzwerke zu kompensieren, bzw. ähnlich wie in Zypern isolierte Einzelakteure als Good Practise Beispiele, die aber oftmals nur mit begrenztem Bezug zu den regionalen Netzwerken agieren.

Das Fehlen einer leistungsfähigen DMO zur Ermöglichung des Marktzugangs wird auch nur teilweise durch die internetgestützte Marktkommunikation, insbesondere Social Media Aktivitäten kompensiert. Auch wenn prinzipiell aufgrund der informations- und kommunikationstechnischen Möglichkeiten inzwischen bei vielen Nischenangeboten des sog. „Long Tail" (vgl. Kap. 3.4.2) ein direkter Marktzugang möglich wäre, ist die Voraussetzung für den effektiven Einsatz der Sozialen Medien aber wiederum ein bestimmtes Level an Know-how. Dieses ist bei privaten kleineren Anbietern aber oftmals eben nicht vorhanden, sodass sie Schwierigkeiten haben, das Fehlen von destinationsbezogenen Vermarktungsaktivitäten zumindest partiell zu kompensieren.

Es ist festzuhalten, dass sich im ländlichen Raum Marokkos durchaus Ansätze für eine erfolgreiche Etablierung innovativer und zielgruppenorientierter touristischer Angebote finden lassen. Gemeinsam ist diesen, dass es sich um (relativ) isolierte Einzelaktivitäten handelt, bei denen es aufgrund der spezifischen Kompetenzen und Ressourcen der Eigentümer geschafft wird, das Fehlen von destinationsbezogenen übergreifenden Kooperationen bei der Produktentwicklung, der Vermarktung und der Qualitätsorientierung zumindest partiell auszugleichen. Oftmals handelt es sich um regionsexterne Impulse, bei denen auch entsprechende monetäre Ressourcen aus anderen wirtschaftlichen Aktivitäten verfügbar waren. Umgekehrt ist zu formulieren, dass eben die Mehrzahl der an einer Beteiligung am Tourismus im ländlichen Raum interessierten lokalen Akteure genau diese Voraussetzung für eine Kompensation übergeordneter Governance- und Leadership-Strukturen nicht erfüllen und damit entweder nur sehr partiell ökonomisch erfolgreich agieren, scheitern oder eben gar nicht bis zum Markteintritt gelangen. Auch die aktuelle Weiterentwicklung zur Vision 2020 bringt für diese strukturellen Defizite keine Lösung, sondern stellt eher einen Rückschritt dar (genauer bei KAGERMEIER 2015).

Auch wenn mit der Vision 2010 nur etwas halbherzig versucht worden ist, den ländlichen Raum relativ flächendeckend entsprechend seinen touristischen Potentialen in Wert zu setzen, markiert dies doch eine klare Gegenposition zur den küstenorientierten Großprojekten. Allerdings wurde dabei nicht in genügendem Maß berücksichtigt, dass sich dort die Gegebenheiten grundsätzlich von denen des Badetourismus und des großmaßstäbigen Städtetourismus unterscheiden. Ein touristisches Leistungsbündel im Badetourismus ist relativ standardisiert und überschaubar. Damit kann es von einem einzelnen Anbieter in einem Resort, in dem sich der Tourist die meiste Zeit aufhält, auch im Wesentlichen autonom erstellt werden (ggf. mit Zulieferung von kleineren Agenturen z. B. für Wassersportangebote). Im Städtetourismus stellt das in der Stadt vorhandene dichte kulturelle Angebot sowie das städtische Flair und die wirtschaftlichen Aktivitäten ein gegebenes Setting für die Aktivitäten der Touristen dar. Damit können dort ebenfalls Hotelunternehmen mit ihren Übernachtungsangeboten relativ autonom agieren, da die Gestaltung des Aufenthaltes von den Touristen ebenfalls relativ eigenständig erfolgt. Der ländliche Raum weist einerseits eine geringere Dichte von Attraktionspunkten und Gelegenheiten für Aktivitäten auf. Diese sind darüber hinaus oftmals nicht „ready to use", sondern bedürfen einer Aufbereitung für die Nutzung durch die Touristen. Gleichzeitig sind – anders als im Badetourismus – relativ viele unterschiedliche Angebotselemente zu einem Leistungsbündel zu kombinieren. Damit folgt der Tourismus im ländlichen Raum eher dem post-fordistischen Prinzip der „Economies of Scope" mit einer hohen Interaktionsdichte zwischen den Akteuren in einem Netzwerk. Angesichts der Dominanz von KMUs im ländlichen Raum und der oftmals geringen tourismusspezifischen Kompetenzen bzw. auch einer nur geringen Eigenkapitaldecke und Schwierigkeiten beim Zugang zu Fremdkapital wäre für eine erfolgreiche Implementation von touristischen Ansätzen im ländlichen Raum Marokkos den DMOs eine zentrale Rolle für die (zielgruppenorientierte) Produktentwicklung und -gestaltung, die Marktkommunikation und die Setzung von Qualitätsstandards zugekommen.

Das – trotz vieler erkennbarer Ansätze und Bemühungen in Richtung auf Dezentralisierung und Regionalisierung – nach wie vor relativ stark hierarchisch geprägte Handeln des marokkanischen Zentralstaates mit seinem Top-Down-Ansatz ist als einer der zentralen Schwachpunkte einer touristischen Entwicklung im ländlichen Raum Marokkos zu identifizieren. Für eine erfolgversprechende Umsetzung solcher Ansätze müssten noch stärker eine Kompetenz- und auch eigenständige Ressourcenzuordnung auf die lokale und regionale Ebene erfolgen. Zwar zielte die Schaffung von 16 Regionen (und die Zahl ist wohl mehr als zufälligerweise identisch mit derjenigen der deutschen Bundesländer) letztendlich auf eine Initiierung föderaler Strukturen in Marokko ab. Allerdings wird von zentralstaatlicher Seite das Prinzip der Subsidiarität noch nicht in dem Maße umgesetzt, dass die Regionen und Kommunen in nennenswertem Umfang eigene monetäre Ressourcen generieren und auch eigenständige Planungskonzepte verfolgen können. Nach wie vor werden Entscheidungen und Mittel relativ zentralistisch gefasst und verteilt.

Damit wurden in den einzelnen Destinationen keine dauerhaften Strukturen geschaffen, die den kleinen Akteuren vor Ort die notwendige Unterstützung für die Etablierung marktfähiger und wirtschaftlich rentabler Tourismusangebote bieten würden. Die Projekte von internationalen NGOs oder im Rahmen der staatlichen Entwicklungszusammenarbeit (EZ) können die insuffiziente Rolle der öffentlichen Hand nicht dauerhaft kompensieren. Notwendig wären aus den Destinationen heraus entstehende und von diesen getragene Strukturen, welche die Rolle von leistungsfähigen DMOs von der Koordination der Entwicklung bis zur Kooperation der Akteure übernehmen könnten. Dabei die Innovatoren mit einbinden und gleichzeitig die schwächeren Akteure nicht vernachlässigen wären klassische Aufgaben des Destinationsmanagements.

Tourismus im Mittelmeerraum zu Beginn des 21. Jahrhunderts

Trotz anderer, sich teilweise dynamischer entwickelnden Destinationen und Produktlinien ist der Mittelmeerraum immer noch die Nummer Eins der Großdestinationen des globalen Tourismus. Auch vor dem Hintergrund sich ausdifferenzierender Nachfragemuster ist allerdings klar zu konstatieren, dass die zentrale Cash Cow des mediterranen Tourismus, der Badetourismus, seinen Zenit klar überschritten hat. Die fast ausschließliche Ausrichtung auf den Badetourismus hat dem Mittelmeerraum in der zweiten Hälfte des 20. Jahrhundert eine lange Phase relativ stabilen und kontinuierlichen Wachstums beschert. Gleichzeitig ist der Badetourismus als klassisches Produkt der fordistischen Produktionsweise zu charakterisieren. Zu Beginn des 21. Jahrhunderts wird klar erkennbar, dass die mediterranen Destinationen nicht nur intensiv an Produktdiversifizierungen herangehen, wobei es eben kein Hauptprodukt zur Ablösung der ehemaligen Cash Cow geben wird, sondern ein breites Spektrum von kleinteiligen Nischenangeboten mit postfordistischen Produktionsregimes. Dementsprechend müssen neue Formen der Destination Governance für diese Produktlinien gefunden werden müssen.

7.3 Tourismus und Entwicklungsländer

Die Diskussion um den Themenkomplex „Tourismus und Entwicklungsländer" kann nicht losgelöst von den übergeordneten politischen Rahmenbedingungen gesehen werden. Die Behandlung versucht deshalb zunächst, diesen entwicklungspolitischen Rahmen kurz aufzuspannen. Gleichzeitig ist der sog. Entwicklungsländertourismus in den letzten Jahrzenten aus unterschiedlichen Blickwinkeln vielfach Gegenstand der gesellschaftpolitischen Diskussion gewesen. Dementsprechend gilt es, die Grundmuster dieser Auseinandersetzung zu skizzieren. Als regionales Fallbeispiel wird Kenia behandelt, an dem sich eine Reihe von für viele sog. Entwicklungsländer geltende Grundmuster darstellen lassen.

Weltpolitische Grundkonstellationen als Hintergrund des Entwicklungsländertourismus

Die Phase der Entkolonialisierung in den 1960er Jahren fällt zeitlich zusammen mit dem mengenmäßigen Wachstum der touristischen Nachfrage in den sog. Industrieländern (vgl. Kap. 2.1). Die Suche nach Möglichkeiten für eine ökonomische Entwicklung der in die Unabhängigkeit entlassenen ehemaligen Kolonien folgte der damals im politischen Kontext dominierenden sog. **Modernisierungstheorie**. Dieser auf Walt Whitman ROSTOW, den außenpolitischen Sicherheitsberater des US-Präsidenten John F. Kennedy, zurückgehende Ansatz wurde, wie auch der Untertitel des ursprünglichen Werkes „The Stages of Economic Growth: A Non-Communist Manifesto" (ROSTOW 1960) andeutet, mit der politischen Zielsetzung formuliert, angesichts des Systemwettbewerbs zwischen dem sog. „kapitalistischen Westen" und dem sozialistischen bzw. kommunistischen Block unter der UdSSR-Hegemonie, den in die Unabhängigkeit entlassenen afrikanischen und asiatischen sowie den südamerikanischen Ländern eine Alternative zur Orientierung am politischen, gesellschaftlichen und wirtschaftlichen Leitbild der UdSSR zu bieten. Grundprinzip der Modernisierungstheorie ist, dass Massenkonsum nach amerikanischem Vorbild quasi als „Heilsversprechen" auch für die in die Unabhängigkeit entlassenen Staaten ein realistischer Pfad sei. Der Begriff „Entwicklung" wird damit teleologisch verstanden als auf eine Phase des Massenkonsums ausgerichteter Prozess, der quasi gesetzmäßig in fünf Phasen abläuft (traditional societies, pre-conditions to take-off, take-off, drive to maturity, age of high mass consumption). Daraus abgeleitet wurde der Begriff „Entwicklungsländer" so verstanden, dass diese sich auf einem Wachstumspfad befinden, auf dem sie die seit dem 19. Jahrhundert in den sog. „entwickelten" Industrieländern abgelaufenen Stadien der Industrialisierung im Sinne einer *„Nachholenden Entwicklung"* wiederholen. Der oftmals synonym für Entwicklungsländer verwendete Begriff

„**3. Welt-Länder**" geht demgegenüber auf die vom jugoslawischen Präsidenten Tito 1961 ins Leben gerufene Bewegung der sog. „Blockfreien Staaten" als dritter „Block" neben dem Block der westlichen Industriestaaten (1. Welt) und dem der sozialistischen Staaten (2. Welt). Aufgrund der politischen Konnotationen wurde teilweise auch versucht, neutralere Begriffe wie „Nicht-OECD-Staaten" oder „Länder des Südens" zu etablieren, die sich allerdings bislang nicht durchgesetzt haben, sodass auch in diesem Buch der Begriff Entwicklungsländer trotz gewisser Vorbehalte gegenüber den damit implizit kommunizierten Konnotationen aus pragmatischer Sicht verwendet wird. Eine differenziertere Auseinandersetzung mit dem modernisierungstheoretischen Ansatz findet sich z. B. bei NOHLEN & NUSCHELER (1993).

Während die westlichen Industriestaaten die Phase des Take-Off im Wesentlichen auf der Basis von Kohle- und Stahlindustrie während der Phase der Industrialisierung im 19. Jahrhundert durchliefen, wurde der Tourismus für die sog. nachholende Entwicklung als eine der Leitindustrien ausgerufen. Zur Abgrenzung von der traditionellen Industriebasis wird seit dieser Zeit der Tourismus auch als sog. „Weiße Industrie" bezeichnet.

Im Zuge der – von Südamerika ausgehenden – dependenztheoretischen Diskussion der 1970er und 1980er Jahre wurden strukturelle Abhängigkeiten (Dependenzen) zwischen Industrie- (= Metropolen) und Entwicklungsländern (= Peripherien) konstatiert. Diese strukturellen, neokolonialen Abhängigkeiten würden die Entwicklungsmöglichkeiten der Dritten Welt einschränken (genauer bei NOHLEN & NUSCHELER 1993). Die dependenztheoretische Diskussion fällt zusammen mit der Phase der bürgerlichen Tourismuskritik (vgl. Kap. 5). Zwei ganz unterschiedliche Grundströmungen führten dazu, dass in den 1970er und 1980er Jahren der sog. Entwicklungsländertourismus heftig als Perpetuierung einer neokolonialen Ausbeutung kritisiert worden ist. Unterentwicklung wird in der Dependenztheorie als strukturell bedingtes Ergebnis der Abhängigkeit von den Industrieländern angesehen. Dementsprechend wird die Position vertreten, dass Unterentwicklung nur durch eine Abkoppelung der Volkswirtschaften in den unterentwickelten Ländern und eine sog. autozentrierte, von den Industrieländern unabhängige Entwicklung erreicht werden könne. Eine der Implikationen dieser Position der autozentrierten Entwicklung ist auch, dass die Touristenströme aus den Industrieländern in die Entwicklungsländer als Teil dieser neokolonialen strukturellen Dependenz zu kappen sind. Eine Reihe von Staaten wie z. B. Tansania haben dementsprechend auch diesem Ansatz folgend in den 1970er und 1980er Jahren den internationalen Tourismus weitgehend unterbunden.

▶ Was versteht man unter Entwicklungsländern?

Der Begriff „Entwicklungsländer" wird im Sinne einer Negativdefinition als Sammelbegriff für diejenigen Länder, die nicht zu den hochentwickelten Industriestaaten zählen verwendet. Letztendlich unterstellt er aus eurozentristischer Sicht, dass diese Staaten auf einem Entwicklungspfad sind, der dem der Industrieländer in der Vergangenheit entspricht.

Es gibt keine einheitliche verbindliche Definition eines Entwicklungslandes. Zumeist wird versucht, über Indikatoren, von denen angenommen wird, dass sie den Entwicklungsstand eines Landes spiegeln eine entsprechende Zuordnung zu treffen. Lange Zeit wurde hierzu das Bruttoinlandsprodukt (BIP) herangezogen. Allerdings greift der – auch heute von der Weltbank noch verwendete Indikator Pro-Kopf-Einkommen – insofern zu kurz als er nur rein ökonomische Aspekte berücksichtigt. Gleichzeitig erfolgt ein erheblicher Teil der Wertschöpfung in Entwicklungsländern im sog. „Informellen Sektor", d. h. wird nicht in der offiziellen Statistik berücksichtigt.

Charakteristika von Entwicklungsländern sind, dass viele der Bewohner einen niedrigeren Lebensstandard aufweisen. Daraus resultieren Problembereiche wie Armut, Unterernährung und Hunger. Auch ein niedriges Niveau der Gesundheitsversorgung, hohe Kindersterblichkeitsraten oder eine geringe Lebenserwartung sowie hohe Analphabetenquoten zählen zu den Merkmalen. Oftmals sind die Geburtenraten in Entwicklungsländern hoch und der demographische Druck verschärft die Probleme weiter.

Von der UN wurde in den 70er Jahre eine Unterscheidung nach Less Developed Countries (LDC) und Least Developed Countries (LLDC) vorgenommen. Dabei wurden neben ökonomischen Indikatoren auch Aspekte des Lebensstandards mit einbezogen. In den 90er Jahren wurde der Versuch unternommen, mit dem Human Development Index (HDI) eine differenziertere Einteilung vorzunehmen. Dabei werden Lebenserwartung, Schulbildung, Bildungsquoten und das Nationaleinkommen berücksichtigt (vgl. Tab. 9).

Neben dem Begriff Entwicklungsländer wird oftmals auch der Begriff „Schwellenländer" genannt. Auch hier handelt es sich um eine nicht ganz eindeutige Zuordnung, die Länder zusammenfasst, welche auf dem Weg der Industrialisierung bereits voran geschritten sind. Sie weisen meist hohe wirtschaftliche Wachstumsraten auf und verfügen über ein Spektrum an verarbeitender Industrie. Dabei spielen staatliche Investitionen in die materielle und soziale Infrastruktur, insbesondere auch in die Ausbildung eine wichtige Rolle (vertiefend z. B. bei NUSCHELER 2004).

Als Reaktion auf die Kritik der dependenztheoretischen Richtung wurde aus neo-
liberaler Sicht die Position des Polarization-Reversals formuliert (vgl. Kap. 1.2.2.1).
Mit dieser werden zwar die Polarisierung sowie die Existenz der Konzepte von
Zentrum und Peripherie übernommen. Dabei wird auch differenziert zwischen
der Peripherie in den Zentren, d. h. strukturschwachen Räumen in den Industrieländern und den Zentren in der Peripherie, d. h. relativ dynamischen bzw. prospe-
rierenden und stark mit den Industrieländern im Austausch stehenden Räumen in
den Entwicklungsländern (vgl. Abb. 129). Die neoliberale Position sieht die Phase
der (von der Dependenztheorie als strukturell bedingt und sich daher nicht ohne
Veränderung der Abhängigkeitsverhältnisse auflösende) Polarisierung zwischen
Zentrum und Peripherie als Übergangsstadium an.

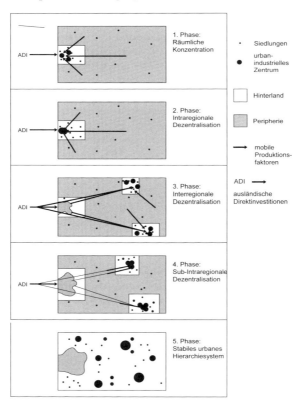

Abb. 129: Stadien des Polarization-Reversal-Prozesses als für Grundprinzip der
Destinationsentwicklung (Quelle: eigener Entwurf in Anlehnung an
RICHARDSON 1990 und SCHÄTZL 1992)

Der Phase der Polarisierung, d. h. der räumlichen Konzentration der Wachstumsimpulse im Zentrum der Peripherie folgt dieser Position zufolge eine 2. Phase der innerregionalen Dekonzentration bzw. Dezentralisierung, bevor in einer dritten und vierten Phase die Wachstumsimpulse dann auch in der „Peripherie der Peripherie" zum Tragen kommen und sich letztendlich ein ausgeglichenes stabiles System einstellt. Dieses raum-zeitliche Entwicklungsschema wurde von VORLAUFER (1996, S. 198) auch als Grundmuster für die Destinationsentwicklung in Entwicklungsländer angesehen. Während in der Anfangsphase des internationalen Tourismus sich dieser auf wenige Zentren konzentriert, entstehen im weiteren Verlauf dann weitere regionale Subdestinationen, bis am Ende alle touristischen Potentiale erschlossen sind.

Nach der – stark von ideologischen Grundpositionen geprägten – Auseinandersetzung mit dem Phänomen Tourismus in Entwicklungsländern (vgl. Kasten „Klar negative Position zum Entwicklungsländertourismus") hat sich – sicherlich auch vor dem Hintergrund des Endes der weltpolitischen Systemdiskussion der zweiten Hälfte des 20. Jahrhunderts – in den letzten Jahren eine mehr pragmatische Sichtweise durchgesetzt. Diese versucht die beiden früheren Extrempositionen zu vermeiden und damit weder die Möglichkeiten der Tourismuswirtschaft als Wachstumsfaktor zu überschätzen, noch den Tourismus grundsätzlich und a priori als negativ anzusehen.

▶ **Klar negative Position zum Entwicklungsländertourismus**

Dr. Koson SRISANG hat in seiner Funktion als Executive Secretary der Ecumenical Coalition on Third World Tourism, einer großen NGO, 1992 folgende drastische Position zum Entwicklungsländertourismus formuliert.

"Tourism, especially Third World tourism, as it is practised today, does not benefit the majority of people. Instead it exploits them, pollutes the environment, destroys the ecosystem, bastardises the culture, robs people of their traditional values and ways of life and subjugates women and children in the abject slavery of prostitution. In other words, tourism epitomises the present unjust world economic order where the few who control wealth and power dictate the terms. As such, tourism is little different from colonialism" (SRISANG 1992, S. 3).

7.3.1 Grundsätzliche Aspekte des Entwicklungsländertourismus

"Tourism is like a fire; you can use it to cook your soup, but it can also burn down your house". Mit dieser, oftmals als asiatisches Sprichwort apostrophierten Aussage (SEIFERT-GRANZIN & JESUPATHAM 1999, S. 25) ist die Ambivalenz des Tourismus in

Entwicklungsländern prägnant auf den Punkt gebracht. Nach der Phase der Euphorie in den 1960er Jahren, der tendenziellen Ablehnung des Entwicklungsländertourismus in den 1970er und 1980er Jahren ist nach dem Scheitern der großen Ideologien und Theorien als dritte Phase seit den 1990er Jahren eine mehr und mehr pragmatische Herangehensweise festzustellen (vgl. z. B. VOR-LAUFER 1996, S. 5), mit der versucht wird, zwischen den beiden Polen zu vermitteln. In der Entwicklungszusammenarbeit (EZ) wird dabei – im Sinne der Umsetzung des Nachhaltigkeitsprinzips (vgl. Kap. 5) – einerseits versucht, die Wertschöpfung aus dem Tourismus als positives regional- und volkswirtschaftlichen Element möglichst gut zu nutzen und andererseits die ökologischen und sozialen negativen Effekte möglichst gering zu halten.

Volumen und Bedeutung des Tourismus in Entwicklungsländern

Zwar findet global gesehen der größte Teil des internationalen Tourismus in Destinationen der Industrieländer statt, und nur ein kleinerer Teil ist in Destinationen der Entwicklungs- und Schwellenländer lokalisiert (vgl. Kap. 7.1). Wenn auch vor dem Hintergrund geringer absoluter Volumina, so konnten die Entwicklungs- und Schwellenländer ihren Anteil an den internationalen Ankünften in den letzten Jahrzehnten doch deutlich steigern. 1990 entfielen von den gut 450 Mio. internationalen Ankünften nur knapp 10 % auf diese Ländergruppe, während deren Anteil 2011 an den knapp 1 Mrd. Ankünften bereits gut 16 % betrug (vgl. ADERHOLD et al. 2013, S. 7).

In Tabelle 9 sind für ausgewählte Entwicklungs- und Schwellenländer einige Indikatoren zur wirtschaftlichen Bedeutung des Tourismus aufgeführt. Bei der Interpretation ist zu beachten, dass die auf der Basis von Unterlagen des WTTC (= World Travel & Tourism Council) von der GIZ (= Gesellschaft für Internationale Zusammenarbeit) zusammengetragenen Indikatoren nur die **direkten** Effekte des Tourismus am BIP einbeziehen. Diese werden weltweit mit knapp 3 % angegeben. Bei Einbeziehung auch indirekter Effekte ermittelt der WTTC einen Beitrag des Tourismus am globalen BIP von 9,8 % (vgl. WTTC 2015, S. 8). Der Vergleichswert für Deutschland beträgt 2014 3,8 % für die direkten und 8,9 % für die indirekten Wertschöpfungseffekte (wobei in den Hochrechnungen der Tagestourismus nur partiell berücksichtigt ist; WTTC 2015, S. 8).

Der HDI (vgl. Kasten „Was versteht man unter Entwicklungsländern?") der meisten Länder liegt dabei über dem weltweiten Durchschnitt. Dies bedeutet, dass es eben gerade nicht die LLDC sind, die in nennenswertem Umfang Touristen anziehen. Die infrastrukturellen Voraussetzungen in den LLDC, aber auch die Tatsache, dass diese oftmals von instabilen Verhältnissen, politischen Spannungen bis hin zu bürgerkriegsähnlichen Unruhen geprägt sind (sog. Failed States) bedeutet, dass ein gewisses Entwicklungsniveau als Voraussetzung für die touristische Erschließung angesehen werden kann.

	HDI	internationale Ankünfte 2012 (in 1.000)	Anteil direkte Effekte am BIP 2012	davon internationaler Tourismus	Anteil int. Tourismuseinnahmen am Export 2012
Türkei	0,722	35.698	4,1	47,9	13,7
Ägypten	0,662	11.196	6,9	46,2	21,7
Jordanien	0,700	4.162	5,9	88,8	31,9
Thailand	0,690	22.354	7,3	68,0	12,1
Philippinen	0,654	4.273	2,0	41,7	5,8
Sri Lanka	0,715	1.006	3,8	42,4	10,3
Malediven	0,688	958	22,4	94,4	60,3
Nepal	0,463	736	4,3	34,3	24,0
Marokko	0,591	9.375	8,7	68,4	24,4
Südafrika	0,629	9.188	3,2	42,4	10,1
Tunesien	0,712	5.950	7,3	58,3	12,8
Simbabwe	0,397	1.794	5,2	62,4	8,9
Kenia	0,519	1.750	5,0	54,4	19,1
Tansania	0,476	1.043	4,8	70,6	24,8
Namibia	0,608	1.027	3,0	49,1	8,8
Seychellen	0,806	208	24,7	91,2	40,6
Gambia	0,439	106	8,2	75,5	79,4
Mexiko	0,775	23.403	5,8	12,4	3,3
Peru	0,741	2.846	3,4	28,5	7,4
Costa Rica	0,773	2.343	4,8	61,1	15,3
Kolumbien	0,719	2.175	1,7	24,6	4,9
Guatemala	0,581	1.305	3,2	44,0	10,9
Nicaragua	0,599	1.180	4,8	44,9	11,5
Bolivien	0,675	946	2,9	39,9	4,6
Dom. Republik	0,702	4.563	4,7	73,3	33,2
Kuba	0,780	2.688	2,7	55,7	19,0
Jamaika	0,730	1.986	8,4	76,4	48,9
Bahamas	0,794	1.419	22,0	82,3	64,3
weltweit	0,561	1.035.000	2,9	29,3	5,4

Tab. 11: Tourismus als Wirtschaftsfaktor ausgewählter Entwicklungs- und Schwellenländer (Quelle: GIZ 2014, S. 15)

In vielen Entwicklungsländern liegt der Anteil der direkten Effekte des Tourismus am BIP – trotz absolut geringer Volumina – über dem globalen Durchschnitt. Dies dokumentiert, dass eben viele dieser Länder nur begrenzte alternative wirtschaftliche Optionen besitzen. Abgesehen von einigen kleinen Inselstaaten (Seychellen, Malediven), in denen – einschließlich der indirekten Effekte – mehr als die Hälfte der Volkswirtschaft vom Tourismus getragen wird, machen Länder mit hohen Touristenzahlen (Türkei, Ägypten, Marokko, Tunesien, Südafrika, Mexiko) deutlich, dass der Tourismus zwar eine relevante Dimension für die Volkswirtschaft einnehmen kann, aber nicht geeignet ist, als alleiniger Entwicklungsmotor zu fungieren. Darüber hinaus weisen diese Länder den Charakter von Schwellenländern auf. Im Umkehrschluss kann auch formuliert werden, dass ein gewisses Entwicklungsniveau (hinsichtlich Infrastruktur, Humankapital bzw. Bildungsniveau oder auch Hygienestandards) eine notwendige Voraussetzung für und eben nicht die Folge von touristischer Erschließung ist.

Aufgrund der in Entwicklungs- und – teilweise auch – Schwellenländern niedrigen Bedeutung des Binnentourismus ist der Tourismus in diesen Ländern überproportional auf den internationalen Tourismus ausgerichtet. Der hohe Anteil ausländischer Touristen und die oftmals geringe Wettbewerbsfähigkeit der nationalen Industrieproduktion bedeutet, dass der Tourismus für Entwicklungsländer nicht nur eine gewisse Relevanz für das Volkseinkommen besitzt. Oftmals ist er – neben dem Export von Rohstoffen und Agrarprodukten – eine der zentralen Devisenquellen der Länder und ermöglicht damit den Import von Industriegütern bzw. einen Ausgleich der Handelsbilanz. In Deutschland mit seiner Exportstärke bei Industriegütern, aber auch anderen Dienstleistungen, belief sich der Anteil des Tourismus an der gesamten Exportleistung des Landes im Jahr 2014 demgegenüber nur auf 2,9 % (WTTC 2015, S. 8).

Nachfragecharakteristika im Entwicklungsländertourismus

Die Tatsache, dass ein Großteil der internationalen Touristen in Entwicklungsländern aus den Industriestaaten kommt und damit interkontinentale Fernreisen unternimmt, bedeutet aber umgekehrt auch, dass es in den Quellmärkten insbesondere kaufkraftstärkere Gruppen sind, die sich überproportional am Entwicklungsländertourismus beteiligen. Zwar sind die Flugpreise – insbesondere durch die LCC innerhalb Europas, Amerikas und auch Asiens (vgl. Kap. 3.1.3) – in den letzten Jahrzehnten bezogen auf die Kaufkraftentwicklung gesunken. Gleichwohl stellen die Kosten nach wie vor eine relevante Schwelle für Fernreisen dar.

Bei einer Differenzierung der Reiseerfahrung mit Fernreisen in Entwicklungsländer in den fünf Jahren von 2009 bis 2013 nach dem Lebensstilindikator Zugehörigkeit zu SINUS-Milieus (vgl. Kap. 1.2.2.2) ergeben sich klare Unterschiede (vgl. Abb. 130). Angehörige der relativ kaufkraftschwachen Milieus der

Traditionellen und der Prekären weisen deutlich unterproportionale Beteiligungsquoten auf. Demgegenüber werden von Angehörigen der kaufkraftstärkeren Milieus der Konservativ-Etablierten und der Bürgerlichen Mitte Entwicklungsländererfahrungen gemacht, die in etwa ihrem Anteil an der Bevölkerung entsprechen.

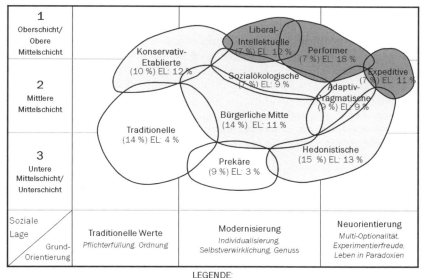

Abb. 130: Entwicklungsländerreiseerfahrung 2009–2013 nach SINUS-Milieus (Quelle: eigener Entwurf nach ADERHOLD et al. 2013, S. 57 und 75)

Dass aber nicht nur die Kaufkraft entscheidend ist für die Reiseorientierung in Entwicklungsländer, zeigt der deutlich überproportionale Anteil der Angehörigen in den Milieus der Liberal-Intellektuellen, der Performer und der Expeditiven im Vergleich zu den Konservativ-Etablierten. Dies bedeutet, dass auch subjektive Einstellungen und Werthaltungen eine Affinität zu Reisen in Entwicklungsländer mit beeinflussen. Dabei bevorzugen aus den vier sozial gehobenen Milieus Konservativ-Etablierte und Liberal-Intellektuelle Ziele im Subsaharischen Afrika, während Performer stärker auf Reiseziele in Asien orientiert sind und Expeditive überproportional häufig nach Mittel- und Südamerika reisen.

Umgekehrt ist gerade bei diesen Bevölkerungsgruppen mit einer hohen Affinität zu Reisen in Entwicklungsländern eine gewisse Offenheit gegenüber Fragen der sozialen Ungleichheit (genauer bei ADERHOLD et. al. 2013, S. 77ff.) bzw. der Sensibilisierung für ökologische Aspekte zu vermuten. In Abbildung 131 sind die prozentualen Abweichungen vom Mittelwert der Befragten mit Entwicklungsländerreiseerfahrung bei der Zustimmung zur Frage „Mein Urlaub soll möglichst ökologisch verträglich, ressourcenschonend und umweltfreundlich sein" dargestellt. Insgesamt hatten bei der Reiseanalyse 2012 (vgl. Kap. 2.1.2) 30 % der befragten Deutschen, die in den Jahren 2009 bis 2011 eine Fernreise (d. h. ohne Türkei und Nordafrika) in Entwicklungsländer unternommen hatten (= Entwicklungsländerreiseerfahrung), angegeben, dass ihnen ökologische Aspekte wichtig seien. Von den Prekären mit Entwicklungsländerreiseerfahrung sind es nur 20 %, sodass dementsprechend in Abbildung 131 eine negative Abweichung vom Mittelwert von 10 % aufgetragen ist. Eine klar unterdurchschnittliche ökologische Orientierung ergibt sich ebenfalls für das Traditionelle Milieu, aber auch für die Hedonisten. Dass wohl auch Expeditive bei der Wahl des Urlaubs von stark von hedonistischen Motiven beeinflusst werden, legt die ebenfalls unterdurchschnittliche ökologische Orientierung in diesem Milieu nahe.

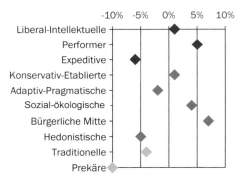

Abb. 131: Hohe Bedeutung einer umweltfreundlichen Urlaubsgestaltung: Differenz zum Bevölkerungsmittelwert nach SINUS-Milieus (Quelle: eigener Entwurf nach ADERHOLD et al. 2013, S. 120)

Demgegenüber sind gerade im Milieu der Performer mit dem höchsten Anteil von Entwicklungsländerreiseerfahrungen ökologische Orientierungen klar überproportional ausgeprägt. Damit ergeben sich – im Vergleich zum klassischen Badetourismus, bei dem ein größerer Teil der Touristen nur begrenzt für ökologische Aspekte sensibilisiert ist (vgl. Kap. 5.3) –, prinzipiell etwas günstigere nachfrageseitige Voraussetzungen für Ansätze zu einer Reduzierung der negativen Effekte des Entwicklungsländertourismus. Gleichzeitig sollte – wie das Value-Action-Gap zwischen dem Bewusstsein und der Bereitschaft, auch dementsprechend zu handeln (vgl. Abb. 80 in Kap. 5.2 und Tab. 7 in Kap. 5.3) gezeigt hat – eine vorhandene Sensibilität nicht überbewertet werden.

Wirkungen des Entwicklungsländertourismus

Ausgehend von der kritischen Auseinandersetzung mit den Wirkungen des Tourismus seit der dependenztheoretischen Diskussion der 1970er Jahre werden diese bis heute teilweise nach wie vor kontrovers diskutiert (vgl. z. B. STOCK 1997). Dabei wird üblicherweise – entsprechend der klassischen Triade der Nachhaltigkeit – zwischen ökonomischen, sozio-kulturellen und ökologischen Wirkungen unterschieden. Bei der Einordnung und Bewertung der unterschiedlichen Effekte werden häufig aus einer eurozentristischen Perspektive die Gegebenheiten im Entwicklungsländertourismus mit der in den Industriestaaten verglichen. Damit verglichen lassen sich sicherlich manche negativen Effekte drastischer darstellen. Gleichzeitig wird oftmals vernachlässigt, wie sich ein Vergleich mit anderen wirtschaftlichen Bereichen in Entwicklungsländern darstellen würde.

Ökonomische Wirkungen

Wie die o. s. Ausführungen zum Volumen der Nachfrage im Entwicklungsländertourismus gezeigt haben, kann dieser in Entwicklungsländern ein relevanter wirtschaftlicher Faktor sein, sei es für die Generierung von Devisen, die Wertschöpfung oder die Schaffung von Arbeitsplätzen. Die erhofften positiven wirtschaftlichen Effekte sind daher oftmals der Grund für eine Orientierung der politischen Akteure in Entwicklungsländern auf den internationalen Tourismus.

Umgekehrt gibt es über den Umfang der wirtschaftlichen Effekte auch intensive Diskussionen. Hinsichtlich der Deviseneffekte wird immer wieder ins Feld geführt, dass der Entwicklungsländertourismus zum erheblichen Teil in der Hand von privatwirtschaftlichen Akteuren ist, sei es als Eigentümer von Übernachtungsangeboten, Inhaber von Incoming-Agenturen oder Reiseveranstalter. Damit wird ein Teil von den Touristen getätigten Ausgaben gar nicht im Zielland wirksam, sondern verbleibt bei den Reiseveranstaltern und Fluggesellschaften in den Quellmärkten. Auch entstehen direkte Abflüsse, wenn in der Destination operierende Unternehmen nicht aus dieser stammen und die Gewinne dann von diesen transferiert werden.

Am Beispiel des Trekking-Tourismus in Marokko haben LESSMEISTER & POPP 2004 empirisch die Wertschöpfungskette (Value Chain) nachvollzogen. Dabei wurde klar belegt, dass (bei Benutzung einer nichtnationalen Fluggesellschaft) etwa 60 % des von den Touristen für die Reise bezahlten Preises in den europäischen Quellmärkten bleiben (vgl. Tab. 10). Gleichzeitig konnte in diesem, dem Tourisme Rural in Marokko zuzuordnenden Beispiel (vgl. Kap. 7.2.4) auch aufgezeigt werden, dass auch von den Anteilen, die in Marokko wirksam werden, eben nur ein Teil dann auch in der Region verbleibt. Ein erheblicher Teil wird in diesem Fallbeispiel von den Agenturen und Transportunternehmen in Marrakesch vereinnahmt, sodass es am Ende nur knapp 10 % des Reisepreises sind, der dann auch wirklich in der Region ankommt.

Kostenverteilung pro Tour (8 Pers., 7 Übern.)	Endpreis für Tourist: 800 €	kumulierte Werte
1280 €	intern. Reiseveranstalter: 160 €	800 €
2800 €	intern. Fluggesellschaft: 350 €	640 €
1200 €	marokkanische Reiseagentur 150 €	290 €
320 €	Kfz-Transport: 40 €	140 €
200 €	Hotel in Marrakesch: 25 €	100 €
104 €	Bergführer (Guide): 13 €	75 €
192 €	4 Maultiere (Muletiers): 24 €	62 €
24 €	Privatpension (Gîte d'étape): 3 €	38 €
280 €	Verpflegung: 35 €	35 €

Tab. 12: Anteile am Gesamtreisepreis nach Akteursgruppen im marokkanischen Gebirgstourismus
(Quelle: modifiziert nach LESSMEISTER & POPP 2004, S. 405)

Zu ergänzen ist, dass bei diesem Rechenbeispiel einer Value Chain keine internationalen Eigentümer der Unterkünfte unterstellt wurden und auch nicht der Anteil von Investitionskosten für Transportmittel, Unterkünfte oder der Landwirtschaft, der auf Importgüter entfällt, einbezogen worden ist. Ebenso wurde beim Konsum von (vorwiegend in der Region produzierten) Lebensmitteln auch kein Anteil für z. B. importierten Alkohol angesetzt (wobei in den Gîtes in Marokko normalerweise auch kein Alkohol ausgeschenkt wird).

Die Abflüsse aus den tourismusbedingten Einnahmen der Entwicklungsländer werden oftmals auch als Sickerrate bezeichnet. Dabei gilt prinzipiell, dass je entwickelter eine Volkswirtschaft ist, jene umso geringer ist, da ein größerer Anteil der Vorleistungen (Industriegüter aber auch Dienstleistungen) im Land produziert werden kann. Damit ist die Sickerrate in einem Land wie der Türkei grundsätzlich niedriger als z. B. in Burkina Faso. Die Breite des im Land produzierten Spektrums hängt dabei ganz generell auch von der Größe des Landes ab. Auch in Luxemburg wird ein höherer Teil der im Land konsumierten Güter importiert als z. B. in Deutschland. Im Kasten „Das (scheinbare) Problem der Sickerraten (Leakages)" wird von Seiten der GIZ, der staatlichen Entwicklungszusammenarbeitsorganisation der Bundesrepublik Deutschland (inzwischen) eine klare Position zu diesem Aspekt bezogen.

▶ **Das (scheinbare) Problem der Sickerraten (Leakages)**

„Das Auftreten sogenannter Sickerraten gehört zu den Argumenten, die ganz oben auf der Liste stehen, wenn es in der internationalen Debatte um Kritik am Ferntourismus und die Darstellung negativer Effekte durch den Tourismus in Entwicklungsländer geht. Aber hat dieses Argument wirklich seine Berechtigung? Zunächst ist festzuhalten: Es gibt keine allgemeingültige oder einheitliche Definition für den Begriff „Sickerraten". Als Grundkonsens beschreiben Sickerraten den Anteil der durch den Tourismus erzielten Deviseneinnahmen, der nicht in der betreffenden Tourismusdestination verbleibt – einerseits aufgrund von Ausgaben für tourismusrelevante Importe von Gütern und Dienstleistungen, andererseits aufgrund der Rückführung von Profiten, die durch ausländische Unternehmen vor Ort erwirtschaftet wurden. ...

Die Kritik, dass bei der Buchung bestimmter (vor allem massentouristischer) Produkte der Großteil der Reiseausgaben nicht den Tourismusdestinationen zukommt, ist zwar faktisch richtig, berücksichtigt aber nicht, dass dies lediglich die strukturellen Rahmenbedingungen einer globalisierten touristischen Wertschöpfungskette widerspiegelt ... Wenn Reiseausgaben von Touristen nicht unmittelbar in die Tourismusdestinationen fließen, kann daraus nicht einfach im Umkehrschluss gefolgert werden, dass durch den Vertrieb derartiger Tourismusprodukte keine oder nur geringe ökonomische Effekte vor Ort erzielt werden. Im Gegenteil belegen zahlreiche Untersuchungen, dass gerade massentouristisch geprägte Küstenregionen in Entwicklungsländern in hohem Maße sowohl direkt als auch indirekt von großen Hotelanlagen und Resorts profitieren, wenn der Arbeitskräftebedarf lokal gedeckt werden kann und entsprechende Produktionsmöglichkeiten für die Zulieferung (z. B. von Agrarprodukten) bestehen ...

Ein weiterer Aspekt, der im Zusammenhang mit der Diskussion um Sickerraten nicht vernachlässigt werden darf, ist, dass der Tourismus selbst bei hohen Sickerraten in Form von Devisenabflüssen im Vergleich zu alternativen Einkommensquellen vor Ort dennoch größere Einkommenseffekte für die lokale Bevölkerung erzielen kann. ... Auch [werden] ... die makroökonomischen Rahmenbedingungen ... selten mit in Betracht gezogen. ... So liegt es beispielsweise in der Natur der Sache, dass kleine Inseldestinationen (z. B. die Malediven oder kleine Karibikinseln) im Unterschied zu Festlanddestinationen grundsätzlich auf recht umfangreiche Importe angewiesen sind ... Ziel sollte es immer sein, die Devisenabflüsse von Tourismusdestinationen so gering wie möglich zu halten, um ein Maximum an lokaler Wertschöpfung zu erzielen" (GIZ 2014, S. 26).

Gleichwohl ist es – entsprechend der Terminologie der Dependenztheorie – so, dass von den internationalen Touristenströmen nur ein Teil aus den Industrieländern (Zentrum) in die Entwicklungsländer (Peripherie) gerichtet sind. Diese sind überwiegend in die „Peripherie der Peripherie", d. h. Küstenresorts und naturräumlich attraktive Gebiete in den Entwicklungsländern außerhalb der dortigen Metropolen gerichtet (vgl. Abb. 132). Die Abhängigkeitsstrukturen bedeuten, dass von den Erträgen aber ein erheblicher Teil im „Zentrum des Zentrums" verbleibt und die „Zentren der Peripherie" aufgrund der Brückenkopffunktion mit den dort verorteten Unternehmen und Einrichtungen (z. B. internationale Flughäfen als Einreise-Hubs) ebenfalls ihren Anteil an sich binden. In den (oftmals ländlichen) Zielgebieten der Entwicklungsländer wird dementsprechend nur ein relativ geringer Teil der Erträge wirksam.

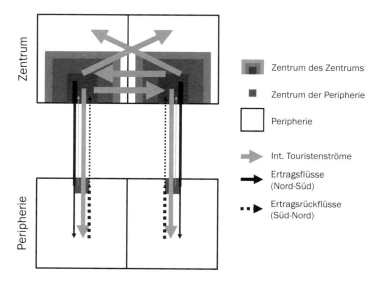

Abb. 132: Modellhafte Darstellung der Touristenströme im internationalen Tourismus und der Erträge im Nord-Süd-Tourismus
(Quelle: eigener Entwurf)

Ansätze zur Reduzierung der Armut insbesondere in den marginalisierten peripheren Räumen der Entwicklungsländer (Pro-Poor-Tourism) zielen dementsprechend darauf ab, dass ein möglichst großer Anteil der touristischen Ausgaben in den regionalen Destinationen wirksam wird. Als besonders geeignet für möglichst hohe Wertschöpfungsanteile in den Zielregionen werden vor allem Angebote, die tendenziell den Grundprinzipien des Sanften Tourismus entsprechen (vgl. Kap. 5) angesehen. Dementsprechend galten kleinteilige Formen des Tourismus als zielführend für möglichst hohe wirtschaftliche Effekte in den Zielgebieten.

Umgekehrt ist insbesondere das „All Inclusive"-Modell in den letzten Jahren unter dem Blickwinkel der regionalen Wertschöpfung in die Kritik geraten. Da die Urlauber bei dieser Form des Reisens die Ferienresorts nur relativ selten verlassen, sind die Verdienstmöglichkeiten für kleinere Gewerbetreibende in der Destination, die gastronomische Einrichtungen betreiben, Souvenirs verkaufen oder andere touristische Dienstleistungen anbieten, geringer als bei anderen Formen des Tourismus. Insbesondere dann, wenn in bestehenden badetouristischen Destinationen – wie dies z. B. in Tunesien oder der Türkei in der Vergangenheit der Fall war – Hotels oder Resorts vom Halbpensionsmodell auf All Inclusive (AI) umstellen, verlieren kleinere Gewerbetreibende einen Teil der ökonomischen Basis und müssen oftmals ihr Geschäft schließen. Gleichzeitig wird inzwischen auch von Seiten der GIZ aber auf der Basis von eigenen Untersuchungen in der Dominikanischen Republik klar heraus gestellt, dass bei allen Nachteilen des AI-Modells und aller berechtigter Skepsis und Kritik daran, dieses nicht pauschal verurteilt werden kann, da eben doch insbesondere über die Arbeitsplatzeffekte noch eine Reihe von positiven Implikationen vorhanden sind (siehe Kasten „All Inclusive in Entwicklungsländern"). Gleichzeitig relativiert sich die negative Sicht, wenn die Arbeitsbedingungen und Löhne in anderen Sparten in den jeweiligen Ländern mit in Betracht gezogen werden.

Ganz klar zu sehen ist, dass ein nicht unerheblicher Teil der im Tourismus in Entwicklungsländern Beschäftigten nur Arbeitsverträge für die jeweilige Saison erhalten. Sofern eine Destination eine ausgeprägte Saisonalität mit klaren Schwachlastzeiten aufweist, bedeutet dies, dass die Beschäftigten dann jedes Jahr auch einige Monate formal arbeitslos sind. Bei eigenen empirischen Erhebungen des Autors in Nordafrika wurde von denjenigen Beschäftigten, die damit rechnen konnten, in der nächsten Saison sicher wieder einen Arbeitsvertrag zu erhalten, ausgesagt, dass nach einer anstrengenden Saison ein quasi verlängerter, unbezahlter Urlaub für sie sogar wünschenswert sei. Auch vor dem Hintergrund der in vielen Entwicklungsländern recht komplexen Familienökonomien werden solche Phasen dann genutzt, um in dieser Zeit Familienangehörige z. B. in der Landwirtschaft zu unterstützen. Die Einnahmen aus der Beschäftigung im Tourismus (einschließlich der Trinkgelder) werden dabei meist als ausreichend angesehen, um die Nebensaison zu überbrücken. Auch wenn es natürlich wünschenswert wäre, dass – z. B. mit jahresbezogenen Arbeitszeitkonten – von den Hotels oder anderen touristischen Einrichtungen durchgängige und dauerhafte Arbeitsverträge geschlossen würden – stellt die saisonale Beschäftigung bei differenzierter Betrachtung kein so generelles Problem dar, wie es auf den ersten Blick scheinen mag. Gleichwohl stellen die Arbeitsbedingungen sicherlich eine große Herausforderung im Entwicklungsländertourismus dar.

▶ All Inclusive in Entwicklungsländern

Angesichts der weit verbreiteten Kritik an All Inclusive Anlagen, insbesondere in Entwicklungsländern hat die GIZ 2003 eine umfassende Untersuchung in der Dominikanischen Republik durchgeführt. Klaus LENGEFELD, inzwischen Leiter des Sektorvorhabens „Nachhaltige Entwicklung durch Tourismus" bei der GIZ fasste die Befunde 2004 in einem internen Papier wie folgt zusammen:

„[1] Tourismus schafft Arbeitsplätze – nicht nur für Zimmermädchen, Kellner und Prostituierte

Bis auf wenige Ausnahmen im obersten Management und bei der Animation mit Spezialkenntnissen (z. B. Tauchlehrer) werden bei den untersuchten Anlagen alle Jobs von Einheimischen eingenommen. Außerdem gibt es eine sehr diversifizierte Hierarchie mit guten Aufstiegsmöglichkeiten und Einkommensperspektiven für die zunächst meist nur angelernten einfachen Mitarbeiter im Servicebereich (Zuckerrohrschneider verdienen nur 1 US$/Tag; in einem zentralamerikanischen Land verdienen selbst einfache All-Inclusive-Angestellte deutlich mehr als ein Grundschullehrer....)

[2] Tourismus verteilt mehr Geld im Land als die meisten anderen devisenbringenden Wirtschaftszweige

Wenn Sie für eine All-Inclusive-Reise 1000 US$ bezahlen, werden davon ca. 300 US$ für die Dienstleistungen im Gastland bezahlt. Selbst wenn das Hotel von einer internationalen Kette betrieben wird, die davon 100 $ als Gewinn wieder ausführt, verbleiben 200 $ oder 20 % des Endverbraucherpreises, die sich über Lohnsummen, sonst. Dienstleistungen, Wareneinkäufe in der lokalen Wirtschaft verteilen (90 % der Agrarprodukte wurden von dem untersuchten Resort aus nationaler Produktion in der Dominikan. Republik gekauft).

Wenn Sie in Deutschland für 1000 US$ Kaffee konsumieren, gelangen ca. 140 $ ins Erzeugerland, von denen im günstigen Falle 100 US$ oder 10 % in der Kasse der Kaffeebauern klingeln. Selbst wenn sie den Erzeugerpreis durch Fair Trade um 20 oder 30 % erhöhen, sind das dann 12 oder 13 % des Endverbraucherpreises.

Wenn Sie für 1000 US$ Nike-Schuhe kaufen, verbleiben davon als Lohnsumme bei den Arbeiterinnen in der Nähfabrik in El Salvador 10 US$ oder 1 %.

[3] Tourismus fördert die Regionalentwicklung und Dezentralisierung
Tourismus entwickelt sich in der Regel genau dort in „unverbrauchten"
Regionen, wo nicht schon andere bedeutende Wirtschaftszweige die
Landschaft „geprägt" haben und die Ressourcen beanspruchen. Also
dort wo Bergbau, Energiewirtschaft, Erdölindustrie oder Großplanta-
gen sich bereits niedergelassen haben, wird der Tourismus sich nicht in
nennenswertem Masse entwickeln. Damit ist der Tourismus für viele
Regionen und z.T. ganze Entwicklungsländer eine der wenigen, wenn
nicht gar die einzige wirtschaftliche Entwicklungsmöglichkeit. …

**[4] Tourismus ist eine der interessantesten „Pro-Poor-Growth" Bran-
chen und fördert die Diversifizierung der lokalen Wirtschaft**
… 2 große jamaicanische Hotelketten oder ein touristischer Retorten-
ort mit 18.000 Hotelzimmern in der Dominikanischen Republik
[können] möglicherweise mehr und nachhaltiger zur Armutsminderung beitragen als viele Geberprogramme. …

**[5] Tourismus verbraucht einen kleinen Teil der Umwelt und kann
damit den größeren Teil schützen helfen**
Wo große Ferienanlagen gebaut werden, kommt es zu massiven Eingriffen in die Natur und Umwelt. Von daher ist kein Tourismus immer besser als jegliche Art von Tourismus. Das gilt aber generell für
jede Form der wirtschaftlichen Tätigkeit: keine Landwirtschaft ist
immer besser als noch der ausgefeilteste Öko-Landbau, denn selbst
dieser bringt immer Eingriffe in die Natur und Umwelt mit sich.

Von daher ist die Frage, ob Tourismus oder nicht, falsch gestellt. Sie muss
heißen: Wenn ein Land sich nicht den Luxus leisten kann, gar keine signifikante devisenbringende Wirtschaftätigkeit zu haben, muss es entscheiden, ob (Export-)Landwirtschaft, Bergbau, Erdöl/Energieindustrie, Lohn-
veredelung/Assembling für Großkonzerne, oder eben Tourismus mehr
oder weniger Umwelt verbrauchen gemessen an dem, wie viele Arbeitsplätze und Einkommen sie schaffen, wieviel Armut sie damit mindern, wie
viele Frauen dadurch in Arbeit und Brot kommen, … etc. Auf dieser
Grundlage erst lässt sich ein sinnvoller Mix devisenbringender Branchen
bestimmen, und dabei kommt dem Tourismus für viele Länder eine
Schlüsselrolle zu.

Mit solchen Fragen hat sich die Entwicklungspolitik leider bisher zu wenig
und v. a. zu nicht systematisch und strategisch befasst, obwohl das eine
der zentralen Fragen für nachhaltige Armutsminderung und lokale Wirt-
schaftsentwicklung ist" (LENGEFELD 2004, S. 1ff.).

Sozio-kulturelle Wirkungen

Ein weiterer in der Diskussion über Entwicklungsländertourismus intensiv thematisierter Themenkomplex sind die sozio-kulturellen Überprägungen, die durch das Reisen internationaler Touristen in Destinationen mit anderen kulturellen Kontexten verursacht werden (genauer z. B. bei LÜEM 1985).

Teilweise steckt hinter dieser Diskussion auch das auf die Zeit der Romantik und insbesondere den Philosophen Jean-Jacques Rousseau zurückgehende Stereotyp der Vorstellung eines sog. „Edlen Wilden", der ohne verderbliche Einflüsse der Zivilisation im Einklang mit der autochthonen Gesellschaft und der Natur lebt. Auch wenn diese Vorstellung inzwischen längst überholt ist, schimmert sie bei manchen Urlaubsbildern durch, bei denen sog. Ureinwohner für die Touristen posieren. Wenn es dann noch Bilder von Mitgliedern des Himba-Stammes in Namibia sind (vgl. ROTHFUß 2004), bei dem sich die Frauen traditionellerweise mit entblößtem Oberkörper bewegen, dann liegen Assoziationen zu den negativen, dunklen Seiten des Tourismus mehr als nahe. Sextourismus stellt ganz klar ein Problem dar (genauer z. B. bei O'GRADY 1997) und die – insbesondere von ECPAT – getragenen Anstrengungen gegen Prostitution insbesondere von Kindern und Jugendlichen (vgl. Kasten „Code of Conduct: Verhaltenskodex zum Schutz der Kinder vor sexueller Ausbeutung im Tourismus" in Kap. 6.2) erfahren nach wie vor noch nicht die ihnen gebührende Resonanz. Aber Prostitution und sexuelle Ausbeutung sind ein generelles Problem von großen Wohlstandsgefällen und die Anstrengungen von ECPAT scheitern oftmals auch an der in den Destinationen herrschenden Korruption und der Beteiligung offizieller lokaler Stellen.

Gleichzeitig ist es eben inzwischen so, dass es in unserer globalisierten Welt so gut wie keine sog. „unberührten „Naturvölker" mehr gibt. Mehrere Jahrhunderte Kolonisierung haben viele traditionelle Stammesgesellschaften stark transformiert und überprägt. Auch die internationale Arbeitsmigration und die Medien – einschließlich des Internets – stellen oftmals in den Augen der Bewohner in den Destinationen größere Einflussfaktoren dar als der Tourismus.

Bei Befragungen in zwei erst in jüngerer Zeit intensiver für den internationalen Tourismus erschlossenen Destinationen, im tunesischen Tabarka (Küstenstandort) und im marokkanischen Ouarzazate (Standort des binnenorientierten Rundreise- und Naturtourismus) wurden die Einwohner nach ihrer Einschätzung der Effekte des internationalen Tourismus gefragt. Die Ergebnisse sind in Abbildung 133 differenziert nach Befragten mit Tourismusbezug (= persönliche ökonomische Vorteile) und ohne Tourismusbezug (= keine Tätigkeit, die vom Tourismus direkt berührt wird) dargestellt. Dabei zeigen sich kaum Unterschiede zwischen den beiden Teilstichproben.

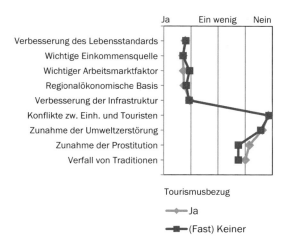

Abb. 133: Einschätzung von Auswirkungen der touristischen Erschließung in Tabarka (Tunesien) und Ouarzazate (Marokko) (Quelle: eigene Darstellung und eigene Berechnungen auf der Basis von KAGERMEIER 1999, S. 106; N = 641)

Die wirtschaftlichen Effekte und der Einfluss auf den Arbeitsmarkt werden durchgängig als positiv eingeschätzt. Es wird aber auch gesehen, dass durch die touristische Inwertsetzung von staatlicher Seite Investitionen in die infrastrukturelle Erschließung getätigt wurden, die auch der lokalen Bevölkerung zu Gute kommen. Die ökologischen Auswirkungen werden – trotz signifikanter Eingriffe in Tabarka (vgl. JÄGGI & STAUFFER 1990) – als gering eingestuft. Teilweise wird betont, dass mit Blickwinkel auf die Touristen Abfallentsorgungssysteme aufgebaut worden sind, bzw. in Tabarka – zur Bewässerung des Golfplatzes, der in die Küstendünenvegetation hinein gebaut worden ist – die gesamte Stadt an das kommunale Abwassernetz angeschlossen worden ist.

Bei den negativen sozio-kulturellen Auswirkungen wird zwar eine geringe Zunahme der Prostitution und auch ein partieller Verfall von Traditionen konzediert. Insbesondere in Marokko ist dabei bei den Befragten wohl ein weitgefasster Prostitutionsbegriff vorhanden, weil teilweise auch junge Frauen, die unverschleiert und im direkten Kontakt mit Touristen arbeiten, schon in die Nähe von Prostituierten gerückt werden. Beide Destinationen liegen im ländlichen Raum weitab der nationalen Metropolen und damit in noch stark von den regionalen Traditionen geprägten Gebieten. Gleichwohl wurde immer wieder betont, dass die in beiden Regionen stark ausgeprägte nationale und internationale Arbeitsmigration einen größeren Einfluss habe. Auch wurden Arbeitsplätze im Tourismus positiv gesehen, da sie die Notwendigkeit zur temporären Arbeitsmigration reduzieren.

Gleichwohl übt der internationale Tourismus einen signifikanten Einfluss auf die Sozialstruktur und das Wertesystem aus. Er verstärkt „Modernisierungs"-Prozesse und Akkulturationsphänomene, insbesondere auch durch den sog. Demonstrationseffekt. Dabei treten auch Verwerfungen hinsichtlich der traditionellen Sozialstrukturen auf. Oftmals sind die etablierten, konservativen Eliten der touristischen Erschließung gegenüber reserviert, da sie sich in einer relativ stabilen wirtschaftlichen und sozialen Situation befinden. Marginalisierte Bevölkerungsgruppen in prekären Lebensverhältnissen sehen im Tourismus demgegenüber oftmals eine Chance auf Verbesserung ihrer Situation. So sind z. B. in Südmarokko durch die touristische Entwicklung deutliche Umwälzungsprozesse zu konstatieren. Früher hatten traditionelle (religiöse) Eliten, die ihre Abstammung auf den Propheten Mohamed zurück führenden sog. Chorfa die Meinungsführerschaft in den Dörfern inne und besaßen Schlüsselstellungen in der traditionellen agrarisch geprägten lokalen Ökonomie. Die ehemals oftmals landlosen sog. Haratin, als Nachkommen von in historischer Zeit aus dem subsaharischen Afrika „importierten", zumeist schwarzen Sklaven, waren aufgrund ihrer prekären wirtschaftlichen Situation im 20. Jahrhundert bereits intensiv an der nationalen und internationalen Arbeitsmigration beteiligt. In einigen dieser Haratin-Familien wurden die Einkommen aus der Arbeitsmigration von der nächsten Generation dann zum Aufbau von touristisch ausgerichteten Unternehmen genutzt. Damit nehmen sie inzwischen eine wichtige Rolle in der lokalen Ökonomie ein und reklamieren dementsprechend auch soziale und politische Beteiligung, während die ehemaligen Eliten tendenziell marginalisiert werden.

Durch den Tourismus werden definitiv teilweise traditionelle Werte zerstört. Auch die Kommerzialisierung und Profanisierung des materiellen und immateriellen kulturellen Erbes ist teilweise mit gravierenden negativen Effekte verbunden. Umgekehrt kann der Tourismus auch dazu beitragen dass die lokale Bevölkerung durch die Wertschätzung, die von den Touristen dem Kultur- und Naturerbe entgegen gebracht wird, deren Wert erkennt bzw. zumindest aufgrund der damit generierbaren Einkommen die Erhaltenswürdigkeit sieht. Zwar wird durch die Kommodifizierung von traditionellen materiellen und insbesondere auch immateriellen (Riten, Gebräuche, kulturelle Handlungen) Elementen des kulturellen Erbes möglicherweise nur noch die äußere Hülle erhalten. Umgekehrt sind solche Riten nicht notwendigerweise ein Wert an sich. Auch in Oberbayern sind viele Traditionen inzwischen zur Folklore degeneriert und keine wirklich gelebte kulturelle Praxis mehr. Und in den Entwicklungsländern wird oftmals mit traditionellen Tänzen und Gesängen für die Touristen das Bild einer heilen authentischen indigenen Kultur suggeriert, während die Protagonisten im Alltagsleben längst im 21. Jahrhundert angekommen sind (genauer z. B. bei ADERHOLD et al. 2013, S. 31ff.).

Umgekehrt darf der Entwicklungsländertourismus auch nicht idealisierend reduziert werden auf den sog. Kontakt zwischen den Kulturen. Die interkulturelle Begegnung findet nur sehr partiell und mit deutlich unterschiedlichen Zielsetzungen bei den Beteiligten statt. In den Destinationen ist Tourismus zumeist eine Quelle von Einkommen und Gegenstand der Erwerbstätigkeit. Damit stehen – trotz mancher sicherlich vorhandener zwischenmenschlichen Zwischentöne in der Interaktion – die geschäftsmäßigen Handlungsmuster im Vordergrund. Auf Seiten der Touristen steht wohl – trotz des immer wieder artikulierten (möglicherweise auch teilweise bewusst oder unbewusst geheuchelten) Interesses – zumeist das eigene Erlebnis primär im Vordergrund. Damit ist auch nur in den seltensten Fällen ein tiefer gehendes und länger andauerndes Interesse für die Belange der lokalen autochthonen Bevölkerung und der Kultur vorhanden.

Gleichwohl dürfen die durch den Kontakt zwischen relativ reichen Touristen und oftmals relativ armen Menschen in den Destinationen entstehenden sozialen Probleme, die sich in Frustration, Kriminalität bis hin zu Fremdenfeindlichkeit äußern, nicht bagatellisiert werden. Sie stellen definitiv eine große und bislang nur sehr rudimentär angegangene Herausforderung einerseits für die nationalen Regierungen dar, die eben nicht nur auf die positiven ökonomischen Effekte „schielen" dürfen, sondern sich auch den negativen Implikationen noch offensiver stellen müssen. Andererseits sind hier auch die internationalen Veranstalter noch mehr als bisher gefordert, ihren Beitrag zu einem verantwortungsbewussten Tourismus zu leisten. Die entsprechenden Rahmenbedingungen hierfür zu schaffen ist auch die Aufgabe der internationalen Politik, und letztendlich sind es sicherlich auch die Touristen selbst, die nicht ganz aus der Verantwortung entlassen werden können.

Ökologische Wirkungen

Wie jede andere wirtschaftliche Aktivität ist auch der Tourismus der Nutzung von Ressourcen und Eingriffen in die Ökosysteme verbunden. In Kapitel 5.2 wurde bereits deutlich, dass Tourismus zwar einen klimarelevanten Faktor darstellt. Gleichzeitig wurde auch darauf hingewiesen, dass eben bezogen auf Wertschöpfung und Arbeitsplatzeffekte Tourismus im Vergleich zu anderen Wirtschaftsbereichen als relativ CO_2-effizient anzusprechen ist.

Die Anwesenheit von internationalen Touristen in Entwicklungsländern führt zu den bekannten Implikationen im Bereich der Infrastrukturerstellung, der Verursachung von Abwasser und Abfall, und dem Wasser- und Energieverbrauch (vgl. auch Kap. 7.2.2). Insbesondere die Übernutzung der endlichen Ressourcen Boden und Wasser stehen oftmals im Mittelpunkt. Auch bei der Diskussion ökologischer Risiken und Schadwirkungen der touristischen Erschließung scheint die Sensibilität hinsichtlich Über- oder Fehlnutzungen von Ressourcen durch das Tourismusgewerbe höher zu sein als in anderen Bereichen.

Unbestritten ist, dass mit der touristischen Erschließung ein sehr hoher Wasserverbrauch verbunden ist, und die Ressource Wasser in vielen – oftmals in semiariden oder ariden Klimagebieten liegenden – Entwicklungsländern knapp und nur begrenzt erneuerbar ist. Bei je nach Tourismusart stark schwankenden Werten kann im Mittel von einem durchschnittlichen Wasserverbrauch von ca. 500 Liter pro Tourist und Tag ausgegangen werden (vgl. auch Kap 7.2.2). Trotz dieses auf den ersten Blick sehr hoch scheinenden absoluten Wertes des touristisch bedingten Wasserverbrauchs stellt dieser gesamtstaatlich gesehen allerdings nur eine marginale Größe dar, die sich oftmals auf wenige Prozent des Gesamtwasserverbrauchs in den entsprechenden Staaten beläuft (genauer z. B. bei KAGERMEIER 1997, S. 381ff.). Allerdings wird auf der gesamtstaatlichen Ebene verschleiert, dass die lokalen und regionalen Auswirkungen sehr stark voneinander abweichen können. Während in manchen Destinationen aufgrund hoher Niederschläge im Hinterland der Wasserverbrauch des Tourismusprojektes relativ unproblematisch erscheint, kann sich die Situation insbesondere in semiariden Gebieten ganz anders darstellen. Ein besonders problematisches Tourismusprojekt wurde von JÄGGI (1994) aufgedeckt. Im Rahmen der Diversifizierung des Tourismus wollte der tunesische Staat Ende der 1980er Jahre auch den Wüstentourismus verstärkt entwickeln. Diese Entscheidung fiel zusammen mit der Tatsache, dass sich – aufgrund der politischen Probleme in Algerien – die Nachfrage nach dem Produkt „Wüste" in dieser Zeit verstärkt nach Marokko und Tunesien orientierte. JÄGGI zeigt am Fallbeispiel der in der saharischen Entwicklungszone gelegenen Oase Douz in Südtunesien auf, dass dort eine erhebliche Nutzungskonkurrenz zwischen den Wasserbedürfnissen der Oasenwirtschaft und den neu erstellten Touristenhotels besteht. Die Trinkwasserentnahme hat dabei teilweise dazu geführt, dass Brunnen für Bewässerungszwecke inzwischen versiegt sind (vgl. JÄGGI 1994, S. 128).

Betrachtet man das Verhältnis zwischen touristisch und landwirtschaftlich bedingtem Wasserverbrauch, relativiert sich die Problematik teilweise. Mit den ca. 18.000 m³ Wasser, die zur Bewässerung eines Palmenhains pro Jahr benötigt werden, kann ein Hotel mit etwa 200 Hotelbetten versorgt werden. Währen von einem Hektar Palmenhain eine oder zwei Familien leben, kann ein Hotel mit 200 Betten zwischen 60 und 100 Arbeitsplätze schaffen (genauer bei KAGERMEIER 1997, S. 381f.).

JÄGGI weist allerdings zu Recht darauf hin, dass ein erheblicher Teil der im Tourismusbereich Douz geschaffenen Arbeitsplätze nicht von der lokalen Bevölkerung besetzt wird (1994, S. 163), d.h. die Oasenbauern zum Teil Nachteile durch die touristische Erschließung erfahren, ohne im Gegenzug von den außeragrarischen Beschäftigungsmöglichkeiten zu profitieren. Dieses Problem ist allerdings nicht der touristischen Erschließung als solcher anzulasten, sondern verweist auf die staatliche Seite, die es versäumt hat, bei der Umsetzung der Tourismusprojekte die Partizipation der lokalen Bevölkerung entsprechend zu gewährleisten.

Ähnlich ist die Situation auch bei anderen negativen ökologischen Folgewirkungen der touristischen Erschließung, die dieser angelastet werden. Belastungen durch Abfälle und Abwässer ließen sich durch entsprechende Rahmenvorgaben und ein entsprechendes Engagement der öffentlichen Hand deutlich reduzieren. Nutzungskonkurrenzen könnten stärker reguliert, oder sozial besser abgepuffert bzw. kompensiert werden. Die heute mit dem Tourismus verbundenen negativen Folgewirkungen sind damit wohl weniger ein prinzipielles Problem dieses Wirtschaftszweiges, sondern verweisen vielmehr auf Defizite bei der Planung und Umsetzung, d.h. unzureichenden Rahmenbedingungen bzw. regulierenden Eingriffen der staatlichen Seite.

Hinsichtlich der im letzten Viertel des 20. Jahrhundert intensiv – auch unter ideologischen Gesichtspunkten – diskutierten Folgen des dabei oftmals scharf kritisierten internationalen Tourismus in Entwicklungsländern konstatiert STRASDAS, dass die Wirkungen dieser Auseinandersetzung insgesamt gesehen gering geblieben sind:

„Die Kritik am Dritte-Welt-Tourismus blieb politisch und in der touristischen Praxis weitgehend bedeutungslos, da sie nur von kleinen Gruppen in den IL und den EL getragen wurde. Der von ihnen häufig zitierte ‚Aufstand der Bereisten‘ beschränkte sich in organisierter Form bisher auf wenige Fälle und wird vor allem von denjenigen verkörpert, die selbst nicht am Tourismus beteiligt sind. Es wurde verkannt, dass die Einheimischen hier unterschiedliche Interessen haben: Die im Tourismus tätigen Personen profitieren von ihm, d.h. sie haben zwar ein Interesse an einer Verbesserung ihrer Arbeitssituation (z. B. in Form von gewerkschaftlicher Organisierung), nicht aber an einer grundsätzlichen Eindämmung des Tourismus. Dennoch ist die Kritik grundsätzlich berechtigt, da große Teile der lokalen Bevölkerung tatsächlich nicht vom Tourismus profitieren bzw. durch ihn sogar benachteiligt werden – dies allerdings am deutlichsten in ökonomischer Weise, wohingegen die kulturellen Auswirkungen schwieriger zu beurteilen sind" (STRASDAS 2001, S. 90).

Gleichwohl darf dies nicht bedeuten, dass – entsprechend dem Nachhaltigkeitsprinzip – die Anstrengungen zur Minimierung von negativen Folgen bei gleichzeitig breit gestreuter Partizipation an den positiven wirtschaftlichen Effekten nachlassen dürften.

7.3.2   Lösungsansätze

Viele der aus dem Tourismus resultierenden Probleme sind in Entwicklungsländern grundsätzlich ähnlicher Natur wie in Industrieländern. Allerdings stellen sie sich oftmals in sehr viel schärferer Form. Die Deutlichkeit und Klarheit der Problemlagen ist sicherlich mit ein Grund dafür, dass sich Entwicklungsländertourismus aus didaktischen Gründen gut für die Behandlung der Schattenseiten des Tourismus sowohl in der Schule, aber auch in der Hochschulausbildung eignet.

Die sozialen Probleme stellen sich sehr viel gravierender, da die Unterschiede zwischen den Kulturen und Gesellschaften der Quellmärkte und der Destinationen größer sind als im Tourismus in den Industrieländern. Auch der große durchschnittliche Unterschied der Einkommensniveaus trägt zu einer Verschärfung von Problemdimensionen (Kriminalität, Minderwertigkeitsgefühle, Frustration, Aversion) bei. Die ökologischen Probleme sind oftmals deshalb besonders ausgeprägt, da es sich vielfach um fragile Ökosysteme mit einer hohen Vulnerabilität handelt. Verschärft werden die Probleme auch dadurch, dass die politischen und gesellschaftlichen Governance-Strukturen in Entwicklungsländern oftmals defizitär sind, bzw. machtorientierte Eliten prioritär ihr eigenes ökonomisches Interesse verfolgen und dabei einen großen Teil der Bevölkerung marginalisieren und exkludieren.

Die Deutlichkeit von aus dem Entwicklungsländertourismus resultierenden sozialen und ökologischen Probleme, aber auch die soziale Ungerechtigkeit der Beteiligung an den wirtschaftlichen Effekten sowie die Unfähigkeit der nationalen Selbstregulierung führt dazu, dass sich Politik und Gesellschaft der Quellmärkte in die Suche nach Lösungsansätzen intensiv beteiligen. Dabei sind es insbesondere die staatlichen und nichtstaatlichen Organisationen der Entwicklungszusammenarbeit, die hier eine wichtige Rolle spielen bzw. spielen möchten.

Aufklärung und Sensibilisierung als traditioneller Lösungsansatz

Mit dem Beginn der Diskussion über die negativen Wirkungen des Entwicklungsländertourismus setzte auch die Suche nach Ansätzen zu einer Reduzierung der negativen Auswirkungen ein.

Die aus der bildungsbürgerlichen Tourismuskritik der 1970er Jahre (vgl. Kap. 5) resultierende Auseinandersetzung mit den negativen Folgen des Entwicklungsländertourismus setzte zunächst – dem aufklärerischen Impetus folgend – auf eine Sensibilisierung der Touristen. Entsprechend dem damals herrschenden Optimismus durch Information und Schaffung von Awareness das Handeln beeinflussen zu können, wurde der Tourist in den Mittelpunkt gestellt.

Exemplarisch für diesen Ansatz steht der (Starnberger) Studienkreis für Tourismus und Entwicklung (⌐ *www.studienkreis.org*), der sich seit Jahrzehnten mit entwicklungsbezogener Informations- und Bildungsarbeit im Tourismus beschäftigt. Eine wichtige Rolle nehmen dabei die seit 1974 herausgegebenen sog. „Sympathie Magazine" ein (⌐ *www.sympathiemagazine.de*). Mit diesen sollen die Endkunden für die sozio-kulturellen Gegebenheiten in ihren Urlaubszielen sensibilisiert und zu einem verantwortungsbewussten und respektvollen Umgang mit der Bevölkerung in den Destinationen motiviert werden (vgl. HARTMANN 1974). Das Engagement des Studienkreises soll nicht geschmälert werden und ist durchaus anzuerkennen. Auch gibt es die SympathieMagazine nach wie vor, und diese werden auch von manchen Studienreiseveranstaltern an ihre Kunden weitergegeben werden. Allerdings ist zu konstatieren, dass der aufklärerische Ansatz letztendlich keine großen Effekte gezeigt hat. Die prioritären hedonistischen Motive der Reisenden stellen – ähnlich wie auch im gesamten Bereich des nachhaltigen Tourismus (vgl. Kap. 5.3) – wirksame Gegenkräfte dar, die einem verantwortungsbewussteren Handeln entgegenstehen. Damit muss letztendlich der rein aufklärerische Ansatz als gescheitert angesehen werden.

CBT als Hoffnungsträger

Die asymmetrischen Machtverhältnisse im Entwicklungsländertourismus sowohl zwischen den Akteuren in den Industrie- und Entwicklungsländern als auch innerhalb denjenigen in den Entwicklungsländern führen dazu, dass die regionale Bevölkerung in suboptimaler Weise von den positiven wirtschaftlichen Effekten profitiert. In den 1990er Jahren wurden deshalb von staatlichen, halbstaatlichen und privaten Organisationen Ansätze entwickelt, die darauf abzielen, dass nicht nur die Wertschöpfung, sondern ein möglichst großer Teil der Angebote entlang der touristischen Leistungskette in den Destinationen selbstverantwortlich generiert wird. Eine zentrale Rolle spielte dabei die lokale Gemeinschaft (Community) als gemeinschaftlicher Träger der Tourismusprojekte. Entsprechend dem Fokus auf die lokale Gemeinschaft wird diese Form als „Community Based Tourism" (CBT) bezeichnet.

Grundidee ist, dass die touristischen Angebote gemeinschaftlich von den lokalen Communities geschaffen werden. Die Erträge aus dem Betrieb von (einfachen) Übernachtungsangeboten sollen dann im Gegenzug (neben einer Entlohnung der in den Projekten auch direkt tätigen Gemeinschaftsmitgliedern) in Projekte der Community fließen und damit allen Mitgliedern zugute kommen. Dabei waren z. B. Projekte der Trinkwasserversorgung oder Schulen bevorzugte Ansatzpunkte für die Verwendung der Erträge. Die Förderung von CBT als klassischer Bottom-Up-Ansatz fokussierte vor allem darauf, die Eigeninitiative zu stimulieren (genauer bei: PALM 2000, S. 16 ff.).

Spätestens seit der Jahrtausendwende macht sich aber eine gewisse Ernüchterung bezüglich der Erfolge von CBT-Projekten breit. Am Beispiel von Namibia hat PALM 2000 im Auftrag der damaligen GTZ (= Gesellschaft für technische Zusammenarbeit; 2011 in die heutige GIZ integriert) versucht, eine Bilanz der dortigen Ansätze zu ziehen. Aufgrund der historischen Bezüge zwischen Deutschland und Namibia waren dort zur Initiierung von CBT-Projekten in den 1990er Jahren auch einige politische Stiftungen tätig gewesen.

Dabei wurde deutlich, dass die in die CBT-Projekte gesetzten Erwartungen bei weitem nicht erfüllt worden sind. Abgesehen von Problemen (Korruption, Nepotismus und Inkompetenz) bei der nationalen Dachorganisation NACOBTA (= Namibia Community Based Tourism Association) stellte sich heraus, dass viele Projekte nach dem Rückzug der internationalen Organisationen entweder eingestellt oder in ihrem Charakter deutlich verändert wurden. Grundproblem vieler CBT-Projekte ist, dass das Engagement und die Verantwortlichkeit der einzelnen in den Projekten Tätigen nicht den Erwartungen entsprach. Nach eigenen Vor-Ort-Erfahrungen des Autors sind diejenigen Projekte mittelfristig aus betriebswirtschaftlicher Sicht rentabel und prosperierend, bei denen einer der zentralen Akteure einer Dorfgemeinschaft (teilweise aber auch Externe) die Projektstruktur quasi usurpiert haben. Zwar profitieren diese quasi illegitimen Pseudo-Eigentümer dann überproportional von den Erträgen, gleichzeitig stellen sie aber zentrale „Kümmerer" mit einem vitalen Interesse an der betriebswirtschaftlichen Prosperität dar. Dabei wird der ursprüngliche Ansatz einer Nutzung der Erträge für Gemeinschaftsprojekte manchmal noch als Deckmäntelchen formal aufrechterhalten. Auch im Fallbeispiel North Rift Valley (vgl. Kap. 7.3.4) sind Akteure tätig, die in der Außendarstellung den Anspruch erheben, Community based zu agieren. In manchen Fällen wird damit aber nur – in der Hoffnung auf ein Anziehen von Besuchern – der Erwartungshaltung europäischer Touristen entsprochen, ohne dass ein gemeinschaftlicher Ansatz wirklich existiert.

Als weiterer Schwachpunkt der CBT-Projekte hat sich aber auch eine insuffiziente Berücksichtigung der Bedürfnisse der Nachfrager herauskristallisiert. Angesichts der ungenügenden Kenntnisse des Nachfragemarktes werden – vor dem Hintergrund der eigenen Lebensverhältnisse – oftmals Angebote geschaffen, die eben nicht marktfähig sind. In Kap. 7.3.4 wird am Beispiel von Kenia noch vertiefend ausgeführt, dass eine erfolgreiche Positionierung auf dem Markt auch am Marktzugang und der fehlenden bzw. unwirksamen Marktkommunikation liegt. Letztendlich muss damit wohl auch der CBT-Ansatz als von einer gewissen Sozialromantik getragener Versuch bewertet werden, der letztendlich keine flächendeckende Lösung für den Entwicklungsländertourismus darstellt, auch wenn sich vereinzelt Projekte entgegen dem Trend gehalten haben und mit einem gewissen Erfolg auf dem Markt operieren.

Der Beitrag der Entwicklungszusammenarbeit

Die Entwicklungszusammenarbeit (EZ) zwischen staatlichen und halbstaatlichen Organisationen der (zumeist) Industrieländer und den Entwicklungsländern war in der modernisierungstheoretisch geprägten Phase von der Orientierung auf Großprojekte der staatlichen Infrastruktur gekennzeichnet. Der Bau des Assuan-Staudamms in Ägypten ist wohl das bekannteste Beispiel aus dieser Zeit. Er steht stellvertretend für den Versuch, durch die Schaffung von Infrastruktur die Entwicklung zu forcieren. Bewässerungsgroßprojekte oder die Ansiedlung von Industrien zur Verarbeitung der Rohstoffe sollten eine nachholende Industrialisierung nach dem Vorbild der Industriestaaten ermöglichen.

Der Tourismus spielte dementsprechend lange Zeit nur eine marginale Rolle in der EZ. Es wurde angenommen, dass die Erschließung für den Tourismus im Wesentlichen von privaten Investitionen – insbesondere ausländischen Direktinvestitionen – getragen würde. Das Scheitern der großen entwicklungspolitischen Utopien der zweiten Hälfte des 20. Jahrhunderts hat seit etwa 1990 auch in der EZ mehr und mehr den Tourismus als Hoffnungsträger in den Vordergrund rücken lassen. Dabei lag der Fokus zunächst auf den kleinteiligen CBT-Projekten. Spätestens seit der Jahrtausendwende wird erkennbar, dass die Rolle des Tourismus insbesondere auch für die Regionalentwicklung in peripheren Regionen mehr und mehr wahrgenommen wird.

Die im Auftrag der GTZ erstellte Studie von STECK, STRASDAS & GUSTEDT (1999) markiert bis zu einem gewissen Grad diese Wendung, einerseits Richtung Tourismus und andererseits in Richtung auf eine pragmatischere Herangehensweise und auf kleinteilige Projekte. Bemerkenswert ist dabei – und eben ein Hinweis, dass nicht mehr so sehr das Wunschdenken im Vordergrund steht, sondern die Rolle der Marktrahmenbedingungen anerkannt wird –, dass von den Autoren als Voraussetzung für ein weiteres Engagement im Rahmen eines EZ-Projektes zunächst die prinzipielle Marktfähigkeit des Angebotes einer möglichen Destination im Rahmen eines sog. Rapid Appraisal überprüft wird (STECK, STRASDAS & GUSTEDT 1999, S. 41ff.).

Gleichzeitig wird in der Studie auch explizit gemacht, dass sich in potentiellen Destinationen unterschiedliche – oftmals divergierende – Interessen begegnen. In Abbildung 134 sind exemplarisch die Positionen der wichtigsten Akteursgruppen am Beispiel eines Großschutzgebietes veranschaulicht. Damit wird in der EZ anerkannt, dass eine der zentralen Herausforderungen – wie auch im Destinationsmanagement in den Industrieländern (vgl. Kap. 4.3) – darin liegt, zwischen den beteiligten Akteuren zu vermitteln und zu moderieren. Eine Vielzahl von Beispielen für diesen Approach finden sich z. B. in GIZ (2014, S. 69ff.). Bei der Sichtung dieser Beispiele wird aber auch deutlich, dass im Rahmen der EZ zwar eine

Vielzahl von konkreten Projekten und Maßnahmen gefördert und begleitet werden. Gleichzeitig konzentriert sich die Tätigkeit auf die Produktpolitik des klassischen Marketingmix (vgl. Kap. 3.2.1). Die Marktkommunikation wird dabei aber oftmals nicht in angemessener Weise berücksichtigt.

Abb. 134: Akteure und Interessen im Entwicklungsländertourismus am Beispiel eines Großschutzgebietes (Quelle: eigene Darstellung nach STECK, STRASDAS & GUSTEDT 1999, S. 65)

Implizit steht hinter dieser Position nach wie vor der Gedanke, dass die Vermarktung von touristischen Produkten über die (oftmals internationalen) Reiseveranstalter erfolgen würde. Da es sich in vielen Fällen um Nischensegmente handelt, sind es – wenn überhaupt – kleinere Spezialreiseveranstalter, die als Mittler für eine Vermarktung in Frage kommen. Gerade vor dem Hintergrund der durch das Internet möglichen direkten Ansprache von potentiellen Besuchern im Long Tail (vgl. Kap. 3.4.2) bestehen aber auch Möglichkeiten, die Value Chain deutlich zu verkürzen und größere Anteile der Umsätze auch in der Region wirksam werden zu lassen (vgl. z. B. POPP & EL FASSKAOUI 2013).

Gleichwohl muss es als Verdienst der deutschen Entwicklungszusammenarbeit gelten, dass mit der Zielsetzung der Armutsreduzierung (Pro-Poor-Tourism) eine Vielzahl von Projekten initiiert worden ist, bei denen die EZ-Vertreter zwischen den unterschiedlichen Interessen vor Ort zu vermitteln versuchen und die Interessen von wenig artikulationskräftigen Gruppen mit in den offiziellen Diskurs einbringen. Neben dem Governance-Aspekt wird dabei sicherlich auch die Kompromissfähigkeit im Sinne der Nachhaltigkeit (vgl. Kap. 5.1) mit befördert sowie insbesondere auch der Einsatz erneuerbarer Energie stimuliert.

CSR als Lösung?

Nachdem die erhofften „großen Lösungen" im Entwicklungsländertourismus bislang die in sie gesetzten Hoffnungen nicht erfüllt haben und die offizielle EZ sich inzwischen stark in kleinteiligen Projekten engagiert, wird in den letzten Jahren vermehrt die sog. Corporate Social Responsibility (CSR) als möglicher Ansatz diskutiert, die Dilemmata des Entwicklungsländertourismus wenn schon nicht aufzulösen, dann zumindest abzumildern.

Der Nachhaltigkeitsansatz siedelt im Kern einen großen Teil der Steuerungsverantwortung letztendlich auf der staatlichen Seite an. Es ist deren Aufgabe, durch entsprechende gesetzliche Vorgaben und die Schaffung von Rahmenbedingungen den Verbrauch nicht erneuerbarer Ressourcen sowie die Kontamination der Umweltmedien auf ein (wie auch immer operationalisiertes) akzeptables Niveau zu reduzieren bzw. durch entsprechende Sozialgesetzgebung die Beteiligung breiter Bevölkerungsgruppen an der wirtschaftlichen Prosperität sicherzustellen.

Demgegenüber setzt der CSR-Ansatz bei der gesellschaftlichen Verantwortung der Unternehmen an. Ein wichtiges Prinzip ist damit die Freiwilligkeit eines über das Renditeinteresse hinausgehenden sozialen Engagements. Letztendlich liegen die Wurzeln des CSR in den philanthropischen Bewegungen früherer Jahrhunderte, gehen aber deutlich über diese hinaus. Zwar wird die unternehmerische Verantwortung von der WTTC (= World Travel & Tourism Council) als globaler Interessensvertretung der Tourismuswirtschaft anerkannt (WTTC 2002, S. 2). Gleichzeitig erfolgen die konkret erkennbaren Engagements in diese Richtung nicht systematisch und auf breiter Linie. Noch sind es nur einzelne Unternehmen, die sich intensiver zu CSR-Ansätzen bekennen und diese auch relativ stringent und konsequent umsetzen, wie z. B. die Hotelkette Accor (2014; vgl. Kap. 3.1.2; ⌂ *www.accorhotels-group.com*) oder der Schweizer Reiseveranstalter Kuoni (⌂ *www. kuoni.com*).

CSR wird von der Europäischen Kommission wie folgt begrifflich gefasst:

"Most definitions of corporate social responsibility describe it as a concept whereby companies integrate social and environmental concerns in their business operations and in their interaction with their stakeholders on a voluntary basis" (Commission of the European Communities 2001, S. 6).

Damit wird auch von dieser Seite die Freiwilligkeit bei der Berücksichtigung sozialer und ökologischer Belange im unternehmerischen Handeln betont.

Für Reiseveranstalter bedeutet das Anerkennen der CSR, dass ihre Verantwortung sich insbesondere auch im internationalen Tourismus über die von ihnen eingekauften Bausteine anderer Leistungsträger inkludiert, die in Reiseangebote aufgenommen werden.

Der Zusammenschluss von ca. 150 kleineren Reiseunternehmen, die sich explizit zur Verpflichtung gegenüber dem Nachhaltigkeitsparadigma bekennen, das sog. „forum anders reisen" hat gemeinsam mit KATE (= Kontaktstelle für Umwelt und Entwicklung Stuttgart) und EED (= Evangelischer Entwicklungsdienst) Kriterien zur CSR-Berichterstattung im Tourismus entwickelt. Eine der zentralen Herausforderungen stellt dabei – neben den unternehmensinternen Aspekten – insbesondere die Einbeziehung der touristischen Leistungsträger in den Entwicklungsländern dar.

2006 wurde allerdings von KATE konstatiert, dass den Worten nur begrenzt entsprechende Taten gefolgt sind:

„Als Ergebnis zeigt sich erheblicher Entwicklungs- und Verbesserungsbedarf: Die in den letzten Jahren entstandenen internationalen Verhaltenskodizes, Sozialstandards und CSR-Leitbilder werden im betrieblichen Alltag der Tourismuswirtschaft noch kaum umgesetzt. So wurden zwar in einer international besetzten Arbeitsgruppe mit Tourismusunternehmen in Zusammenarbeit mit der TourOperator Initiative (TOI) und der Global Reporting Initiative (GRI) spezielle Berichtsstandards für Nachhaltigkeitsberichte in der Tourismuswirtschaft vereinbart, in der Unternehmensrealität aber nirgendwo – auch nicht in den in der Arbeitsgruppe beteiligten Tourismusunternehmen – eingesetzt (KATE 2006, S. 3).

Dementsprechend wurde die CSR-Zertifizierung von der Mehrheit der Mitglieder des ‚forum anders reisen' als Pflicht beschlossen. Diese wird von TOURCERT (2010), einer gemeinsam von KATE und dem EED getragenen neutralen Zertifizierungseinrichtung, durchgeführt. Die Einstufung der Partnerbetriebe in den Entwicklungsländern basiert dabei auf von den Reiseleitern qualitativ nach dem Augenschein auszufüllende Checklisten sowie allgemeine Selbstauskünfte der touristischen Leistungsträger (KATE 2007, S. 23f.).

Auch wenn damit von den Mitgliedern von ‚forum anders reisen' eine gewisse Orientierung auf CSR auch in den Entwicklungsländern ankommt, reicht dieser kleine Tropfen wohl auch mittelfristig nicht, um auf freiwilliger Basis substantielle Veränderungen herbeizuführen. Die Verantwortung bei den Reiseveranstaltern ist sicherlich ein wichtiges Moment, um sozial und ökologisch verantwortliches Reisen zu fördern. Gleichwohl liegt es sicherlich auch mit in der Verantwortung der politischen Akteure in den Quellmärkten, hier auf die Entwicklungsländer einzuwirken, dass soziale und ökologische Standards umgesetzt werden: „In countries where such regulations do not exist, efforts should focus on putting the proper regulatory or legislative framework in place in order to define a level playing field on the basis of which socially responsible practices can be developed" (Commission of the European Communities 2001, S. 7).

7.3.3   Governance und Performance am Beispiel Kenia

In dem als exemplarisches Beispiel für ein Entwicklungsland behandelten Kenia ist das touristische Angebot einerseits von reifen Destinationen und andererseits von Gebieten mit embryonalen touristischen Ansätzen geprägt. Im Zuge der nationalen Entwicklungsstrategie „Vision 2030" sollen letztere zu eigenständigen Subdestinationen entwickelt werden. Im Mittelpunkt dieses Kapitels steht die Analyse des Gaps zwischen einer relativ unspezifischen und insbesondere nur sehr partiell die regionalen Differenzierungen einbeziehenden staatlichen Steuerung der touristischen Entwicklung sowie dem unkoordinierten und stark von Partikularansätzen geprägten Handeln der Leistungsträger in den Destinationen. Dabei werden die Notwendigkeiten zu stärker destinationsspezifischen Steuerungsansätzen – insbesondere die Etablierung bzw. funktionale Stärkung von DMOs – zur Stimulierung, Initiierung und Begleitung kooperativer Positionierungsstrategien herausgestellt. Auf der Basis von ersten Initiativen relativer Good-Practise-Beispiele, die – vom Bottom-Up-Gedanken geprägt – bislang nur begrenzt Resonanz auf der nationalen Ebene gefunden haben, wird ein dem Gegenstromprinzip verpflichteter Ansatz zur nationalen Tourismuspolitik entwickelt.

Kurzcharakteristik der Destination Kenia

Kenia zählt – auch aufgrund der relativ stabilen politischen Verhältnisse – seit der Unabhängigkeit 1963 zu einem der Länder Afrikas, das eine intensive touristische Inwertsetzung erfahren hat. Anknüpfend an Ansätze aus der britischen Kolonialzeit wurden dabei im Wesentlichen zwei Teilregionen des Landes mit zwei Produktlinien entwickelt (vgl. Abb. 135).

[1]   Die Küstenregion um Mombasa mit dem klassischen Sun&Beach-Segment am Indischen Ozean und den Vorteilen einer Ganzjahresbadedestination.

[2]   Der Safaritourismus in den Nationalparks und Schutzgebieten mit klassischer Savannentierwelt (Tsavo, Massai Mara und Amboseli; teilweise auch grenzüberschreitend mit Tansania am Kilimandscharo und der Serengeti).

Auf die Küste konzentriert sich auch heute noch etwa die Hälfte der etwa 6 Mio. Übernachtungen in Kenia. Zusammen mit einem weiteren Viertel der Übernachtungen in der Hauptstadtregion Nairobi und etwa 10 bis 15 % im (in den Tourismusstatistiken nicht ganz klar abzugrenzenden) Hauptgebiet des – von den sog. Big Five (Elefant, Nashorn, Büffel, Löwe und Leopard) geprägten – Safaritourismus.

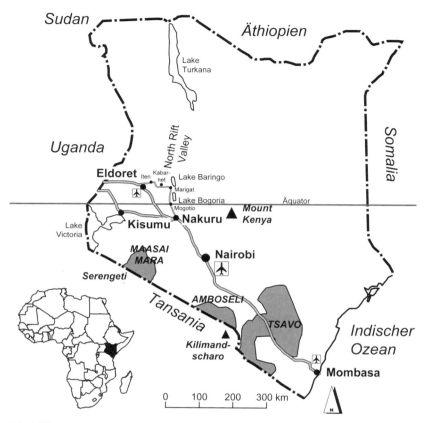

Abb. 135: Zentrale touristische Anziehungspunkte und Lage des North Rift
Valleys in Kenia (Quelle: eigener Entwurf)

Die Ankunftszahlen haben sich in den drei Jahrzehnten nach der Unabhängigkeit von einer Ausgangsbasis von etwa 100.000 im Jahr etwa verzehnfacht. Nach
einem ersten Anstieg bis Anfang der 1970er Jahre und einem daran anschlie-
ßenden etwas konstanten Plateau hat in den 1980er Jahren – insbesondere aufgrund der sinkenden Flugpreise und des mengenmäßigen Ausbaus der Kapazitäten für den Badetourismus in den Küstenabschnitten nördlich und südlich der
Stadt Mombasa ein erneuter Wachstumsschub eingesetzt. Im Anschluss an eine
Plafondierungsphase Ende der 1990er Jahre konnte nach der Jahrtausendwende
durch eine Orientierung auf etwas hochpreisigere und qualitätsorientierte Angebote in den etablierten Produktlinien ein erneuter Aufschwung erzielt werden
(vgl. Abb. 136). Typische Angebotsbeispiele dieser qualitativ hochwertigeren

Phase sind z. B. bei den Lodges für den Safaritourismus das Basecamp in der Maasai Mara (in dem auch der US-amerikanische Präsident mit kenianischen Wurzeln, Barak Obama schon zu Gast war (🖰 *basecampexplorer.com/kenya*) oder in den Küstenresorts die Severin Sea Lodge des deutschen mittelständischen Elektrounternehmens (🖰 *www.severinsealodge.com*). Als typisch für ein Entwicklungsland kann dabei angesehen werden, dass die Entwicklung insbesondere im oberen Preis- und Qualitätsniveau stark von internationalen Investoren und Betreibern geprägt ist. Auch die Adressierung des indischen Marktes hat dem kenianischen Tourismus in dieser Phase zusätzliche Impulse verliehen.

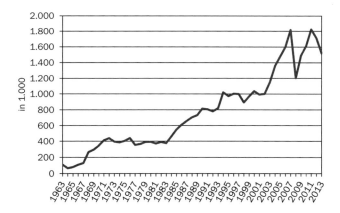

Abb. 136: Entwicklung der Touristenankünfte in Kenia 1995 bis 2013 (Quelle: eigene Darstellung nach Daten UNWTO div. Jg. und 2015)

Am Beispiel von Kenia kann aber auch die Rolle von internen und externen Einflüssen politischer Krisen exemplarisch veranschaulicht werden. Nach Präsidentschaftswahlen – die in Kenia auch von tribalen Aspekten mitgeprägt sind – kam es an der Jahreswende 2007/2008 zu den sog. „Post Election Violences", bei denen zwischen unterschiedlichen Stämmen gewalttätige, bürgerkriegsartige Unruhen, auch mit größeren Vertreibungen von Stammesangehörigen in gemischt besiedelten Gebieten, kam. In der Folge sind die Touristenzahlen – auch aufgrund der Medienberichterstattung – deutlich zurückgegangen, auch wenn in den Touristenhauptgebieten nur begrenzt Auswirkungen der Unruhen zu verspüren waren. Ähnlich ist die Situation seit 2012. Auch wenn in der Region Mombasa oder den Schwerpunkten des Safaritourismus im Süden des Landes kaum konkrete Gefahren bestehen, verursachen Medienberichte über Anschläge der islamistischen Al Shabaab-Milizen, die aus dem benachbarten Somalia in den

Nordosten Kenias eindringen und dort mehrere Anschläge verübt haben, einen deutlichen Rückgang der Touristenzahlen, der auch 2014 noch anhielt.

Die nationale Politik des Tourismusministeriums und die nationale Vermarktungsstrategie des Kenya Tourism Board (KTB) sind dabei von starken Persistenzmomenten und einer Ausrichtung auf die bisherigen traditionellen Produktlinien und Cash-Cow-Destinationen (Mombasa Coast, Amboseli National Parc, nördliche Serengeti) geprägt. Gleichzeitig ist absehbar, dass diese eben auch in eine Reifephase gelangt sind und – nach dem erfolgreichen Upgrade des Standards – an ihre Grenzen stoßen. Dabei stellt der Tourismus nach der Landwirtschaft und dem Blumenanbau mit knapp 14 % Anteil am BIP und 12 % der im formellen Sektor Beschäftigten (Government of Kenya 2013, S. 11) den drittgrößten Wirtschaftssektor in Kenia dar.

Dementsprechend setzt Kenia – wie viele Länder und Regionen mit mangelnden anderen wirtschaftlichen Ressourcen – in starkem Maß auf das Wachstum des touristischen Segments. Im Rahmen der sog. Vision 2030 wird eine klare touristische Ausbaupolitik angekündigt. Zu den deklarierten Flaggschiffprojekten zählt – neben der Entwicklung von sog. Resort Cities (Schwerpunkt im Norden des Landes) – die sog. „Underutilised Parks Initiative", mit der bislang kaum frequentierte Schutzgebiete gefördert werden sollen. Dabei ist die Entwicklung von Nischenprodukten in den Bereichen Kultur, Eco-Sport und Wasser angestrebt (Government of Kenya 2007, S. X). Abgesehen davon, dass sicherlich auch die Entwicklung von Resort-Standorten diskutierbar ist, soll im Folgenden insbesondere auf die Entwicklung von Nischenprodukten abseits der beiden aktuellen Haupttourismusregionen abgestellt werden.

Auch wenn in der Vision 2030 keine klaren quantifizierbaren Ziele für 2030 angegeben werden, soll Kenia in die Top 10 der Langstreckendestinationen aufsteigen. Damit möchte es größenordnungsmäßig etwa 10 Mio. Touristen anziehen. In der Tourismusstrategie 2013–2018 wird als Ziel für 2022 bereits eine Steigerung des Beitrags am BIP durch Einkünfte aus dem Tourismus um 50 % angegeben. Auch für Kenia kann die Schaffung neuer Arbeitsplätze und von Einkommen für die kenianische Bevölkerung als hinter der Zielsetzung stehendes zentrales Motiv identifiziert werden. Damit ist sicherlich ein erheblicher Teil der proklamierten Ziele als „Wishful Thinking" zu bezeichnen, das nur begrenzt auf die realen Potentiale und Gegebenheiten im Land Bezug nimmt. So finden sich in der aktuellen Tourismusstrategie (Government of Kenya 2013) auch keinerlei genauere Angaben, wie denn konkret die in den nächsten 15 Jahren angestrebte Verfünffachung der Touristenzahlen erreicht werden soll. Da die Safarigebiete teilweise – insbesondere in der Maasai Mara – an bzw. wohl schon leicht über der Tragfähigkeitsgrenze sind und auch die geeigneten Küstenabschnitte am Indischen Ozean schon zu einem erheblichen Teil erschlossen sind, ist eine Erschließung neuer regionaler Subdestinationen – ähnlich wie in

Zypern oder Marokko (vgl. Kap. 7.2.3 und 7.2.4) – eine Möglichkeit, die Kapazität zu erhöhen.

Hingewiesen sei an dieser Stelle, dass die starke Fokussierung auf Touristenzahlen in der Diskussion zu kurz greift. Letztendlich relevant sind die Wertschöpfung und der Arbeitsplatzeffekt. Und diese können eben im Qualitätstourismus pro Touristen deutlich höher liegen als im preiswerten Pauschaltourismus. So ist der Deviseneffekt in Marokko (mit seinem Schwerpunkt im mittleren und gehobenen kulturorientierten Städte- und Rundreisetourismus sowie den kleinteiligen Formen des naturorientierten Tourismus) und Tunesien (mit einem klaren Schwerpunkt im fordistischen preisorientierten Pauschal-Badeurlaub) etwa gleich hoch. Tunesien muss aber etwa doppelt so viele Touristen anziehen, um die gleichen Deviseneffekte zu generieren (vgl. KAGERMEIER 2004, S. 285). Auch für Kenia wäre daher denkbar, noch intensiver z. B. dem Vorbild Botswana zu folgen. Dort wird der Safaritourismus fast ausschließlich hochpreisig, aber auch auf hohem Qualitätsniveau angeboten. Da die Tragfähigkeitsgrenze bezogen auf die Zahl der vertretbaren Besucher in den Nationalparks weitgehend erreicht ist, könnte Kenia durchaus die Wertschöpfung durch eine noch konsequentere Forcierung des Upgrading-Prozesses steigern, ohne deswegen eine größere Zahl von Touristen anziehen zu müssen. Allerdings werden die Safariausflüge auch als ergänzendes Ausflugsangebot von der Küste mitvermarktet. Ähnlich wie in Zypern haben die Hotelkonzerne an der Küste nur wenig Interesse, dass sich z. B. im Tsavo-Nationalpark noch mehr hochwertige Lodges ansiedeln und dort ein eigenständiges Tourismusangebot bilden, weil dies umgekehrt die Kapazität für Tagesausflügler von der Küste reduzieren würde. Trotz dieser Konstellation stellt in Kenia die Entwicklung neuer regionaler Subdestinationen die zentrale Option zu einer Erhöhung der Touristenzahlen dar.

Positionierung neuer Destinationen im Tourismusmarkt

Weltweit versuchen etablierte Destinationen durch Diversifizierung und Erhöhung der Produktqualität ihren Anteil am Tourismusmarkt zu steigern, und in vielen sog. Entwicklungsländern wird versucht, durch die touristische Inwertsetzung benachteiligter ländlicher Räume zusätzliche Angebote zu schaffen (vgl. z. B. KAGERMEIER 2003). Damit wird es für sich neu entwickelnde Destinationen schwieriger, sich erfolgreich auf dem Markt zu etablieren.

Der zunehmende Wettbewerbsdruck wird verursacht durch:

[1] Professionalisierung etablierter Destinationen & Produkte

[2] Neueintritte von Destinationen

[3] steigende Ansprüche der Nachfrager.

Damit verbunden sind steigende Ansprüche – insbesondere für sich neu zu positionieren versuchende Destinationen – an:

▪ die Qualität der Humanressourcen,

▪ die Innovationsfähigkeit und

▪ das Entrepreneurship.

Gleichzeitig ist im Tourismus die Dominanz von klein- und mittelständischen touristischen Unternehmen (KMTUs) ausgeprägt. Im Falle von Entwicklungsländern kommen auch oftmals noch eine Vielzahl von Community Based Initiativen, die von nationalen und internationalen NGOs gefördert werden, hinzu. Die Kleinteiligkeit stellt eine besondere Herausforderung an koordinierende Instanzen auf der Destinationsebene dar. Damit kommt den DMOs eine zentrale Rolle auch für die Induzierung einer Innovationskultur in Destinationen zu. Angesichts der Dominanz von KMTUs besteht die Herausforderung für die DMOs

[1] Intern:
- in der Zusammenstellung der Leistungsbündel aus den kleinteiligen Partialproduktelementen zu einem vermarktbaren und marktfähigen Produkt,
- dem Qualitätsmanagement und
- der Generierung eines entsprechenden Commitments bei den einzelnen Beteiligten und Leistungsträgern.

[2] Extern:
- im Branding der bislang unbekannten, sich neu auf dem Tourismusmarkt präsentierenden Destinationen,
- in der Schaffung und Gewährleistung des Marktzugangs (insbesondere für die KMTUs, deren eigene Ressourcen hierfür insuffizient sind),
- der Marktkommunikation, um eine entsprechende Awareness im Markt zu generieren sowie
- (insbesondere in der Startphase) der Distribution angesichts der nur partiellen Integration in etablierte Vertriebskanäle.

Damit kommt den regionalen DMOs in Entwicklungsländern eine noch größere Bedeutung zu als in etablierten OECD-Destinationen, um die Performance der Destination zu stimulieren und zu unterstützen. FISCHER (2009) hat die zentralen kompetenzbezogenen Entwicklungsfaktoren von Destinationen analysiert. Dabei hat sie die DMO als zentralen Player identifiziert, der die einzelnen Angebotselemente aus den Bereich Natur, Kultur und Infrastruktur mit den unterstützenden Dimensionen Investitionskapital, Knowledge und Human Resources zusammenbringen und damit die Entwicklung von wettbewerbsfähigen und buchbaren Produkten gewährleisten kann. Die netzwerkspezifische Rolle zum

Wissenstransfer und zum Capacity Building als auch als zur Gewährleistung eines marktfähigen Qualitätslevels wird auch von LEMMETYINEN (2010, S. 56ff.) betont. Sie stellt insbesondere die Rolle als Informationsvermittler, Moderator, Unterstützer sowie als Katalysator für Kooperationen heraus.

Die Akteurskonstellationen der privaten Leistungsträger auf der Destinationsebene weisen klare Schwächen bei Innovationsstärke, Investitionskraft, Marktzugangsmöglichkeiten, sowie Qualitätsorientierung und Produktivität auf. Im Falle der traditionellen Destinationen ist die insuffiziente Innovationsorientierung durch eine gewisse Saturiertheit aufgrund aktuell noch ausreichender Nachfrage bedingt. Bei den Emerging Destinations sind es vor allem die Kleinteiligkeit und Unprofessionalität der Leistungsträger, die in einer suboptimalen Performance resultiert.

Auch vor dem Hintergrund zunehmender Anforderungen nicht nur an die Qualität der touristischen Angebote, sondern auch an der Einzigartigkeit und Authentizität (vgl. Kap. 2) kommt der Zusammenarbeit unterschiedlicher Akteure auf Destinationsniveau auch künftig eine wachsende Bedeutung zu. Destination Governance wird dabei als Weg angesehen, mit dazu beizutragen, die Entwicklung der individuellen Akteure positiv zu beeinflussen (vgl. Kap. 4.3.1). Die bereits große Bedeutung von Kooperationen im Tourismus gewinnt im Kontext von neu entstehenden Destinationen in Entwicklungsländern nochmals an Stellenwert. Das Wechselspiel der einzelnen Akteure sowie die Governance-Ansätze sollen im Folgenden anhand des Fallbeispiels North Rift Valley auf der Basis von empirischen Primärbefunden beleuchtet werden. Die am Beispiel von Kenia dargestellten Aspekte können dabei bis zu einem gewissen Grad auch als stellvertretend für viele andere sich neu entwickelnde Destinationen in Entwicklungsländern angesehen werden.

Das North Rift Valley in etablierten Vertriebs- und Vermarktungskanälen

Die oben formulierte Hypothese, dass den DMOs eine besondere Rolle bei der Platzierung von sich neu entwickelnden Destinationen zukommt, unterstellt, dass diese im Vergleich zu etablierten Destinationen in den bestehenden Vertriebs- und Vermarktungskanälen nicht adäquat repräsentiert werden und damit eine Art zusätzliche „Starthilfe" über die DMOs notwendig ist. Bevor das North Rift Valley betrachtet wird, soll zunächst überprüft werden, inwieweit die in der Vision 2030 angesprochenen Nischensegmente in den etablierten Marketingkanälen repräsentiert sind.

Ein Blick in die Kataloge deutschsprachiger Reiseveranstalter zeigt, dass die Allrounder unter den Reiseveranstaltern – abgesehen von den unterschiedlichsten Hotelanlagen an der Küste – eine Reihe von Rundreisen durch Kenia anbieten, die teilweise auch klar nach unterschiedlichen Zielgruppen und teilweise auch hinsichtlich der Preisniveaus differenziert sind. Dabei wird für Rundreisen oftmals explizit mit den klassischen „Big Five" geworben. Insgesamt stellen die Angebote fast ausschließlich auf die klassischen Safarizielgebiete ab (genauer bei KAGERMEIER & KOBS 2013, S. 153). Damit wird zwar innerhalb des Produktes klar differenziert, aber letztendlich bezogen auf das mögliche Angebotsspektrum im Land doch nur ein sehr limitierter Ausschnitt angeboten. Auch bei umfassenderen oder hochwertigen Angeboten sind es letztendlich nur spezifische Darbietungsformen (exklusive Lodges, Fly-in bzw. Ballonfahrten oder ergänzende genussorientierte exklusive Angebotsbausteine) an den etablierten Standorten und Parks.

Auch ein Blick in das Angebot von Spezialreiseveranstaltern zeigt, dass dort im Kern letztendlich weitgehend vergleichbare Angebote bereitgehalten werden. Es werden klar nach Reiselänge, Kosten und Zahlungsbereitschaft der Zielgruppen differenzierte Paletten von Rundreisen nach Kenia angeboten, aber auch von den Spezialreiseveranstaltern im Wesentlichen die klassischen Safarizielgebiete angesteuert. Nur in seltenen Fällen werden am Rande neben den „Big Five"-Safariregionen auch ein oder zwei Tage am Lake Baringo (wg. Flusspferden) und Lake Bogoria (wg. Geysiren) im North Rift Valley verbracht (genauer bei KAGERMEIER & KOBS 2013, S. 154). Insgesamt ist festzuhalten, dass von Seiten der Reiseveranstalter im Wesentlichen die etablierten, marktgängigen Subdestinationen mit den klassischen Großwildsafarioptionen angesteuert werden.

Es erscheint nachvollziehbar, dass die internationalen Reiseveranstalter sich mit ihren Angeboten im Wesentlichen an etablierten Produktangeboten und Images orientieren und aus deren Sicht weniger bekannte und damit aus betriebswirtschaftlicher Sicht risikobehaftete Angebotsoptionen kaum von sich aus erkunden und promoten. Aber auch die offizielle nationale touristische Vermarktungsagentur KTB stellt relativ stark sowohl auf den küstenorientierten Tourismus als auch den klassischen Safaritourismus ab (genauer bei KAGERMEIER & KOBS 2013, S. 154f.). Den Diversifizierungsstrategien mit neuen regionalen Subdestinationen wird auch dort nur eine randliche Stellung zugemessen.

Governance-Strukturen in einer sich neu etablierenden regionalen Subdestinationen: das Beispiel des North Rift Valley

Am Beispiel des North Rift Valley werden vor dem Hintergrund, dass weder die etablierten internationalen Reiseveranstalter noch das KTB eine intensive Vermarktung dieser sich in jüngerer Zeit zu etablieren versuchenden regionalen Subdestination übernehmen, Governance-Strukturen und die Performance der touristischen Angebote betrachtet.

Das North Rift Valley (vgl. Abb. 135) als Fallbeispiel für eine regionale Subdestination abseits der traditionellen Safari- und Stranddestinationen bietet relativ günstige Voraussetzungen. Es kann als eine der Sekundärdestinationen in Kenia angesehen werden, die am ehesten von der Diversifizierungsstrategie profitieren könnten bzw. sich relativ leicht entwickeln lassen.

[1] Das North Rift Valley ist nur etwa 200 km von Nairobi entfernt und durchgängig mit geteerten Straßen angebunden, sodass die Erreichbarkeit sowohl für den nationalen als auch den internationalen Markt gewährleistet ist.

[2] Mit dem Lake Bogoria (heiße Quellen und signifikante Flamingo-Population) und dem Lake Baringo (Krokodile und Nilpferde) verfügt es über zwei Attraktionen, die bereits traditionell eine – wenn auch überschaubare – touristische Klientel anziehen.

[3] Darüber hinaus sind in den letzten Jahren im Raum Iten/Kabarnet (Tugen Hills) an der Abbruchkante des Afrikanischen Grabenbruchs mit seinen einmaligen Thermikgegebenheiten Angebote für Paraglider entstanden.

[4] Es liegt eine von der EU mitfinanzierte Potentialstudie vor (Tourism Trust Fund 2008), in der eine Vielzahl von Ansatzpunkten für die weitere touristische Entwicklung identifiziert wurden.

[5] Auch mit Unterstützung von NGOs der internationalen Entwicklungszusammenarbeit wurde ein lokales Akteursnetzwerk aufgebaut.

[6] Als erster Nucleus für eine DMO wurde mit EU-Hilfe 2009 ein Informationszentrum in Mogotio installiert, das direkt am Äquator gelegen als eine Art Eingangstor zur Region verstanden werden kann.

Damit besitzt das North Rift Valley unter den möglichen neu zu entwickelnden Regionaldestinationen eine relativ herausgehobene und günstige Position. Insgesamt konnten bei einer 2012 durchgeführten Analyse gut 20 gewerbliche Unterkunftsangebote identifiziert werden. Die hochwertigeren Angebote sind dabei durchgängig in der Hand von regionsexternen Eigentümern. Trotz klarer Potentiale für die Ansprache von nationalen und internationalen Touristen wurden relativ durchgängig unzureichender Unterhalt, fehlende Reinvestitionen, Schwächen in der Servicequalität, Qualitätsdefizite und suboptimale Marktkommunikation festgestellt (genauer bei KAGERMEIER & KOBS 2013, S. 156).

Angebote für Aktivitäten in der Region zur Gestaltung des Aufenthalts können im Kontext von Entwicklungsländern als niedrigschwellige Einstiegsoption in den Tourismus gesehen werden. Diese erfordern nur begrenzten Kapitaleinsatz bieten damit insbesondere auch für Community-basierte Ansätze sowie zu – teilweise noch dem informellen Sektor zuzuordnenden – Aktivitäten von Einzelpersonen Gelegenheit. Die angebotenen Dorfbesuche zur Präsentation der lokalen Kultur, Bootstouren auf den Seen, Vogel- und Naturwanderungen, volkskundliche und naturorientierte Ausstellungen sind relativ durchgängig von einer mediokren Produktqualität, wenig Kreativität (Kopieren bereits vorhandener Angebote) und teilweise auch insuffizienten Kenntnissen der Ansprechpartner gekennzeichnet. Zwar versuchen sich viele private und kollektivorganisierte Akteure als Anbieter touristischer Aktivitäten. In vielen Fällen wurde die Startphase von internationalen NGOs (Non Governmental Organisation) gefördert. Allerdings setzt – sobald sich diese nach Projektende wieder zurückziehen – zumeist eine klare Degradation ein, es also kaum gelingt, sich selbst tragende Angebote zu stimulieren.

Auch bei den auf den Marktzugang ausgerichteten Indikatoren lässt sich eine Reihe von Schwachpunkten identifizieren. Abgesehen davon, dass manche Angebote abseits der bereits vorhandenen touristischen Attraktionen in relativ schlecht zugänglichen Teilen der Region liegen (= physischer Marktzugang), sind die mangelnde Kooperation (teilweise sogar extreme Konkurrenzkämpfe mit konkreten heftigen Konflikten) sowie der Marktkommunikation (keine Websites, fehlende Schilder oder Informationsangebote vor Ort; = operativer Marktzugang) die zentralen Schwachpunkte. Darüber hinaus ist das gänzliche Fehlen von Reinvestitionen bzw. mangelhafte Business-Skills zu konstatieren (= ressourcenbasierte Marktcharakteristika). Wie für viele marginale Aktivitäten des informellen Sektors typisch, werden zwar Einkünfte zur Unterstützung der Subsistenzsicherung generiert, aber keinerlei Kapitalakkumulation zur Weiterentwicklung der Unternehmungen (genauer bei KAGERMEIER & KOBS 2013, S. 156ff.).

Die Akteurskonstellationen sind in Abbildung 137 zusammenfassend dargestellt:

[1] Weder die internationalen Reiseveranstalter noch die Nationale Marketingagentur KTB ermöglichen der Region in signifikantem Umfang einen Zugang zu den internationalen Märkten. Damit verfügen die Anbieter in der Region (bis auf einzelne Ausnahmen mit meist internationalen Eigentümern) über einen nur rudimentären Marktzugang.

[2] Auch die regionale DMO (Infocenter Mogotio) kann aktuell diese Marktzugangsbarriere nur sehr begrenzt überwinden bzw. aufweichen helfen.

[3] Gleichzeitig bestehen sowohl innerhalb der beiden Gruppen, der Anbieter von Übernachtungsmöglichkeiten und denjenigen von Aktivitätsangeboten klare Separationstendenzen ohne jegliche Kooperationsansätze. Und auch zwischen den Gruppen wurden so gut wie keine Ansätze zu einer Zusammenarbeit festgestellt, wobei die etwas performanteren größeren Beherbergungsbetriebe dazu tendieren, die Aktivitätsangebote betriebsintern zu inkludieren und damit die externen kleineren Anbieter zusätzlich zu konkurrenzieren.

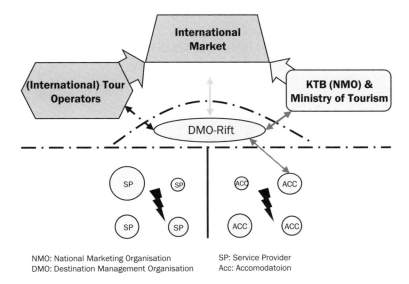

Abb. 137: Akteurskonstellationen im Tourismus der North Rift Region
(Quelle: eigener Entwurf)

Damit besteht für einen erfolgreichen Markteintritt der exemplarisch betrachteten regionalen Subdestination die zentrale Notwendigkeit, einerseits des Capacity Buildings einschließlich der Stimulierung von kreativen, innovativen Ansätzen zur Produktentwicklung im Bereich der Aktivitäten; andererseits ist auch die Generierung von zusätzlichem investivem Kapital (öffentlich und privat, aus regionalen, nationalen und internationalen Quellen) eine unabdingbare Voraussetzung für die Schaffung einer performanten Angebotspalette.

Implikationen für tragfähige Governance-Strukturen

Am Beispiel von Kenia wurde – ähnlich wie bereits in Kap. 7.2.4 – aufgezeigt, dass in den sog. Entwicklungs- und Schwellenländern auf nationaler Seite zwar oftmals verbal die Entwicklung von neuen Destinationen proklamiert wird. Diese Zielsetzung findet jedoch noch keinen entsprechenden Niederschlag in einer konkreten Unterstützung und Begleitung der neu entstehenden Destinationen. Angesichts der klar persistenten, d. h. auf risikoarme etablierte Produkte orientierten internationalen Reiseveranstalter sind damit sich neu entwickelnde Destinationen stark auf sich selbst verwiesen.

Das Beispiel des North Rift Valley zeigt, dass – trotz relativ günstiger Ausgangsbedingungen für die Entwicklung einer regionalen Subdestination – die konkrete Performance meist deutlich suboptimal ist. Produktgestaltung und Produktqualität stellen zentrale Schwachpunkte dar, wobei gleichzeitig auch die Marktzugangsmöglichkeiten in vielen Fällen einen wichtigen Constraint darstellten. Die mangelnde Kooperation zwischen den privaten Stakeholdern und die unter Marktgesichtspunkten nur begrenzt performanten – oftmals im Rahmen der Entwicklungszusammenarbeit von internationalen NGOs geförderten – CBT-Ansätze konnten als weitere Schwachpunkte identifiziert werden. Trotz vielfältiger Versuche der internationalen Entwicklungszusammenarbeit, Bottom-Up-Ansätze zu etablieren, ist es bislang nur in den seltensten Fällen gelungen, eine leistungsfähige DMO-Struktur aufzubauen, die den Schwächen der privatwirtschaftlichen Akteure in der Region begegnen könnte.

Um das auf nationaler Ebene oftmals proklamierte Ziel einer Dekonzentration der touristischen Entwicklung mit einer weiteren räumlichen Streuung der damit verbundenen positiven volkswirtschaftlichen Effekte zu erreichen, sind im ländlichen Raum Kenias – und wohl auch in vielen anderen Ländern des subsaharischen Afrikas – keine ausreichenden Human- und Kapitalressourcen vorhanden. In noch stärkerem Maß als im zentraleuropäischen Kontext ist damit ein Agieren der öffentlichen Hand notwendig, damit sich ein selbsttragender Entwicklungsprozess einstellen kann.

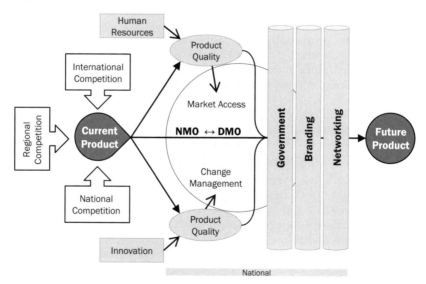

Abb. 138: Modell zur Entwicklung einer Destination Mid Rift Valley (Quelle: eigener Entwurf)

Soll angesichts der sich akzentuierenden Wettbewerbskonstellationen auf der internationalen und nationalen Ebene die Wettbewerbsfähigkeit des touristischen Angebotes von sich neu entwickelnden Angeboten wie im North Rift Valley erreicht werden, wären zunächst die Anforderungen an die Produktqualität und die Entwicklung neuer wettbewerbsfähiger Produkte zu erfüllen (vgl. Abb. 138). Dies würde ein konzertiertes Agieren von nationaler und regionaler Ebene entsprechend dem Gegenstromprinzip erfordern. Nur mit dem Aufbau einer leistungsfähigen DMO-Struktur, die als Mediator und Moderator die Entwicklung initiiert und begleitet, dabei auch aktiv Akquise von externem Know-how und Kapital betreibt, erscheint vor dem Hintergrund der aktuellen Analyseergebnisse ein erfolgreicher Markteintritt möglich.

Erst auf der Basis von marktfähigen Produkten kann dann in einem zweiten Schritt ein regionales Branding und eine Vernetzung der Angebote als Teil eines regionalen Governance-Ansatzes erfolgreich gestartet werden. Die – nicht nur in Kenia – gemachten Erfahrungen mit Projekten der internationalen Entwicklungszusammenarbeit und (inter-)nationalen Investoren legen es gleichzeitig nahe, dass auch diese beiden Akteursgruppen in ein solches Destination-Governance-Konzept einzubeziehen sind, um einerseits zu vermeiden, dass NGO-Projekte isoliert und oftmals dann eben nicht dauerhaft durchgeführt werden und andererseits zwar den berechtigten Kapitalverwertungsinteressen (inter-)nationaler Investoren Rechnung getragen wird, aber gleichzeitig auch die Interessen der Region entsprechend berücksichtigt werden. Zu einem solchen integrierten Konzept, bei dem sowohl die regionalen privaten als auch öffentlichen Akteure mit den nationalen internationalen Akteuren im Gegenstromprinzip zum Wohle einer Destination interagieren, erscheint es aber noch ein weiter Weg.

Herausforderungen im Entwicklungsländertourismus

Implizit wird damit aber auch deutlich, dass das vereinfachende, dem Polarization-Reversal-Ansatz folgende raum-zeitliche Entwicklungsschema von VORLAUFER (1996, S. 198; vgl. Abb. 129) zu mechanistisch und idealistisch ist. Letztendlich unterstellt es das Ablaufen ähnlicher Entwicklungspfade wie in den Industrieländern, ohne die spezifischen Rahmenbedingungen in den sog. Entwicklungsländern ausreichend mit einzubeziehen.

Inzwischen ist mehr als ein halbes Jahrhundert vergangen, seit die Auseinandersetzung mit dem Tourismus in Entwicklungsländern in den 1960er Jahren begonnen hat, ohne dass die intensive Diskussion zu abschließend tragfähigen Lösungen geführt hätte.

Nach dem Scheitern der „großen" Lösungen, die in den fortschrittsgläubigen 1960er und 1970er Jahren vor dem Hintergrund von globalen Ideologien propagiert worden sind, der enttäuschten Hoffnung, dass kleinteilige, partizipative CBT-Strukturen einen Lösungsansatz darstellen könnten, und der Tatsache, dass wohl auch CSR nur eine Partiallösung bietet, ist es möglicherweise Zeit, sich von der Hoffnung auf eine endgültige „Lösung" dieses Syndromkomplexes zu verabschieden. Die an dieser Stelle nur ansatzweise skizzierte Vielfältigkeit der unterschiedlichen Positionen, Problemdimensionen, aber auch die Heterogenität der Konstellationen und den jeweiligen Ländern erlauben möglicherweise eben keine One-Fits-All-Lösungen.

Gleichzeitig wurde deutlich, dass eine Akteursgruppe alleine nicht den Schlüssel für die Lösung der Herausforderungen des Entwicklungsländertourismus in den Händen hält. Weder die Touristen noch die Reiseveranstalter noch die kleinteiligen Leistungsträger in den Destinationen konnten als alleine tragfähiger Ansatzpunkt für eine Lösung der Herausforderungen im Entwicklungsländertourismus identifiziert werden. Wie beim Nachhaltigkeitsansatz ist auch im Entwicklungsländertourismus ein integrierter Ansatz notwendig, der alle Akteursgruppen einbezieht. Analog zum CSR-Ansatz, bei dem die Reiseveranstalter in den Industrieländern Verantwortung mitübernehmen für das Agieren der Leistungsträger in den Destinationen, ist damit sicherlich auch die Politik in den Industrieländern gefordert, sich intensiver im Bereich der Entwicklungspolitik zu engagieren. Dabei ist – neben einer Intensivierung des Engagements mit den klassischen Elementen der EZ – sicherlich auch gefordert, die Weiterentwicklung von Zivilgesellschaften in den Entwicklungsländern intensiv zu begleiten. Auch wenn es nach einer Perpetuierung von oftmals kritisierten neokolonialen Strukturen und den Abhängigkeitsbeziehungen zwischen Nord und Süd klingen mag, scheint es in der Dekolonialisierungsphase nicht gelungen zu sein, in allen ehemaligen Kolonien stabile Staatsgebilde entstehen zu lassen. Insbesondere in Afrika sind die unterschiedlichsten Konflikte nach wie vor virulent und ist die Zahl der der als Failed States einzustufenden Konstrukte erheblich.

Der Tourismus kann sicherlich seinen Teil zu einer ökonomischen Stabilisierung von Staaten leisten und damit indirekt auch zu einer politischen Stabilisierung beitragen. Trotz aller Kritik an den Auswirkungen des Tourismus stellt er oftmals eine akzeptable Alternative zu anderen Wirtschaftssektoren dar. Die Alternativen zum Tourismus lautet ja oft, entweder landwirtschaftliche Monokulturen (sei es durch den Soja-Anbau für die Viehwirtschaft in den Industrieländern in Südamerika oder Blumenzucht für Europa in Kenia), umweltbelastende Schwerindustrie, das Recycling von Elektronikschrott, Niedriglohnproduktion von Textilien oder eben Arbeitslosigkeit, bzw. in letzter Konsequenz dann auch manchmal sogar Flucht und Asylantrag in Europa – sofern die Überquerung des Mittelmeers gelingt. Es ist den sog. Entwicklungsländern nicht gelungen, sich in signifikantem Umfang aus der Abhängigkeit von den Industriestaaten zu befreien. Die Globalisierung perpetuiert Dependenzstrukturen oder schafft neue.

Gleichzeitig muss aber auch klar gesehen werden, dass das Setzen auf den Tourismus zwar Arbeitsplätze und Deviseneinnahmen schaffen kann. Gleichzeitig ist es aber bislang nur in sehr partiellen Umfang gelungen, auf der Basis der touristischen Erschließung dann ausgeprägte Forward- und Backward-Linkages aufzubauen. Tourismus ist damit wohl nur sehr begrenzt geeignet, im Sinne von PERROUX (1955) als Wachstumspol zu fungieren, der nicht nur wirtschaftliches Wachstum, sondern auch wirkliche Entwicklung im umfassenden Sinn durch umfassende Spin-Off-Effekte in andere Wirtschaftsbereiche induziert. Wachstum ja, Entwicklung nur begrenzt, so könnte man die Wirkung der touristischen Entwicklung in peripheren Regionen holzschnittartig auf den Punkt bringen.

Gleichzeitig stellt der Entwicklungsländertourismus – eben weil es keine einfachen abschließenden Lösungen gibt und die Problemdimensionen sehr komplex und herausfordernd sind – einen Gegenstand dar, der immer noch Tourismuswissenschaftler, Tourismus-Praktiker aber auch Experten der EZ anzieht und fasziniert: „In seiner Ambivalenz liegt die „unangenehme Attraktivität des Tourismus" (STECK, STRASDAS & GUSTEDT 1999, S. 9).

▶ **Zusammenfassung**

▪ Zu den Grundstrukturen des internationalen Tourismus zählt eine starke Konzentration auf die sog. Industrieländer – nicht nur als Quellmärkte, sondern auch als Zielgebiete.

▪ Innerhalb dieser nimmt der Mittelmeerraum eine herausragende Stellung ein. In dieser weltweit wichtigsten Großdestination lassen sich viele Entwicklungen und Herausforderungen, die auch für andere Destinationen gelten, besonders prägnant darstellen.

▪ Am Beispiel Mallorcas wurde verdeutlicht, dass eine Produktdiversifizierung von in der Reifephase befindlichen Destinationen mit einem Turn Around und einem Image-Upgrade gelingen kann. Gleichzeitig wurden auch die sich an der Tragfähigkeitsgrenze befindlichen Destinationen thematisiert.

▪ Die Herausforderungen bei der Umsteuerung von der fordistisch geprägten badetouristischen Produktionsweise hin zu den Economies of Scope verpflichteten Ansätzen wurde am Beispiel Zyperns beleuchtet. Dabei wurde auch bereits auf regionale Abhängigkeitsprinzipien eingegangen.

▪ Die Schwierigkeiten der Entwicklung neuer touristischer Angebote und Destinationen im ländlichen Raum wurden am Beispiel von Marokko aufgezeigt. Auch dabei ist die Bedeutung der politischen Rahmenbedingungen und Steuerungsansätze klar gemacht worden.

▣ Der Tourismus in Entwicklungsländern wurde lange Zeit vor dem Hintergrund ideologisch geprägter Grundpositionen intensiv diskutiert. Zumeist wurde die touristische Erschließung in Entwicklungsländern vor dem Hintergrund der erhofften positiven ökonomischen Effekte begonnen. Auch wenn sich diese nicht im ursprünglich erhofften Umfang eingestellt haben, stellt der Tourismus doch eine relevante Größe als Devisenbringer und bei der Schaffung von Arbeitsplätzen dar.

▣ Die negativen sozio-kulturellen und ökologischen Probleme des Tourismus in Entwicklungsländern unterscheiden sich nicht grundsätzlich von denjenigen in anderen Destinationen. Allerdings sind die Ausprägungen der sozio-kulturellen Effekte aufgrund des größeren Unterschieds zwischen den Touristen und der Destinationsbevölkerung deutlich akzentuierter. Die ökologischen Probleme sind ebenfalls oftmals gravierender, da es sich in vielen Fällen um fragile Ökosysteme mit einer hohen Vulnerabilität handelt. Gleichzeitig sind die nationalen und regionalen Governance-Strukturen zum Umgang mit den Problemdimensionen in Entwicklungsländern oftmals weniger effizient.

▣ Am Fallbeispiel von Kenia konnte aufgezeigt werden, dass sich – abgesehen von politischen Rahmenbedingungen und Konflikten – dependenzartige Strukturen auf der nationalen und internationalen Ebene bei der Entwicklung neuer Destinationen als inhibierende Momente darstellen.

▣ Gleichzeitig ist festzuhalten, dass selbst nach einem halben Jahrhundert der teilweise intensiven Auseinandersetzung mit Fragen des Tourismus in Entwicklungsländern sich immer noch keine allgemeingültigen tragfähigen Lösungen abzeichnen. Damit stellt dieses Themenfeld auch künftig eine der zentralen Herausforderungen für insbesondere auch Tourismusgeographen dar.

▶ Weiterführende Lesetipps

STEINECKE, Albrecht (2014): Internationaler Tourismus. Konstanz/ München

Eine ausführlichere Einführung in zentrale Aspekte des internationalen Tourismus liefert dieser Band. Der Autor greift dabei sowohl auf seine jahrzehntelangen Erfahrungen als ausgewiesener Tourismuswissenschaftler als auch ein breites Spektrum von Primärerfahrungen in unterschiedlichsten internationalen Destinationstypen zurück. Auch an dieser Stelle aus Platzgründen nicht behandelte Destinationen, wie Dubai, China oder Indien werden dort berücksichtigt.

BUSWELL, Richard J. (2011): Mallorca and tourism. History, Economy and Environment. Bristol

Eine umfassende Monographie zur Entwicklung des Tourismus auf Mallorca sowie den aktuellen Produktdiversifizierungsansätzen und ökologischen Herausforderungen.

VORLAUFER, Karl (1996): Tourismus in Entwicklungsländern. Möglichkeiten und Grenzen einer nachhaltigen Entwicklung durch Fremdenverkehr. Darmstadt 1996

Wenn auch bereits etwas älter, stellt dieses Buch doch nach wie vor eine konzise Einführung in die Thematik des Entwicklungsländertourismus aus der Sicht eines Geographen und intimen Kenner vieler – insbesondere auch der ostafrikanischen Länder – dar. Leider besteht angesichts des Alters des Autors keine Aussicht auf eine Neuauflage.

GIZ (= Gesellschaft für Internationale Zusammenarbeit; 2014): Handbuch Tourismusplanung in der Entwicklungszusammenarbeit. Herausforderungen – Beratungsansätze – Praxisbeispiele – Instrumente. Eschborn
⌂ *www.giz.de/fachexpertise/downloads/giz2014-de-tourismus-handbuch.pdf*

Von der GIZ, der staatlichen Entwicklungszusammenarbeitsorganisation der Bundesrepublik Deutschland, im Auftrag des Bundesministeriums für wirtschaftliche Zusammenarbeit (BMZ) herausgegebenes Handbuch. Darin sind einerseits eine Reihe von Grundlagen zum Tourismus in Entwicklungs- und Schwellenländern enthalten. Andererseits wird auch auf die entwicklungspolitische Rolle des Tourismus und touristische Projekte im Rahmen der Entwicklungszusammenarbeit (EZ) eingegangen. Dabei werden eine Vielzahl von Beispielen aus der Projekttätigkeit der GIZ vorgestellt, wobei allerdings eine relativ positive Sicht der Dinge hinsichtlich der damit erzielten Wirkungen verbunden ist. Gleichwohl aber eine umfassende, lesenswerte – und auch frei im Internet verfügbare – Quelle für all diejenigen, die sich intensiver mit Entwicklungsländertourismus beschäftigen möchten.

MOWFORTH, Martin & Ian MUNT (2003): Tourism and Sustainability. New tourism in the Third World. London, New York

⌐ *www.academia.edu/613154/Tourism_and_sustainability_Development_globalisation_a nd_new_tourism_in_the_Third_World*

Einer der „Klassiker" in der englischsprachigen Literatur zum Themenfeld Tourismus und Entwicklungsländern. Nicht die neueste Auflage, aber auf academia.edu, einer Internetplattform und gute Quelle für frei im Netz verfügbare Literatur eben kostenfrei zum Herunterladen ist die hier angegebene Ausgabe von 2003.

Die Autoren ordnen den Entwicklungsländertourismus einerseits in den übergeordneten Rahmen der Nachhaltigkeitsorientierung ein. Andererseits wird aber auch ein klarer Fokus auf die entwicklungstheoretische Diskussion der letzten Jahrzehnte gelegt und dabei die Rolle von Machtkonstellationen ebenso berücksichtigt wie die Frage nach Governance-Optionen. Aus einer kritischen Perspektive werden hegemoniale Strukturen im Tourismus – oftmals illustriert an Beispielen aus Mittel- und Südamerika – vor dem Hintergrund der Globalisierung reflektiert.

STOCK, Christian (Hrsg.; 1997): Trouble in paradise. Tourismus in die Dritte Welt. Düsseldorf

Eine Sammlung von kritischen Auseinandersetzungen mit den Effekten des Entwicklungsländertourismus. Der Sammelband ist im Verlag Informationszentrum Dritte Welt (⌐ www.iz3w.org) mit Unterstützung des Bund der Deutschen Katholischen Jugend (BDKJ) erschienen. Neben den klassischen Bereichen Umwelt und interkulturelle Begegnung werden auch die politischen Dimensionen beleuchtet sowie Reflexionen vorgestellt, ob bzw. inwieweit alternative Formen des Tourismus möglicherweise eine Chance darstellen könnten.

O'GRADY, Ron (1997): Die Vergewaltigung der Wehrlosen. Sextourismus und Kinderprostitution. Unkel/Rhein und Bad Honnef

Dieser von Tourism Watch (⌐ www.tourism-watch.de), einer im Wesentlichen vom Evangelische Entwicklungsdienst (EED) getragenen NGO, sowie ECPAT-Deutschland (⌐ www.ecpat.de), der Arbeitsgemeinschaft zum Schutz von Kindern gegen sexuelle Ausbeutung gemeinsam herausgegebene Band beleuchtet offen und deutlich die dunklen Seiten des (Entwicklungsländer-)Tourismus. Es ist die deutsche Ausgabe der englischsprachigen Originalversion: „The rape of the innocent".

8 Perspektiven und Ausblick

Zum Abschluss der Einführung der Tourismusgeographie soll noch ein kurzer Ausblick in drei Richtungen unternommen werden:

[1] Welche Entwicklungstendenzen zeichnen sich auf der Nachfrageseite ab?

[2] Welche Herausforderungen sind für die Angebotsseite festzuhalten?

[3] Welche Implikationen ergeben sich daraus für die Tourismusausbildung und insbesondere die Tourismusgeographie?

Ergänzend folgt noch ein Blick auf den Arbeitsmarkt für Tourismusgeographen.

Hypothesen zu Tendenzen auf der Nachfrageseite

Es ist an dieser Stelle nicht der Ort, um umfassend Trends im Tourismus abzuhandeln. Allzu oft werden im Tourismus von – oftmals auch selbsternannten – Trend-„Gurus" Megatrends ausgerufen, die dann bald wieder in der Versenkung verschwinden. Manchmal drängt sich einem der Eindruck auf, dass es mehr um die Generierung von Aufmerksamkeit geht, wenn im Jahresrhythmus neue Trends postuliert und mit wohlklingenden Namen marktschreierisch ausgerufen werden.

Gleichwohl befinden wir uns aktuell in einer Umbruchphase von der Moderne zur Postmoderne und diese gesamtgesellschaftlichen Rahmenbedingungen werden auch einen Einfluss darauf haben, wie wir Freizeit und Tourismus verstehen und als kulturelle Praxis umsetzen. Dabei wird eine Reihe von sozialen Triebkräften als Rahmenbedingungen die Entwicklung der Nachfrage mit beeinflussen, sei es der demographische Wandel, die zunehmende Individualisierung oder möglicherweise auch eine verstärkte Werteorientierung. Darüber hinaus wirken sich auch die ökonomischen Parameter auf die künftige Entwicklung des Tourismus aus. Hier spielen die Frage nach dem Renteneintrittsalter bzw. der Höhe von Alterseinkommen oder auch die Frage nach der Rolle der industriellen Produktion in den heutigen Industrieländern und damit die nach den Wohlstandsniveaus in den Quellmärkten des internationalen Tourismus sicherlich eine wichtige Rolle. Neben den sozialen und ökonomischen Triebkräften wird sicherlich auch die technologische Entwicklung Einflüsse auf das Reiseverhalten ausüben. Die aktuell virulenten Entwicklungen im Bereich von mobilen Diensten sind noch nicht in voller Konsequenz absehbar, dürften aber das Handeln insbesondere während der Aufenthalte in den Destinationen verändern und gleichzeitig die C2C-Kommunikation weiter an Bedeutung gewinnen lassen. Bei einer weiteren Ausdifferenzierung der Nachfrage dürften gleichzeitig die Ansprüche der Touristen an die Qualität der Angebote weiterhin zunehmen. Möglicherweise wird dabei auch eine noch stärkere Aufspaltung in Low Budget und hochwertige Angebote stattfinden, aber auch unter dem Stichwort „Cheap & Chic" designorientierte Ansätze im Niedrigpreissegment an Bedeutung gewinnen. Vom exklusiven Luxustourismus in Verwöhnoasen über banale Formen des Discount-Partytourismus wird sich das Spektrum der nachgefragten Urlaubsformen wohl auch weiterhin ausdifferenzieren.

Gleichzeitig dürfte die soziale Komponente der Erlebnisse in den nächsten Jahren an Bedeutung gewinnen. Angesichts des verstärkten Sehnens nach Sicherheit, einem Rückzug ins Vertraute und der Besinnung auf das eigene Ich bzw. dessen holistisch verstandenes Wohlbefinden kommt bei den externen Stimuli auch der sozialen Interaktion eine wichtige Rolle zu. Noch mehr als bisher sind die touristischen Anbieter als Dienstleister auf die Integration des externen Faktors „Kunde" bei der Leistungserstellung angewiesen und damit einen für die Kundenzufriedenheit relevanten Aspekt, der eben nur begrenzt gesteuert werden kann. Trotz – oder vielleicht gerade angesichts – der Tatsache, dass letztendlich nur der äußere Rahmen vorgehalten werden kann, der dann vom Kunden im Augenblick der Konsumption mit „Leben gefüllt" wird, d. h. die eigentlichen Erlebnisse nur begrenzt beeinflusst und gesteuert werden können, werden die äußeren Rahmenbedingungen der Angebotsseite als relevante Voraussetzung für eine von der Erlebnisökonomie des 20. Jahrhunderts geprägten Erwartungshaltung angesehen.

Der beruflich und privat oftmals unter Druck stehende und das eigene Leben als anstrengend und fordernd ansehende Kunde erwartet – mehr als jemals zuvor – für die „kostbarsten Tage des Jahres" ein perfekt inszeniertes und abgestimmtes Setting innerhalb dessen er dann, in eine andere Welt eintauchen und das Leben genießen kann. Die Grundmotive des „Weg von" bzw. „Hin zu" als zentrale Driving Forces des Tourismus werden sich damit nicht prinzipiell verändern. Angesichts sich weiter ausdifferenzierender und komplexerer Erwartungshaltungen werden allerdings die Anforderungen an die inhaltliche Erfüllung der Kundenwünsche auch weiterhin steigen.

Die multioptionalen Ansprüche der auch als „hybrid" bezeichneten Nachfrager wurden bislang so interpretiert, dass diese im zeitlichen Verlauf unterschiedliche Produktlinien nachfragen. Vor dem Hintergrund einer stärkeren Ausrichtung auf holistische Angebote zeichnet sich nun ab, dass gerade diese traditionelle Produktpolitik, die auf isolierte einzelne Produktlinien ausgerichtet war, die Erwartungen der Nachfrager möglicherweise zu sehr reduziert. Gleichwohl wurde dies bislang noch nicht systematisch in entsprechende integrierte Produktbündel umgesetzt, bzw. in letzter Konsequenz zu Ende gedacht, dass die klassischen isolierten monostrukturierten Angebote im Übergang zur Postmoderne nicht mehr adäquat für die Nachfrageorientierungen sein könnten.

Herausforderungen auf der Angebotsseite

Nicht nur die sich ausdifferenzierenden und steigenden Ansprüche der Touristen stellen die Anbieter im Tourismusmarkt vor weiterhin zunehmende Herausforderungen. Tourismus ist zwar nach wie vor ein klarer Wachstumsmarkt. Gleichzeitig gilt, dass eben immer mehr Angebote und auch zunehmend qualitativ hochwertige Angebote geschaffen werden. Etablierte Destinationen gehen den Weg der Produktdiversifizierung und neue Destinationen versuchen den Markteintritt. Tourismusförderung als Mittel zur Schaffung einer regionalökonomischen Basis wird dabei insbesondere in den peripheren (ländlichen) Regionen der Industrie- und Entwicklungsländer verfolgt. Aber auch in den Städten oder ehemals altindustrialisierten Regionen wird weltweit im Zuge des industriestrukturellen Wandels die touristische Ausrichtung als ein Element zur Bewältigung des Strukturwandels eingesetzt. Von den deutschen Mittelgebirgen bis in die Namib-Wüste, vom szenetouristischen Angebot in Berlin-Friedrichshain und die Ruinenkneipen in Budapest über den Industriekulturtourismus im Ruhrgebiet bis hin zur architekturtouristischen Redevelopment der Waterfront in Chicago sind in den letzten Jahren eine Vielzahl neuer touristische Angebote geschaffen worden, ohne dass ein Ende absehbar wäre. Trotz des Wachstums der Nachfrage wird sich damit der Wettbewerb zwischen den Destinationen auch künftig weiterhin verschärfen.

Darüber hinaus stellen ökologische Herausforderungen, wie die bislang erst partiell erfolgte Orientierung auf das Paradigma der Nachhaltigkeit sowie die noch nicht vollständig absehbaren Konsequenzen des Klimawandels – insbesondere für die Destinationen zwischen den mediterranen Subtropen und den Tropen – weiter Ansprüche an die Akteure in den Destinationen. Offen bleibt die Frage, inwieweit politische Instabilitäten, möglicherweise sogar ein „Clash of Cultures" mit interkulturell motivierten Konflikten sich weiter akzentuiert und in welchem Umfang und welcher Form sich dies auch im Tourismus auswirkt.

Damit werden auch in Zukunft die Anforderungen an die einzelnen Leistungsträger, insbesondere aber auch für die Steuerung der Leistungsbündel in den Destinationen weiter zunehmen. Im Kontext des Destinationsmanagements wird es nicht nur darum gehen, die Leistungsträger bei der Bewältigung der Aufgaben zu begleiten und zu unterstützen. Auch ein „Mitschleppen" von Leistungsträgern, die den künftigen Herausforderungen nicht gewachsen sein dürften, scheint auf Dauer nicht möglich. Neben dem klassischen pädagogischen Grundprinzips des „Fördern und Fordern" erscheint eine verstärkte Konzentration auf entwicklungsfähige privatwirtschaftliche Anbieter in den Destinationen notwendig. Dies gilt aber auch für die gesamtstaatliche Ebene. Bislang wurde Tourismusförderung als Teil der regionalen Wirtschaftsförderung weitgehend flächenhaft in Regionen mit Strukturproblemen nach dem Gießkannenprinzip eingesetzt. Auch hier erscheint – unter dem Blickwinkel einer optimierten Ressourcenallokation im globalen Wettbewerb – eine Konzentration auf die Destinationen mit einem ausreichenden Marktpositionierungspotential sinnvoll. Im Bewusstsein, dass dies teilweise im Gegensatz zum staatlichen Ausgleichsziel steht, spricht vieles dafür, Fördermittel im Tourismus stärker auf die Destinationen zu konzentrieren, in denen das Verhältnis zwischen staatlicher Förderung und der generierten Wertschöpfung einen möglichst hohen Wert annimmt. Auch wenn dies nicht umfassend empirisch zu belegen ist, drängt sich bei manchen touristischen Förderprojekten der Eindruck auf, dass mit großem Aufwand an öffentlichen Mitteln letztendlich kaum Wertschöpfung generiert wird.

Die zentrale Herausforderung besteht aber darin, den „Tourismus als Traumfabrik" neu zu denken, in der Servicequalität alleine nicht mehr ausreicht für ein erfolgreiches Bestehen am Markt. Der Tourist von morgen wird sicherlich neue Dimensionen von Flow-Erlebnissen erwarten. Und um diesen Anforderungen zu entsprechen, müssen die bestehenden Angebote immer wieder neu entdeckt oder wiedererfunden werden. Die Steigerung der Innovationsfähigkeit und der Kreativität sind damit sicherlich relevante künftige Handlungsfelder. Die Produkte müssen aber nicht nur entwickelt werden. Es gilt auch die Destinationen als Marken-Ikonen mit einem integrierten holistischen Erlebnisversprechen auf dem Markt zu positionieren. Und um die neuen Erlebnisdimensionen entsprechend zu bedienen hat der Tourismus sicherlich noch einen weiten Weg vor sich.

Implikationen für die Tourismus- und tourismusgeographische Ausbildung

Die sich ausdifferenzierenden und gleichzeitig zunehmenden Ansprüche und Erwartungen der Nachfrager sowie die weiteren ökologischen, gesellschaftlichen, technischen und politischen Herausforderungen implizieren, dass die Anforderungen an die Ausbildung im Tourismus weiterhin steigen werden. Längst reicht es eben nicht mehr, das gelegentlich immer noch in Destinationen zu findende Schild: „Fließend kalt und warm Wasser" an einer Unterkunft anzubringen oder zu wissen, ob ein Schnitzel von links oder von rechts serviert wird.

Der Tourismusmarkt hat in den letzten Jahrzehnten eine zunehmende Professionalisierung erfahren. Das alte Sprichwort „Wer nichts wird, wird Wirt" gilt schon lange nicht mehr für ein erfolgreiches Agieren auf dem Markt. Und auch das Klischee vom „Fräulein im Fremdenverkehrsamt", das, mit einem Lächeln auf den scheuen Lippen, Montag bis Freitag zwischen 10 und 16 Uhr den „Fremden" eine Broschüre in die Hand drückt, ist weit entfernt von der Realität in den meisten Destinationsmarketingorganisationen. Zwar ist nach wie vor ein erheblicher Teil der Arbeiten operativ und oftmals in direktem Kundenkontakt. Dieser erfolgt aber eben oftmals mehr über Facebook-Posts zur Stimulierung der Social Media Kommunikation als über den direkten Kontakt am Schalter. Neben dem konkreten operativen Kundenkontakt nimmt aber der Anteil von konzeptionellen und strategischen Aufgaben deutlich zu.

Entsprechend dem sich wandelnden Aufgabenprofil hat in den letzten drei Jahrzehnten eine deutliche Akademisierung der Tourismusausbildung stattgefunden. Dabei wurde insbesondere an den (Fach-)Hochschulen das berufsfeldorientierte Ausbildungsangebot deutlich ausgebaut.

Allerdings ist auch zu konstatieren, dass die Tourismuswissenschaften innerhalb des akademischen Kontextes nur begrenzt als seriöse Wissenschaft eingeschätzt werden. Wenn ein Studiengang „Leisure and Tourism Management" (LTM) kalauerhaft innerhalb der Hochschule von Vertretern anderer Disziplinen aufgrund des Akronyms als „Lachen, Tanzen, Musizieren" bezeichnet wird, spricht dies nicht unbedingt für eine Wertschätzung bzw. ein Zugestehen von Seriosität der Auseinandersetzung mit dem Tourismus. Sich wissenschaftlich mit einem Feld zu beschäftigen, das von vielen eben mit den eigenen lebensweltlichen Urlaubserfahrungen konnotiert wird, rückt die Tourismuswissenschaften in den Augen mancher (und nicht nur im akademischen Umfeld) leicht in die Nähe von „hedonistischen Dünnbrettbohrern". Die Vorstellung, dass auf einer tourismusgeographischen Exkursion in eine mediterrane Destination bei Expertengesprächen in einer Clubanlage eben auch intensive intellektuelle Arbeit geleistet werden kann, ist für Wissenschaftler, deren empirische Arbeit in z. B. in ökotoxikologischem Pipettieren oder der Erosionssimulation mit im Gelände aufgestellten Duschen besteht, oftmals nur schwer vorstellbar. Das Ambiente eines Labors oder des Forschungsfelds in einer vegetationsarmen, zerklüfteten Landschaft entspricht eben mehr dem gängigen Image von seriöser Forschung.

Gleichzeitig ist zu konzedieren, dass die Tourismuswissenschaften eben eine relativ junge Wissenschaft darstellt. Damit sind in der Frühphase sicherlich auch manche akademische Vertreter in dieses Feld „hineingerutscht", bzw. haben eine sich öffnende Nische nach tourismusspezifischer Ausbildungskapazität genutzt, die möglicherweise nicht zum Spitzenfeld der akademischen Welt zählen. Fast im Sinne einer „Self-fulfilling Prophecy" gelingt es den Tourismuswissenschaften beim akademischen „War for Talents" aufgrund ihres nur teilweise als begrenzt wissenschaftlich seriös eingestuften Images, auch nur partiell hochkarätige Nachwuchswissenschaftler anzusprechen. Ohne „Nestbeschmutzung" betreiben zu wollen, muss doch klar gesehen werden, dass – wie sicherlich auch in den meisten anderen Disziplinen – in den Tourismuswissenschaften ein breites Spektrum an akademischen Qualitäten vorzufinden ist.

Auch bei Studieninteressenten wirkt das Image der Tourismuswissenschaften nach. Dass der Job als Qualitätsmanager eines deutschen Reiseveranstalters für die Hotels in einer mediterranen Destination eben nicht bedeutet, entspannt wie die Touristen mit einem Cocktail am Pool zu sitzen, sondern sowohl die Hotelinfrastruktur (bis hin zur Abwasserbehandlung) als auch die Performance des Personal (vom House-Keeping bis hin zur Abendanimation) zu prüfen und mit den Geschäftsführern teilweise harte Verhandlungen über Optimierungsnotwendigkeiten zu führen, ist vielen am Tourismusstudium Interessierten nicht klar. Auch hier paust sich das Bild von „Arbeiten, wo andere Urlaub machen" noch in den Köpfen durch – und führten dann bei einer Konfrontation mit der Realität auch gelegentlich zu Studienabbrüchen.

Das Arbeitsfeld Tourismus stellt – neben den fachwissenschaftlichen Kompetenzen – auch hohe Anforderungen an klassische Soft-Skills. Kreativität, Leistungsorientierung und Risikobereitschaft sind genauso gefordert wie Engagement, Beharrlichkeit und Überzeugungskraft oder Selbstsicherheit. Die Fähigkeit zum Suchen von Marktchancen und dem Setzen von Zielen gehören genauso hierzu wie zur systematischen Planung und Kontrolle. Neben diesen klassischen Persönlichkeitsmerkmalen kommt dem Verständnis als Dienstleister am Kunden und dem Managen von Emotionen im interkulturellen Umfeld eine zunehmende Rolle zu. Damit werden die Anforderungen an im Tourismus Tätige – und insbesondere diejenigen in Leitungsfunktionen – in den nächsten Jahren sicherlich noch weiter steigen.

Dies bedeutet gleichzeitig, dass die Nachfrage nach akademischer Ausbildungskapazität weiterhin auf hohem Niveau bleiben wird. Neben Betriebswirten und Vertretern anderer „Mutter"-Disziplinen haben insbesondere Tourismusgeographen im inter- und transdisziplinären Feld der Tourismuswissenschaften bereits heute einen erheblichen Anteil am akademischen Personal der Hochschulen und Universitäten. Gleichzeitig ist zu beobachten, dass – und die oben skizzierte Wahrnehmung der Tourismuswissenschaften innerhalb der akademischen Welt dürfte hierbei mit eine Rolle spielen – der Tourismus an den Universitäten eher zurück gedrängt wird. Während die (Fach-)Hochschulen in den letzten Jahren tourismusbezogene Studiengänge offensiv ausgebaut haben, ist an den Universitäten, sei es in der BWL, der Geographie oder anderen Disziplinen, eher das Gegenteil zu beobachten. Solange die Promotionsmöglichkeiten nur an Universitäten vorhanden sind, bedeutet dies im Umkehrschluss, dass es künftig schwieriger werden dürfte, promovierte und qualifizierte Tourismuswissenschaftler für das künftig benötigte Lehrpersonal zu finden. Wenn – wie in den Anfängen der akademischen tourismuswissenschaftlichen Auseinandersetzung – damit auch in Zukunft immer wieder nur Quereinsteiger von außen als akademisches Lehrpersonal gewonnen werden müssen, bedeutet dies letztendlich, dass das Rad immer wieder von neuem erfunden wird und damit auch die konzeptionelle und theoretische Weiterentwicklung der Tourismuswissenschaft (auch mit geographischer Perspektive) nicht gewährleistet ist.

Anmerkungen zum Arbeitsmarkt für Tourismusgeographen

Ein großer Teil der akademischen Tourismusausbildung ist stark vom ökonomischen Fokus geprägt. Dieser stellt auch eine wichtige Säule in der Tourismuswirtschaft dar und kann als die Basis jeglichen Agierens im Tourismusmarkt angesehen werden. Die zunehmende Ausdifferenzierung und der stärker werdende postfordistische Charakter der touristischen Angebote, ebenso wie die zunehmende Bedeutung der ethischen Verantwortung und der Ökologieorientierung, aber auch die interkulturellen Aspekte des internationalen Tourismus bedeuten, dass mehr und mehr auch die inter- und transdisziplinäre Dimension an Bedeutung gewinnt. Tourismus braucht zwar auch, aber eben nicht nur Experten für eine rein ökonomische Optimierung, sondern mehr und mehr auch ganzheitlich ausgerichtete Fachleute. Damit gewinnt der Ausbildungsansatz der Tourismusgeographie mit einem stärker umfassend und gesamtgesellschaftlichen Blickwinkel an Bedeutung. Gleichzeitig spielt die ökonomische Komponente im Tourismus immer eine gewisse Rolle. Die ökonomische Tragfähigkeit eines Produktes oder eines Konzepts stellt eben in jedem Fall den „Moment of Truth" dar. Und jede noch so sozialpsychologische ausgefeilte oder pädagogisch „wertvolle" Erlebnisinszenierung bzw. zur Biodiversität und der Nachhaltigkeitsorientierung beitragende Gestaltungsansätze müssen letztendlich, wenn auch nicht immer im streng betriebswirtschaftlichen Sinn, aber doch aus volkswirtschaftlicher Sicht „rentabel" sein.

Aufgrund des klaren Bezugs des Tourismus als kulturelle Praxis zu konkreten räumlichen Kontexten besitzt die Tourismusgeographie eine lange Tradition der Beschäftigung mit dem Phänomen und insbesondere seinen räumlichen Komponenten. Die Auseinandersetzung erfolgte – entsprechend der Tradition des Faches – lange Zeit unter dem stark deskriptiv ausgerichteten, länderkundlich-ideographischen Blickwinkel. Die 1968 reklamierte Ausrichtung des Faches an der gesellschaftlichen Relevanz und das „Verlassen des Elfenbeinturmes" führten dazu, dass sich auch die Tourismusgeographie stärker anwendungsorientierten Fragenstellungen zuwandte. Dass sich die Geographie zu Beginn des 21. Jahrhunderts wohl fast schon wieder – zumindest tendenziell – eher auf dem Weg zurück in den Elfenbeinturm befindet und „Angewandte Geographie" manchmal schon eher wie ein Schimpfwort verwendet wird, steht auf einem anderen Blatt.

Lange Zeit stellten Aspekte des „Fremdenverkehrs" eben nur eines von mehreren Betätigungsfeldern von Hochschulgeographen dar, die primär zukünftige Lehrer ausbildeten, für die wiederum Tourismus nur eines von vielen Unterrichtsthemen bedeutete. Erst mit der Einführung von anwendungsorientierten Diplomstudiengängen in der Geographie seit den späten 1960er, aber vor allem in den 1970er Jahren erfolgte eine verstärkte Orientierung auf andere Berufsfelder. Primär mit dem Blickwinkel auf die mögliche regionalökonomische Rolle des Tourismus in peripheren ländlichen Räumen wurden damit seit Mitte der

1970er Jahre auch spezielle Professuren und Studienrichtungen für Tourismus-geographie geschaffen. Ziel der Ausbildung war es damit ursprünglich vor allem, regionale Fachleute für den Tourismus in ländlichen Destinationen als Wirt-schaftsstrukturförderung auszubilden.

Diese Orientierung auf den ländlichen Raum paust sich auch in den Ausbil-dungsstandorten durch. Im ersten Quartal 2006 wurde zum ersten – und bislang auch letzten – Mal eine bundesweite internetgestützte Befragung von Geogra-phieabsolventen mit Tourismusorientierung unternommen. Bei den Angaben zum Studienort bilden drei Universitäten im ländlichen Raum den klaren Schwerpunkt (vgl. Abb. 139). Gleichzeitig war zum Befragungszeitpunkt an all diesen Standorten die tourismusgeographische Ausrichtung mit mindestens einer Professur institutionell verankert.

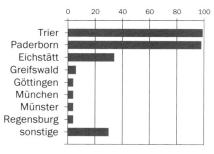

Abb. 139: Studienstandorte von Tourismusgeographen
(Quelle: eigene Erhebung; N = 283)

Greifswald mit seiner Bedeutung als Ausbildungsstandort der sog. „Rekreati-onsgeographie" während DDR-Zeiten stellt einen Sonderfall dar. Die Stichpro-bengenerierung lief zum großen Teil über entsprechende Netzwerke und Ver-bände, aber auch die Kollegen und Kolleginnen an den jeweiligen Standorte und ihre Alumni-Verteiler. Aufgrund des mit der Wiedervereinigung verbundenen Bruches konnten die Absolventen und Absolventinnen aus der DDR-Zeit nur sehr partiell erfasst werden. Dieses Ergebnis ist sicherlich auch deswegen nicht repräsentativ, da die Universitäten mit institutionalisierten tourismusgeographi-schen Studienrichtungen wohl auch einen höheren Grad an Formalisierung ihres Alumni-Netzwerkes besitzen. Wenn auch nicht notwendigerweise die genaue numerische Relation, so dürfte doch die Grundtendenz richtig gespiegelt sein.

Auch wenn die universitäre Ausbildung im Bereich Tourismusgeographie ur-sprünglich stark auf die regionalen Tourismusorganisationen und damit das Desti-nationsmanagement ausgerichtet war, verteilen sich die Absolventen grob gespro-chen zu je einem Viertel auf Reiseveranstalter, touristische Leistungsträger, Tourismusorganisationen und den Bereich Consulting/Ausbildung. Damit finden Tourismusgeographen neben dem quasi „natürlichen" Arbeitsmarkt in den DMOs zum erheblichen Teil auch in anderen Bereichen Beschäftigung. Bei den Reiseveranstaltern dominieren kleine Spezialreiseveranstalter – oftmals auch mit Reiseangeboten in Fernreiseziele. Hinter den touristischen Leistungsträgern steht ein breites Spektrum, das vom Anbieter von Ferienwohnungen und Betreibern von Ferienparks über kulturelle und Freizeiteinrichtungen bis hin zu Incoming-Agenturen und auch manchen Fluggesellschaften reicht. Kaum vertreten sind Hotels – hier gibt es spezialisierte spezifische Ausbildungs- und Studienangebote und gleichzeitig ist dieses Arbeitsmarktsegment prioritär stärker auf andere Studienschwerpunkte als die der Tourismusgeographie ausgerichtet.

Gleichzeitig sind es zumeist spezifische Arbeitsfelder, die bei Reiseveranstaltern und Leistungsträgern besetzt werden. Einen großen Teil nehmen das Marketing, aber auch die Produktentwicklung und der Vertrieb ein. Während sich Tourismusgeographen kaum in „harten" Kern-BWL Bereichen wie z. B. dem Controlling finden, scheinen sie ihre spezifischen Kompetenzen auch bei den Reiseveranstaltern und den anderen touristischen Leistungsträgern – dort selbstverständlich auch im Wettbewerb mit Absolventen von stärker betriebswirtschaftlich ausgerichteten (touristischen) Studiengängen – Anklang zu finden. Tourismusgeographen sind auch nur in den seltensten Fällen als Art „akademische Reiseleiter" tätig. Wenn doch (N = 1 in der Stichprobe), dann meist nur als (durchaus sinnvolle) Einstiegsoption, bevor sie dann in das Produktmanagement oder das Marketing bei einem Studienreiseveranstalter wechseln, sich als Spezialreiseveranstalter selbständig machen, eine Incoming-Agentur oder auch eine Auslandsrepräsentanz einer Fernreisedestination für den deutschen Markt gründen.

Bei der Befragung der Tourismusgeographieabsolventen erfolgte auch eine Erkundigung nach der Relevanz von im Studium vermittelten Kompetenzen. Ein großer Stellenwert kommt dabei erwartungsgemäß der fachlichen Kompetenz zu (vgl. Abb. 140). Dabei wurden bei den fachlichen Kompetenzen insbesondere Kenntnisse zum Destinationsmanagement, zu Zielgruppen und Marktsegmenten sowie dem Tourismusmanagement als relevante inhaltliche Felder genannt. Neben den fachlichen Kompetenzen paust sich aber klar durch, dass den methodischen Fertigkeiten, der Fähigkeit zur Präsentation, Moderation und auch Mediation, sowie ganz allgemein den Soft-Skills eine hohe Bedeutung zumessen wird. Im Umkehrschluss kann gefolgert werden, dass es gerade auch diese Fähigkeiten sind, die in den Augen von potentiellen Arbeitgebern – zusätzlich zu den rein fachlichen Kenntnissen – für Tourismusgeographen einen Wettbewerbsvorteil darstellen. Gerade diese Fähigkeiten, zu denen sicher auch eine gewisse Flexibilität zählt, sich auf neue Gegebenheiten einzustellen, mag mit eine Erklärung auch für den relativ hohen Anteil von Tourismusgeographen im Bereich Consulting sein.

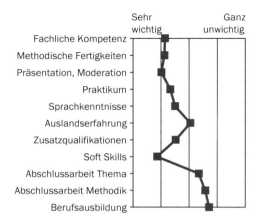

Abb. 140: Bedeutung von Ausbildungsinhalten für Berufseinstieg
(Quelle: eigene Erhebung; N = 283)

Tourismusgeographen weisen – die entsprechenden Voraussetzungen selbstverständlich vorausgesetzt eine respektable Erfolgsquote bei der Integration in den Arbeitsmarkt auf. Bei der Befragung im Jahr 2006 gab etwa die Hälfte der Tourismusgeographen (ohne Abschluss im Jahr 2005) an, direkt im Anschluss an das Studium eine Beschäftigung gefunden zu haben. Bei etwa einem Fünftel dauerte dies bis zu drei und bei jedem Siebten bis zu sechs Monaten. Bis zu einem Jahr war nur etwa ein Zehntel auf Arbeitssuche. Die Tourismusgeographie eröffnet damit für Geographen ein spannendes Arbeits- und Betätigungsfeld mit guten Entwicklungsperspektiven in einem relevanten Arbeitsmarktsegment. Die Kontakte zu den Arbeitgebern entstehen dabei oft über ein Praktikum oder die Abschlussarbeit.

Allerdings bedeutet aber: „Arbeiten, wo andere Urlaub machen" gleichzeitig oftmals – auch in den konzeptionell-strategischen Tätigkeitsbereichen – dass man teilweise zu Zeiten arbeitet, wenn andere Urlaub machen! Und um einem weiteren Klischee vorzubeugen, das Studieninteressenten der Tourismusgeographie manchmal zur Immatrikulation bewegt. Wer gerne Fernreisen unternimmt, und meint, mit der Tourismusgeographie seine privaten Neigungen auf einfache Weise mit dem Beruf verbinden zu können, soll sich vergegenwärtigen, dass zum zwölften Mal im Jahr z. B. als Hoteleinkäufer für einen Reiseveranstalter in eine karibische Destination zu fahren eben nicht nur Vergnügen darstellt. Gleichzeitig bedeutet es auch Verantwortung dafür, dass die Gegebenheiten vor Ort mit der Zielgruppenorientierung des Unternehmens kongruent sind und die ausgehandelten Raten auch mit den unternehmensinternen Kalkulationsvorgaben übereinstimmen. Und die Reisezeit wird zumeist auch nicht in der klimatisch günstigen

Hochsaison liegen. Bereitschaft zu räumlicher Mobilität ist damit zwar in manchen Bereichen des touristischen Arbeitsmarktes eine notwendige Voraussetzung. Wer aber zum eigenen Vergnügen viel in exotische Reiseziele reisen möchte, sollte sich wohl besser ein gut dotiertes anderes Arbeitsfeld suchen und sein Einkommen dann in private Reisen investieren.

Damit soll an dieser Stelle auch etwas „Wasser in den Wein gegossen" werden. Wie viele Dienstleistungsbereiche sind auch die Löhne – aber auch die Gewinnmargen von Unternehmen – deutlich niedriger als in vielen Bereichen der Industrie oder auch im Finanzwesen. Etwas holzschnittartig formuliere ich in der Erstsemestervorlesung: „Wer meint, auf seine Dritt-Jacht in Monaco und seine Fünft-Wohnung auf den Seychellen nicht verzichten zu können, soll wahrscheinlich besser in ein anderes Studienfach wechseln … oder darauf spekulieren, den Sohn/die Tochter des TUI-CEO heiraten zu können". Die Verdienstmöglichkeiten im Tourismus resultieren – abgesehen von den harten Wettbewerbsbedingungen – teilweise auch daraus, dass eben erst seit wenigen Jahrzehnten mehr und mehr akademisch ausgebildete Arbeitskräfte in diesem Bereich eingestellt werden. Traditionell war es auch bei großen Reiseveranstaltern oftmals so, dass das Führungspersonal als Reiseverkehrskaufmannslehrlinge angefangen und damit „von der Pike auf" ihren Weg ins Mangement gemacht haben. Auch im öffentlichen Bereich werden Tourismusfachleute mit Hochschulabschluss oftmals auf Stellen eingesetzt, die früher von Angestellten mit mittleren Bildungsabschlüssen eingenommen wurden. Die Aufgabenprofile werden dabei zwar anspruchsvoller, gleichzeitig bleibt aber die Lohngruppe unverändert. Zwar ist zu erwarten, dass mit dem sich abzeichnenden Fachkräftemangel auch im Tourismus beim sog. „War for Talents" das Entlohnungsniveau ansteigen wird. Allerdings dürfte es auch mittelfristig unter dem in manchen Industriebereichen gezahlten Level bleiben.

Das (Tourismus-)Geographiestudium scheint Studierende anzuziehen, die einerseits die Fähigkeit zu Visionen und ein gewisses Maß an Kreativität mit Pragmatismus und Bodenhaftung kombinieren. Wenn im Studium neben den fachlichen Inhalten auch Leadership- und andere soziale Kompetenzen wie die Netzwerk- und Mediationsfähigkeit gefördert werden, kann der geographische Approach als tendenziell holistischer Ansatz dazu beitragen, dass Tourismusgeographen auch künftig eine wichtige Rolle im Tourismus spielen.

Das Buch schließt mit dem Satz der letzten Folie der Erstsemestervorlesung für Studierende der Tourismusgeographie:

„Sie sind im Begriff, sich auf ein faszinierendes, facettenreiches, spannendes, sich gleichzeitig permanent veränderndes und herausforderndes Berufsfeld vorzubereiten."

Literaturverzeichnis

ABEGG Bruno et al. (2007): Climate change impacts and adaptation in winter tourism. In: Shardul Agrawala / OECD (= Organisation for Economic Co-operation and Development; Hrsg.; 2007): Climate Change in the European Alps. Adapting winter tourism and natural hazards. Paris, S. 25–60

ACCOR (2014): Accor Ethics and Corporate Social Responsibility Charter. Paris

ADERHOLD, Peter et a. (2013): Tourismus in Entwicklungs- und Schwellenländer. Eine Untersuchung über Dimensionen, Strukturen, Wirkungen und Qualifizierungsansätze im Entwicklungsländer-Tourismus – unter besonderer Berücksichtigung des deutschen Urlaubsreisemarktes. Starnberg (= Schriftenreihe für Tourismus und Entwicklung des Studienkreis für Tourismus und Entwicklung)

ADJOURI, Nicholas & Tobias BÜTTNER (2008): Marken auf Reisen. Erfolgsstrategien für Marken im Tourismus. Wiesbaden

ADFC (= Allgemeiner Deutscher Fahrrad Club; versch. Jahrgänge): Bett+Bike – Fahrradfreundliche Gastbetriebe. Bremen, ᷞ www.bettundbike.de

ADV (= Arbeitsgemeinschaft Deutscher Verkehrsflughäfen; 2015): ADV-Monatsstatistik 12/2014, Berlin, ᷞ www.adv.aero

AMERSDORFFER, Daniel et al. (Hrsg.; 2010): Social Web im Tourismus. Strategien – Konzepte – Einsatzfelder. Heidelberg

ANDERSON, Chris (2006). The Long Tail. Why the future of Business is selling Less of More. New York

ANDERSON CEDERHOL, Erika (2009): „Being with others". The commodification of relationships in tourism. In: SMITH, Melanie & Leontine ONDERWATER (Hrsg.): Experiencing difference. Changing tourism and tourists experiences. Arnhem (= Atlas Reflections 2009), S. 31–42

ANSOFF, H. Igor (1957): Strategies for Diversification. In: Harvard Business Review. Vol. 35 (5), S. 113–124

ANTON, Claudia & Heinz-Dieter QUACK (2005): Städtetourismus: Überblick. In: LANDGREBE, Silke & Peter SCHNELL (Hrsg.): Städtetourismus. München/Wien, S. 9–17

ANTZ, Christian, Christian EILZER & Bernd EISENSTEIN (Hrsg.; 2011): Slow Tourism: Reisen zwischen Langsamkeit und Sinnlichkeit, Frankfurt (Schriftenreihe des Instituts für Management und Tourismus, 6)

ARD/ZDF-Medienkommission (2015): ARD/Zdf-Onlinestudie. ᷞ www.ard-zdf-onlinestudie.de

ARLETH, Jennifer & Andreas KAGERMEIER (2009): Potentiale des historischen Erbes. Neue Wege im kulturorientierten Städtetourismus. In: Geographische Rundschau, 61 (2), S. 12–18

BAGGIO, Rodolfo (2011): Collaboration and cooperation in a tourism destination: a network science approach. In: Current Issues in Tourism. Vol.. 4 (2), S. 183–189

BAMBERG, Sebastian & Peter SCHMIDT (1993). Verkehrsmittelwahl – eine Anwendung der Theorie geplantes Verhalten [Choosing between means of transportation: An application of the theory of planned behavior]. Zeitschrift für Sozialpsychologie, Vol. 24, S. 25–37

BECK, Ulrich (1986): Risikogesellschaft. Auf dem Weg in eine andere Moderne. Frankfurt a. M.

BECK, Ulrich (1994): Jenseits von Stand und Klasse? In: BECK, Ulrich & Elisabeth BECK-GERNSHEIM (Hrsg.): Riskante Freiheiten. Individualisierung in modernen Gesellschaften. Frankfurt, S. 43–60

Berlin Tourismus & Kongress GmbH (Hrsg.; 2012): Wirtschaftsfaktor für Berlin: Tourismus- und Kongressindustrie. Berlin

BERRIANE, Mohamed & Mohamed ADERGHAL (2012): Tourisme rural, Gouvernance Territoriale et Développement Local en zones de montagnes. Rabat

BIEGER Thomas & Pietro BERITELLI (2013): Management von Destinationen. 8. Auflage, München

BIEGER, Thomas & Pietro BERITELLI (2014): From destination governance to destination leadership – defining and exploring the significance with the help of a systemic perspective. In: Tourism Review, Vol. 69 (1), S. 25–46

BIEGER, Thomas, Christian LAESSER & Pietro BERITELLI (2011): Destinationsstrukturen der 3. Generation – Der Anschluss zum Markt. St. Gallen, IMP-HSG

BLÁZQUEZ-SALOM, Macià (2013): More villas and more barriers: Gentrification and the enclosure of rural land on Majorca. In: Méditerranée. Revue géographique des pays méditerranéens, N° 120, S. 25–36

BMVBS (= Bundesministerium für Verkehr, Bau und Stadtentwicklung; 2013): Lokale Qualitäten, Kriterien und Erfolgsfaktoren nachhaltiger Entwicklung kleiner Städte – Cittaslow. Berlin

BMWi (= Bundesministerium für Wirtschaft und Technologie; Hrsg.; 2008): Ökonomische Impulse eines barrierefreien Tourismus für alle. Eine Untersuchung im Auftrag des Bundesministeriums für Wirtschaft und Technologie. Berlin (= Dokumentation, 526)

BMWi (= Bundesministerium für Wirtschaft und Technologie; Hrsg.; 2009): Grundlagenuntersuchung Fahrradtourismus in Deutschland. Langfassung. Berlin

BMWi (= Bundesministerium für Wirtschaft und Technologie; Hrsg.; 2010): Grundlagenuntersuchung Freizeit und Urlaubsmarkt Wandern. Langfassung. Berlin

BMWi (= Bundesministerium für Wirtschaft und Technologie; Hrsg.; 2011): Innovativer Gesundheitstourismus in Deutschland. Leitfaden. Berlin.

BMWi (= Bundesministerium für Wirtschaft und Energie; 2013): Tourismuspolitischer Bericht der Bundesregierung. 17. Legislaturperiode. Berlin (🖰 *www.bmwi.de*)

BMWi & BTW (= Bundesministeriums für Wirtschaft & Bundesverband der Deutschen Tourismuswirtschaft; Hrsg.; 2012): Wirtschaftsfaktor Tourismus Deutschland. Kennzahlen einer umsatzstarken Querschnittsbranche. Langfassung. Berlin

BOGNER, Thomas (2006): Strategisches Online-Marketing. Wiesbaden

BOURDIEU, Pierre (1983): Ökonomische Kapital, kulturelles Kapital, soziales Kapital. In: KRECKEL, Reinhard (Hrsg.): Soziale Ungleichheiten. Göttingen, S. 183–198

BOURDIEU, Pierre (1987): Die feinen Unterschiede. Kritik der gesellschaftlichen Urteilskraft. Frankfurt

BRITTNER, Anja et al. (1999): Kurorte der Zukunft. Neue Ansätze durch Gesundheitstourismus, Interkommunale Kooperation, Gütesiegel Gesunde Region und Inszenierung im Tourismus. Trier (= Materialien zur Fremdenverkehrsgeographie, 49)

BRITTNER, Anja (2000): Kurverkehr. In: Institut für Länderkunde (Hrsg.): Nationalatlas Bundesrepublik Deutschland – Freizeit und Tourismus. Leipzig, S. 32–33

BRITTNER-WIDMANN, Anja & Verena HUHN (2009): Das Cittaslow-Konzept – Entschleunigung als Mittel zur Förderung des Städte- und Kulturtourismus. In: KAGERMEIER, Andreas & Fanny RAAB (Hrsg.): Wettbewerbsvorteil Kulturtourismus. Innovative Strategien und Produkte. Berlin, S. 239–253 (= Schriften zu Tourismus und Freizeit, 9)

BROHLBURG Lina & Werner GRONAU (2011): Green hotels a new strategy for the mass market? – A consumer study from Cyprus. In: KAGERMEIER, Andreas & Tobias REEH (Hrsg.): Trends, Herausforderungen und Perspektiven für die tourismusgeographische Forschung. Mannheim, S. 135–154 (= Studien zur Freizeit- und Tourismusforschung, 3)

BTW (= Bundesverband der Deutschen Tourismuswirtschaft; 2015): Menschenrechte. Global Code of Ethics for Tourism der UNWTO.
🖰 *www.btw.de/themen/menschenrechte.html*

Burda Community Network (2007): Typologie der Wünsche 06/07. Offenburg,
🖰 *www.tdwi.de*

BUSWELL, Richard J. (2011): Mallorca and tourism. History, Economy and Environment. Bristol

BUTLER, Richard W. (1980): The concept of the tourist area life-cycle of evolution: implications for management of resources. Canadian Geographer 24 (1), S. 5–12

BUTLER, Richard & Adi WEIDENFELD (2012): Cooperation and Competition during the Resort Lifecycle. In: Tourism Recreation Research, Vol. 37 (1), S. 15–26

CHRISTALLER, Walter (1968): Die zentralen Orte in Süddeutschland. Darmstadt (Neudruck der Originalausgabe von 1933, Jena)

COHEN, Erik (1972): Toward a Sociology of International Tourism. In: Social Research 39 (1), S. 164–182

Commission of the European Communities (2001): Green Paper. Promoting a European framework for corporate social responsibility. Brüssel

CSIKSZENTMIHALYI, Mihaly (1997): Finding Flow. The Psychology of Engagement with Everyday Life. New York

CTO (= Cyprus Tourism Organisation) (2000): Strategic Plan for Tourism 2000–2010. Nikosia

CTO (= Cyprus Tourism Organisation) (2002): Annual Report 2002. Nikosia

Deutsche Bank Research (2008): Klimawandel und Tourismus: Wohin geht die Reise? Frankfurt

Deutsches Wanderinstitut (2008): Profilstudie Wandern 2008. 1. Basismodul „Wer wandert warum?" Marburg

Deutsches Wanderinstitut (2009): Deutsches Wandersiegel für Premiumwege. Marburg (*www.deutscheswanderinstitut.de/deutsches-wandersiegel*)

Deutscher Wanderverband (2006): Qualitätsweg Wanderbares Deutschland. Gütesiegel für Wanderwege. Kassel

Deutscher Wellness Verband (2009): Wellness, Tourismus, Qualität und Zertifizierung durch den Deutschen Wellness Verband. Düsseldorf

DLR (= Deutsches Zentrum für Luft- und Raumfahrt; 2014): Low Cost Monitor 2/2014. Der aktuelle Markt der Low Cost Angebote von Fluggesellschaften im deutschen Luftverkehr. Köln

Dokumentationszentrum Prora (Hrsg.: 2010): Reisen und Rassismus. Die NS-Volksgemeinschaft zwischen Verlockung und Terror. Dokumente und pädagogische Materialien. Mappe C: Die NS-Organisation Kraft durch Freude und das Seebad der 20.000. Prora

DREYER, Axel, Anne MENZEL, & Martin ENDREß (2010): Wandertourismus. Kundengruppen, Destinationsmarketing, Gesundheitsaspekte. München

DRV (= Deutscher Reiseverband; 2015): Fakten und Zahlen 2014 zum deutschen Reisemarkt. Berlin (*www.drv.de*)

DTV (= Deutscher Tourismusverband; Hrsg.; 2002): Praxisleitfaden Wellness. Bonn

DTV (= Deutscher Tourismusverband; 2006): Grundlagenuntersuchung Städte- und Kulturtourismus in Deutschland. Bonn (*www.deutschertourismusverband.de/service/touristische-studien/dtv-studien.html*)

DTV (= Deutscher Tourismusverband; 2015): ServiceQualität Deutschland. Berlin (⌂ *www.q-deutschland.de*)

DUNN, Halbert L. (1959): High Level Wellness for Man and Society. In: American Journal of Public Health 49 (6), S. 786–792

DWIF (= Deutsches Wirtschaftswissenschaftliches Institut für Fremdenverkehr; 2013): Tagesreisen der Deutschen. Grundlagenuntersuchung. München = DWIF-Schriftenreihe, 55)

DZT (= Deutsche Zentrale für Tourismus e. V.; 2014): Jahresbericht Zweitausenddreizehn. Frankfurt (⌂ *www.germany.travel*)

DZT (= Deutsche Zentrale für Tourismus e. V.; 2015): Incoming-Tourismus Deutschland. Zahlen, Daten, Fakten 2014. Frankfurt (⌂ *www.germany.travel*)

ECM (= European Cities Marketing; Hrsg.; 2015): ECM-Benchmarking Report. 11th Official Edition 2014–2015. Dijon (⌂ *www.europeancitiesmarketing.com/research/reports-and-studies/ecm-benchmarking-report*)

EIJGELAAR, Eke (2011): Voluntary Carbon Offsets a Solution for Reducing Tourism Emissions? Assessment of Communication Aspects and Mitigation Potential. In: European Journal of Transport and Infrastructure Research (EJTIR) 11 (3), S. 281–296

ENZENSBERGER, Hans Magnus (1958): Vergebliche Brandung der Ferne. Eine Theorie des Tourismus. In: Merkur 12 (8), S. 701–720

ESCHER, Anton & Sandra PETERMANN (2004): Gentrification in den Altstädten des Königreiches Marokko. In: MEYER, Günter (Hrsg.): Die Arabische Welt im Spiegel der Kulturgeographie. Mainz, S. 154–162 (= Veröffentlichung des Zentrums zur Erforschung der Arabischen Welt [ZEFAW], 1)

ETI (= Europäisches Tourismusinstitut an der Universität Trier; 2007): Touristisches Zukunftskonzept Lüneburger Heide/Elbtalaue 2015. Trier

Eurostat (2014): Eurostat regional yearbook 2014. Luxembourg

Eurostat (2015a): Datenbank. ⌂ ec.europa.eu/eurostat/data/database

Eurostat (2015b): GISCO: Geographische Informationen und Karten. ⌂ ec.europa.eu/eurostat/web/gisco

FASTENMEIER, Wolfgang, Herbert GSTALTER & Ulf LEHNIG (2001): Subjektiver Freizeitbegriff und Mobilitätsmuster. Ergebnisse einer bundesweiten Haushaltsbefragung. München (= Berichte aus dem Institut mensch-verkehr-umwelt, 1)

FERGEN, Ulrike (2006): Heilbäder und Kurorte in der Krise ? Strukturwandel als Chance am Beispiel der rheinlandpfälzischen Staatsbäder. Trier (= Materialien zur Fremdenverkehrsgeographie, 65)

FFA (=Filmförderungsanstalt; div. Jg.): Geschäftsbericht. Berlin fvw (= FremdenVerkehrsWirtschaft; 2014): fvw-Dossier. Deutsche Veranstalter 2014. Beilage zur fvw Nr. 25 *(Jährlich mit dem letzten Heft des Jahres der Zeitschrift fvw erscheinendes Dossier mit Basisangaben zum deutschen Veranstaltermarkt)*

FISCHER, Elisabeth (2009): Das kompetenzorientierte Management der touristischen Destination. Identifikation und Entwicklung kooperativer Kompetenzen. Wiesbaden

FISHBEIN, Martin & Icek AJZEN (1975): Belief, Attitude, Intention and Behavior: An Introduction to Theory and Research. Reading, Massachusetts

FLAGESTAD, Arvid & Christine A. HOPE (2001): Strategic success in winter sports destinations: a sustainable value creation perspective. In: Tourism Management, Vol. 22, S. 445–461

FOUCAULT, Michel (2005): Die Heterotopien / Der utopische Körper. Zwei Radiovorträge. Zweisprachige Ausgabe. Frankfurt

FREITAG, Elke & Andreas KAGERMEIER (2002): Multiplexkinos als neues Angebotselement im Freizeitmarkt. In: STEINECKE, Albrecht (Hrsg.): Tourismusforschung in Nordrhein-Westfalen: Ergebnisse – Projekte – Perspektiven. Paderborn, S. 43–55 (= Paderborner Geographische Studien zu Tourismusforschung und Destinationsmanagement, 15)

FREITAG, Elke, Andreas KAGERMEIER & Frauke ROGGE (2007): Erweiterung der ADFC-Radreiseanalyse 2007. Trier 2007 (= unveröffentlichtes Gutachten im Auftrag des ADFC-Deutschland)

FREYER, Walter (2011a): Tourismus. Einführung in die Fremdenverkehrsökonomie. 10. Auflage, München

FREYER, Walter (2011b): Tourismus-Marketing. Marktorientiertes Management im Mikro- und Makrobereich der Tourismuswirtschaft. 7. Auflage, München

FREYTAG, Tim (2009): Low-Cost-Carrier als Motor für den Städtetourismus in Europa? In: Geographische Rundschau, 61 (2), S. 20–26

FUCHS, Wolfgang, Jörn W. MUNDT & Hans-Dieter ZOLLONDZ (Hrsg.; 2008): Lexikon Tourismus: Destinationen, Gastronomie, Hotellerie, Reisemittler, Reiseveranstalter, Verkehrsträger, München

FUR (= Forschungsgemeinschaft Urlaub und Reisen; 2007): Akzeptanz klimaschonender Verhaltensweisen im Urlaub. Kiel

FUR (= Forschungsgemeinschaft Urlaub und Reisen; 2014): Abschlussbericht zu dem Forschungsvorhaben: Nachfrage für Nachhaltigen Tourismus im Rahmen der Reiseanalyse. Kiel

FUR (= Forschungsgemeinschaft Urlaub und Reisen; div. Jg.): Reiseanalyse. Kiel

GARDINI, Marco A. (2010): Grundlagen der Hotellerie und des Hotelmanagements. Hotelbranche – Hotelbetrieb – Hotelimmobilie. München

GILMORE, James H. & B. Joseph PINE (2007): Authenticity: What consumers really want. Boston

GIZ (= Gesellschaft für Internationale Zusammenarbeit; 2014): Handbuch Tourismusplanung in der Entwicklungszusammenarbeit. Herausforderungen – Beratungsansätze – Praxisbeispiele – Instrumente. Eschborn
(⌂ *www.giz.de/fachexpertise/downloads/giz2014-de-tourismus-handbuch.pdf*)

Govern de les Illes Balears. Conselleria de Turisme i Esports. Agència de Turisme de les Illes Balears (2014): El Turisme a les Illes Balears. Anuari 2013. Palma

Govern de les Illes Balears. Conselleria de Turisme i Esports. Agència de Turisme de les Illes Balears (2015): Estadístiques del turisme. Indicadors de demanda turística.
⌂ *http://www.caib.es/sacmicrofront/contenido.do?mkey=M1007291124412783413 7&lang=CA&cont=27994*

Government of Kenya (2007): Kenya Vision 2030. A Globally Competitive and Prosperous Kenya. Nairobi

Government of Kenya. Ministry of East Africa, Commerce and Tourism. Department of Tourism (2013): National Tourism Strategy 2013–2018. Nairobi.

Green Capital & CSR Sydney (Hrsg.; 2008): Drivers for Corporate Social Responsibility and Sustainable Practice in Australia. Sydney (⌂ *www.greencapital.org.au*)

GRONAU Werner (2005) Freizeitmobilität und Freizeitstile. Mannheim (= Studien zur Mobilitäts- und Verkehrsforschung, 9)

GRONAU, Werner & Andreas KAGERMEIER (2007): Key factors for successful leisure and tourism public transport provision. In: Journal of Transport Geography 15, S. 127–135

GROSS, Sven & Alexander SCHRÖDER (2005): Low Cost Airlines in Europa – Eine marktorientierte Betrachtung von Billigfliegern. Dresden

GROSS, Sven (2011): Tourismus und Verkehr. Grundlagen, Marktanalyse und Strategien von Verkehrsunternehmen. München

GÜNTHER, Armin (2006): 20 Jahre Erlebnisgesellschaft – und mehr Fragen als Antworten. Zwischenbilanz oder Abgesang auf die Erlebniswelten-Diskussion. In: REUBER, Paul & Peter SCHNELL (Hrsg.): Postmoderne Freizeitstile und Freizeiträume. Neue Angebote im Tourismus. Berlin, S. 47–62

HABERMAS, Jürgen (1985): Die Neue Unübersichtlichkeit: Kleine Politische Schriften V. Frankfurt

HAGGETT, Peter (1983): Geographie. Eine moderne Synthese. Stuttgart (Deutsche Übersetzung des 1972 erstmals erschienenen Originalwerks: Geography: A Modern Synthesis)

HALLERBACH, Bert (2009): Die regionalwirtschaftlichen Effekte des Fahrradtourismus am Beispiel von Rheinland-Pfalz. Trier (= Dissertation an der Universität Trier)

HAMBIRA, Wame L. & Jarkko SAARINEN (2015): Policy-makers' perceptions of the tourism-climate change nexus: Policy needs and constraints in Botswana. In: Development Southern Africa 32 (3), S. 350–362

HARMS, Tim & Andreas KAGERMEIER, (2013): Closed borders and wasted opportunities: the case of Cyprus. In: THIMM, Tatjana (Hrsg.): Tourismus und Grenzen. Mannheim 2013, S. 13–26 (= Studien zur Freizeit- und Tourismusforschung, 9)

HARTMANN, Klaus D. (1974): Auslandsreisen. Dienen Urlaubsreisen der Völkerverständigung? Starnberg (= Schriftenreihe für Tourismusforschung des Studienkreis für Tourismus)

HARVEY, David (1989): The Condition of Postmodernity. Oxford 1989

HECKHAUSEN, Heinz & Peter M. GOLLWITZER (1987): Thought Contents and Cognitive Functioning in Motivational versus Volitional States of Mind. In: Motivation and Emotion. Vol. 11 (2), S. 101–120

HELBRECHT, Ilse (1994): „Stadtmarketing" – Konturen einer kommunikativen Stadtentwicklungspolitik. Basel, Boston, Berlin (= Stadtforschung aktuell, 44)

HINTERHOLZER, Thomas & Mario JOOSS (2013): Social Media Marketing und Management im Tourismus. Heidelberg

HINTERHUBER, Hans H. (2013): Maßstäbe für die Unternehmer und Führungskräfte von morgen. Mit Leadership neue Pionierphasen einleiten. In. HINTERHUBER, Hans H. et al. (Hrsg.; 2000): Das neue strategische Management. Perspektiven und Elemente einer zeitgemäßen Unternehmensführung. Wiesbaden, S. 91–120

HOF, Angela & Macià BLÁZQUEZ-SALOM (2013) : The Linkages between Real Estate Tourism and Urban Sprawl in Majorca (Balearic Islands, Spain). In: Land Vol. 2 (2), S. 252–277

HRADIL, Stefan (2005): Soziale Ungleichheit in Deutschland. Wiesbaden

HÜRTEN, Dennis (2007): „Sportscape" Mallorca. Eine geographische Untersuchung der ökonomischen Bedeutung und Raumwirksamkeit des mallorquinischen Radtourismus. Köln

Identity Foundation (Hrsg.; 2001): Gesundheitsstudie. Die Deutschen und ihre Einstellungen zu Krankheit und Gesundheit. Düsseldorf

IHA (= Hotelverband Deutschland e. V.; Hrsg.; 2015): Hotelmarkt Deutschland 2015. Berlin

ISENBERG, Wolfgang (Hrsg.; 1992): Tourismus auf Mallorca. Bilanz, Gefahren, Rettungsversuche, perspektiven. Zu den Grenzen touristischen Wachstums. Bergisch-Gladbach (= Bensberger Protokolle der Thomas-Morus-Akademie,77)

JÄGGI, Monika: Tourismus und Ressourcennutzung in der südtunesischen Oase Douz. ein sozialgeographischer Beitrag zur Umweltforschung. Bern u.a. 1994 (= Europäische Hochschulschriften. Reihe IV: Geographie, 15)

JÄGGI, Monika & Beat STAUFFER (1990): Grün und integriert: wie in Tunesien Naturlandschaften für Luxustourismus zerstört werden. Zürich

JUDD, Dennis R. (1999): Constructing the Tourist Bubble. In: JUDD, Dennis R. & Susan, S. FAINSTEIN (Hrsg.): The tourist city. New Haven, S. 35–53

JUNGK Robert (1980): Wieviel Touristen pro Hektar Strand? Plädoyer für sanftes Reisen. In: Geo, Heft 10/1980, S. 154–156

KAGELMANN, H. Jürgen: (1998): Erlebniswelten. Grundlegende Bemerkungen zum organisierten Vergnügen. In: RIEDER, Max et al. (Hrsg.): ErlebnisWelten. Zur Kommerzialisierung der Emotionen in touristischen Räumen und Landschaften. München/Wien, S. 58–94 (= Tourismuswissenschaftliche Manuskripte, 4)

KAGERMEIER, Andreas (1997): Tourismus im Maghreb. Ökologische und sozioökonomische Risiken eines staatlich geförderten Sektors. In: Wuqûf. Beiträge zur Entwicklung von Staat und Gesellschaft in Nordafrika, 10/11, S. 363–386

KAGERMEIER, Andreas (1999): Neue staatlich geförderte Tourismusprojekte in Marokko und Tunesien und ihre Rolle für die wirtschaftliche Entwicklung peripherer Räume. In: POPP, Herbert (Hrsg.): Lokale Akteure im Tourismus der Maghrebländer. Resultate der Forschungen im bayerischen Forschungsverbund FORAREA 1996–1998. Passau, S. 91–114 (=Maghreb-Studien, 12)

KAGERMEIER, Andreas (2001): Tendenzen der Tourismusentwicklung im Mittelmeerraum im Überblick: Zahlen, Tendenzen, Konflikte. In: POPP, Herbert (Hrsg.): Neuere Trends in Tourismus und Freizeit. Bayreuth, S. 53–71 (= Bayreuther Kontaktstudium Geographie, 1)

KAGERMEIER, Andreas (2002): Tourismus im Mittelmeerraum. Entwicklung und Perspektiven. In: Praxis Geographie 32, Heft 3, S. 28–31

KAGERMEIER, Andreas (2003): The Development and Economic Impact of Newly Established Tourist Areas in the Maghreb Countries of Morocco and Tunisia. In: KOPP, Horst (Hrsg.): Area Studies, Business and Culture. Münster-Hamburg-London, S. 61–69

KAGERMEIER, Andreas (2004): Tourismus im Maghreb: Quo Vadis? In: Meyer, Günter (Hrsg.): Die Arabische Welt im Spiegel der Kulturgeographie. Mainz, S. 390–399 (= Veröffentlichung des Zentrums zur Erforschung der Arabischen Welt [ZEFAW], 1)

KAGERMEIER, Andreas (2006): Methoden der Messung von Besucherzufriedenheit im Vergleich – dargestellt am Beispiel einer industriekultureller Einrichtung. In: LEDER, Susanne & Albrecht STEINECKE (Hrsg.): Aktuelle Themen der Tourismusforschung. Märkte – Events – Methoden. Paderborn, S. 133–152 (= Paderborner Geographische Studien, 19)

KAGERMEIER, Andreas (2007): Erfolgsfaktoren intermodaler Mobilitätsangebote für Freizeit und Tourismus. In: FREYER, Walter, Michaela NAUMANN & Alexander

SCHULER (Hrsg.): Standortfaktor Tourismus und Wissenschaft. Berlin, S. 219–232 (= Schriften zu Freizeit und Tourismus, 8)

KAGERMEIER, Andreas (2009): Intensivierung der Auslandsmarktorientierung im Städtetourismus – Optionen auch für kleinere städtetouristische Destinationen? In: SOBOLL, Anja (Hrsg.): Deutschland als Incoming-Destination. Mannheim, S. 69–90 (= Studien zur Freizeit- und Tourismusforschung, 2)

KAGERMEIER, Andreas (2011a) Implikationen der sich abzeichnenden Reifephase für die die Angebotsgestaltung im Fahrradtourismus. In: Werner Gronau (Hrsg.): Zukunftsfähiger Tourismus – Innovation und Kooperation. Mannheim, S. 51–72 (= Studien zur Freizeit- und Tourismusforschung, 6)

KAGERMEIER, Andreas (2011b): Mit allen Sinnen genießen – Kulinarik als ergänzende Dimension erlebnisorientierter Produktinszenierung. In: KAGERMEIER, Andreas & Tobias REEH (Hrsg.): Trends, Herausforderungen und Perspektiven für die tourismusgeographische Forschung. Mannheim, S. 51–72 (= Studien zur Freizeit- und Tourismusforschung, 4)

KAGERMEIER, Andreas (2011c): Social Web & Tourismus – Implikationen des internetgestützten Empfehlungsmarketings für die nachfrageseitige touristische Praxis. In: BOKSBERGER, Philipp & Markus SCHUCKERT (Hrsg.): Innovationen in Tourismus und Freizeit. Hype, Trends und Entwicklungen. Berlin 2011, S. 59–78 (= Schriften zu Tourismus und Freizeit der Deutschen Gesellschaft für Tourismuswissenschaft, 12)

KAGERMEIER, Andreas (2012): Les postes militaires au Maroc méridional: leur développement de sites servants à la conquête du « Maroc inutile » à des villes dynamiques avec des fonctions publiques et économiques. In: POPP, Herbert & Mohamed AÏT HAMZA (Hrsg.): L'heritage colonial du Maroc. Bayreuth, S. 83–98 (= Maghreb-Studien, 17).

KAGERMEIER, Andreas (2013): Auf dem Weg zum Erlebnis 2.0. Das Weiterwirken der Erlebniswelten zu Beginn des 21. Jahrhunderts. In: QUACK, Heinz-Dieter & Kristiane KLEMM (Hrsg.): Kulturtourismus zu Beginn des 21. Jahrhunderts. München, S. 1–10

KAGERMEIER, Andreas (2014): Challenges in achieving leadership structures for repositioning the destination Cyprus. In: Tourism Review, Vol. 69 (2), S. 158–170

KAGERMEIER, Andreas (2015): Tourismus im ländlichen Raum Marokkos: Wirtschaftliche Impulse und Herausforderungen. In: Struck, Ernst (Hrsg.): Tourismus – Herausforderungen für die Region. Passau, S. 147–162 (= Passauer Kontaktstudium Geographie, 13)

KAGERMEIER Andreas & Gesa KOBS (2013): Governance und Performance in Destinationen: das Beispiel Kenya. In: CONRADY, Roland & David RUETZ (Hrsg.): Tourismus und Politik. Schnittstellen und Synergiepotentiale. Berlin, S. 149–161 (= Schriften zu Freizeit und Tourismus, 16)

KAGERMEIER, Andreas, Julia KÖLLER & Natalie STORS (2015): Share Economy im Tourismus. Zwischen pragmatischen Motiven und der Suche nach authentischen Erlebnissen. In: Zeitschrift für Tourismuswissenschaft, Vol. 7 (2), S. 117–145

KAGERMEIER, Andreas & Tim HARMS (2013): Einsatz von Social Media im Weintourismusmarketing: Konkrete Praxis und ungenutzte Chancen. In: SCHERHAG, Knut (Hrsg.): Weintourismus und Marketing. Lohmar/Köln 2013, S. 65–91

KAGERMEIER, Andreas & Werner GRONAU (2013): Destination Branding als Teil eines regional ausgerichteten Destination Governance-Ansatzes in Zypern. In: Zeitschrift für Tourismuswissenschaft, Vol. 5 (1), S. 107–114

KAGERMEIER, Andreas & Werner GRONAU (2015): Identifying key factors for the successful provision of public transport for tourism. In: ORSI, Francesco (Hrsg.): Sustainable Transportation in Natural and Protected Areas. London, S. 230–40

KAISER, Marc-Oliver (2002): Erfolgsfaktor Kundenzufriedenheit. Dimensionen und Messmöglichkeiten. Berlin

KANO, Noriaki (1995): Upsizing the organisation by attractive quality creation. In: KANJI, Gopal K. (Hrsg.). Total Quality Management. Proceedings of the First World Congress. London, S. 60–72

KASSAH, Abdelfettah (1997): Auswirkungen des Tourismus auf die Oasen in Südtunesien. In: Geographische Rundschau 49 , S. 89–96

KATE (= Kontaktstelle für Umwelt & Entwicklung; 2006): Corporate Social Responsibility (CSR). Tourismusunternehmen in globaler Verantwortung. Stuttgart

KATE (= Kontaktstelle für Umwelt & Entwicklung; 2006): Leitfaden CSR-Reporting im Tourismus. 8 Schritte zum CSR Bericht. Stuttgart

KEUL, Alexander & Anton KÜHBERGER (1996): Die Straße der Ameisen. München & Wien (Tourismuswissenschaftliche Manuskripte, 1)

KIEFL, Walter, Reinhard BACHLEITNER & H Jürgen KAGELMANN (2005): Lexikon zur Tourismussoziologie. München & Wien

KOTLER, Philip et al. (2007): Grundlagen des Marketing. München

KRIPPENDORF, Jost (1982): Die Landschaftsfresser. Tourismus und Erholungslandschaft, Verderben oder Segen. Ostfildern

KRIPPENDORF, Jost (1984): Die Ferienmenschen. Für ein neues Verständnis von Freizeit und Reisen. München

KULINAT, Klaus (1991): Fremdenverkehr in den Mittelmeerländern. Konkurrenten mit gemeinsamen Umweltproblemen. In: Geographische Rundschau 43, S. 430–436

Landeshauptstadt München. Referat für Arbeit und Wirtschaft. Tourismusamt (2012). Tourismus. Jahresbericht 2011. München

Land Berlin (2015): Einwohnerinnen und Einwohner in Berlin in LOR-Planungsräumen am 31.12.2014. ⌂ daten.berlin.de

LANZ, Stephan (1996): Demokratische Stadtplanung in der Postmoderne. Oldenburg (= Wahrnehmungsgeographische Studien zur Regionalentwicklung, 15)

LAUBE, Helene et al. (2014): Teilen und Herrschen. Die Sharing Economy verspricht eine bessere Zukunft: Teilen soll das neue Haben sein. In: Capital. Wirtschaft ist Gesellschaft, Heft 8/2014, S. 76–85

LEDER, Susanne (2003): Wandertourismus. In: BECKER, Christoph, Hans HOPFINGER & Albrecht STEINECKE (Hrsg.): Geographie der Freizeit und des Tourismus. Bilanz und Ausblick. München & Wien, S. 320–330

LEDER, Susanne (2007): Neue Muße im Tourismus. Eine Untersuchung von Angeboten mit dem Schwerpunkt Selbstfindung und Entschleunigung. Paderborn (= Paderborner Geographische Studien zu Tourismusforschung und Destinationsmanagement, 21)

LEMMETYINEN, Arja (2010): Destination-Marketing Organizations facing the challenges of change. In: KELLER, Peter & Thomas BIEGER (Hrsg.): Managing Change in Tourism. Berlin, S. 49–65

LENGEFELD, Klaus (2004): Pro-Poor-Tourism und „Sustainable All-Inclusive" oder: Kann der (Massen) Tourismus Motor für Armutsminderung und lokale Wirtschaftsförderung sein? Eschborn (= unveröffentlichtes Thesenpapier der GIZ)

LESSMEISTER Ralph & Herbert POPP (2004): Profitiert die Regionsbevölkerung vom ländlichen Tourismus? Das Beispiel des Trekking- und Wüstentourismus in Südmarokko. In: In: Meyer, Günter (Hrsg.): Die Arabische Welt im Spiegel der Kulturgeographie. Mainz, S. 400–411 (= Veröffentlichung des Zentrums zur Erforschung der Arabischen Welt [ZEFAW], 1)

LINNE, Martin (2014): Share Economy – Entwicklung und Strukturen. In: LINNE, Martin (Hrsg.). Smart Tourism – Share Economy im Tourismus. Produkte, Grenzen, Folgen. Elmshorn, S. 9–12 (= Schriftenreihe Dienstleistungsmanagement: Tourismus, Sport, Kultur, 15)

LÜEM, Thomas (1985): Soziokulturelle Auswirkungen des Tourismus in Entwicklungsländern. Zürich (= Schriftenreihe Anthropogeographie des Geographischen Instituts der Universität Zürich, 5)

MAIER, Jörg (1970): Die Leistungskraft einer Fremdenverkehrsgemeinde. Modelanalyse des Marktes Hindelang, Allgäu. Ein Beitrag zur wirtschaftsgeographischen Kommunalforschung. München (= WGI-Berichte zur Regionalforschung, 3)

MAITLAND, Robert & Peter NEWMAN (Hrsg.) (2009): World Tourism Cities. Oxon

MASLOW, Abraham H. (1943): A Theory of Human Motivation. In: Psychological Review 50, S. 370–396

MATZLER, Kurt (2000): Customer Value Management. In: Die Unternehmung, Vol. 54 (4), S. 289–308

MEYER, Günter (1996): Tourismus in Ägypten. Entwicklung und Perspektiven im Schatten der Nahostpolitik. Geographische Rundschau 48, S. 582–588

MIGLBAUER, Ernst (2012): Neue Entwicklungen im Radtourismus. In: DREYER, Axel,. Rainer MÜHLNICKEL & Ernst MIGLBAUER (Hrsg.): Radtourismus. Entwicklungen, Potentiale, Perspektiven. München, S. 18–35

MOWFORTH, Martin & Ian MUNT (2003): Tourism and Sustainability. New tourism in the Third World. London, New York

MUNDT, Jörn W. (2014): Thomas Cook – Pionier des Tourismus. Konstanz & München

MÜLLER, Hansruedi & Fabian WEBER (2008): 2030: Der Schweizer Tourismus im Klimawandel. Bern

Museum Putbus (2014): Geschichte der denkmalgeschützten Prora-Anlage. ⌖ www.museum-prora.de/index.php?c=p1

MUSKAT Birgit (2007): Total Quality Management im Tourismus. Wiesbaden

MWVLW-RLP (= Ministerium für Wirtschaft, Verkehr, Landwirtschaft und Weinbau des Landes Rheinland-Pfalz; 2008): Tourismusstrategie 2015. Markttrends erkennen, Potenziale nutzen. Mainz

NEUS Andreu et al. (2003): El quart boom? Tendències de consum de recursos naturals a les Illes Balears : In : Revista de Geografia, N 2/2003, S. 61–77

NOHLEN, Dieter & Franz NUSCHELER (Hrsg.; 1993): Handbuch der Dritten Welt. Band 1: Grundprobleme – Theorien – Strategien. 3. Auflage, Bonn

NUSCHELER Franz (2004): Lern- und Arbeitsbuch Entwicklungspolitik, 5. Auflage, Bonn

O'GRADY, Ron (1997): Die Vergewaltigung der Wehrlosen. Sextourismus und Kinderprostitution. Unkel/Rhein und Bad Honnef

OPASCHOWSKI, Horst W. (1990): Pädagogik und Didaktik der Freizeit. 2. Auflage, Opladen

OPASCHOWSKI, Horst W. (2000): Kathedralen des 21. Jahrhunderts. Erlebniswelten im Zeitalter der Eventkultur, Hamburg

OPASCHOWSKI, Horst W. (2002): Tourismus. Eine systematische Einführung. 3. Auflage, Opladen

OSV (= Ostdeutscher Sparkassenverband; Hrsg.; 2013): Wer soll das bezahlen? Leitfaden zur Finanzierung und Organisation des Tourismus auf Ortsebene. Berlin

PAPPALEPORE, Ilaria, Robert MAITLAND & Andrew SMITH (2013). Prosuming creative urban areas. Evidence from East London. In: Annals of Tourism Research 44, S. 227–240

PARASURAMAN, A., Valarie A. ZEITHAML & Leonard L. BERRY (1985): A Conceptual Model of Service Quality and Its Implications for Future Research. In: The Journal of Marketing, Vol. 49 (4), S. 41–50

PARASURAMAN, A., Valarie A. ZEITHAML & Leonard L. BERRY (1988): SERV-QUAL: A Multiple-Item Scale for Measuring Consumer Perception of Service Quality. In: Journal of Retailing, Vol. 64 (10), S. 12–40

PALM, Petra (2000): Community Based Tourism als eine Form des nachhaltigen Tourismus in kommunalen Gebieten Namibias. Eschborn (= TÖB Publication: TÖB F-V/12d aus dem TropenÖkologie Begleitprogramm der Deutschen Gesellschaft für Technische Zusammenarbeit [GTZ])

PECHLANER, Harald, Sabine PICHLER & Michael VOLGGER (2013): Vom Destination Management zur Destination Governance – Steuerungsperspektiven im Spannungsfeld von Destination und Tourismusorganisation. In: SARETZKI, Anja & Karl-Heinz WÖHLER (Hrsg.; 2013): Governance von Destinationen. Neue Ansätze für die erfolgreiche Steuerung touristischer Zielgebiete. Berlin, S. 63–80

PECHLANER Harald, Egon SMERAL & Kurt MATZLER: Customer value management as a determinant of the competitive position of tourism destinations. In: Tourism Review, Vol. 57 (4), S. 15–22

PECHLANER, Harald & Michael VOLGGER (2012): How to promote cooperation in the hospitality industry: Generating practitioner-relevant knowledge using the GABEK qualitative research strategy. In: International Journal of Contemporary Hospitality Management, Vol. 24 (6), S. 925–945

PERROUX, François (1955): Note sur la notion de Pôle de Croissance. In: Économie Appliquée 8, S. 307–320

PETRARCA Francesco (2014): Die Besteigung des Mont Ventoux. Aus dem Lateinischen übersetzt und mit einem Nachwort versehen von Kurt Steinmann. Stuttgart (= Reclams Universal-Bibliothek, 19099)

PINE, B. Joseph & James H. GILMORE (1999): The Experience Economy: Work is a Theatre and Every Business a Stage. Boston

POON, Auliana (1993): Tourism, technology and competitive strategies. Wallingford

POPP, Herbert & Brahim EL FASSKAOUI (2013): Some observations on tourism developments in a peripheral region and the validity of global value chain theory. The Anti-Atlas mountains in Morocco. In: Erdkunde Vol. 67 N°3, S. 265–276

PORTER Michael E. (1980): Competitive Strategy. Techniques for analyzing industries and competitors. New York

PORTER, Michael E. (1985): Competitive Advantage. New York

POSER, Hans (1939): Geographische Studien über den Fremdenverkehr im Riesengebirge. Ein Beitrag zur geographischen Betrachtung des Fremdenverkehrs. Göttingen (= Abhandlungen der Gesellschaft der Wissenschaften zu Göttingen, Mathematisch-physikalische Klasse, Dritte Folge, 20)

PSIRU (Public Services International Research Unit, School of Computing and Maths, University of Greenwich; Hrsg.; 2005): Palma de Mallorca Case Study. Greenwich (⌂ *www.watertime.net/docs/WP2/D35_Palma_de_mallorca.doc*)

QUACK, Heinz-Dieter (2001): Freizeit und Konsum im inszenierten Raum. Eine Untersuchung räumlicher Implikationen neuer Orte des Konsums, dargestellt am Beispiel des CentrO Oberhausen. Paderborn (= Paderborner Geographische Studien, 14)

QUACK, Heinz-Dieter & Albrecht STEINECKE (Hrsg.; 2012): Dark Tourism – Faszination des Schreckens. (= Paderborner Geographische Studien zu Tourismusforschung und Destinationsmanagement, 25)

RAICH, Frieda (2006): Governance räumlicher Wettbewerbseinheiten. Ein Ansatz für die Tourismusdestination. Wiesbaden

REIN, Hartmut & Wolfgang STRASDAS (Hrsg.; 2015): Nachhaltiger Tourismus. Einführung. Konstanz/München

Republic of Cyprus, Ministry of Finance, Statistical Service (2015): Tourism – Key Figures. ⌂ *www.mof.gov.cy/mof/cystat/statistics.nsf/services_71main_en/services_71main_en?OpenForm&sub=1&sel=2*

REVERMANN Christoph & Thomas PETERMANN (2003): Tourismus in Großschutzgebieten. Impulse für eine nachhaltige Regionalentwicklung. Berlin

RICHARDSON, Harry W. (1980): Polarization Reversal in Developing Countries. In: Papers of Regional Science Association 45, S. 67–85

ROMEIß-STRACKE, Felicitas (2003): Abschied von der Spaßgesellschaft. Freizeit und Tourismus im 21. Jahrhundert. München/Amberg

ROSTOW, Walt W. (1960): Stadien wirtschaftlichen Wachstrums. Göttingen (*Übersetzung der Originalversion: The Stages of Economic Growth: A Non-Communist Manifesto. Cambridge, 1960*)

ROTHFUß, Eberhard (2004): Ethnotourismus. Wahrnehmungen und Handlungsstrategien der pastoralnomadischen Himba (Namibia). Ein hermeneutischer, handlungstheoretischer und methodischer Beitrag aus sozialgeographischer Perspektive. Passau (= Passauer Schriften zur Geographie 19)

Royaume du Maroc. Ministère du Tourisme. Direction des Aménagements et des Investissements. (Hrsg.; 2002): Stratégie de Développement du Tourisme Rural. Madrid [Étude préparée pour le Ministère du Tourisme par L'Organisation Mondiale du Tourisme (O.M.T.) en sa qualité d'agence d'exécution du Programme des Nations-Unies pour le Développement (P.N.U.D.)]

Royaume du Maroc. Ministère du Tourisme (2015): Tourisme en chiffres. Rabat (⌂ *www.tourisme.gov.ma/fr/tourisme-en-chiffres/chiffres-clés*)

RUPPERT, Karl (1962): Das Tegernseer Tal. Sozialgeographische Studien im oberbayerischen Fremdenverkehrsgebiet. Kallmünz/Regensburg (= Münchneer Geographische Hefte, 23)

RUPPERT, Karl & Jörg MAIER (1970): Zur Geographie des Freizeitverhaltens. Kallmünz (= Münchner Studien zur Sozial- und Wirtschaftsgeographie, 6)

REIN, Hartmut & Alexander SCHULER (Hrsg.; 2012): Tourismus im ländlichen Raum. Wiesbaden

REIN, Hartmut & Wolfgang STRASDAS (Hrsg.; 2015): Nachhaltiger Tourismus. Einführung. Konstanz/München

SCHAAL, Frank & Nadine LICHTER (2010): Regionalmarken als strategisches Positionierungselement von Mittelgebirgsregionen – dargestellt am Beispiel der Regionalmarke EIFEL. In: KAGERMEIER Andreas & Joachim WILLMS (Hrsg.): Tourism Development in Low Mountain Ranges. Mannheim, S. 91–112 (= Studien zur Freizeit- und Tourismusforschung, 3)

SCHÄTZL, Ludwig (1983): Regionale Wachstums- und Entwicklungstheorien. In: Geographische Rundschau 35, S. 322–327

SCHMITT, Thomas (2007): Qualitätstourismus auf Mallorca: „Ballermann" war besser. In: RUBIN Wissenschaftsmagazin Ruhr-Universität Bochum, Sonderheft 2/2007, S. 20–27

SCHMITT, Thomas & Macià BLÁZQUEZ-Salom (2003): Der dritte Tourismusboom auf Mallorca (1991–2000) – zukunftsweisender Trend oder überschrittener Zenit? In: Tourismus Journal, Vol. 7 (4), S. 502–522

SCHMUDE, Jürgen (2003): Musicals in Deutschland: Eine Marktanalyse anhand des Modells des Produktlebenszyklus. In: Tourismus Journal 7 (1), S. 29–42

SCHULER, Alexander: (2013): Bedeutung von Governance für Veränderungsprozesse von Destinationen In: Zeitschrift für Tourismuswissenschaft, Vol. 5 (1), S. 23–40

SCHULZE, Gerhard (2005): Die Erlebnisgesellschaft. Kultursoziologie der Gegenwart. 2. Auflage Frankfurt (erstmals erschienen 1992)

SEIFERT-GRANZIN, Jörg & Samuel D. JESUPATHAM (1999): Tourism at the Crossroads. Challenges to Developing Countries by the New World Trade Order. Frankfurt (= epd-Entwicklungspolitik Materialien, VI/ 99)

SHARPLEY, Richard (2001): Tourism in Cyprus: challenges and opportunities. In: Tourism Geographies, Vol. 3 (1), S. 64–86

SHARPLEY, Richard (2002): Rural tourism and the challenge of tourism diversification: the case of Cyprus. In: Tourism Management 23, S. 233–244

SHARPLEY, Richard (2003): Tourism, Modernisation and Development on the Island of Cyprus: Challenges and Policy Responses. In: Journal of Sustainable Tourism, Vol. 11 (2&3), S. 246–265

SIEGRIST, Dominik, Susanne GESSNER & Lea KETTERER BONNELAME (2015): Naturnaher Tourismus. Qualitätsstandards für sanftes Reisen in den Alpen. Bern

Sinus Markt- und Sozialforschung (2014): Sinus-Milieus. ⌐ô *www.sinus-institut.de/ loesungen/sinus-milieus.html*

SKOWRONNEK, Alsino, Lucas VOGEL & Jonas PARNOW (2015): AirBnB vs. Berlin. Was sagen die Daten? ⌐ô *www.airbnbvsberlin.de*

SPODE, Hasso (1987): Zur Geschichte des Tourismus. Eine Skizze der Entwicklung der touristischen Reise in der Moderne. Starnberg (= Studienkreis für Tourismus)

SRISANG, Koson (1992): Third World Tourism: the New Colonialism. In: Focus, N° 4, S. 2–3 (zitiert nach: MOWFORTH, Martin & Ian MUNT (2003): Tourism and Sustainability. New tourism in the Third World. London, New York, S. 47 und 49)

Statistisches Bundesamt (2014): Tourismus. Tourismus in Zahlen 2013. Wiesbaden (⌐ô *www.destatis.de*)

Statistisches Bundesamt (2015a): Ankünfte und Übernachtungen in Beherbergungsbetrieben (Städtetourismus): Deutschland, Jahre. ⌐ô *www.destatis.de*

Statistisches Bundesamt (2015b): Tourismus: Beherbergungsbetriebe, Gästebetten, -übernachtungen, -ankünfte. Jahressumme – regionale Tiefe: Kreise und krfr. Städte. ⌐ô *www.destatis.de*

STECK Birgit, Wolfgang STRASDAS & Evelyn GUSTEDT (1999): Tourismus in der Technischen Zusammenarbeit. Ein Leitfaden zur Konzeption, Planung und Durchführung von projektbegleitenden Maßnahmen in der ländlichen Entwicklung und im Naturschutz. Eschborn (= TÖB Publication aus dem TropenÖkologie Begleitprogramm der Deutschen Gesellschaft für Technische Zusammenarbeit [GTZ])

STEINECKE, Albrecht (2000): Erlebnis- und Konsumwelten, München/Wien

STEINECKE, Albrecht (2010): Populäre Irrtümer über Reisen und Tourismus. München

STEINECKE, Albrecht (2013): Destinationsmanagement. Konstanz/München

STEINECKE, Albrecht (2014): Internationaler Tourismus. Konstanz/München

STEINGRUBE, Wilhelm (2001): div. Beiträge zur Geographie der Freizeit und des Tourismus. In: BRUNOTTE, Ernst et al. (Hrsg.) Lexikon der Geographie (4 Bände). Heidelberg (Beiträge auch abrufbar unter ⌐ô *www.spektrum.de/lexikon/geographie*)

STOCK, Christian (Hrsg.; 1997): Trouble in paradise. Tourismus in die Dritte Welt. Düsseldorf

STORS, Natalie & Andreas KAGERMEIER (2013): Crossing the Border of the Tourist Bubble: Touristification in Copenhagen. In: THIMM, Tatjana (Hrsg.): Tourismus und Grenzen. Mannheim, S. 115–131 (= Studien zur Freizeit- und Tourismusforschung, 9)

STRASDAS, Wolfgang (2001): Ökotourismus in der Praxis. Zur Umsetzung der sozio-ökonomischen und naturschutzpolitischen Ziele eines anspruchsvollen Tourismuskonzeptes in Entwicklungsländern. Ammerland (Studienkreis für Tourismus und Entwicklung e.V.)

STÜBER, Jürgen (2014): Der Berliner Trend zum Teilen. In: Berliner Morgenpost vom 01.12.2014. ☞ *http://www.morgenpost.de/printarchiv/wirtschaft/article 134882370/Der-Berliner-Trend-zum-Teilen.html*

STV/FST(= Schweizer Tourismusverband/Fédération Suisse du Tourisme; 2015): Qualitätsgütesiegel für den Schweizer Tourismus. Bern (☞ *www.swisstourfed.ch*)

SURHONE, Lambert M., Miriam T. TIMPLEDON & Susan F. MARSEKEN (2010). Prosumer. Saarbrücken

THIELE, Franziska (2011): Aufschwung oder Niedergang? – Revitalisierung von Radfernwegen am Beispiel des Weser-Radweges. In: Gronau, Werner (Hrsg.): Zukunftsfähiger Tourismus – Innovation und Kooperation. Mannheim, S. 81–104 (= Studien zur Freizeit- und Tourismusforschung, 6)

TOURCERT (2010): Die Auszeichnung für Nachhaltigkeit und Unternehmensverantwortung im Tourismus. Stuttgart (☞ ww.tourcert.org)

Tourism Trust Fund (2008): Reconnaissance Survey Report on Tourism Ressources and GIS Mapping of the Mid Rift Region. Nairobi

UBA (= Umweltbundesamt; Hrsg.; 1998): Erfolgskontrolle Umweltzeichen. Überprüfung der Wirksamkeit aus Sicht der zeichennutzenden Unternehmen und ausgewählter Experten. Belin (= UBA-Texte 61/1998)

UNEP (= United Nations Environment Program) & UNWTO (= United Nations World Tourism Organisation^; 2005): Making Tourism More Sustainable – A Guide for Policy Makers. Paris/Madrid

UNWTO (= United Nations World Tourism Organisation; 2007): Climate Change and Tourism: Responding to Global Challenges. Madrid

UNWTO (= United Nations World Tourism Organisation; 2008): Climate Change and Tourism. Responding to Global Challenges. Madrid

UNWTO (= United Nations World Tourism Organisation; 2009): Adaptation to Climate Change in the Tourism Sector. Madrid

UNWTO (= United Nations World Tourism Organisation; 2010): International Recommendations for Tourism Statistics 2008. New York (= UNWTO Studies in Methods, Series M, No. 83)

UNWTO (= United Nations World Tourism Organisation; 2014): Tourism Highlights. 2014 Edition. Madrid

UNWTO (= United Nations World Tourism Organisation; 2015): Tourism Statistics 1995 - 2013. ☞ *www.e-unwto.org*

UNWTO (= United Nations World Tourism Organisation; div. Jg.): Yearbook of Tourism Statistics. Madrid

URRY, John (1990): The Tourist Gaze. London

Verbundpartner INVENT (2005): Traumziel Nachhaltigkeit. Innovative Vermarktungskonzepte nachhaltiger Tourismusangebote für den Massenmarkt. Berlin

VIR (= Verband Internet Reisevertrieb; 2007): Daten und Fakten zum Online-Reisemarkt 2007. München

VIR (= Verband Internet Reisevertrieb; 2015): Daten und Fakten zum Online-Reisemarkt 2015. Unterhaching (⌕ *www.v-i-r.de*)

VORLAUFER, Karl (1996): Tourismus in Entwicklungsländern. Möglichkeiten und Grenzen einer nachhaltigen Entwicklung durch Fremdenverkehr. Darmstadt

WCED (= World Commission on Environment and Development, 1987): Report of the World Commission on Environment and Development: Our Common Future. New York

WEBER, Max (2004): Protestantische Arbeitsethik und die Entstehung des Kapitalismus. München (Neudruck der Originalausgabe von 1904/1905 in der Beck'schen Reihe, herausgegeben und eingeleitet von Dirk Kaesler)

WÖHLER, Karl-Heinz (2013): Destinationale Governance-Analyse In: SARETZKI, Anja & Karl-Heinz WÖHLER (Hrsg.; 2013): Governance von Destinationen. Neue Ansätze für die erfolgreiche Steuerung touristischer Zielgebiete, Berlin, S. 103–138

WTTC (= World Travel & Tourism Council; 2002): Corporate Social Leadership in Travel & Tourism. London

WTTC (= World Travel & Tourism Council; 2015): Travel & Tourism Economic Impact 2015. Germany. London

WWF (= World Wildlife Fund; 2008): Der touristische Klima-Fußabdruck. WWF-Bericht über die Umweltauswirkungen von Urlaubsreisen. Hamburg

ZAHL, Bente, Martin LOHMANN & Imke MEINKEN (2006): Reiseverhalten zukünftiger Senioren: Auswirkungen des soziodemographischen Wandels. In: HAEHLING VON LANZENAUER, Christoph & Kristiane KLEMM (Hrsg.): Demographischer Wandel und Tourismus. Zukünftige Grundlagen und Chancen für touristische Märkte. Berlin, S. 91–107

Index